Barbara Lutz-Sterzenbach, Ansgar Schnurr, Ernst Wagner (Hg.)
Bildwelten remixed

D1671724

Pädagogik

Barbara Lutz-Sterzenbach, Ansgar Schnurr, Ernst Wagner (Hg.)

Bildwelten remixed

Transkultur, Globalität, Diversity in kunstpädagogischen Feldern

[transcript]

Die vorliegende Publikation wird gefördert vom Beauftragten der Bundesregierung für Kultur und Medien aufgrund eines Beschlusses des Deutschen Bundestages.

Der Beauftragte der Bundesregierung
für Kultur und Medien

Unterstützt durch das Bayerische Staatsministerium für Unterricht und Kultus.

Bayerisches Staatsministerium für
Unterricht und Kultus

Unterstützt durch die Bundeszentrale für politische Bildung.

Bundeszentrale für
politische Bildung

Bibliografische Information der Deutschen Nationalbibliothek

Die Deutsche Nationalbibliothek verzeichnet diese Publikation in der Deutschen Nationalbibliografie; detaillierte bibliografische Daten sind im Internet über http://dnb.d-nb.de abrufbar.

Umschlagkonzept: Kordula Röckenhaus, Bielefeld
Umschlagabbildung: suze / photocase.de
Redaktion: Barbara Lutz-Sterzenbach, Ansgar Schnurr, Ernst Wagner
Koordination und Lektorat: Carina Herring, Berlin
Kongressfotografie: Roland Baege, Dortmund
Satz: Oliver Mast, Hilden, olli@violi.de
Druck: Majuskel Medienproduktion GmbH, Wetzlar
ISBN 978-3-8376-2388-8

Gedruckt auf alterungsbeständigem Papier mit chlorfrei gebleichtem Zellstoff.
Besuchen Sie uns im Internet: *http://www.transcript-verlag.de*
Bitte fordern Sie unser Gesamtverzeichnis und andere Broschüren an unter:
info@transcript-verlag.de

Inhalt

HANDLUNGSFELDER 1: BEGRIFFE UND LEBENSWELTEN/ BLICKE – BILDER

II. KUNSTPÄDAGOGIK & KULTURELLE BILDUNG

IV. Politische & gesellschaftliche Perspektive

Handlungsfelder 4: Politische & gesellschaftliche Perspektive

Vorwort

In der Folge von Migration, Globalisierung und gesellschaftlicher Diversität verändern sich die kulturellen und gesellschaftlichen Voraussetzungen für Bildungsprozesse jeglicher Art mit hoher Dynamik, auch in der kulturellen Bildung und in der Kunstpädagogik. Dieser Band unternimmt den Versuch, den *Remix* der Lebens- und Bildwelten im Hinblick auf kunstpädagogische Bildungschancen zu diskutieren. Die Kunstpädagogik und die Kunstvermittlung sind herausgefordert, auf diese Prozesse zu reagieren. Es liegt in unserer Verantwortung, auf die verschiedenartigen hybriden Formen, die aus den Überlagerungen kultureller Kontexte resultieren, mit neuen, zumindest erweiterten kunstpädagogischen Denkmustern und Handlungsrepertoires zu antworten.

Hierbei scheint uns in mehrfacher Weise die Grenzüberschreitung sinnvoll, etwa als interdisziplinärer Austausch: In der vorliegenden Publikation wird der Blick der schulischen Kunstpädagogik u.a. mit der Positionierung der anderen künstlerischen Schulfächer Musik, Sport/Tanz und Theater in Bezug gesetzt. Stimmen aus Kunstgeschichte, Museumspädagogik, Erziehungswissenschaften, Psychologie sowie Literatur ergänzen und zeigen wichtige Facetten des komplexen Themas auf.

Bildwelten remixed. Transkultur, Globalität und Diversity in kunstpädagogischen Feldern fasst die Vorträge und Ergebnisse des ersten bundesweiten Kongresses zum Thema zusammen, der im Rahmen des zweijährigen Bundeskongresses der Kunstpädagogik (BuKo12) vom 20.-22. April 2012 in Nürnberg stattfand. Veranstaltet vom Fachverband für Kunstpädagogik in Bayern, BDK e.V., der TU Dortmund und der Universität Erlangen-Nürnberg in Kooperation mit der Stadt Nürnberg verfolgte die Konferenz das Ziel, die vielfältigen Fragen und Perspektiven zum Thema in kunstpädagogischer Forschung und Praxis sowie interdisziplinären Bezugsfeldern zu sammeln und zu strukturieren. Die vorliegenden Texte sollen nicht nur vertiefte Einblicke ermöglichen, sondern auch künftige Forschung und Praxis initiieren. Die partizipativ orientierte Struktur der Tagung zur Interkultur spiegelt sich im *Fragenpool*, ein während des Kongresses von Teilnehmenden beschriebenes Wallpaper aus Kommentaren und Anregungen, die hier als Impulse zum Weiterdenken eingestreut sind.

Einblicke in den Nürnberger Kongress gibt auch ein Teil der Bilder dieser Publikation. Als wiederkehrende Bildfolge sind die Performance-Lectures der Münchner Kammerspiele und die Aufführung der Theatergruppe des Willstätter-Gymnasiums repräsentiert. Während die Jugendlichen sich mit dem Motiv des Fremd-Seins in „Odyssee nach Ad de Bont" befassten, stellten zwei Regisseure des Münchner Theaters kleine, aber fesselnde Ausschnitte ihrer Theaterprojekte vor. Diese wurden zum Teil an neuralgischen Originalschauplätzen der Arbeitsmigration aufgeführt, wie einem Bunker im Münchner Hauptbahnhof, in dem „Gastarbeiter" zentral versammelt und erfasst worden waren. Die viel beachteten neuen Formen eines „Theaters der Teilhabe" stellen einen unmittelbaren Kontakt zwischen den Zuschauenden und den Protagonisten her, Zeitzeugen bundesrepublikanischer Historie mit ihren autobiographischen Erzählungen von Wanderung, Ankunft, Liebe und Leben.

Dem Tagungsfotografen Roland Baege ist an dieser Stelle für seine professionelle Arbeit herzlich zu danken. Katarina Poetzsch-Meinhard war unerlässlich für die reibungslose Tagungsorganisation. Unser Dank geht weiterhin an das profunde und sorgfältige Lektorat von Carina Herring und den versierten Graphiker Oliver Mast. Er geht auch an die zahlreichen ungenannten Helferinnen und Helfer sowie an die Förderer der Tagung und dieser Publikation, die dieses Vorhaben ermöglicht haben, v.a. den Beauftragten der Bundesregierung für Kultur und Medien (BKM), die Bundeszentrale für politische Bildung (bpb), die Heidehof-Stiftung, das Staatsministerium für Unterricht und Kultus Bayern und den Fachverband für Kunstpädagogik (BDK e.V.). Insbesondere aber gilt unser großer Dank den Autorinnen und Autoren, die ihre Vorträge für eine auf diesen Band abgestimmte Version neu ausgerichtet haben.

Remix der Bildkultur – Remix der Lebenswelten

Baustellen für eine transkulturelle Kunstpädagogik

BARBARA LUTZ-STERZENBACH, ANSGAR SCHNURR, ERNST WAGNER

FREMDES

Interkulturalität zeigt größte Relevanz bei Bildern und in der Wahrnehmung: Auf den ersten Blick sieht man jede noch so feine Abweichung vom
Eigenen, unmittelbar hört man die Begegnung mit Fremdem, schmeckt
das Nicht-Bekannte. Dem Sehen, aber auch dem Gestalten von Bildern
kommt dabei eine besondere Stellung zu, wenn es darum geht, Zugehörigkeiten zu identifizieren oder symbolisch zu markieren. Hier arbeitet
unser Wahrnehmungssystem, das auf das klare Erkennen und Einordnen ausgerichtet ist, am effizientesten. Noch vor jedem Diskurs und jeder überlegten Differenzierung werden Verschiedenheit und Vertrautheit
unmittelbar bildhaft gesehen und ästhetisch erfahren. Dieser erste Blick
ist mächtig, auch wenn er trügt. Er kann äußerst dauerhaft und dominant
sein, insbesondere da mit Blicken und Bildern immer auch Begriffe und
Handlungsroutinen verknüpft sind. Die Macht der Bilder ist erheblich,
wenn Verschiedenheiten sichtbar werden. Gleichermaßen haben Bilder
ein großes Potenzial, Ordnungen neu zu organisieren, zu verändern und
zu durchmischen.

Dass die visuelle Wahrnehmung rasch in die Kategorien *fremd* und
vertraut einordnet, sagt jedoch nichts darüber aus, was als *das Eigene* und
das Andere empfunden wird und wo die Grenzen liegen. Die Kategorien
und ihre kulturellen Bestände sind in sich rapide beschleunigender Veränderung begriffen. Dies wurde kürzlich exemplarisch deutlich, als eine
Gruppe Kinder im Essener Museum Folkwang an einer Nachmittagsfüh-
rung im Rahmen des Programms *Kinder sprechen über Kunst* zum Thema
Fremd und vertraut – Figuren aus Afrika, Asien und Europa teilnahmen. Die

Thematik ist in diesem Hause sammlungsgeschichtlich von großer Bedeutung. Die Kunstvermittlerin zeigte das Gründungsbild der Sammlung, die gewissermaßen ur-europäische *Lise mit dem Sonnenschirm* von Auguste Renoir (1867) und andererseits afrikanische Masken als Bild des ganz Anderen, um eine Reflexion über die verschiedenen Vorstellungen von Fremdheit in der Kunst anzubahnen. Die Kinder sollten zunächst angeben, wie fremd oder vertraut ihnen die Bilder waren. Überraschenderweise gaben alle unmittelbar an, dass ihnen Renoirs *Lise* ziemlich fremd sei, die Masken jedoch ziemlich vertraut. Es wird deutlich: Kulturelle Fremdheit hat sich elementar verlagert und verschoben. Sie hat sich ohne klaren nationalen, ethnischen oder territorialen Bezug und ohne weitere Voraussagbarkeit entgrenzt. Scheinbar festgefügte, identitätsstiftende Kernbestände sind fragwürdig geworden, neue entstehen. Ein Kippen des Blicks zwischen den Kategorien und die mehrfache Verschiebung von Grenzen sind bestimmend für die komplexe Auseinandersetzung mit kultureller Vielfalt. Es deutet auf Bildungsprozesse hin, wenn der erste, scheinbar klar einordnende Blick verunsichert und das Uneindeutige kultureller Ordnungen erkennbar wird.[1] Gerade in dieser Veränderbarkeit des Blicks, in der Gestaltbarkeit von Bildern und in der damit potenziell verknüpften Veränderung des Denkens liegt das wohl größte Potenzial der Kunstpädagogik in der Auseinandersetzung mit Transkulturalität.

MIGRATIONEN

Als Motoren solcher Veränderungen können mannigfaltige kulturelle und gesellschaftliche Phänomene der Globalität, Migration und Transkultur gelten. Lebensweltlich relevante Kultur ist gegenwärtig tiefgreifend durch globale Muster, Bilder, Vorstellungen und Orientierungen strukturiert, die sich im Zuge des weltweiten Siegeszugs von Kapitalismus und Liberalisierung neu ergeben. Damit einhergehend liefern die digitalen Medien vielfach gesteigerte Verfügbarkeiten von Bildern weltweit. Dieser neue und grenzenlos erweiterte Bilderpool ist zugleich ein Baukasten für das kreative *Basteln* neuer Zugehörigkeiten, wofür wir in diesem Band den Begriff *Remix* vorschlagen. Diese Bilder sind zugleich einfacher wie sie komplexer sind, zugleich diverser wie mainstreamiger, zugleich globaler wie milieubezogener, wie die ganze Welt außen herum. Regulierten sich kulturelle Bildbestände einst durch ihre regional-räumliche Zugänglichkeit und Präsenz, so sind aktuell und zunehmend unräumliche, entgrenzte Strukturen von Medien, Szenen, Milieus und Marketing an deren Stelle getreten. Hier erscheinen Differenzen, entlang derer Identität und Zugehörigkeit ausgehandelt werden, vielfach gleichermaßen dramatisiert und verschleiert, sodass nach mehrfachen medialen und kontextuellen Übertragungen kaum noch Herkunft und Identität der einzelnen Versatzstücke ausgemacht werden können. Das Leben jedes Einzelnen konstituiert sich durch diese neuen Zusammenhänge ganz anders, als dies noch vor wenigen Jahrzehnten der Fall war.

Vor dem Hintergrund der globalen Entwicklungen wird deutlich, dass der Lebenswandel und die relevante Kultur aller Individuen, mit und ohne Migrationshintergrund, insgesamt von ganz verschiedenen Phänomenen der Wanderung, der Vermischung, Überlagerung tief durchwirkt ist, weswegen Paul Mecheril in diesem Band von einer *Migrationsgesellschaft* spricht. Menschen, die vor Kriegen oder Armut fliehen oder hin zu vermeintlich besseren Lebensbedingungen wandern, stellen nur ein Phänomen von Migration dar, neben der zunehmenden Überschreitung nationaler oder kultureller Grenzen in Beruf und Freizeit, neben der durch digitale Medien grenzenlos transportierten Bilder oder eines nur noch global funktionierenden Wirtschaftsgeschehens. Diese Phänomene sind für die heutige Gesellschaft im Ganzen konstitutiv. Die von Mecheril vorgeschlagene *Migrationspädagogik* kann daher keine Migrantenpädagogik für die Zielgruppe der *Anderen* sein, auch kein singuläres Reihenthema für ein Schuljahresquartal, sondern stellt sich klar als facettenreich zu füllende Querschnittsaufgabe auch der Kunstpädagogik in einer weitreichenden kulturellen Situation der Wanderungen dar.

DIVERSITÄT

Migrationsbewegungen machen Vielfalt – auch in den Klassenzimmern – sichtbar. Dies rückt den Faktor *Kultur* als Kriterium für Verschiedenheit in alltäglichen pädagogischen Situationen, aber auch in öffentlichen Debatten in den Vordergrund. Der maßgebliche Unterschied zwischen Personen, so wird suggeriert, läge in der Verschiedenheit der Kulturen, genauer: ihrer herkunftsbedingten, national verstandenen Abstammung, die als Kultur gedacht wird.[2] Dies verschleiert jedoch zum einen soziale, ökonomische und rechtliche Ungleichheiten, die primär ein gesellschaftliches und politisches und kein ausschließlich kulturelles Problem sind.[3] Zum anderen verstellt die alleinige Konzentration auf Kultur den Blick für die Mehrdimensionalität gegebener Differenzen und Zugehörigkeiten, die jeden Einzelnen ausmachen. Relevante Unterscheidungen sind letztendlich nicht nur auf der Ebene von Nationalität oder ethnischer (Bild-)Kultur angesiedelt, sondern vor allem auch in der Diversität (*Diversity*) verschiedener miteinander verwobener Faktoren wie Wohlstandsniveaus, Bildungshintergründe, Milieuorientierungen usw. Die konfliktreiche Komplexität liegt darin, dass vielfach nicht erkennbar ist, auf welcher dieser Ebenen sich relevante Fremdheit verortet. Ist es tatsächlich eine abweichende kulturell geprägte Ästhetik oder Bildvorstellung, die fremd ist, oder doch das andere Milieu, das unterschiedliche finanzielle Level oder gar das Lebensalter? Kulturell bedingte Verschiedenheit besteht, sie gilt es ernst zu nehmen, und zugleich ist es dringend geboten, die kulturalisierende Brille in Frage zu stellen, um den Faktor Kultur deutlich zu relativieren.

Die sich aus diesen einzelnen Feldern ergebende Identität ist nicht nur individuell, sondern maßgeblich durch kollektive Zugehörigkeiten geprägt. Arnd-Michael Nohl richtet seinen erziehungs- und sozialwissenschaftlichen Blick in diesem Zusammenhang auf die Ausdifferenzierungen innerhalb von Kulturen und Milieus, die zu komplexen kollektiven Sphären führen. Nun sind solche Zugehörigkeiten jedoch keineswegs für alle Zeiten festgelegt. Auch gehören Individuen immer mehreren, teils stark kontrastierenden Sphären an. Nohl weist nach, wie gerade Spannungen und Differenzen zwischen den Sphären Veränderungen anbahnen, die er als strukturale Bildungsprozesse erkennt.

Häufig wird in öffentlichen Debatten von der kulturellen *Verschiedenheit* und *Heterogenität* von Schülerinnen und Schülern ausgegangen, die ja nicht zu leugnen ist. Davon zu sprechen, birgt jedoch nicht selten eine verdeckte Trauer um den Verlust von Einheitlichkeit. Verschiedenheit wird als Problem gedacht, das es zu bewältigen gilt, also etwa im Sinne einer Behebung von vermeintlichen (kulturellen) Defiziten, um eine größere Einheitlichkeit herzustellen. Auch die Geschichte der interkulturellen Pädagogik hat sich lange einseitig an Defiziten (*Ausländerpädagogik*) und später an Differenzen (*interkulturelle Pädagogik*) orientiert und dadurch Unterschiede zuerst kulturalisiert und dann zementiert oder oftmals damit – trotz guter Absicht – erst erzeugt.[4] Auch in der Kunstpädagogik, die sich bislang nur in Einzelentwürfen oder singulären Praxisbeispielen zur Frage des Inter- und Transkulturellen geäußert hat, gibt es zahlreiche Ansätze, die trotz guter Absicht kulturelle Gräben eher vertiefen und gegenseitige kulturelle Fremdheit in der Wahrnehmung der Schülerinnen und Schüler hervorrufen. Ernst Rebel zeichnet in seiner prägnanten „Vorgeschichte der interkulturellen Kunstpädagogik" seit 1900 nach, wie neben naiven Auseinandersetzungen mit Fremdheit auch ausgrenzende, ethnozentristische und letztlich rassistische Vorstellungen kunstpädagogisches Handeln prägten – eine Perspektive, die bis heute nicht gänzlich überholt ist. Solche *Stolpersteine*, die unter dem Label aktuell gebräuchlicher Begriffe wie *Interkulturalität* kulturelle Klischees bedienen, weist Rolf Witte in seinem Beitrag kritisch nach und führt einen Katalog an *Orientierungshilfen* für eine qualitätsvolle, reflektiertere kulturelle Bildung in einer Situation wachsender Vielfalt auf.

Dieser leitende Gedanke, Vielfalt als Reichtum zu entwerfen, markiert im interkulturellen Diskurs die aktuelle Position, die etwa auch in wichtigen Referenzdokumenten zur Sprache kommt: Zu nennen sind dabei etwa das UNESCO Übereinkommen über den Schutz und die Förderung der Vielfalt kultureller Ausdrucksformen (2005), die UNESCO Seoul-Agenda (2010), die Positionen des Runden Tischs Interkultur beim Deutschen Kulturrat sowie die Ansätze im Abschlussbericht der Enquete-Kommission Kultur in Deutschland des Deutschen Bundestags (2007).

Susanne Keuchel zeichnet auf der Grundlage des vom Zentrum für Kulturforschung erarbeiteten „1. InterKulturBarometers" nach, inwiefern das Einwanderungsland Deutschland durch Migration nicht nur zusätzliches und bereicherndes kulturelles Kapital aus anderen kulturellen Kontexten gewinnt, sondern dass zugleich die entstehende Vielfalt mit ihren neuen Perspektiven eine Aufgeschlossenheit der Gesamtbevölkerung für kulturelle und künstlerische Innovationen fördert. Wie weit jedoch dabei das Feld des Transkulturellen zu denken ist, wenn man es nicht auf nationale oder ethnisch verstandene Kulturen beschränkt, stellt Birgit Dorner am Beispiel des Häkelns dar. Diese gleichermaßen traditionelle wie jugendkulturelle Praxis durchkreuzt in komplexer Weise die Grenzen von Kultur und Milieu. Dorner verwebt bzw. „verhäkelt" diese Grenzverschiebungen mit Einblicken in den nordamerikanischen Diskurs um die „Multicultural Art Education".

PARADOXON

Das immer wiederkehrende Moment und die aufregende Stelle einer transkulturell sensibilisierten Kunstpädagogik liegt in einem unauflösbaren Widerspruch, der sowohl fachdidaktische Theoriebildung wie kunstpädagogisches Handeln herausfordert: Es gilt stets, das Spannungsverhältnis auszuhandeln zwischen einer pädagogischen Thematisierung von Differenzen einerseits und dem Vermeiden kulturalisierender Festschreibung von Verschiedenheit andererseits bzw. gleichzeitig.

Fremdheitserfahrungen als Bildungsanlässe zu begreifen und zu nutzen, die eine Seite des Paradoxons, macht einen Kernbestand kunstpädagogischen Denkens und Handelns aus. Gerade Prozesse der Persönlichkeits- und Identitätsbildung sind ohne die Möglichkeit kaum denkbar, sich selbst ins Verhältnis zur Welt zu setzen. Dies heißt, das Eigene probehalber einzugrenzen und damit anderes ab- und auszugrenzen. Hierbei können gerade die sich immer wieder verschiebenden Grenzberührungen Anlässe für bildende Erfahrungen und Entwicklungen sein. Differenzen als Bildungsanlässe bekommen darüber hinaus kunstpädagogische Relevanz, wenn fremde Bilder irritieren, die bekannte Sichtweise in Frage stellen und damit Erkenntnisprozesse, zumindest Frageprozesse, anbahnen. Im Hinblick auf Bildbetrachtungen sind gerade auch vergleichende Kontrastierungen über die Grenzen von Kultur, zeitlichen oder regionalen Kontexten wichtig, um die Mannigfaltigkeit weltweiter Bildproduktion und das je Besondere zu sehen, das vor dem Hintergrund der Dominanz zunehmender Einheitlichkeit globaler Konsum- und Unterhaltungskultur keineswegs selbstverständlich ist. Differenzen, auch bildkultureller Art, sind daher ein Kernbestand kunstpädagogischer Bildung.

Gleichzeitig, und damit ist die zweite Seite des Paradoxons angesprochen, ist die Thematisierung von kulturellen Differenzen in der Kunstpädagogik immer dann problematisch, wenn sie personalisierend auf Kinder und Jugendliche bezogen wird und diese als Vertreter *ihrer* Herkunftskultur adressiert werden – und damit als Fremde. Die Kunstpädagogik kennt viele solcher Beispiele, in denen trotz ambitionierter interkultureller Vorhaben dennoch Fremdheit in kunstpädagogischen Prozessen verstärkt wird. Etwa wenn Schülerinnen und Schüler ihre Vorstellungen von Heimat bildnerisch darstellen sollen und dann kulturelle Stereotype reproduzieren; oder wenn das Mädchen mit türkischen Wurzeln als *Expertin* ein Referat zum bilderlosen Ornament halten soll etc.[5] Immer wieder, wenn eine abweichende kulturelle Identität von Migrantinnen und Migranten fraglos scheint, wird machtvoll kulturell-ethnische Andersartigkeit als *Othering* erzeugt, als Herstellung des Anderen.

Es ist wohl die anspruchsvollste Herausforderung einer transkulturellen Kunstpädagogik, Differenzen als Bildungsanlässe zu nutzen, dabei aber Festlegungen von Fremdheit und kulturelle Zuschreibungen zu überprüfen oder zu vermeiden.

Die paradox angelegten Herausforderungen, aber auch Handlungsperspektiven im Anspruch, Vielfalt als Reichtum in kunstpädagogischen Handlungsfeldern zu nutzen, zeigen sich exemplarisch in den Beiträgen, die aus den Workshops des Nürnberger Kongresses hervorgegangen sind. Sie exemplifizieren facettenreich ganz unterschiedliche Herangehensweisen im Umgang mit Problemen und Möglichkeiten. Diese stehen für die selbst wieder heterogenen Praxisversuche in Schule, Hochschule, Museum, Stadtteilarbeit, Jugendkunstschule etc. Erstmals wird in diesem Band ein umfangreiches Feld interkultureller Praxis aus schulischen und außerschulischen Kontexten abgebildet und zur Diskussion gestellt. Ein hohes Maß an persönlichem Engagement und Ideenvielfalt wird hier sichtbar, transkulturelle Kunstpädagogik zu erproben und zu implementieren, aber auch die grundsätzliche Aufgabe, die Praxis auf eine systematische, empirische Basis zu stellen und im nationalen und internationalen Dialog weiter zu entwickeln, zu differenzieren und auszubauen.

REMIXED

Eine Perspektive für den Umgang mit der paradoxen Grundspannung des Themas kann darin liegen, den Blick zu wenden: von der migrantischen Vergangenheit mit all ihrer Vorstellung von Defizit, Differenz und Clash-of-Cultures-Debatten hin zu den offenen Phänomenen und dynamischen Praxen der gegenwärtigen Erzeugung von Kultur in neuen Bildern. Es gilt hier die Bildhandlungen wahr und ernst zu nehmen, mittels derer sich Kinder, Jugendliche und Erwachsene in der Migrationsgesellschaft positionieren und ihre vielfältigen Zugehörigkeiten aushandeln. Diese Bilder finden sich gleichermaßen in jugendkulturellen Bildwelten, die aus dem grenzenlosen Pool digitaler Medien schöpfen und sie mit lokalen Kontexten mischen, sie zeigen sich in alltäglichen Bildern globaler Wirtschaftssysteme und Kommunikationssysteme und in der aktuellen Kunst. Das

Umschlagbild dieses Bandes, der Betonmischer, greift dies pointiert auf. Es erfasst jedoch nur einen Teilbereich, denn im Remix werden keineswegs die Bestandteile zu einem Brei zusammengerührt, was der längst überholten Metapher des *Melting Pot* gleichkäme. Remix meint vielmehr die Gleichzeitigkeit hochgradig ausdifferenzierter und vor allem neuer Formen. Obwohl es wohl noch nie reine, kulturell unvermischte Bilder gegeben hat, nimmt das Tempo immer neuer Remixprozesse und die Komplexität der Schichtungen zu. Angetrieben wird diese Dynamik sicherlich durch die vielbeschworene Globalisierung, die Ernst Wagner in seinem Beitrag in ihren gesellschaftlichen, politischen, bildkulturellen Facetten ausdifferenziert. Die solcherart zwischen Globalität und Lokalität, Jugendkultur und Hochkunst entstehenden Bilder, deren Codes in einer Überlagerung ganz unterschiedlich zusammengesetzter kultureller Versatzstücke umgebrochen und reorganisiert werden, verunsichern hergebrachte Ordnungen. Wie sich Jugendliche in ihrem lebensweltlichen Bildhandeln zwischen den vielen hybriden Bildern orientieren und wie sie damit ihre Zugehörigkeiten aushandeln, zeichnet Ansgar Schnurr empirisch anhand exemplarischer Remixprozesse nach. Er nimmt sowohl die Bilder bei Facebook als auch in Jugendzimmern in den Blick und verdeutlicht ihre Vermischungsprozesse.

Wenn Bilder und Zugehörigkeiten neu gemischt und überlagert werden, spielen Herkunft, Kultur, Ethnie und Nation weiterhin eine Rolle, sie werden aber umgedeutet, relativiert und erhalten neue Perspektiven. Damit geht einher, dass Remixprozesse dazu beitragen können, machtvolle Zuschreibungen und Fremdheitsfixierungen zu überwinden, unter denen viele migrantische Kinder und Jugendliche leiden. Gerade hierin kann ein Schlüssel liegen, um Subjektivität zu erfahren und eine eigene Ausdrucks- und Handlungsfähigkeit zu erlangen. Doch auch hier lohnt es, angesichts der verheißungsvollen, herrschaftsfreien „dritten Räume"[6], die sich etwa in der Jugendkultur zwischen den Ansprüchen des Familienmilieus und der Bildungsinstitutionen einrichten, kritisch zu bleiben: Vielfach ist solches lebensweltliches Bildhandeln tief durchdrungen von teils verdeckten Wirtschaftsinteressen, was zu anders gelagerten Machtstrukturen führt. Auch steht die Fähigkeit zum Remixen nicht voraussetzungslos allen offen.[7] Obwohl hier weiterer Forschungsbedarf besteht, ist bereits erkennbar, dass einerseits vorrangig Angehörige bestimmter Milieus in der Lage sind, die eigene Herkunft spielerisch zu transzendieren. Andererseits spielen mediale und ökonomische Voraussetzungen nach wie vor eine Rolle.

Dritte Räume erkennt aus einer bildwissenschaftlichen Perspektive Martin Schulz in der Global Art. Hier wird Hybridität vielfach als zentrales Prinzip gewählt und bahnt mehrfache Fremderfahrungen an, die Schulz als Selbsterfahrung deutet. Wie fruchtbar und erkenntnisreich gerade solche Fremderfahrungen in der grenzüberschreitenden Rezeption von Kunst sein können, zeigt sich literarisch verdichtet beim Schriftsteller und Orientalisten Navid Kermani. Im Gespräch mit Martin Schulz zeichnet er die Befremdungen und ästhetischen Erfahrungen nach, die der muslimische Erzähler in seinem Roman *Dein Name* angesichts katholischer Kunst erlebte. Den Remix der Sehweisen erfährt er in „dritten, vierten, fünften, sechsten Räumen".

Den Begriff *Remix* schlagen wir als Erweiterung der geläufigeren Bezeichnung *Hybridität* zur Diskussion vor. Hybride Formen und hybride Zugehörigkeiten meinen im transkulturellen Diskurs Ergebnisse von mannigfaltigen Vermischungen. Damit ist eine „In-between-Kategorie"[8] benannt, die komplexe Identitäten zwischen Herkunft und Gegenwart und ihren Kulturen markiert. Anders als vielerorts, in den nicht selten in dunklen Metaphern geführten Debatten über Migration, ist der Begriff hybrid durchweg positiv besetzt, er mutet sogar, wie Paul Mecheril ausführt, „sexy"[9] an. Dies schöpft der Begriff jedoch weniger aus pädagogischen Erwägungen: Hybridität wird etwa in der Automobilindustrie als „technologische Leistungssuggestion" verstanden oder in der alltagskulturellen „ästhetischen (Kultur)Industrie", wie etwa der Werbung, als marktgängiger Inszenierungsmodus gebraucht.[10] Es ist anzunehmen, dass diese Assoziationen auch in das Denken und Sprechen münden und möglicherweise auch kritische Sichtweisen überstrahlen, weswegen Kien Nghi Ha etwa vom „Hype um Hybridität" spricht.[11] Ferner transportiert *hybrid* genetische Assoziationen als Kreuzung aus zwei genetisch reinen Urtypen – von denen weder bei Individuen noch im kulturellen Bereich der Bilder auszugehen ist. Der gegenwärtig offener scheinende Begriff *Remix* entstammt originär aus kulturellen Zusammenhängen, wie der Musik, in der tradierte kulturelle Versatzstücke neu zusammengesetzt und in die aktuelle kulturelle Umwelt übertragen werden. Hierbei ist nicht nur das Produkt von Vermischungen angesprochen, sondern vor allem der Prozess lebensweltlicher Gestaltung von Gegenwartskultur, also des Zusammensuchens, Überlagerns und Ausprobierens neuer Bilder. Beides wird in den Beiträgen dieses Bandes in verschiedenen Feldern und Facetten diskutiert.

PERSPEKTIVEN

Die Überlegungen zur Transkultur sind von einer gesellschaftspolitischen Dimension des Themas nicht zu trennen. Barbara Welzel schärft
aus kunsthistorischer Sicht exemplarisch anhand des Kölner Doms den
Blick dafür, wie kulturelles Erbe im Einwanderungsland reflektiert und
partizipativ gedacht werden kann: So erlauben „Objektbiografien", multiperspektivische Zugangsweisen zur Teilhabe am kulturellen Erbe zu
finden, indem die historische Dimension der untersuchten Objekte wie
ihre Funktion in der gegenwärtigen Lebenswelt differenziert aus verschiedenen Blickwinkeln beschrieben werden. Interkulturelle Kunstpädagogik,
darauf verweist in seinem Beitrag Bernd Hübinger aus der Perspektive der
Bundeszentrale für politische Bildung, befindet sich an der Schnittstelle
zwischen politischer und kultureller Bildung. In den letzten Jahren thematisierten Künstlerinnen und Künstler gesellschaftspolitische Themen
und wurden damit zu *Komplizen* politischer Anliegen. Viele Impulse aus
Kunst und Kunstpädagogik werden seitens der Politik aufgegriffen, so Hübinger, da die Fähigkeit zu Empathie und Perspektivwechsel mit künstlerisch-kultureller Bildung besonders gut erlernt werden könne. Max Fuchs,
Vorsitzender des Deutschen Kulturates, beschäftigt sich in seinem Beitrag
„Integration als Aufgabe interkultureller Pädagogik?" ebenfalls mit dem
Zusammenhang zwischen (interkultureller) Pädagogik und Politik, um
auf ein konkretes Beispiel einzugehen: Den *Kompetenznachweis Kultur*, der
vorrangig die Stärkung der sozialen Kompetenz des Einzelnen als Korres-
pondenz zur Ordnung der Gesellschaft fokussiert.

Auf der Nürnberger Tagung spielte die politische Perspektive eine wesentliche Rolle. Vertreterinnen und Vertreter der Politik, der Kunstpädagogik und
der Administration erörterten in einem Podiumsgespräch künftige Aufgaben
einer interkulturellen Kunstpädagogik. In der vorliegenden Publikation veröffentlichen wir die dort diskutierte, jetzt erneut überarbeitete und aktuali-
sierte Version des *Nürnberg-Papers (2013): Interkultur- Globalität – Diversity.
Leitlinien und Handlungsempfehlungen für eine transkulturelle Kunstpädagogik*
und überantworten sie dem kunstpädagogischen Diskurs als Grundsatzpapier. Die Entwicklungsgeschichte des Nürnberg-Papers beruht auf einem
explizit partizipativen Prozess, der die komplexe Vielfalt an theoretischen
Befunden und transkulturellen Erfahrungen für einen vielstimmigen und
dennoch präzisen Text nutzt. Unsere Hoffnung ist, dass wir mit diesem Band
und dem Nürnberg-Paper die Baustellen zur Weiterarbeit markieren konnten.

ANMERKUNGEN

1 | Vgl., Koller, Hans-Christoph: *Bildung anders denken. Einführung in die Theorie transformatorischer Bildungsprozesse*, Stuttgart 2012, S. 69ff.

2 | Vgl., Mecheril, Paul u.a.: *Bachelor* | *Master Migrationspädagogik*, Weinheim und Basel 2010.

3 | Vgl., Landkammer, Nora; Mörsch, Carmen: Editorial. Art Education Research °6: Kunstunterricht und -vermittlung in der Migrationsgesellschaft, Teil I: Sich irritieren lassen. Hg: Landkammer, Nora; Mörsch, Carmen. http://iae-journal.zhdk.ch/no-6/ [02.04.2013].

4 | Nohl, Arnd-Michael: *Konzepte interkultureller Pädagogik. Eine systematische Einführung.* Heilbrunn 2006; zusammenfassend und fachspezifisch: Oswald, Martin: „Interkulturalität und Kunstpädagogik", in: Kirchner, Constanze/ Kirschenmann, Johannes/ Miller, Monika (Hg.): *Kinderzeichnung und jugendkultureller Ausdruck*, München 2010, S. 391-404.

5 | Schnurr, Ansgar; Wagner, Ernst: „Bildung & Fremdheit. Kunstpädagogik und die alten/neuen Herausforderungen", in: Burkhardt, Sara; Meyer, Torsten; Urlaß, Mario u.a.: *convention* Buch 03 der Reihe „Kunst Pädagogik Partizipation", München 2013, i.V.

6 | Vgl. Bhabha, Homi K.: „The Third Space", in: Rutherfort, Jonathan (Hg.): *Identity. Community, Culture and Difference*, London 1990, S. 207-221. Vgl. auch: Castro-Varela, M.d.M.; Dhawan, N.: (2005) *Postkoloniale Theorie*, Bielefeld 83ff; Ha, Kein Nghi: *Ethnizität und Migration reloaded. Kulturelle Differenz, Identität und Hybridität im postkolonialen Diskurs*, Berlin 2004; vgl. ferner: Jagodzinski, Jan: „Thinking Through /Difference/ in Art Education Contexts. Working the Third Space and Beyond", in: Art Education Research °6: Kunstunterricht und -Vermittlung in der Migrationsgesellschaft, Teil I: Sich irritieren lassen. Hg: Landkammer, Nora / Mörsch, Carmen. [02.04.2013].

7 | Mecheril, Paul: „Kritik der Hybridität. Kommentar zum Nürnberg-Paper", in: Brenne, A.; Sabisch, A.; Schnurr, A. (Hg.): *revisit. Kunstpädagogische Handlungsfelder # teilhaben # kooperieren # transformieren*, München 2012, S. 312-232.

8 | Ha, Kien Nghi: *Hype um Hybridität. Kultureller Differenzkonsum und postmoderne Verwertungstechniken im Spätkapitalismus*, Bielefeld 2005, S. 16.

9 | Mecheril, Paul: „Hybridität, kulturelle Differenz und Zugehörigkeiten als pädagogische Herausforderung", in: Mertens, G.; Frost, U.; Böhm, W.; Ladenthon, V. (Hg.): *Handbuch der Erziehungswissenschaft*. Bd. 3, Paderborn 2009, S. 1091.

10 | Ebd.

11 | Kien Nghi Ha: *Hype um Hybridität*, a.a.O.

I. Begriffe & Lebenswelten

Über die Kritik interkultureller Ansätze zu uneindeutigen Zugehörigkeiten – kunstpädagogische Perspektiven[1]

PAUL MECHERIL

> *Der Untersetzte: „Der Paß ist der edelste Teil von einem Menschen. Er kommt auch nicht auf so einfache Weise zustand wie ein Mensch. Ein Mensch kann überall zustandkommen, auf die leichtsinnigste Art und ohne gescheiten Grund, aber ein Paß niemals. Dafür wird er auch anerkannt, wenn er gut ist, während ein Mensch noch so gut sein kann und doch nicht anerkannt wird."[...]*
> *Ziffel: „[...] Aber die Pässe gibts hauptsächlich wegen der Ordnung. Sie ist in solchen Zeiten absolut notwendig. Nehmen wir an, Sie und ich liefen herum ohne Bescheinigung, wer wir sind, so daß man uns nicht finden kann, wenn wir abgeschoben werden sollen, das wär keine Ordnung. Sie haben vorhin von einem Chirurgen gesprochen. Die Chirurgie geht nur, weil der Chirurg weiß, wo z.B. der Blinddarm sich aufhält im Körper. Wenn er ohne Wissen des Chirurgen wegziehn könnte, in den Kopf oder das Knie, würd die Entfernung Schwierigkeiten bereiten. Das wird Ihnen jeder Ordnungsfreund bestätigen." (Bertolt Brecht: Flüchtlingsgespräche)*

In den letzten Jahren ist in der Kunstpädagogik im amtlich deutschsprachigen Raum das Interesse an der Auseinandersetzung mit dem Themenfeld Migration deutlich gestiegen. Warum? Politisch und medial herrschte in Deutschland lange Zeit die Haltung vor, dass Migration randständig und nicht konstitutiv für die hiesige gesellschaftliche Wirklichkeit sei. Bis Ende der 1990er Jahre war die offizielle Selbstdarstellung der Bundesrepublik hartnäckig von der *Lebenslüge*[2] dominiert, Deutschland sei kein Einwanderungsland. Diese politische Irreführung und Ignoranz hat zweifelsohne die sozialen Folgen von Migration verkannt und zum Teil überaus problematische Entwicklung nach sich gezogen, deren Konsequenzen sich deutlich auch im Feld der Bildung und Erziehung zeigen. In dieser gesamtgesellschaftlichen Ignoranz konnte sich auch die Kunstpädagogik nicht aufgefordert sehen, sich systematisch mit der Migrationstatsache auseinanderzusetzen, die nicht erst als Arbeitsmigration nach 1945 einsetzte, sondern schon immer in unterschiedlicher Weise vorhanden war. Seit Beginn des 21. Jahrhunderts hat sich das politische Szenario verändert und erste An-Erkennungen der Migrationstatsache setzen ein. Ab 2001 prägen bedeutsame Momente des Ortsansässigkeitsprinzips die deutsche Staatsbürgerschaftsregelung. Zudem wurde 2005 das Zuwanderungsgesetz verabschiedet, das zum ersten Mal den Begriff der *Integration* in einer migrationspolitischen Gesetzgebung verwendet. Zugleich macht bereits der Name des Gesetzes seine restringierende Ausrichtung deutlich: *Gesetz zur Begrenzung und Steuerung von Zuwanderung.* Bezogen auf Migration wird hier das widersprüchliche Prinzip politischer Regelung deutlich: Neuformierung des Sozialen durch Grenzausdehnung bei gleichzeitiger restriktiver Begrenzung.

Gleichwohl hat sich seit Beginn des neuen Jahrtausends in Deutschland das Selbstverständnis durchgesetzt, dass die Anwesenheit von Migrantinnen und Migranten weder marginal noch vorübergehend, sondern konstitutiv für die gesellschaftliche Wirklichkeit ist. Die öffentlichen Diskurse, die politischen Debatten und Anstrengungen sowie die Ergebnisse der empirischen Bildungsforschung der letzten Jahre in Deutschland verweisen darauf, dass Migration zu den wichtigsten gesellschaftlichen Auseinandersetzungen der Gegenwart und Zukunft avanciert ist. Dies bestätigt auch das Feld, das sich aus pädagogischer Perspektive mit Kunst und Ästhetik befasst.

Wenn man mit einigem Risiko zur Pauschalisierung Regelmäßigkeiten in der „Entdeckung der Migrationstatsache in der Kunstpädagogik" benennen will, rücken mindestens drei Motive innerhalb des deutschsprachigen Diskurses in den Vordergrund:

- *Interkulturelle Kunstpädagogik* als Weg der Integration derer, die einen sogenannten Migrationshintergrund aufweisen
- *Interkulturelle* Öffnung von Bildungs- und Kulturinstitutionen
- *Interkulturelle Kunstpädagogik* als Beitrag zu einem respektvollen und zivilen Umgang mit kultureller Differenz und Fremdheit
- Somit sind die drei Schlüsselbegriffe des deutschsprachigen Diskurses über Migration auch in der Kunstpädagogik angekommen: *Integration, Mensch mit Migrationshintergrund, die kulturelle Differenz des Migranten.*[3]

Ich möchte meinen Beitrag zu Fragen ästhetischer Bildung in der Migrationsgesellschaft mit einer kurzen Kritik der *Besonderung durch die interkulturelle Perspektive* einleiten[4], um vom Brett dieser Kritik in eine alternative Perspektive zu springen, die ich *Migrationspädagogik* nenne. Kritik meint selbstverständlich nicht die grundlegende Ablehnung von Überlegungen, Projekten, Texten oder Veranstaltungen, denen eines oder mehrere der drei Motive zugeordnet werden können. Ganz im Gegenteil finden sich innerhalb der pädagogischen Auseinandersetzung mit Kunst und Ästhetik wichtige und interessante Beiträge, selbst wenn sie auf Vokabeln zurückgreifen, die das Bild bestätigen, Migrantinnen und Migranten seien *anders*.

Interkulturell ist ein Begriff, der darauf beharrt, dass die Anerkennung als gegeben verstandener kultureller Differenzen geboten sei. *Anerkennung kultureller Differenz* ist auch das zentrale Bildungsziel, das die Interkulturelle Pädagogik postuliert und anstrebt. Da wir auf Grund vielfältiger Bedingungen in kulturell pluralen und sich permanent wandelnden gesellschaftlichen Zusammenhängen leben, ist dieses Bildungsziel zwar vordergründig plausibel. Viele Zeitdiagnosen weisen jedoch darauf hin, dass moderne Gesellschaften als Zusammenhänge beschrieben werden müssen, für die aufgrund intensiver Dynamiken in zentralen gesellschaftlichen Bereichen und Sphären, nicht zuletzt auch durch weltweite Wanderungsbewegungen angestoßen, soziale Wandlungsprozesse, Diversifikation und Pluralisierungen charakteristisch sind. Diese Pluralisierung sozialer Kontexte, Stile, Selbstverständnisse und Beziehungen imponiert empirisch als Vielfalt kultureller Phänomene. Normativ verbindet sich hiermit häufig die Perspektive, dass diese Lebensformen in ihrer Differenz prinzipiell anzuerkennen seien. Die Ausbildung von Fertigkeiten wechselseitiger kommunikativer Anerkennung sei deshalb wertvoll und notwendig.

In einer kulturell pluralen (Welt-)Gesellschaft wird *interkulturelles Lernen* zu einer zentralen Bildungsaufgabe. Für die mittlerweile als eigenständiges pädagogisches Fachgebiet etablierte Interkulturelle Pädagogik ist der Bezug auf die *interkulturelle* Perspektive konstitutiv. Wer aber Texte zu Interkultureller Pädagogik liest, wird recht schnell feststellen, dass es sich bei der *kulturellen Differenz*, die im Rahmen Interkultureller Pädagogik thematisiert wird, nur um das Differenzverhältnis Migrant – Nichtmigrant handelt. Das Grundproblem der interkulturellen (Kunst-)Pädagogik besteht darin, dass sie eine spezifische Verschiedenheit immer schon voraussetzt. Diese (Voraus-)Setzung befördert zweierlei: Die Betonung des Kulturbegriffs suggeriert, dass *Kultur* die zentrale Differenzdimension sei, auf der migrationsgesellschaftliche Unterschiede zu beschreiben, zu untersuchen und zu behandeln seien. Dies schränkt aber *Interkulturalität* als Perspektive für gesellschaftliche, durch Migration hervorgebrachte Pluralität ein. Denn (migrations-)gesellschaftliche Differenzverhältnisse lassen sich nicht auf kulturelle Unterschiede reduzieren, da politische, ökonomische, rechtliche Dimensionen ebenso zu beachten sind. Solange sich Interkulturelle Pädagogik nicht mit der kulturellen Pluralität hoch differenzierter Gesellschaften *in allgemeiner Einstellung* beschäftigt, sondern im Wesentlichen sich mit Pluralisierung und Diversifizierung als Resultat von Migration auseinandersetzt, trägt *interkulturell* zur kulturellen *Besonderung* von sogenannten Menschen mit Migrationshintergrund (MmM), also zu der Erzeugung von Andersartigkeit und Fremdheit bei.

Der Ausdruck *kulturelle Differenz* wird benutzt, um zwischen *uns* und *jenen* zu unterscheiden, die gewöhnlich als kulturell *Andere* imaginiert werden: *die Fremden, die Zuwanderer, die Ausländerinnen, die Migrantinnen, die Menschen mit Migrationshintergrund* etc. Und nur, weil es einen dominanten Diskurs gibt, in dem die *Anderen* (und nur sie und sie nur in dieser Weise) der kulturellen Differenz bezichtigt werden, kann über besondere Voraussetzungen und Erfordernisse nachgedacht werden, mit der Differenz zu den kulturell Anderen umzugehen. Da *interkulturell* mit *Migranten* verknüpft wird, können Sonderkompetenzen im Umgang mit Migrantinnen beispielsweise als *interkulturelle Kompetenz* entwickelt und nachgefragt werden. Die kulturelle Besonderung der MmM trägt komplementär dazu bei, dass die andere Seite – MoM – sich als nicht besonders, nicht integrationsbedürftig, sondern als normal und fraglos am richtigen Ort verstehen kann. In verwandter Weise hat Franz Hamburger dies als das Elend der Interkulturellen Pädagogik bezeichnet: „Es gibt unzählige Berichte über Besuche von Kindergartengruppen in Moschen und ausländischen Familien, aber keine Berichte über didaktisch analog konzipierte Besuche in Kirchen und deutschen Familien, um deren Kultur kennen zu lernen. Das ist immer noch das Elend der Interkulturellen Pädagogik".[5] Aber selbst, wenn man *deutsche Familien* besuchen würde, um ihre Kultur kennen zu lernen, wäre – da auch hier homogenisierende und pauschalisierende Zuschreibungen die Praxis strukturieren – das Elend der Interkulturellen Pädagogik nicht aufgehoben.

Im Hinblick auf das Anliegen der Interkulturellen Pädagogik schreibt Georg Auernheimer: „Das Programm einer interkulturellen Bildung lässt sich auf zwei Grundprinzipien gründen: auf den Gleichheitsgrundsatz und den Grundsatz der Anerkennung anderer Identitätsentwürfe."[6] Nun müsste man sich mit den Prinzipien, die Auernheimer hier anspricht, genauer auseinandersetzen. Ich will mich jedoch nur auf das zweite Prinzip, das der Anerkennung des/der Anderen und auch hierbei nur auf einen einzigen Punkt konzentrieren. Überspitzt formuliert lautet dieser: der Andere kann gar nicht anerkannt werden, da er als Anderer nicht erkennbar ist. Ein Erkennen setzt die Festschreibung (kultureller Andersheit) unabdingbar voraus. Das heißt nicht, dass ich Anerkennung für einen unangemessenen Grundsatz hielte, doch bedarf das Prinzip der Anerkennung einer Ergänzung: nämlich die Unmöglichkeit der Anerkennung. Sie bezeichnet die Einsicht, dass die Unmöglichkeit, etwas anzuerkennen, was nicht erkennbar ist, anerkannt werden sollte. Es geht mir hier um die Anerkennung der Nicht-Erkennbarkeit der Anderen, d.h. ihre Unbestimmtheit, in der die je eigene Unbestimmtheit einen Widerhall findet. Neben dem Gleichheitsgrundsatz und dem Prinzip der Anerkennung von Identitätsentwürfen stellt das Paradoxon der Anerkennung der Unmöglichkeit von Anerkennung ein zentrales Moment allgemeiner Bildung in der Migrationsgesellschaft dar.

ORDNUNGEN ERKUNDEN UND UNEINDEUTIGE ZUGEHÖRIGKEITEN (AN)ERKENNEN: ÄSTHETISCHE BILDUNG IN DER MIGRATIONSGESELLSCHAFT

Wenn es im Fach Kunst und allgemein in der pädagogischen Auseinandersetzung mit Kunst und mit der ästhetischen Dimension des Lebens um „das Erlernen von *Perspektiven der Wahrnehmung* geht, die philosophische Fragen des *Blickes* und des *Weltbildes* einschließen"[7], dann muss der Rückbezug auf die grundlegende Befragung des Blicks und des Weltbildes im Zusammenhang von Ästhetik und Migration, Kunstpädagogik und Migration den Ausgangspunkt darstellen. Im Rahmen der Perspektive *Migrationspädagogik*[8] besteht die zentrale pädagogische Aufgabe für die Rahmung ästhetischer Bildungsprozesse darin, Situationen und Konstellationen zu arrangieren, in denen es für die Gegenüber (z.B. Schülerinnen und Schüler) möglich wird, Schemata und Kategorien des *Unterscheidens* wahrzunehmen und zu reflektieren. Dies kann unter Nutzung vielfältiger symbolischer und ästhetischer Formen möglich werden, indem Verknüpfungen zwischen dem von ihnen rezeptiv und produktiv Wahrgenommenen zu

vergangenen, gegenwärtigen und zukünftigen Zusammenhängen hergestellt sowie diese Assoziationen und Artikulationen gestaltet werden.
Es geht um das Erfahrbarwerden der Ästhetik von Zugehörigkeitsordnungen – verstanden als von politisch-sinnlich-kulturellen Kontexten
vermittelte Dimension. Zugehörigkeitsordnungen haben dabei soziali-
sierende oder besser: subjektivierende Wirkung. Sie vermitteln Selbst-,
Fremd- und Weltverständnisse nicht nur kognitiv, sondern vor allem auch
sinnlich-leiblich. In diesen Verständnissen spiegeln sich soziale Positionen und Lagerungen sowie die differentielle Verteilung von materiellen
und symbolischen Gütern und Anrechten. An diesem Punkt heißt *Wahr-
nehmungswahrnehmung*, sich zu den eigenen Wahrnehmungsschemata in
ein (sinnliches) Verhältnis zu setzen. Es geht hier also nicht um Projekte
ästhetischer Bildung, die durch das Machen und Hören von Musik, das
Machen und Sehen von Theaterstücken, das Machen und Anfassen von
Plastiken und Skulpturen, durch Erkundungen eigener und fremder Räume, Praxen und Geschichten zu mehr Toleranz, zu mehr Freundlichkeit
und Achtsamkeit im Umgang mit dem Fremden und Anderen beitragen
wollen (das interkulturelle Paradigma). Vielmehr stehen die verschieben-
de Erkundung des Schemas, das zwischen *denen* und *diesen* unterscheidet
und seine sinnlich-leibliche Verankerung im Zentrum einer migrationspädagogisch informierten ästhetischen Bildung. Es geht hierbei darum,
einen ästhetischen Rahmen zu schaffen, in dem Lernende und Lehrende
mit Hilfe des Gestaltens (qua) symbolischer Formen Ordnungen und die
eigene Position innerhalb dieser Ordnungen nicht nur kennenlernen, sondern auch ausprobieren, anprobieren, verändern und verwerfen.
  In den letzten Jahren hat sich eine bedeutsame kulturwissenschaftliche Erkenntnisperspektive entwickelt: Dualistische Sichtweisen auf Kultur, Differenz und Identität sollen aufgeschlossen und geöffnet werden.
Die Perspektive operiert, wenn wir sie politisch wenden, mit einer dop-
pelten Maxime: Identitäts- und Differenzkonzepte sollen so erweitert und
modifiziert werden, dass nicht allein starre, kontextfreie, schattierungsar-
me, binäre und eindeutige Identitäts- und Differenzverhältnisse theore-
tisch-begrifflich gefasst werden. Sondern es geht darum, Phänomene der
Uneindeutigkeit, des Changierens, des Übergangs praktisch anzuerkennen. Der differenztheoretische Diskurs hat sich analytisch-deskriptiv wie
auch normativ-präskriptiv den Zwischentönen, Randgängen und Überschreitungen zugewandt.

Theoriediskurse, die sich um Kategorien wie Ambivalenz[9], Dekonstruktion[10], Transdifferenz[11] oder Unreinheit[12] gruppieren, markieren in jüngeren Debatten eine Verschiebung des Fokus. Es geht hier nicht nur darum, die Ordnung, Teilung, Grenzziehung und Grenze konstituierenden Momente zu untersuchen. Vielmehr werden der Ordnung entgegenlaufende Prozesse, Phänomene der Verunreinigung, der Entgrenzung, der Verschiebung und Versetzung, der Neumischung und des *Remix* (siehe die Vorschläge der Nürnberger Kunstpädagogikkonferenz) in den Blick genommen.

Die Auffassung, dass Differenz die Scheidelinie binär organisierter Identitätskategorien darstelle, ist im Zuge dieser Theoriediskurse nachhaltig ins Wanken geraten. Ein Verständnis von Differenz als Ausdruck und Repräsentation einer benennbaren Trennung zwischen vermeintlichen Antagonismen suggeriert, dass das, was als Unterschiedenes trennt und verbindet, erfassbar sei. Es gehört aber zum Wesen des zu Unterscheidenden, zum Wesen der Relationierung, dass es *wesenlos* ist. In diesem Zuge wird Differenz nicht als *bloßer* Unterschied, als das von einem identifizierbaren Eigenen klar abgegrenzte Andere verstanden. Vielmehr werden Gegensätzlichkeiten – Eigenes und Anderes – als in einer unauflöslichen Beziehung stehend begriffen, die die Identifizierbarkeit der antagonistischen Pole grundlegend problematisiert. Gleichzeitig wird versucht, der Unreinheit, der Unrepräsentierbarkeit und der Prozesshaftigkeit von Differenz-Phänomenen Rechnung zu tragen. Mit der Anerkennung der Verwobenheit von diverser, sich prozesshaft verändernder Differenz und Identität wird die *Entweder-oder*-Ordnung fraglich. Diese Zusammenhänge verdichten sich zuweilen im Begriff *Hybridität*.

Hybridität weist nun zumindest zwei wesentliche Dimensionen auf, die für kunstpädagogische Perspektiven relevant sein können. In der ersten Dimension meint Hybridität eine technologische Leistungssuggestion und eine medizinische Heilsofferte, weil in dem Ausdruck Hybridität das nicht-funktionale Beharren auf der Reinheit verwandter Materialien, Programme und Systeme leistungssteigernd überwunden zu werden scheint. In diesem technisch-medizinischen Sektor steht Hybridität für Intelligenzsteigerung durch kalkulierte Unreinheit.

In anderen Sektoren, der eher auf ein junges Publikum gerichteten ästhetischen Industrie, eröffnet Hybridität ein anderes Spiel mit Differenz. Hier – auf den Märkten der Videoclips und Websites – wird Hybridität als Identitäts- und Beziehungsform gefeiert, als performatives Darstellungsbild und Inszenierungsmodus. Hier ist hybrid ein positiv besetzter Terminus im globalen Kontext, in dem nicht nur kulturelle Synergien genutzt werden, sondern die betörende Inszenierung der Differenz als Code eingesetzt wird. Waren werden mit Bedeutung und Bedeutungen mit Produkten versehen, so dass in den Anrufen, Ansingungen und Angeboten dieser Ware-Bedeutungskomplexen aus Individuen Subjekte werden.

Die Konjunktur des Wortes Hybridität tendiert dazu, nicht genauer hinzusehen, wo und wie Hybridität zu einer Disziplinierungspraxis wird. Wer etwa nicht gelernt hat, seine kulturelle Herkunft zumindest performativ und dem Augenschein nach zu transzendieren, wer provinziell geblieben ist, der und die bleiben im kapitalen Globalismus synkretistisch symbolisierter Zugänge zu Markt und Menschen auf der Strecke. Es macht also Sinn, von dem Feiern der Hybridität zurück zu treten und die Praxis Hybridität auf die mit ihr verbundenen Ausschlüsse und Bemächtigungen zu betrachten. Ein Ausschluss-/Bemächtigungstyp heißt also: Hybridisierungen sind ein Disziplinierungs- und Leistungssteigerungsmittel des gegenwärtigen Kapitalismus.

Komplementär dazu positioniert sich eine weitere Dimension von Hybridität bzw. ein Hybriditätsverständnis, wie es im Bereich der *postcolonial studies*[13] anzutreffen ist. Hybridität und hybrides Handlungsvermögen stellen Phänomene der Überschreitung und Zurückweisung binärer Unterscheidungen dar, die in zweierlei Hinsicht *widerständig* sein können. Zum einen widersetzt sich Hybridität dem universellen Anspruch binär unterscheidender Schemata, sie verweigert sich der allein oppositionellen Repräsentation und Konstruktion sozialer Prozesse und Antagonismen: „Hybridity is to culture what deconstruction is to discourse: Transcending binary categories."[14]

Es muss, nun mit Rückbezug auf die erste Dimension, darum gehen empirisch genauer zu fragen, wer in der Lage ist, solche hybriden, wiederständigen Prozesse zu gestalten, also *für wen* klare Unterscheidungen von Wir und Nicht-Wir, von eigener und fremder Kultur ihre Verbindlichkeit verlieren (können) und wer mit der Unüberwindbarkeit dieser Unterscheidungen konfrontiert ist.

Dies kann auch mit Bezug auf das *Nürnberg-Paper* (in diesem Band) gefragt werden. Hin und wieder gerät es in das Fahrwasser einer Argumentation intellektualistischer Voreingenommenheit, die den Diskurs um *hybrid* und *transkulturell* kennzeichnet.[15] *Ein* Ziel einer Kunstpädagogik im dritten Jahrtausend könnte darin bestehen, eine Achtsamkeit dafür zu pflegen, wo (alltagsweltlich) das Bewusstsein und das Leiden daran, dass es manchen zugestanden ist, die Unterscheidung zwischen *innen* und *außen*, von *eigen* und *fremd* zu transzendieren und anderen nicht, eine ästhetische und politische Form findet, die zu weniger machtvollen Verhältnissen beiträgt. Es geht also vor dem Hintergrund dieser Grundspannung des Hybriden nicht so sehr um die Frage, welche Kultur, welche Bilder, welche besonderen ästhetischen Verhaltensweisen spezifische Migrantengruppen haben, wie diese Kultur zu beschreiben und wie unter den unterschiedlichen kulturellen Gruppen Verständigung möglich ist usw. Vielmehr geht es um die Frage, aufgrund welcher kulturellen Praktiken in pädagogischen Zusammenhängen zwischen *Migrantinnen* und *Nicht-Migranten* unterschieden wird, aufgrund welcher Bedingungen und in welchen Bildern *Migrantinnen* als *Migrantinnen* wahrgenommen werden. Es geht ferner darum, wie Kinder lernen können, sich als *Nicht-Ausländerin* oder *Nicht-Fremde* zu verstehen und wie in alltäglichen Praxen innerhalb und außerhalb der offiziellen Orte neue, *widerständige* Formen der Überschreitung der traditionellen Grenzen erprobt und eingeübt werden können, eine Erkundung also der Praxen, Lebensweisen und Geschichten, die sich dem eindeutigen Unterscheiden entziehen.

Achtsamkeit für dieses alltagsweltlich kreative Potenzial von wandernden, nicht eindeutigen Positionen und Praxen ist m.E. einer der zentralen Bezugspunkte migrationspädagogisch informierter ästhetischer Bildung.

ANMERKUNGEN

1 | Der vorliegende Text greift auf Passagen bereits publizierter Texte zurück. Vor allem: Mecheril, P.; Probadnick, D. & Scherschel, K.: „(De)Binarisierung und Bildung. Empirisch-theoretische Vignetten eines Zusammenhangs", in: Allolio-Näcke, L..; Kalscheuer, B. (Hrsg.): *Kulturelle Differenzen begreifen. Das Konzept der Transdifferenz aus interdisziplinärer Sicht*, Frankfurt/M.: Campus 2008, S. 383-406; Mecheril, Paul: „Hybridität, kulturelle Differenz und Zugehörigkeiten als pädagogische Herausforderung", in: Mertens, G. u. a. (Hrsg.): *Handbuch der Erziehungswissenschaft* (Teilband: Umwelten; hg. von Ch. Alleman-Ghionda), Bonn: Görres-Gesellschaft 2009; Mecheril, Paul (2012a): „Ästhetische Bildung und Kunstvermittlung. Migrationspädagogische Anmerkungen", in: Art Education Research unter: http://iae-journal.zhdk.ch/no-6/texte/ [3.1.2013].

2 | Bade, Karl J.: *Homo Migrans - Wanderungen von und nach Deutschland. Erfahrungen und Fragen*, Essen: Klartext 1994.

3 | Mecheril, P. (2012a), a.a.O.

4 | ausführlicher Mecheril, Paul; Castro Varela, M.; Dirim, I.; Kalpaka, A. & Melter, C.: *BACHELOR | MASTER: Migrationspädagogik*, Beltz: Weinheim 2010.

5 | Hamburger, Franz: *Abschied von der Interkulturellen Pädagogik. Plädoyer für einen Wandel sozialpädagogischer Konzepte*, Weinheim: Juventa 2009, S. 10.

6 | Auernheimer, Georg: „Anforderungen an das Bildungssystem und die Schulen in der Einwanderungsgesellschaft", in: ders. (Hrsg.): *Migration als Herausforderung für pädagogische Institutionen*, Opladen: Leske + Budrich 2001, S. 45-58, hier S. 45.

7 | Maset, Pierangelo: *Ästhetische Bildung und Differenz. Kunst und Pädagogik im technischen Zeitalter*, Stuttgart: Radius 1995, S. 230.

8 | Mecheril, P. u.a. (2010), a.a.O.

9 | Bauman, Zygmunt: *Moderne und Ambivalenz*, Frankfurt/M.: Fischer 1995.

10 | Butler, Judith: *Das Unbehagen der Geschlechter*, Frankfurt/M.: Suhrkamp 1991.

11 | Lösch, K.: „Begriff und Phänomen der Transdifferenz: Zur Infragestellung binärer Differenzkonstrukte", in: Allolio-Näcke, L.; B. Kalscheuer & A. Manzeschke (Hg.): *Differenzen anders denken. Bausteine einer Kulturtheorie der Transdifferenz*, Frankfurt/M.: Campus 2005, S. 22-45.

12 | Mecheril, Paul (2009), a.a.O.

13 |Vgl. etwa Castro Varela, María Do Mar; Dhawan, Nikita: *Postkoloniale Theorie. Eine kritische Einführung*, Bielefeld: Transcript 2005.

14 | Nederveen Pieterse J.: „Hybridity, So What? The Anti-hybridity Backlash and the Riddles of Recognition". In: *Theory, Culture & Society 18*, Heft 2-3, 2001, S. 219-245, hier S. 238.

15 | Vgl. Mecheril, Paul (2012b): „Kritik der Hybridität. Kommentar zum Nürnberg-Paper", in: Brenne, Andreas; Sabisch, Andrea; Schnurr, Ansgar (Hrsg.): *revisit. Kunstpädagogische Handlungsfelder #teilhaben #kooperieren #transformieren*, Schriftenreihe Kunst Pädagogik Partizipation, Buch 02, München: kopaed 2012, S. 231-232.

Bildung, Kultur und die Mehrdimensionalität kollektiver Zugehörigkeiten

ARND-MICHAEL NOHL

Eines Tages geht Hubert Schlosser, damals Hilfsarbeiter mit Realschulabschluss wie seine Eltern, in Ulm durch einen Park. Und plötzlich geschieht
etwas, das sein Leben völlig verändern wird. Das war „gar nich so spekta-
kulär, ich hab die nur einfach gesehn die Sambagruppe", erzählt er mir im
Interview und fährt mit folgenden Worten fort: „ich hab die halt gesehn
und wusste, das will ich auch machen. Das is irgendwie total toll, em das
is da passiert was ne, das is richtich mächtig das is laut, das ist irgendwie
rhythmisch ne, und war halt kam halt in dem Moment wie vom andern
Stern."[1]

Zwei Wochen später beginnt Schlosser mit dem Samba-Percussion-Unter-
richt, schließt sich dann einer Samba-Gruppe an, die ihre Zuhörerinnen
und Zuhörer bei Auftritten begeistert. Wenige Jahre später zieht Schlosser von Ulm nach Berlin um, fängt an selbst Unterricht zu geben und
gründet schließlich eine Samba-Percussion-Schule. So wird aus dem einstigen Hilfsarbeiter, der die Aufnahmeprüfung für eine Fachoberschule für
Gestaltung nicht geschafft und dann auch noch eine Erzieherausbildung
abgebrochen hatte, ein Kleinunternehmer, der sein Leben mit Samba-Unterricht verdient. Ausgehend von der Begegnung mit dem brasilianischen
Samba, der ihm so fremd wie vom „andern Stern" war, entfalten sich für
Hubert Schlosser somit neue Lebensorientierungen, die ihm helfen, sich
erneut als handlungsfähiges Subjekt zu begreifen.

Eine solche Erfahrung von Differenz und Fremdheit steht oftmals am
Anfang eines Bildungsprozesses, in dem sich der Mensch fundamental verändert.[2] Ich fasse hier die Entstehung und Veränderung von Lebensorientierungen, die mit einer Subjektivierung einhergeht, als Bildung.[3] In einen
solchen Prozess ist immer auch Lernen eingebunden. Schlosser nimmt
zum Beispiel zunächst Samba-Unterricht, bevor diese musikalische Praxis

eine umfassende Bedeutung für sein Leben erhält. Lernen kann man als den Erwerb von Wissen und Können definieren. Demgegenüber geht es im Bildungsprozess um eine Subjektivierung durch die Transformation von Lebensorientierungen. Hätte Schlosser den Samba nur erlernt, wäre er ein Gelegenheitsspieler geworden; doch er gründet gleich eine eigene Sambaschule und rückt so den Samba in das Zentrum seines Lebens. Auf diese Weise durchläuft er einen Bildungsprozess.[4]

Da es ja der brasilianische Samba ist, dessen Fremdheit für Hubert Schlosser zu bildsamer Differenzerfahrung wird, könnte man durchaus von einem Prozess interkultureller Bildung sprechen. Doch welchen Kulturbegriff würden wir dann in Anspruch nehmen? Wäre es nicht zu einfach, Schlossers Lebensgeschichte durch die nationalkulturelle Brille zu lesen, in der der brasilianische Samba dem deutschen Hilfsarbeiter wie selbstverständlich als fremd erscheint?

Wie zuvor schon beim Begriff der Bildung ist es offenbar wichtig genau zu definieren, was wir unter Kultur verstehen. Die interkulturelle Pädagogik ist in den 1980er Jahren mit dem Ziel angetreten, der ethnisch-kulturellen Vielfalt unserer Gesellschaft auch im Bildungssystem Rechnung zu tragen.[5] Doch schon in den 1990er Jahren wurde diese Betonung des Ethnisch-Kulturellen heftig kritisiert, kann man doch die kulturellen Eigenheiten, die man den Migrantenkindern zuschreibt, ebenso wertschätzen wie man sie zum Anlass für Diskriminierung macht.[6] Der Weg vom türkischen Kind mit seinen (unterstellten) exotischen Essens- und Lebensgewohnheiten bis dahin, wo ihm der Zugang zum Gymnasium verweigert wird, ist kurz, weil es nicht die nötige Unterstützung durch seine Eltern bekommen würde.

Als Reaktion auf die Kritik der interkulturellen Pädagogik entstanden nach der Jahrtausendwende Ansätze einer Pädagogik, „die sich mit der kulturellen Pluralität hochdifferenzierter Gesellschaften in allgemeiner Einstellung beschäftigt".[7] So wirft Paul Mecheril einen kritisch imprägnierten Blick auf die Einwanderungsgesellschaft und die interkulturelle Pädagogik. Dabei bleiben seine Überlegungen aber weitgehend an das Phänomen der Migration gebunden.[8]

Ich versuche demgegenüber, die kulturelle Pluralität unserer Gesellschaft so zu fassen, dass Migration nur als eine Differenzlinie unter vielen erscheint. Wie ich in meinem Beitrag deutlich machen möchte, ist menschliche Lebenspraxis in zeitgenössischen Gesellschaften stets mehrdimensional angelegt – und Migration kann eine unter anderen Dimensionen kollektiver Zugehörigkeit sein. Im Folgenden werde ich zunächst die Mehrdimensionalität von Kultur anhand des Beispiels einer Jugendstudie erläutern, in der sich kollektive Zugehörigkeiten im Bereich von Migration, Adoleszenz und Bildungsmilieu zeigten (I.). Dann werde ich auf die Mehrdimensionalität von Kulturen und Milieus in Deutschland wie auch deren Heterogenität eingehen (II.), um schließlich zwei unterschiedliche Ebenen des Kulturellen – das praktische Leben innerhalb kollektiver Zugehörigkeiten sowie deren Repräsentation nach außen – zu unterscheiden (III.). Mit diesem theoretischen Begriffsapparat lässt sich dann ein kritischer Blick auf pädagogische Interaktionen werfen (IV.), bevor ich auf die Bildungsgeschichte von Hubert Schlosser zurückkomme (V.).

I.

„Ich mach ne Ausbildung als Dieb". Mit diesen Worten reagierte ein Jugendlicher vor einigen Jahren auf meine Frage, welchen Beruf er und seine Freunde denn erlernten. Wie ist eine solche Aussage zu werten? Ist sie nur eine Provokation? Und wie kann man diese einordnen? Hat sie damit zu tun, dass es sich hier um einen Jugendlichen mit sogenanntem Migrationshintergrund handelt? Oder sollte man besser sagen: um einen *türkischen Jugendlichen?*

Ein anderer aus dieser Jugendclique nahm meine Frage ernster. Er bekundete gleichwohl, dass das „Berufsleben [...] völlig scheiße" sei. Aber seine Freunde fielen ihm sogleich ins Wort: „Wir wollen jetzt nicht immer nur über Beruf reden", war da zu hören. Und dann musste ich mir zur Fortführung der Gruppendiskussion[9] ein neues Thema suchen.

Um herauszufinden, welcher soziale Sinn der Rede von der *Ausbildung als Dieb* zukommt, war es hilfreich, auch Gruppendiskussionen, die wir mit anderen Jugendlichen, einheimischen und solchen aus Einwanderungsfamilien geführt haben, zu Rate zu ziehen.[10] Deutlich wird dann, dass nicht nur diese Migrantenjugendlichen, sondern auch ihre einheimischen Altersgenossinnen und -genossen nach dem Haupt- oder Realschulabschluss und ihren ersten Erfahrungen der Tristesse im Ausbildungsalltag oder auch der Arbeitslosigkeit in eine Krisenphase ihrer Adoleszenz geraten. In dieser Adoleszenzkrise verneinen bzw. negieren sie jegliche berufliche Zukunft. Sie machen keine beruflichen Pläne und sie wollen schon gar nicht über ihre Arbeit sprechen. Eine derartige *Negationsphase*[11] findet sich bei vielen Jugendlichen im Berufsbildungssystem, wenngleich sie bei manchen, wie etwa den Teilnehmenden der oben zitierten Gruppendiskussion, sehr stark ausgeprägt sein kann. Dass einer eine *Ausbildung als Dieb* mache, war auch nicht nur eine Provokation, sondern ein implizit-ironischer Verweis auf die Aktivitäten dieser Jugendlichen. Diese Jugendclique beschäftigte sich – neben Diebstählen, Drogenkonsum und körperlichen Auseinandersetzungen – allerdings auch mit dem Breakdance, der ihnen auch deshalb gefiel, weil man beim Powerbreak, dem Kopfkreiseln und anderen akrobatischen Übungen alles *vergisst*, eben auch die Tristesse des Arbeitsalltags.

Ich habe diese jungen Breakdancer eine längere Zeit beobachtet. Zweieinhalb Jahre später, im Alter von 19 bis 20 Jahren, haben die kriminalisierungsfähigen Aktivitäten der Jugendlichen an Bedeutung abgenommen. Die Gruppe hat sich inzwischen zu einer veritablen Breakdance-Crew gewandelt, die auch Auftritte hat. Die Jugendlichen denken nun wieder über ihre biografische Zukunft nach und messen in diesem Zusammenhang dem Breakdance und allgemein der ästhetischen Praxis des Hip-Hop besondere Bedeutung zu.[12]

Über dieses Wiederaufgreifen biografischer Planung, diese *Re-Orientierung*[13], waren wir nicht übermäßig überrascht, findet sich diese Adoleszenzphase der Re-Orientierung doch auch bei vielen anderen Jugendlichen, einheimischen wie Migranten. Nachdem die Adoleszenzkrise überwunden ist und wenn die Berufsausbildung (so man eine absolviert) dem Ende zugeht, beschäftigt man sich wieder mit der Frage, wie das Leben weitergehen soll. Man sucht seinen Platz in der Gesellschaft, sei es im Privatleben oder im Beruf.[14]

Doch im Unterschied zu den anderen grenzen sich *diese* Migrantenjugendlichen weiterhin sowohl von den Normalitätsvorstellungen und Sozialformen der Aufnahmegesellschaft wie auch von denjenigen ihrer Herkunftsfamilie ab. Sie provozieren zwar mich als Forscher nicht mehr, halten aber weiterhin Distanz zu den Erwartungen, die man z.B. an Normalbürgerinnen und -bürger mit einem *ordentlichen* Beruf richtet. Und auch gegenüber ihren Eltern sind sie auf Abstand bedacht.

Gerade im Vergleich mit Jugendlichen gleichen Alters aus einheimischen Familien wird die Abgrenzung gegenüber gesellschaftlichen und familialen Normalitätsvorstellungen als ein Phänomen der *Migrationslagerung*[15] identifizierbar. Am Ende ihrer Adoleszenzentwicklung, in der Phase der Re-Orientierung, erfahren die Jugendlichen aus Migrantenfamilien in verschärfter Weise eine Differenz zwischen ihrer Familie und der ethnischen Einwanderungs-Community einerseits und der Gesellschaft mit ihren Institutionen andererseits. Wir haben die Familie und Einwanderungscommunity als innere Sphäre und die Gesellschaft mit ihren Institutionen als äußere Sphäre bezeichnet. Die Differenz dieser beiden Sphären, die sie im Übrigen schon in ihrer Kindheit erlebten, diese Sphärendifferenz wird am Ende der Adoleszenzentwicklung zum Orientierungsproblem.[16]

Die Sphärendifferenz ist ein handlungspraktisches, im alltäglichen Leben zu lösendes Problem. Es geht um die Divergenz zweier unterschiedlicher Formen der Sozialität: Die äußere Sphäre ist durch gesellschaftlich-abstrahierte Beziehungsformen geprägt. Diese finden vor allem in Form von institutionalisierten Ablaufmustern (Schule, Ausbildung), aber auch in ethnischer Diskriminierung Niederschlag in den jugendlichen Erfahrungen. Die innere Sphäre umfasst einen – bisweilen unvermittelt – aus der Herkunftsregion der Eltern tradierten Sozialitätsmodus, auf den die Jugendlichen mit den Metaphern *Liebe* und *Respekt* Bezug nehmen.

In der Gruppendiskussion mit den 19 bis 20-jährigen Migrantenjugendlichen[17] äußert einer von ihnen: „Man ist zu Hause ganz anders, als man draußen ist". Sein Freund ergänzt: „Ja, zu Hause, die haben von gar nichts ne Ahnung", und schreibt dies der „alten Denkweise" ihrer Eltern zu. Diese Unkenntnis der Eltern über ihre eigene außerhäusliche Handlungspraxis „is auch besser so", heißt es dann in der Gruppendiskussion, denn sie ermögliche es den Jugendlichen, ihren Eltern gegenüber „Respekt" zu zeigen.

Doch nicht nur gegenüber der inneren Sphäre, auch gegenüber der Gesellschaft und ihren Institutionen, d.h. gegenüber der äußeren Sphäre, halten diese Jugendlichen Distanz. Den Jobs, denen sie nachgehen, kommt nur insofern eine Relevanz zu, als man mit ihnen genügend Geld verdienen kann. Auch die Beziehungen zu jungen Frauen beschränken sie auf rein sexuelle Kontakte und lehnen „Liebe, dies, das, Treffen und Kino Gehen" ab.

Jenseits der und in Abgrenzung zur inneren und äußeren Sphäre entsteht dabei so etwas wie eine eigene, jugendspezifische dritte Sphäre, über die es in der Gruppendiskussion heißt: „Weil nebenbei ham wir auch noch sehr viel anderes zu tun, so zum Beispiel wie tanzen und so sind wir alle in der Hip-Hop-Szene auch sehr aktiv mit dem Breakdancen". Jenseits der inneren und äußeren Sphäre hat sich in dieser Gruppe eine dritte Sphäre mit eigenen Normalitätsvorstellungen und Sozialformen entwickelt, die sich vornehmlich aus dem Breakdance und der Hiphopszene speist.

Dies soll nun nicht bedeuten, dass alle Jugendlichen, die eine Sphärendifferenz zwischen der deutschen Gesellschaft und ihren eingewanderten Familien erfahren, sich von beiden abgrenzen und auf diese Weise eine eigene, dritte Sphäre aufbauen; wir haben auch Jugendliche kennengelernt, die versuchten, zwischen Gesellschaft und Familie zu vermitteln oder sich aber vollständig auf die Vorgaben und sozialen Praktiken der inneren Sphäre konzentriert haben[18].

Neben den Breakdancern gab es indes noch zwei weitere Cliquen, die in Abgrenzung zu Gesellschaft und Familie eine dritte Sphäre aufgebaut hatten. Doch im Kontrast zu der sehr körperlichen und praktischen Tätigkeit des Breakdance war die dritte Sphäre bei diesen Gymnasiasten und Studierenden vor allem ein Produkt des Reflektierens, des Nachdenkens über sich und die Welt. In einer Gruppendiskussion beklagen sich diese Jugendlichen z.B. über das Unverständnis ihrer Eltern ihnen gegenüber, wie auch über die Diskriminierung und Marginalisierung, die sie in Deutschland als *Ausländerinnen und Ausländer* und in der Türkei als *Deutschländer* (türkisch: *Almancı*) erfahren. Im Anschluss an diesen Diskurs sagt einer der Jugendlichen plötzlich: „Wir brauchen ein eigenes Land." Danach befragt, wie dieses heißen solle, antwortet er: „Deutschländerreich". Daraufhin steigern sich alle Gruppenmitglieder in eine Diskussion darüber hinein, wo die Hauptstadt dieses „Deutschländerreiches" liegen solle (Kreuzberg) und wie seine Grenzen zu definieren seien (Berlin oder Berlin-Brandenburg). Die Gymnasiasten entwerfen hier, auf dem Wege des Gedankenexperimentes, die Zukunft einer dritten Sphäre, ohne dass die Möglichkeiten ihrer Realisierung erörtert würden. Diese spontane, intellektuelle Konstruktionsarbeit, wie sie sich auch bei Gymnasiasten ohne Migrationshintergrund finden lässt[19], wird in der Gruppendiskussion denn auch mit den Worten „Spaß beiseite" jäh gestoppt. Ein solcher intellektueller Aktionismus kontrastiert maximal mit der körperlich-ästhetischen Praxis der Breakdancer, die ja allesamt Haupt- bzw. Realschüler waren.

II.

Warum bin ich so ausführlich auf die Erfahrungen und Schilderungen dieser Jugendlichen eingegangen? Es ging mir dabei nicht um die Eigenarten von Menschen, deren Eltern aus der Türkei eingewandert sind. Vielmehr verbinde ich mit diesem empirischen Beispiel ein anderes Anliegen: Ich möchte auf die Mehrdimensionalität von Kulturen und Milieus hinweisen.

In öffentlichen Debatten wird heutzutage verstärkt registriert, dass es in Deutschland nicht nur eine Kultur gibt, die man deutsche nennt und bisweilen gerne zur Leitkultur machen möchte. Auch wenn man den Begriff der multikulturellen Gesellschaft ablehnen mag, herrscht doch breiter Konsens darüber, dass unsere Gesellschaft aus einer Vielzahl von Kulturen und Milieus besteht. Damit meine ich nicht nur ethnische Kulturen, wie diejenige der Sorben, der Süryani aus der Türkei, der Italiener oder Bosnier. Ich denke auch an solche Milieus, wie sie etwa in der Wahlforschung berücksichtigt werden: Milieus von Hedonisten, DDR-Nostalgikern, des Bildungsbürgertums oder Facharbeitermilieus.

Doch diese Kulturen und Milieus sind nicht in sich geschlossen und homogen, sondern in sich nochmals differenziert. Das Milieu der Jugendlichen, das ich weiter oben untersucht habe, ist nicht nur migrationsspezifisch. Es wurde auch deutlich, dass sich die Jugendlichen im Zuge ihrer Adoleszenzentwicklung veränderten und ihr Milieu eine bildungstypische Dimension aufweist, wie man an dem Unterschied zwischen den breakdancenden Hauptschülern und den Gymnasiasten sehen konnte.

Wir sprechen hier von *mehrdimensionalen* Milieus und Kulturen.[20] Dabei sind nicht nur die Milieus von Migrantinnen und Migranten mehrdimensional, sondern alle Milieus und Kulturen. Man kann in einem bildungsbürgerlichen Milieu Nürnbergs leben, doch heißt dies nicht, dass man deshalb alle Handlungsgewohnheiten mit allen Nürnberger Bildungsbürgerinnen und -bürgern teilt. In solchen Milieus und Kulturen finden sich auch Geschlechter-, Generations- und Altersunterschiede. Es sind immer mehrere kollektive Zugehörigkeiten, die die menschliche Lebenspraxis prägen. Kollektive Zugehörigkeiten gibt es daher nur im Plural. Niemand ist nur Bosnier, nur Frau oder nur Bildungsbürgerin. Pädagoginnen und Pädagogen haben es immer mit Menschen zu tun, deren praktische Lebensführung durch die Einbindung in unterschiedliche kollektive Zugehörigkeiten geprägt ist.[21]

III.

In den gesellschaftlichen Debatten[22], aber auch in pädagogischen Arbeits-
feldern, werden kollektive Zugehörigkeiten oftmals viel eindimensionaler
dargestellt als sie sind. Wenn man eine eigene kollektive Zugehörigkeit
nach außen repräsentiert, dann neigt man dazu sie zu überbetonen. „Bei
uns Kurden ist das eben so", könnte es dann heißen. Aber auch wenn in
der Gesellschaft über andere Menschen gesprochen wird, repräsentieren
wir sie eher eindimensional: „Für die Russen ist die Familie noch sehr
wichtig", wird dann gesagt.

Wo über die Grenzen von Wir-Gruppen hinweg in der Öffentlichkeit
und zum Teil auch medial gestützt kommuniziert wird, werden Kulturen
mehr repräsentiert als gelebt. Ich bezeichne dies als *kulturelle Repräsentation*[23]. Kulturelle Repräsentationen finden sich zum Beispiel in Katalogen
für Damen- oder Herrenoberbekleidung, in denen repräsentiert wird wie
Damen oder Herren aussehen sollen. Kulturelle Repräsentationen finden
sich auf der Tafel, an der die Oberschicht zu speisen pflegt, aber auch in
den Turnschuhen, die ein Minister als Angehöriger der 68er-Generation
bei seiner Vereidigung trägt. Und selbst ein Bart kann kulturell repräsentieren, wobei dies für eine Religion (etwa der Sikh) oder auch für eine
politische Haltung (etwa türkischer Faschisten) stehen kann. Schließlich
kennen wir viele kulturelle Repräsentationen, mit denen man die Zugehörigkeit zu einer Nation zuschreibt, etwa mit dem Schottenrock.

Kulturelle Repräsentationen tendieren dazu, kollektive Zugehörigkeiten für möglichst alle erkennbar zu identifizieren und symbolisch zu verdichten. Denn kulturelle Zuschreibungen leben von ihrer Prägnanz. Nur
wenn auf Anhieb erkennbar ist, was repräsentiert wird, hat die kulturelle
Repräsentation eine Funktion. Man denke hier nur an die Signalwirkung
der Nonnentracht, an den Irokesenschnitt eines Punks oder das „Oazapft-
is" beim Münchner Oktoberfest.

Die *Selbst*repräsentation kollektiver Zugehörigkeit kann dabei leicht
zur *Fremd*repräsentation verwendet werden; Symbole, die man dazu benutzt, die eigene kollektive Zugehörigkeit zu unterstreichen, können von
anderen gebraucht werden, um Unterschiede hervorzuheben. Auf diese
Weise kann zum Beispiel aus dem Kopftuch, mit dem manche Frauen ihre
eigene Zugehörigkeit zum Islam repräsentieren, eine kulturelle Fremdre-
präsentation werden, anhand derer allen Frauen, die ein Kopftuch tragen

(also auch jenen, die dies aufgrund ihrer bäuerlichen Herkunft tun), eine solche Zugehörigkeit zum Islam von außen zugeschrieben wird.

Man kann noch weiter gehen: Je prägnanter das Andere öffentlich identifiziert werden kann, je prägnanter also die kulturellen Fremdrepräsentationen ausfallen (z.b. im Kopftuch als Zeichen des Islams), desto eindeutiger wird – durch Abgrenzung von diesen – auch die eigene kollektive Zugehörigkeit repräsentiert. Wir markieren uns als Deutsche, wenn wir über die Italiener, Griechen etc. reden. Oder als Frauen, wenn wir über Männer reden. Oder als Liberale (Christen), wenn wir über das islamische Kopftuch reden.

Für die Pädagogik ist es sehr wichtig, hinter diese kulturellen Selbst- und Fremdrepräsentationen zu schauen. Man muss in den Blick nehmen, welche unterschiedlichen kollektiven Lebenspraktiken sich hinter einem Kopftuch verstecken. Wir sollten z.b. sensibel sein für die mehrdimensionalen Erfahrungen, die durch ein Machogehabe, durch die Betonung einer ethnischen Zugehörigkeit oder des Glaubens verdeckt werden. Kulturelle Repräsentationen haben – wenn sie denn nicht auf eine „vorgestellte Gemeinschaft"[24] verweisen – einen Bezug zu der praktischen kollektiven Lebensführung jener Menschen, die sich selbst repräsentieren oder von anderen fremdrepräsentiert werden. Da kulturelle Repräsentationen die kollektive Zugehörigkeit jedoch für alle identifizierbar machen sollen und symbolisch verdichtet sind, müssen sie aber von der Mehrdimensionalität praktischer Lebensführung abstrahieren.

Kultur als das praktische Leben innerhalb kollektiver Zugehörigkeiten lässt sich als *Milieu* bezeichnen.[25] Milieus beruhen nicht (nur) auf zugeschriebenen, sondern auf gelebten Gemeinsamkeiten der Erfahrung, d.h. auf einer „kollektiven Erlebnisschichtung".[26] Diese kollektiven Erfahrungen müssen nicht notwendigerweise gemeinsam gemacht werden (wie dies etwa bei einer Jugendclique der Fall ist, die gemeinsam breakdancen), sondern können auch lediglich gleichartig sein. Zum Beispiel erleben viele Menschen, die einer eintönigen Arbeit nachgehen, den Montag als einen unangenehmen Tag der Woche, den Freitag aber als Erlösung. Dies tun sie nicht gemeinsam, sondern jeder für sich. Dennoch handelt es sich um eine kollektive Erfahrung, insofern sie bei allen Betroffenen gleichartig ist. Deutlich wird dies etwa dann, wenn einander ansonsten unbekannte Menschen einstimmig beklagen, dass morgen schon wieder Montag sei.[27]

IV.

Im pädagogischen Jargon heißt es, man solle *die Leute dort abholen, wo sie sind*. Dieser Satz hat seine Berechtigung, gerade wenn man berücksichtigt, dass es ja ums Abholen geht, indem man sich mit den *Leuten* von dem Punkt, wo sie derzeit (noch) sind, wegbewegen wird. Aber es bleibt die Frage, was eigentlich mit dem *dort, wo die Leute sind,* gemeint ist?

In einem Interview, das Heike Radvan mit einer Pädagogin geführt hat, schildert jene die Besucherinnen und Besucher ihres Jugendzentrums folgendermaßen: „wir haben Kurden auch einige Kurden so türkische, det hörn se ja nich gern aber von der türkischen Seite und (.) ich weeß gar nich ausm Irak haben mer auch welche also (2), na aber wie gesagt allet Kurden ja, ick möchte det betonen, det is ihnen sehr wichtig (2)".[28] Radvan schreibt hierzu: „Jugendliche werden [von der Pädagogin; Anm. A.-M. N.] ernst genommen, Anerkennung wird signalisiert." Doch die Selbstbezeichnung als *Kurde, Türke* oder *Deutscher* ernst zu nehmen, kann nur ein erster Schritt sein, bei dem man nicht stehen bleiben sollte. Denn sonst bleiben „weitere Milieudimensionen der Jugendlichen (und damit verbundene Handlungsoptionen) unbenannt; die Aussage wandelt sich zu einer ethnisierenden Zuschreibung, die Jugendlichen werden als Kurden total identifiziert".[29]

Aus diesem Grund sollte man die kulturelle Selbstrepräsentation als *Kurde* und die praktische Funktion, die eine solche Selbstrepräsentation in der Erfahrungswelt eines Menschen hat, voneinander unterscheiden.[30] Viele Menschen sind sich, da alles von ethnisierenden Kategorien überdeckt wird, selbst nicht darüber im Klaren, dass ihre praktische Lebensführung unterschiedlichen kollektiven Zugehörigkeiten geschuldet ist. Die Menschen *dort abzuholen, wo sie sind,* setzt aber voraus, sie in ihrer *praktischen Lebensführung,* in ihrem mehrdimensionalen Milieu ernst zu nehmen, nicht in ihren *Selbststereotypisierungen.*

In dem folgenden Interview mit dem Pädagogen Herrn Doğan, wiederum von Radvan geführt, zeigt sich eine solche mehrdimensionale Analyseeinstellung, die die praktische Lebensführung und das Milieu hinter den Selbst- und Fremdetikettierungen in den Vordergrund rückt: „im Rahmen der Nachbarschaftsarbeit haben wir ein Lokal sozusagen wo unterschiedliche Gruppen sich treffen und eine von denen sind die Jugendlichen, ... in der Regel sind alle Schülerinnen und Schüler, ... alle im Alter von dreizehn bis achtzehn sind und in die in der Nähe befindlichen Schulen hingehen,

... meistens Hauptschulen, gibts aber auch vereinzelt auch gymnasiale Schülerinnen und Schüler, ... die Mehrheit sind eigentlich *die Mädchen* ... und das sind alles eigentlich jetzt ausschließlich türkische haben türkischen Migrationshintergrund ehh sogar noch spezifischer, dass sie die Mehrheit kommen aus gleichen Regionen der Türkei, aus der gleiche Stadt und so und haben noch starke verwandtschaftliche Beziehungen".[31]

Jemand, der wie Herr Doğan die unterschiedlichen Erfahrungsdimensionen der Jugendlichen schildern kann, hat einen sehr differenzierten Blick auf seine Klientel, der ihm entsprechend breite Interventionsmöglichkeiten eröffnet. Erst der Blick hinter die Fassaden kultureller Repräsentationen ermöglicht es Pädagoginnen und Pädagogen, an die praktische Lebensführung der Menschen, ihre milieuspezifischen Alltagsprobleme und -erfahrungen anzuknüpfen und die Menschen von dort abzuholen.[32]

V.

Und damit komme ich zurück auf Hubert Schlosser. Wenn er vom Samba spricht, dann verdichtet sich darin für die Zuhörenden zunächst eine Repräsentation kollektiver Zugehörigkeit: Der Samba steht für Brasilien und gibt so dem Bildungsprozess des jungen Mannes seine interkulturelle Komponente. Doch erlauben Schlossers biografische Erzählungen wie auch seine nachdenklichen Selbstreflexionen einen differenzierten Blick hinter die kulturellen Repräsentationen.

Vor dem Hintergrund eines mehrdimensionalen Kultur- und Milieubegriffs stößt man in Schlossers Lebensgeschichte auch schon vor der Entdeckung des Sambas auf künstlerische Aktivitäten, die mit kultureller Fremdheit verknüpft sind. Bereits mit 14 Jahren war Schlosser in einem „Jugendhaus" mit „Kunst" beschäftigt und hat dort „immer viel gemalt und getöpfert". Diese künstlerischen Aktivitäten, vor allem aber seinen damaligen Freundeskreis, ordnet er allerdings eher der „guten Mittelschicht" zu, die ihm – als Kind eines „Hilfsarbeiters" und einer „Putzfrau" – weitgehend fremd geblieben ist. Diese Fremdheit ergibt sich nun nicht aus einer ethnisch-kulturellen Distanz, sondern aus der Entfernung, die zwischen den unterschiedlichen Schichten einer Gesellschaft und deren ästhetischen Präferenzen (etwa zwischen dem Musikgeschmack eines Hilfsarbeiters und demjenigen eines Bildungsbürgers) herrscht.

Im Interview baut Schlosser dann plötzlich eine „Brücke [...] zu dieser Art
von Musik, in Brasilien". Er komme „irgendwo auch ausm gewissen Milieu", „ausm einfachen Milieu", in dem er gelernt habe, sich „mit dieser
Energie und mit dieser Power und mit dieser Ordinärität" durchzusetzen.
Zum Samba sieht er daher, so sehr er ihm ethnisch-kulturell fremd ist,
eine „Brücke", sei er doch nicht nur ein „Ausdruck" von „Lebensfreude",
sondern habe auch „ganz viel mit den [schwierigen Lebens-; Anm. A.-M.
N.] Verhältnissen da unten zu tun". Der Samba mit seinen „mächtigen
Rhythmen, die da gespielt werden", kann als ein „Ausdruck" des Lebens
in der brasilianischen Unterschicht, insbesondere der Schwarzen, verstanden werden.

Schlosser verweist mit dieser Metaphorik der „Energie und Power" des
Sambas auf die „Affinität", die er selbst, als Kind aus einem „einfachen Milieu", gegenüber diesem Musikstil hat, der ja ursprünglich von schwarzen
Sklaven stammt. Schlossers Bildungsprozess[33] ist insofern, rückt man die
kulturellen Unterschiede zwischen Deutschland und Brasilien in den Vordergrund, interkulturell angelegt. Doch zugleich findet Schlosser im Samba eine Ästhetik, die gewisse Homologien zu seinem eigenen bildungs-
und schichtspezifischen Milieuhintergrund aufweist. In der Dimension
der nationalen Kultur zeigen sich also Differenzen und Fremdheit, während Schlosser hinsichtlich seiner schichtspezifischen Erfahrungsdimen-
sion im Samba auf etwas Vertrautes stößt. Bildungsprozesse können insofern, nutzt man einen mehrdimensionalen Kultur- und Milieubegriff,
interkulturell und monokulturell zugleich sein.[34]

ANMERKUNGEN

1 | Alle Zitate ohne Quellenangabe stammen aus der jeweiligen empirischen Erhebung. Personenbezogene Angaben in den Transkriptauszügen wurden verändert.

2 | Bei C. Wulf heißt es hierzu: „Bildungsprozesse haben es (häufig) mit der Begegnung, Auseinandersetzung, Verarbeitung von Fremdem, dem einzelnen Unbekannten, zu tun". Vgl. Wulf, Christoph: „Bildung als interkulturelle Aufgabe", in: Borelli, M.; Ruhloff, J. (Hg.): *Deutsche Gegenwartspädagogik*, Band 3. Baltmannsweiler: Schneider Verlag Hohengehren 1998, S. 41-55, hier: S. 41.

3 | Vgl. Nohl, Arnd-Michael: *Bildung und Spontaneität. Phasen biographischer Wandlungsprozesse in drei Lebensaltern – empirische Rekonstruktionen und pragmatistische Reflexionen*, Opladen: Budrich 2006, S. 11ff.

4 | Der hier genutzte Bildungsbegriff greift auf die Arbeiten von Peukert, Helmut: „Über die Zukunft der Bildung", in: *Frankfurter Hefte*, FH-extra 6, 1984, S. 129-134; Kokemohr, Rainer: „Bildung als Begegnung?", in: Hansmann, Otto; Marotzki, Winfried (Hg.): *Diskurs Bildungstheorie II: Problemgeschichtliche Orientierungen*, Weinheim: Beltz 1989, S. 327-373; Marotzki, Winfried: Entwurf einer strukturalen Bildungstheorie. Weinheim, Deutscher Studienverlag 1990 sowie Koller, Hans-Christoph: *Bildung und Widerstreit*, München: Wilhelm Fink 1999 zurück. Neuere Ausarbeitungen hierzu finden sich bei Nohl, A.-M., 2006, a.a.O. und Rosenberg, Florian von: *Bildung und Habitustransformation. Empirische Rekonstruktionen und bildungstheoretische Reflexionen*, Bielefeld: Transcript 2011. Der dem Bildungsbegriff entgegengesetzte Begriff des Lernens erscheint hier allerdings recht schematisch und bedarf weiterer Ausdifferenzierung, vgl. hierzu Nohl, Arnd-Michael; Rosenberg, Florian von; Thomsen, Sarah: *Bildung und Lernorientierungen im biographischen Kontext*, Manuskript (in Vorbereitung), 2013.

5 | Vgl. im Überblick: Nohl, Arnd-Michael: *Konzepte interkultureller Pädagogik*. Bad Heilbrunn: Klinkhardt (2. Auflage) 2010, S. 49-92.

6 | Vgl. Gomolla, Mechtild; Radtke, Frank-Olaf: *Institutionelle Diskriminierung. Die Herstellung ethnischer Differenz in der Schule*, Opladen: Leske + Budrich 2002.

7 | Mecheril, Paul: *Einführung in die Migrationspädagogik*, Weinheim/Basel: Beltz 2004, S. 17.

8 | Vgl. auch Hamburger, Franz: „Zur Tragfähigkeit der Kategorien. „Ethnizität" und „Kultur" im erziehungswissenschaftlichen Diskurs", in: Zeitschrift für Erziehungswissenschaft 2, H. 2 1999, S. 167-178; ders.: „Von der Gastarbeiterbetreuung zur Reflexiven Interkulturalität", in: IZA, H. 3-4 1999b, S. 33-38; ders.: „Reflexive Interkulturalität", in: Kolbe, Fritz-Ulrich; Tippelt, Rudolf (Hg.): *Pädagogische Praxis und erziehungswissenschaftliche Theorie zwischen Lokalität und Globalität*. Frankfurt/M.: Peter Lang 2000, S. 191-200.

9 | Zum Kontext und genauen Transkript dieser Gruppendiskussion, vgl. Nohl, Arnd-Michael: *Jugend in der Migration – Türkische Banden und Cliquen in empirischer Analyse*, Baltmannsweiler: Schneider Verlag Hohengehren 1996, S. 50-65.

10 | Auf die hohe Bedeutung des Vergleichens für die Sozialforschung hat Matthes, Joachim: „The Operation Called ‚Vergleichen'", in: Ders. (Hg.): Zwischen den Kulturen? Sonderband 8 der Sozialen Welt. Göttingen: Otto Schwartz 1992, S. 75-99 hingewiesen; vgl. auch Nohl, Arnd-Michael: „Komparative Analyse als qualitative Forschungsstrategie", in: Straub, Jürgen; Weidemann, Arne; Weidemann, Doris (Hg.): *Handbuch Interkulturelle Kommunikation und Kompetenz*, Stuttgart:

Metzler 2007, S. 391-403. Die hier angesprochenen Gruppendiskussionen mit Jugendlichen wurden in einer Reihe von DFG-Projekten unter Leitung von Ralf Bohnsack durchgeführt, vgl. im Überblick: Bohnsack, Ralf; Nohl, Arnd-Michael: „Jugendkulturen und Aktionismus – Eine rekonstruktive empirische Analyse am Beispiel des Breakdance", in: Merkens, Hans; Zinnecker, Jürgen (Hg.): *Jahrbuch Jugendforschung*, Opladen: Leske + Budrich 2001, S. 17-37.

11 | Bohnsack, Ralf: *Generation, Milieu und Geschlecht – Ergebnisse aus Gruppendiskussionen mit Jugendlichen*, Opladen: Leske + Budrich 1989.

12 | Vgl. Nohl, Arnd-Michael: *Migration und Differenzerfahrung. Junge Einheimische und Migranten im rekonstruktiven Milieuvergleich*, Opladen: Leske + Budrich 2001, S. 123-132.

13 | Vgl. zum Begriff Bohnsack, R. (1989), a.a.O.

14 | Vgl. ebd.

15 | Nohl, A.-M. (1996), a.a.O., S. 27.

16 | Vgl. Bohnsack, Ralf; Nohl, Arnd-Michael: „Adoleszenz und Migration. Empirische Zugänge einer praxeologisch fundierten Wissenssoziologie", in: Bohnsack, Ralf; Marotzki, Winfried (Hg.): *Biographieforschung und Kulturanalyse*, Opladen: Leske + Budrich 1998, S. 260-282.

17 | Vgl. Nohl, A.-M. (2001), a.a.O., S. 168-191.

18 | Vgl. ebd., S. 131-149.

19 | Vgl. Bohnsack, R.; Nohl, A.-M. (1998), a.a.O.

20 | Ebd.

21 | In der Sozialforschung wird dies bisweilen unter dem Begriff der Intersektionalität gefasst (vgl. u.a. Lutz, Helma: „Differenz als Rechenaufgabe? Über die Relevanz der Kategorien Race, Class und Gender", in: Dies.; Wenning, Norbert (Hg.): *Unterschiedlich verschieden*, Opladen: Leske + Budrich, 2001, S. 215-230; Yuval-Davis, Nira: „Intersectionality and Feminist Politics", in: European Journal of Women's Studies 13(3) 2006, S. 193-209, wobei sich allerdings dieser Begriff (und die sich an ihm orientierenden Studien) vornehmlich auf zugeschriebene kollektive Zugehörigkeiten, nicht aber auf praktisch gelebte Zugehörigkeiten beziehen. Vgl. zur Kritik: Nohl, A.-M., 2010, a.a.O., S. 137-143.

22 | Vgl. Räthzel, Nora: *Gegenbilder – Nationale Identität durch Konstruktion des Anderen*, Opladen: Westdeutscher Verlag 1997.

23 | Vgl. Nohl, A.-M. (2010), a.a.O., 146ff.

24 | Anderson, Benedict: *Die Erfindung der Nation*, Frankfurt/M./New York: Campus, 2005.

25 | Vgl. Bohnsack, R.; Nohl, A.-M., a.a.O.

26 | Bohnsack, Ralf: *Rekonstruktive Sozialforschung. Einführung in Methodologie und Praxis qualitativer Forschung*, Opladen: Budrich 2008, S. 63.

27 | Bohnsacks Begriff des Milieus ist an die Arbeiten Karl Mannheims angelehnt. Vgl. vor allem Mannheim, Karl: *Strukturen des Denkens*, Frankfurt/M.: Suhrkamp 1980.

28 | Vgl. Radvan, Heike: *Pädagogisches Handeln und Antisemitismus. Eine empirische Studie zu Beobachtungs- und Interventionsformen in der offenen Jugendarbeit*, Bad Heilbrunn: Klinkhardt 2010, S.162.

29 | Ebd., S. 163.

30 | Vgl. Bommes, Michael: „Die Beobachtung von Kultur. Die Festschreibung von Ethnizität in der bundesdeutschen Migrationsforschung mit qualitativen Methoden", in: Klingemann, Carsten;

Neumann, Michael; Rehbert, Karl-Siegbert (Hg.): *Jahrbuch für Soziologiegeschichte 1994*, Opladen: Westdeutscher Verlag 1996, S. 205-226.

31 | Vgl. Radvan, H., a.a.O., S. 193.

32 | Heike Radvan hat in ihrer empirischen Untersuchung gezeigt, dass die Interventionsmöglichkeiten von Pädagoginnen und Pädagogen davon abhängen, wie genau (mehrdimensional und auf die praktischen Erfahrungen bezogen) sie ihre Klientel beobachten können. Dieser Zusammenhang von Beobachten und Handeln steht – im Kontext interkultureller Kompetenz – auch im Zentrum der empirischen Analysen von Schondelmayer, Anne-Christin: Interkulturelle Handlungskompetenz: Entwicklungshelfer und Auslandskorrespondenten in Afrika. Eine narrative Studie, Bielefeld: transcript 2010.

33 | Eine ausführliche Analyse dieses Bildungsprozesses findet sich in Nohl, A.-M., 2006, a.a.O., S. 49-60.

34 | Interessanterweise werden interkulturelle Bildungsprozesse vornehmlich bei Personen mit Migrationshintergrund identifiziert. Demgegenüber hat von Rosenberg die Bildsamkeit von Fremdheits- und Differenzerfahrungen auch bei Menschen untersucht, deren Leben nicht von Migration gezeichnet ist. Vgl. Rosenberg, Florian von: „Phasen interkultureller Bildungsprozesse. Fremde Erfahrungsansprüche als Anlass für die Transformation von Selbst- und Weltverhältnissen", in: *Zeitschrift für Bildungsforschung*, Volume 1 2011, Heft 1, S. 41-54.

Migration, Globalisierung und Lokalisierung - Positionierungen innerhalb der Künste

Ergebnisse aus dem 1. InterKulturBarometer

Susanne Keuchel

Dieser Beitrag stützt sich auf Daten und Ergebnisse des 1. InterKultur-Barometers[1]. Die bundesweit repräsentative Bevölkerungsumfrage wurde 2011 vom Zentrum für Kulturforschung (ZfKf) in Kooperation mit den Universitäten Hildesheim und Erlangen-Nürnberg erstellt und vom Bundesbeauftragten für Kultur und Medien (BKM) sowie den Ländern Niedersachsen und Nordrhein-Westfalen gefördert. Thematisiert wurde der Einfluss des Faktors Migration auf das kulturelle Leben in Deutschland. Hierzu wurden 2.800 in Deutschland lebende Personen ab 14 Jahren befragt und parallel zur Vertiefung und Lokalisierung 60 qualitative Interviews durchgeführt.

FRAGESTELLUNGEN ZUM THEMENFELD MIGRATION UND DIE KÜNSTE

Die Gesellschaft in Deutschland hat sich verändert, ist bunter und vielfältiger geworden. Damit stellt sich die Frage, welchen Einfluss diese Vielfalt auf unsere Gesellschaft hat. Singen wir neuerdings auch türkische Volkslieder? Hören wir iranische Popmusik und sehen indische Filme? Oder führt das Zeitalter der Globalisierung dazu, dass wir alle sowieso schon recht einheitliche kulturelle Interessen besitzen, geprägt durch Medien, Internet und kommerzielle Kulturanbieter?

Homi K. Bhabha, der sich mit dem Phänomen Migration beschäftigt hat, vertritt mit dem Begriff kulturelle Hybridität die These, dass Menschen, die ihre Heimat verlassen haben, immer einen Teil ihrer Kultur mit in das Land bringen, in welches sie einwandern. In dieser Situation nähmen sie, nach Bhabha, einen dritten Raum ein, gewissermaßen einen

Platz zwischen den Kulturen.[2] Er spricht in diesem Kontext von einer Situation des Leidens, aber auch der Kreativität, die in diesem Raum zwischen den Welten entstehe und die auch konkret in den qualitativen Interviews des 1. InterKulturBarometers thematisiert wurde:

„Wenn man mit zwei Kulturen aufwächst, finde ich das eine positive Sache. Es hat aber auch negative Aspekte, in dem Sinne, dass man geteilt ist und beide Kulturen zwar ein bisschen kennenlernt, aber nicht richtig." (unter 55-jähriger griechischstämmiger Deutscher, 2. Generation)

„Der Nachteil in dem Sinne ist wirklich, so die Identität zu finden. Meine Leidensgenossen, sage ich jetzt, haben alle eine Phase durchgemacht, soweit ich das so sagen kann, in der wir uns überlegen, wer bin ich eigentlich, wo gehöre ich eigentlich hin, was mache ich hier eigentlich." (37-jährige türkischstämmige Deutsche, 2. Generation)

Entgegen verbreiteten Theorien zur Globalisierung betonen die Befragten hier einen Gegensatz zwischen der Kultur des Aufnahme- und des Herkunftslandes – im Sinne der These von Bhabha. Damit stellt sich die spannende Frage: Worin bestehen die kulturellen Unterschiede? Handelt es sich hier um andere Traditionen, Sitten und Gebräuche? Spielen die Künste eine Rolle bei Positionierungsprozessen, bei Fragen der Zugehörigkeit? Oder sind die Künste per se international?

GEOGRAPHISCHE POSITIONIERUNGEN IN DEN KÜNSTEN

Im Rahmen des InterKulturBarometers wurde die Bundesbevölkerung nach einem besonderen Interesse für Künstlerinnen und Künstler bzw. Kunstwerke eines speziellen Landes gefragt. Etwa mehr als ein Drittel der Gesamtbevölkerung (36%) interessiert sich für kulturelle Werke eines speziellen Landes. Der Anteil bei migrantischen Bevölkerungsgruppen liegt hier bei 31%. Eine Länderfokussierung bedeutet jedoch nicht automatisch eine Fokussierung auf das eigene Land, bei migrantischen Bevölkerungsgruppen auf das Aufnahme- und/oder Herkunftsland. So wurde bei den qualitativen Interviews deutlich, dass sich besonders intensive Verbindungen zur Kultur und speziell auch zu Kunstwerken eines Landes auch durch Reise- oder Urlaubserlebnisse entwickeln können. Es interessieren sich nur 9% der deutschstämmigen Bevölkerung speziell für deutsche Künstler bzw. Kunstwerke, 27% dagegen für Kunstwerke eines anderen Landes.

Etwas anders gestaltet sich dies bei Bevölkerungsgruppen mit Migrationshintergrund: So liegt z.b. bei den Bevölkerungsgruppen mit türkischem
Migrationshintergrund der Anteil derjenigen, die sich besonders für
Kunstwerke bzw. Künstler aus dem Herkunftsland interessieren, bei 25%,
in der italienischstämmigen Community bei 23% und bei denen aus dem
Nahen Osten oder Nordafrika bei 25%. Die etwas stärkere landesspezifi-
sche Fokussierung auf Künstler bzw. Kunstwerke des eigenen Herkunftslandes bei einzelnen Bevölkerungsgruppen mit Migrationshintergrund
könnte möglicherweise in der Tat mit den oben angesprochenen, kulturellen Identitätsprozessen zusammenhängen, den eigenen Herkunftskon-
text als etwas Besonderes zu erleben. Entsprechende Hinweise finden sich
auch in den qualitativen Interviews:

„Der Erhalt der russischen Sprache ist mir wichtig. Russisch ist eine
schöne, große und schwierige Sprache." (Russlanddeutsche, in einer mit-
telgroßen deutschen Stadt lebend)

Insgesamt gesehen sind Anteile von einem Viertel einzelner Migrantengruppen, die sich vorrangig mit den Künsten ihres Herkunftslandes
beschäftigen, nicht sehr viel. Es stellt sich hier die Frage, ob es nicht sinnvoller ist, andere geographische Räume zu betrachten, da die Künste nicht
auf Ländergrenzen fixiert werden können, sondern diese – im Sinne von
Welsch und dem von ihm geprägten Begriff der Transkulturalität[3] – in kontinuierliche Austausch- und grenzüberschreitende Entwicklungsprozesse
eingebunden sind.

Wie sieht also die Bedeutung größerer räumlicher Gebietseinheiten als
Bezugsrahmen für die Künste aus? Kulturgeschichtliche Betrachtungen
zeigen, dass sich innerhalb größerer Gebiete, sogenannten Kulturräumen,
eigene künstlerische Ausdrucksformen entwickelt haben, die auch Auswir-
kungen auf aktuelle, populäre oder zeitgenössische Kunstformen haben.
Dazu gehört beispielsweise die Vierteltonmusik des arabischen Kultur-
raums[4], die auch heute noch Einfluss auf popmusikalische Formen dieses
Kulturraums hat. In einigen theoretischen Modellen werden Kulturen als
Zeichensysteme verstanden, deren Bedeutungen nur einem bestimmten
Kollektiv von Menschen vertraut sind.[5] Da die Künste Teil der kulturellen
Leistung einer Gesellschaft sind, könnte man hier in Referenz zu diesen
Modellen den Umkehrschluss ziehen, dass künstlerische Ausdrucksfor-
men verschiedener Kulturräume nicht allen gleichermaßen zugänglich
und verständlich sein können.

Bezogen auf weiter gefasste Kulturräume können in der Tat wesentlich deutlichere Interessenspositionierungen einzelner Bevölkerungsgruppen innerhalb der Künste beobachtet werden. So interessieren sich 78% der Bevölkerungsgruppen ohne Migrationshintergrund für Kunstwerke bzw. Künstler aus dem europäischen Kulturraum, jedoch nur zwischen 4% und 16% für weitere Kulturräume. Überraschend im Sinne der Frage nach einem *kulturellen Kapitaltransfer* zeigt sich die deutschstämmige Bevölkerung nicht aufgeschlossener gegenüber künstlerischen Ausdrucksformen aus Kulturräumen, aus denen viele Menschen eingewandert sind, im Vergleich zu solchen, aus denen wenige migrierten. So liegt beispielsweise das Interesse für Künstler oder Kunstwerke aus dem angloamerikanischen Raum bei 16%, dem asiatischen bei 15%, für Künstler oder Kunstwerke aus dem arabisch geprägten Kulturraum jedoch nur bei 4%.

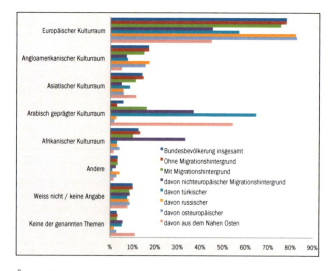

Übersicht 1: Interesse an Kunstwerken bzw. Künstlern aus verschiedenen Kulturräumen bei der Bevölkerung, insgesamt differenziert nach Migrationshintergrund und einzelnen Herkunftsländern (Mehrfachantworten möglich). ZfKf/IPSOS 2011

Etwas anders sieht dies bei migrantischen Bevölkerungsgruppen, hier mit nichteuropäischem Migrationshintergrund, die in Deutschland leben, aus. 45% geben ein Interesse für kulturelle Werke aus dem europäischen Kontext an, zeigen sich hier also wesentlich offener. Die Analyse zeigt jedoch, dass sich dieses Interesse oft auf populäre Kunstformen aus Europa bezieht. Allgemein kann beobachtet werden, dass Globalisierungseffekte und vor allem kommerzielle Kulturanbieter und Medien die kulturellen Interessen der Gesamtbevölkerung sehr stark beeinflussen. So dominiert in der Bevölkerung das Interesse für populäre Kunstformen (49%), wie Rock, Pop oder Breakdance, das in den Bevölkerungsgruppen mit Migrationshintergrund (56%) entsprechend stärker ausgeprägt ist. Der Anteil der Bevölkerung, die sich für klassische Kulturangebote interessiert, liegt vergleichsweise bei 29%. Dennoch zeigt sich bei migrantischen Bevölkerungsgruppen aus nichteuropäischen Ländern eine wesentlich stärkere Orientierung an Kulturräumen mit Bezug zu ihren familiären Wurzeln als vergleichsweise bei anderen Ländern. Danach interessieren sich 65% der türkischen Community und 54% der aus Nahost stammenden Bevölkerungsgruppen explizit für Künstler und Kunstwerke aus dem arabischen Kulturraum.

Punktuell konnten auch spartenspezifische Interessensunterschiede, bezogen auf die jeweiligen Vorerfahrungen, beobachtet werden, beispielsweise der geringere Zuspruch für Bildende Kunst in der türkischen Community (6%) oder bei Menschen aus Nordafrika (1%). Die Ursachen können auf einen anderen Umgang mit Bildender Kunst in den Herkunftsländern zurückgeführt werden, der sich von der europäischen Tradition deutlich unterscheidet. So spielt in der islamischen Tradition das Ornament eine wichtige Rolle in der Bildenden Kunst, was nicht zuletzt mit dem Bilderverbot im Islam zusammenhängt.[6]

Umgekehrt kann beobachtet werden, dass migrantische Bevölkerungsgruppen einzelne Sparten, bei denen es sich um junge und global verbreitete Kunstrichtungen wie z.b. die Medien- und Videokunst handelt, stärker schätzen als deutschstämmige Bevölkerungsgruppen – dies möglicherweise auch deshalb, weil hier die ästhetischen Vorerfahrungen des Herkunftslandes und die ästhetische Praxis im Aufnahmeland deckungsgleich sind.

POSITIONIERUNGEN MIT DEN KÜNSTEN: HINTERGRÜNDE ZU KULTURELLEN UND NATIONALEN IDENTITÄTSPROZESSEN

Kulturelle, nationale oder jüngst auch regionale Identitäten[7] werden nicht zuletzt aufgrund fortschreitender Globalisierungseffekte sehr intensiv und kontrovers diskutiert[8] z.B. in Bezug auf mögliche Übereinstimmungen zwischen Nationen und Kulturen. Arnd Uhle geht beispielsweise davon aus, dass es sich bei kulturellen Identitäten um die „Summe kulturgeprägter Wertentscheidungen" handele, „[...] die einerseits in einem Kulturkreis, andererseits in einer diesem Kulturkreis zugehörigen Nation über lange Zeiträume gewachsen" sind.[9] Damit vertritt Uhle die Position, dass die Nationen und Kulturkreise, über die er spricht, kulturell homogen seien und damit auf eine bestimmte Identität festzulegen wären. Amartya Sen dagegen kritisiert diesen Singularitätsanspruch einzelner Identitäten und sieht die ausschließliche Zuordnung eines Menschen zu einer Kultur bzw. einem Kulturkreis als unzulässig an.[10] Der Annahme einer stabilen und homogenen Identität widersprechen auch aktuelle theoretische Modelle des Identitätskonzepts.[11] Diese neueren Ansätze greift Sen auf, der davon ausgeht, dass jeder von uns „[...] in seinem Leben in unterschiedlichen Kontexten an Identitäten unterschiedlicher Art teil [hat], die sich aus seinem Werdegang, seinen Assoziationen und seinen sozialen Aktivitäten ergeben"[12]. Nach Sen liegt die Entscheidung, welchen Zugehörigkeitsgefühlen man in einem bestimmten Kontext Priorität bei konkurrierenden Identitäten einräumt, bei dem jeweiligen Individuum.[13]

Die Rolle von nationalen Identitätskonzepten in der Bevölkerung wurde auch im InterKulturBarometer thematisiert, indem man fragte, welche Faktoren die eigene Persönlichkeit und die Persönlichkeitsbildung in besonderem Maße prägen. Bei der Einschätzung der Faktoren zeigten sich kaum Unterschiede. Offenbar überträgt das Gros der Bevölkerung hier die eigenen Erfahrungen auf die Allgemeinheit.

Als besonders relevante Identitätsfaktoren wurde von den meisten Befragten die Familie (67%) genannt. An zweiter Stelle der prägenden Faktoren steht – überraschenderweise noch vor der Bildung (40%) – die Nationalität bzw. das Geburtsland (49%). Das unterstreicht den wichtigen Stellenwert nationaler Identitätskonzepte. Dies gilt übrigens in besonderem Maße für migrantische Bevölkerungsgruppen mit Bezügen zu weiter entfernten Kulturräumen. Auch kann beobachtet werden, dass die Religion bei Bevölkerungsgruppen eine stärkere Rolle einnimmt, wenn diese einer Minderheitenreligion, wie in Deutschland dem Islam, angehören.

Theorien der cultural studies[14] bieten Erklärungsansätze für diese Beobachtungen. Stuart Hall betont beispielsweise, dass in Zeiten der Postmoderne nicht mehr genüge, sich einem großen Sinnsystem anzuschließen. Denn Sinnsysteme hätten im Zuge der als Postmoderne bezeichneten Pluralisierung und Fragmentierung von Kultur und Gesellschaft ihren Al-

leinvertretungsanspruch verloren. Vielmehr seien es heute kulturelle Ein-
bindungen – sprich kulturelle Identitäten –, welche „Deutungsangebote,
Werte und übergreifende Orientierungen" geben könnten.[15] Der Hauptun-
terschied dieses theoretischen Ansatzes im Vergleich zu früheren Modellen besteht darin, dass es nach Hall nicht darum gehe, die Gemeinsamkeiten eines Kollektivs zu betonen, sondern es wird „die Abweichung von der
kulturellen Norm [...] zur Grundlage von Identität erklärt".[16]

Es geht hier also um Merkmale, die eine Person von vielen anderen unterscheiden, wie beispielsweise eine von der Mehrheitsgesellschaft abweichende sexuelle Orientierung oder ethnische Herkunft.[17] Kritiker dieses
auf Differenz ausgerichteten Konzeptes von kultureller Identität weisen
darauf hin, dass dabei wiederum Gruppen (von Minderheiten) gebildet
werden, deren Identität, entgegen der Vorstellung von konkurrierenden
Identitäten, einzig über diese eine Gruppenzugehörigkeit definiert werden.[18] Die praktischen Folgen dieses Modells verdeutlichen Zitate aus den
qualitativen Interviews sehr anschaulich:

„In Russland waren wir immer die Deutschen, in Deutschland waren
wir immer die Russen." (Russlanddeutsche, in Deutschland lebend, 1. Generation)

„Im Ausland habe ich gemerkt, dass ich, ob ich will oder nicht, doch
eine nationale Identität als Deutscher habe." (Deutscher Kalligraph und
Graphiker)

Diese Differenzen von der Mehrheitsgesellschaft als Grundlage für die
eigene Identitätsbildung müssen dabei nicht zwingend als negativ empfunden werden, sondern können vielmehr zu positiv erlebten *Alleinstel-
lungsmerkmalen* werden. Diese können nicht nur bezogen auf nationale
oder religiöse Faktoren beobachtet werden, sondern beispielsweise auch
auf Bildung. So sind es vor allem die Bevölkerungsgruppen mit hohen Bil-
dungsabschlüssen, die Bildung als relevanten Faktor für die Persönlich-
keitsentwicklung hervorheben.

Dabei können die kulturellen Identitäten, die sich durch Abweichung
von der Norm definieren, durchaus von außen konstruiert werden. Mark
Terkessidis verweist z.B. auf die Problematik von Ausgrenzungserfahrun-
gen: Dass andere Menschen Personen mit Migrationshintergrund auf ihr
Anderssein aufmerksam machen, könne letztlich in eine verstärkte Hinwendung zur Herkunftskultur münden.[19]

Welche Rolle spielen nun die Künste bei den eben skizzierten, nationalen Identitätskonzepten, die sich auf das Herkunftsland beziehen? Die

migrantischen Bevölkerungsgruppen wurden im InterKulturBarometer gefragt, welche Lebensbereiche sie im Aufnahme- und im Herkunftsland besonders schätzten. Dabei wurde deutlich, dass diese, bezogen auf das Herkunftsland, vor allem sogenannte soziale bzw. *emotionale* Lebensbereiche des Herkunftslands erwähnen, während sie im Aufnahmeland vor allem die infrastrukturellen Rahmenbedingungen besonders positiv hervorheben.

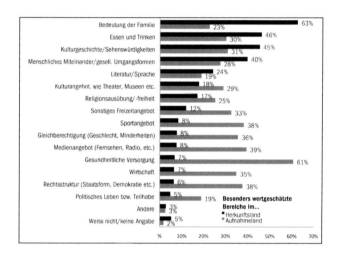

Übersicht 2: Besonders wertgeschätzte Lebensbereiche im Aufnahme- und im Herkunftsland bei der Bevölkerung mit Migrationshintergrund (n= 1.637). ZfKf/IPSOS 2011

Unter diesen emotionalen Faktoren wird an dritter Stelle – nach Familien (63%) und Essen und Trinken (46%) – der Bereich Kulturgeschichte und Sehenswürdigkeiten (45%) hervorgehoben, also das kulturelle Erbe. Die Künste spielen somit auch innerhalb von kulturellen Symbolsystemen einzelner Gemeinschaften eine Rolle, die nach Jan Assmann für den Aufbau einer kollektiven Identität entscheidend sind und innerhalb einer Gemeinschaft ständig der Reproduktion der kulturellen Codes durch Kommunikation zwischen den Mitgliedern einer Gruppe bedürfen.[20] Diese andere kulturelle Prägung durch permanente Reproduktion der kulturellen Codes des Herkunftslands wurde auch in den qualitativen Interviews hervorgehoben:

„Auf jeden Fall, dass meine Familie nicht deutsch ist. Weil ich mit zwei völlig verschiedenen Kultureinflüssen mein ganzes Leben lang lebe. Es sind eher die kleinen Sachen im Leben, die einem gar nicht so auffallen, die einen kulturell prägen." (23-jährige russischstämmige Deutsche, 3. Generation)

POSITIONIERUNGEN INNERHALB DER KÜNSTE IN DER GENERATIONENBETRACHTUNG

Wie entwickelt sich nun der Rückgriff auf unterschiedliche kulturelle Symbolsysteme in der Generationenperspektive? Übernehmen die zweite und dritte Migrantengeneration kulturelle Codes des Aufnahmelands? Oder halten sie an den kulturellen Codes der Herkunftsländer der Familie fest? Betrachtet man hier speziell das Interesse der Migrantengenerationen, die bzw. deren Familien aus der Türkei oder nicht-europäischen Ländern stammen, an Künstlern bzw. Kunstwerken aus dem europäischen Kulturraum, zeigt sich eine deutliche Zunahme des Interesses von der ersten (56%) zur dritten Migrantengeneration (75%). Dieses gleicht sich damit dem Interesse der deutschstämmigen Bevölkerungsgruppen (78%) an. Ebenso verliert sich anteilig das Interesse an Künstlern und Kunstwerken aus dem Kulturraum, aus dem man ausgewandert ist. Die Öffnung für den europäischen Kulturraum geht also zunächst einher mit einem sinkenden Interesse an Künstlern und Kunstwerken aus dem Kulturraum des Herkunftslands der eigenen Familie.

Spannend ist die Beobachtung, dass sich die dritte im Vergleich zur zweiten und ersten Migrantengeneration punktuell auch offener gegenüber anderen Kulturräumen zeigt. Diese anteilig stärkere Öffnung der dritten Migrantengeneration für weitere Kulturräume wirft die Frage auf, ob die migrationsbedingte Öffnung für zwei Kulturräume zu einer allgemein größeren Offenheit für neue künstlerische Ausdrucksformen führt. Überprüft man hier die Beziehung zwischen dem Interesse für Künstler bzw. Kunstwerke aus verschiedenen Kulturräumen und der Offenheit gegenüber zeitgenössischen, avantgardistischen Kunstformen, wie etwa der Zwölftonmusik oder Minimal-Art, bestätigt sich ein entsprechender Zusammenhang:

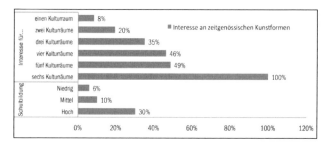

Übersicht 3: Anzahl der Kulturräume, für deren künstlerische Ausdrucksformen sich die Befragten interessieren, und deren Schulbil-
dung in Beziehung zu deren Interesse für zeitgenössische Kunstformen. ZfKf/IPSOS 2011

Betrachtet man nun die Präferenzen für unterschiedliche Kunstformen,
zeigen sich in den Migrantengenerationen ebenfalls punktuelle Unterschiede: Interessiert sich die erste Migrantengeneration, die stärker noch
durch Arbeitsmigration und damit einhergehend durch ein niedrigeres
Bildungsniveau gekennzeichnet ist, anteilig etwas stärker für traditionelle künstlerische Ausdrucksformen (37%), ist das Interesse der zweiten
Migrantengeneration an populären Kunstformen mit 75% überproporti-
onal hoch – möglicherweise eine Sehnsucht nach dem Mainstream, die
durch Globalisierungseffekte noch unterstützt wird. Vorausgehend wurde
schon auf die Problematik von Abgrenzungsprozessen hingewiesen, dass
Menschen mit Migrationshintergrund von Dritten auf ihr Anderssein aufmerksam gemacht werden.[21] Beispielhaft wird dies in der immer wieder
gestellten, scheinbar harmlosen Frage sichtbar: „Woher kommst Du?", die
an Menschen aus der zweiten und dritten Migrantengeneration gestellt
wird, die in Deutschland geboren worden sind. Dies könnte erklären, dass
sich die zweite Generation allgemein akzeptierter kulturell-künstlerischer
Codes bedient, um ihre Zugehörigkeit zur Gesamtbevölkerung zu unterstreichen.
    Die dritte Migrantengeneration öffnet sich dagegen stärker auch klas-
sischen Kunstformen (30%), übrigens stärker als die deutschstämmige
Bevölkerung (29%) bzw. auch die jungen Deutschstämmigen zwischen 14
und 24 Jahren (22%). Der Vergleich mit der jungen deutschstämmigen Bevölkerung ist hier deshalb angebracht, da die dritte Generation eine junge
Generation ist.

Allgemein ist die dritte Generation eine sehr spannende Gruppe, da sich diese durch ein deutlich höheres Interesse am Kulturgeschehen ihrer Wohnregion auszeichnet. Sie ist es auch, die – im Vergleich zu den anderen Migrantengenerationen – eher sowohl die Kulturgeschichte des Aufnahme- wie des Herkunftslandes schätzt. So kann beobachtet werden, dass alle eben skizzierten, emotionalen Lebensbereiche, die die migrantische Bevölkerung besonders im Herkunftsland würdigt, in der dritten Generation im Vergleich zur ersten abnehmen, mit einer Ausnahme: der Wertschätzung der Kulturgeschichte bzw. Sehenswürdigkeiten im Herkunftsland. Umgekehrt kann beobachtet werden, dass die dritte Generation alle emotionalen Lebensbereiche des Aufnahmelands, und auch die Kulturgeschichte, deutlich stärker schätzt als die erste Generation – möglicherweise ein Indiz für den wichtigen Stellenwert einer kulturellen Identität, die sich auf die vergangenen Leistungen eines oder eben mehrerer Kollektive stützt. Wie wichtig offenbar solche Bezüge für den Einzelnen sein können, veranschaulicht folgendes Zitat:

„Ich bin auch so geteilt, ich habe beide Kulturen. Das liegt auch am Persönlichen, wie man das aufnehmen will bzw. in welchem Klischee man aufgewachsen ist. Da spielen mehrere Faktoren eine Rolle. An meinem Beispiel kann ich sagen ja! ... Auch eine andere Form von Kultur, etwas Neues quasi. >Weder-noch< sind wir." (Junger, in Deutschland lebender Türke, 2. Generation)

Wie vorteilhaft es sein kann, sich sowohl der einen als auch der anderen Kultur verbunden zu fühlen, belegt auch eine Beziehung zwischen der Wertschätzung der Kulturgeschichte von Aufnahme- und Herkunftsland und der Bewertung der eigenen Migrationserfahrung, wie dies folgende *Übersicht* veranschaulicht.

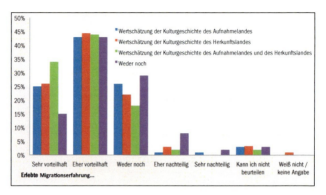

Übersicht 4: Wertschätzung der Kulturgeschichte des Aufnahme- und Herkunftslandes im Bezug zur als vorteilhaft oder nachteilig erlebten Migrationserfahrung bei der migrantischen Bevölkerung. ZfKf/IPSOS 2011

Hervorzuheben ist an dieser Stelle noch einmal die Beobachtung, dass Personen mit und ohne Migrationsgeschichte zu verschiedenen Ländern Identitätsbezüge entwickeln können, wie dies auch folgender Interviewausschnitt veranschaulicht:

„Ich fühle mich der russischen, der jüdischen und der deutschen Kultur verbunden. Meine persönliche Identität setzt sich aus mehreren Komponenten zusammen." (Russischer Musiker, in Deutschland lebend)

Aktuelle Identitätstheorien gehen entsprechend von verschiedenen Teilidentitäten aus, die sich, wie in obigem Beispiel, auch auf verschiedene räumliche und nationale Identitäten beziehen können. Die kontinuierliche Positionierung zwischen diesen Teilidentitäten, beschreibt Heiner Keupp als alltäglich zu leistende Identitätsarbeit[22]. Ihm zufolge erfülle sich das vom Einzelnen angestrebte Ziel einer als authentisch wahrgenommenen Identität, wenn eine Person das Spannungsverhältnis der eigenen Teilidentitäten als stimmig erlebe[23], also die jeweilige Mischung für das Individuum positiv statt defizitär besetzt sei. Eine Vielzahl an Identitäten wird in diesem Sinne als Bereicherung empfunden, die Wahlmöglichkeiten eröffnet.

FAZIT – EINFLUSS DES FAKTORS MIGRATION AUF EINE POSITIONIERUNG INNERHALB DER KÜNSTE

Die vorausgehenden Betrachtungen haben deutlich gezeigt, dass Migration kein eindimensionaler Faktor für kulturelle Teilhabe und die Positionierung innerhalb der Künste, sondern ähnlich facettenreich wie die Bevölkerungsgruppen mit Migrationshintergrund ist. Der Einfluss variiert mit den vielfältigen Ausprägungen, die unterschiedliche Bedingungen von Migrationsgeschichten beschreiben, darunter die räumliche Distanz des Herkunftslands zum europäischen Kulturraum, Sprachkompetenz, Länge des Aufenthalts im Aufnahmeland, Generationenzugehörigkeit oder die Wohnregion im Aufnahmeland.

Eine erlebte Migrationsgeschichte – und diese kann sich auch innerhalb von Ländergrenzen vollziehen – führt nach den vorliegenden Ergebnissen in der Regel dazu, dass man sich punktuell oder auch stärker mit anderen kulturellen Symbolsystemen auseinandersetzen muss. Diese Auseinandersetzung wird bei Migrationsgeschichten schwieriger, die sich auf weiter entfernte Kulturräume beziehen. Für die Künste bedeutet dies, will man kulturelle Teilhabe von migrantischen Bevölkerungsgruppen aus weiter entfernten Kulturräumen im Aufnahmeland sicherstellen, dass man spezifische Vermittlungskonzepte schaffen muss, die unterschiedliche ästhetische Vorerfahrungen und Prägungen berücksichtigen.

Die Ergebnisse des InterKulturBarometers zeigen, dass es sich lohnt, in Vermittlungskonzepte zu investieren, die Brücken zu spezifischen Ausdrucksformen des Aufnahmelands schaffen. Es sind Vermittlungskonzepte, die auch das kulturelle Kapital migrantischer Bevölkerungsgruppen, wie z.B. künstlerische Ausdrucksformen anderer Kulturräume, für *Einheimische* erschließen.

So bereichert das kulturelle Kapital, das ein Aufnahmeland durch Zuwanderung gewinnt, nicht nur im Sinne kultureller Vielfalt, sondern fördert zugleich auch neue Perspektiven und damit die Offenheit der Bevölkerung gegenüber künstlerischen Innovationen wie zeitgenössischen, avantgardistischen Kunstformen. Zugleich ist kulturelle Vielfalt ein wichtiger Ausgangspunkt für die Weiterentwicklung neuer künstlerischer Ausdrucksformen.[24] Im InterKulturBarometer wurde insbesondere in den qualitativen Gesprächen deutlich, dass die Bevölkerung ein großes Interesse für sogenannte hybride Kunstformen zeigt und hier vor allem für solche, die sich explizit auf künstlerische Ausdrucksformen des Aufnahmelandes sowie typischer Migrantenherkunftsländer beziehen:

„Ich glaube nicht, dass es wirklich Kunst gibt, die nur aus einem Land kommt. ... Sie entsteht ja aus Mischungen. Und das ist momentan das Interessante, dass so viel hybride Kunstformen und so viel Output entsteht." (23-jährige russischstämmige Deutsche)

Dass letztere durchaus erfolgreich im Markt bestehen können, machen z.b. die aktuelle Comedy-Szene oder Filme von Fatih Akin, des deutschen Regisseurs mit türkischen Wurzeln, deutlich. Die Ergebnisse des InterKulturBarometers zeigen auch, dass das Beherrschen der kulturellen Symbolsysteme von Aufnahme- und Herkunftsland – und hier insbesondere eine aktive Auseinandersetzung mit dem kulturellen Erbe beider Länder – das Gelingen von Migrationsprozessen positiv unterstützen. Dabei stellt sich die spannende Frage, ob Personen, die sich global ähnlicher Codes bedienen, die keine lokalen oder regionalen Bezüge aufweisen, ihre gesellschaftliche Teilhabe und Persönlichkeitsbildung ähnlich intensiv und positiv erleben, wie diejenigen, die mehrere, kulturräumlich bedingte Symbolsysteme beherrschen. Einen Vorteil hat letztere Gruppe auf jeden Fall: Sie hat Wahloptionen und sie hat gelernt, sich dieser Wahloptionen zu bedienen.

ANMERKUNGEN

1 | Susanne Keuchel: Das 1. InterKulturBarometer, Köln 2012.

2 | Vgl. Bhabha, Homi K.: „Culture's In-Between", in: Hall, Stuart; DuGay, Paul (Hg.): *Questions of Cultural Identity*, London 1996, S. 53-60, S.54ff. Für ein erweitertes Konzept von Hybridität, siehe auch Tschernokoshewa, Elka: *Traditional and New Cultural Minorities: Formation of Hybrid Cultural Identities*, unter http://www.interculturaldialogue.eu [9.1.2013].

3 | Welsch, Wolfgang: Transkulturalität. Zur veränderten Verfasstheit heutiger Kulturen. In: Institut für Auslandsbeziehungen (Hrsg.): *Migration und Kultureller Wandel*, 45. Jg. 1995/ 1.Vj., Stuttgart 1995, S. 39-44.

4 | Vgl. Manik, Liberty: *Das arabische Tonsystem im Mittelalter*, Leiden: Brill 1969.

5 | Oerter, Rolf; Rösing, Helmut: „Kultur und Musikpsychologie", in: Bruhn, Herbert; Oerter, Rolf; Rösing, Helmut (Hg.): *Musikpsychologie. Ein Handbuch*, 4. Aufl., Reinbek 2002, S. 43-56, S. 43. Für die Konzeption von Kultur als Kommunikation durch Zeichengebrauch ist hier auf die Semiotik zu verweisen. Siehe hierzu einführend: Eco, Umberto: *Einführung in die Semiotik*, 9. Aufl., München 2002.

6 | Vgl., Finster, Barbara: *Ornamentik*, unter http://www.bpb.de/nachschlagen/lexika/islam-lexikon/21588/ornamentik [3.1.2013].

7 | Vgl., Hanika, Karin; Wagner, Bernd (Hg.): *Kulturelle Globalisierung und regionale Identität* Essen 2004.

8 | Vgl. unter anderem: Uhle, Arnd: *Freiheitlicher Verfassungsstaat und kulturelle Identität*, Tübingen 2004 sowie Eickelpasch, Rolf; Rademacher, Claudia: Identitäten, Bielefeld 2004.

9 | Uhle, A., a.a.O., S.14.

10 | Vgl., Sen, Amartya: *Die Identitätsfalle*, München 2007, S. 35f.

11 | Vgl. Keupp, Heiner et al.: *Identitätskonstruktionen*, 4. Aufl., Reinbek: Rowohlt 2008.

12 | Sen, A., a.a.O., S. 38.

13 | Ebd., S. 34.

14 | Vgl., Hall, Stuart; du Gay, Paul (Hg.): *Questions of Cultural Identity*, London 1996.

15 | Vgl., Keupp, et al.: *Identitätskonstruktionen*, a.a.O. S. 171.

16 | Vgl., ebd., S. 172.

17 | Vgl., ebd., S. 171.

18 | Vgl., ebd., S.1 72.

19 | Terkessidis, Mark: „Kulturarbeit in der Einwanderungsgesellschaft", in: Institut für Kulturpolitik der Kulturpolitischen Gesellschaft (Hg.): *Jahrbuch für Kulturpolitik 2002/03*, Band 3, Thema: Interkultur, Bonn 2003, S. 173-186.

20 | Assmann, Jan: *Das kulturelle Gedächtnis*, München 1992, S. 140.

21 | Vgl., Terkessidis, M., a.a.O., S. 173-186.

22 | Vgl., Keupp, H. et al., a.a.O., S. 266.

23 | Ebd., S. 268f.

24 | Vgl. Eickelpasch, R. ; Rademacher, C., a. a. O., S. 106f.

Fremdheit loswerden – das Fremde wieder erzeugen

Zur Gestaltung von Zugehörigkeiten im Remix
jugendlicher Lebenswelten

ANSGAR SCHNURR

Aktuelle Bildwelten lassen sich nicht eindeutig nach den Kategorien *ei-gen* und *fremd* oder nach *unsere Kultur* und *die der Anderen* einteilen. Auch wenn Kultur wohl schon immer aus Vermischungen entstanden ist, so nimmt doch die Dynamik erheblich zu, in der sich verschiedenste bildli-che Kontexte, Ikonografien, lokale Erzählungen und globale Handlungs-formen überlagern und neue Bilder entstehen lassen. Benennt man als Motor dieser Entwicklung neben den konkreten Migrationsbewegungen einzelner Menschen mit ihren Bildern auch die gesamtkulturellen Wan-derungsbewegungen in der Globalisierung, so wird deutlich, dass sich die Themen *Interkultur* und *Migration* nicht nur auf Menschen mit Einwan-derungsgeschichte beziehen können. Vielmehr sind alle, die an aktueller Bildkultur teilhaben, mit gesteigerter Komplexität und uneindeutigen Zu-gehörigkeiten konfrontiert, was festgefügte Grenzziehungen fraglich und problematisch werden lässt.[1] Angesichts der kulturellen Normalität global vermischter Bildwelten erschiene es geradezu als Anachronismus, das Thema *Migration* in der Kunstpädagogik darauf zu reduzieren, wie Schü-lerinnen und Schüler mit Migrationshintergrund integriert und wie die Andersartigkeit ihrer fremden Bilder in den Kunstunterricht einbezogen werden könnte.

Die Rolle der Bilder innerhalb globaler Wanderungsbewegungen zu klären, ist ein virulentes, aber bislang wenig erarbeitetes kunstpädago-gisches Thema. Weitgehend unklar ist darüber hinaus, wie Kinder und Jugendliche sich in diesen vermischten, schwer systematisierbaren Bild-welten bewegen. Die folgenden Überlegungen versuchen, exemplarisch Formen jugendlicher Bildpragmatik in der Migrationsgesellschaft[2] nach-zuzeichnen. Dabei liegt der Fokus darauf, wie Jugendliche Bilder der glo-balen Medienkultur sozial gebrauchen, um sich in der lebensweltlichen

Diversität zu positionieren und ihre Zugehörigkeiten auszuhandeln. Dieser bildpragmatische Blick geht einher mit einem Wechsel der Perspektive. Statt auf Defizite oder Differenzen aus der migrantischen Vergangenheit zu achten, entsteht ein Interesse für die lebensweltlichen Erzeugungspraxen kultureller Gegenwart, in der der Hintergrund der Migration nur eine unter vielen Rollen spielt.[3] Die hierdurch eröffnete Komplexität mehrfacher und hybrider Zugehörigkeiten ist oftmals in kunstpädagogischen Situationen nur schwer zu erkennen, wenn dominante Bilder, die auf Migration oder Globalisierung hindeuten, den Blick einnehmen. Was sich dennoch dahinter verbergen kann, zeigen die in diesem Text dargestellten Beispiele.

Globalisierung wird vielfach zu Recht im Zusammenhang mit der Nivellierung von lokalen Eigenarten durch machtvolle Wirtschaftsinteressen diskutiert. Dennoch wäre es selbst in hochgradig mediatisierten und kommerzialisierten Lebenswelten falsch, von einer zunehmenden Vereinheitlichung der bildlichen Konsumangebote auf *eine* einheitliche Form ihres Gebrauchs zu schließen. Globalität bringt ganz verschiedene Formen hervor, wie durch bildhafte Vermischungen und Überlagerungen Sinn gebastelt, ausgestellt und weitererzählt wird. Zwei dieser Formen sollen im Folgenden exemplarisch dargelegt werden, um Unterschiedlichkeiten innerhalb globaler Muster zu zeigen. Die Verschiedenheit, dies sei vorangestellt, ist jedoch nicht primär durch migrationsbedingte Herkunft, also Nationalität, Ethnie oder Kultur bedingt – beispielsweise gibt es sicherlich keinen typisch deutschen oder muslimischen Bildumgang – weswegen die Einzelfälle nicht als kulturtypisch missverstanden werden sollten. Vielmehr sind auch im Folgenden andere Faktoren wie Bildungsgrad, ökonomischer Status und Milieu bedeutsam.[4] Die hier aufgezeigten Formen sind daher auch bei Jugendlichen mit anderembzw. ohne migrantischem Hintergrund festzustellen.

ZWISCHEN VIELEN BILDERN GEGENWART ERZEUGEN

Die Jugendlichen Sarah und Mehmet (Namen geändert) wurden im Kontext einer breit angelegten ethnografischen Studie zur bildlichen Lebenswelt[5] im Spannungsfeld von Jugend, Migration und Globalität beobachtet. Sie versucht, die Lebenswelten von türkischstämmigen und einheimischen Jugendlichen in angemessener Breite und Mehrperspektivität zu erfassen. Dazu wird das Augenmerk gerade auch auf jene Räume gelegt, die der Kunstpädagogik meistens nicht zugänglich sind wie die Jugendzimmer der 14 bis 19-Jährigen oder die social-network-sites wie Facebook. Online wie offline erfasst die Studie Bildbestände und Bildpragmatiken, also die Formen des sinnerzeugenden, kommunikativen und sozialen Umgangs mit Bildern. Aus dieser Vielfalt und Komplexität des Materials heraus gilt es, übergreifende und wiederkehrende Orientierungen[6] zu erkennen, die auf bestimmte Formen des Umgangs mit Bildern in der Aushandlung von Zugehörigkeiten hinweisen. Zwei dieser Formen werden hier durch schrittweises Rekonstruieren exemplarisch dargestellt.

Die siebzehnjährige Sarah besucht ein Gymnasium im Ruhrgebiet. Ihre Eltern sind in einem akademisch-technischen und in einem ungelernten Dienstleistungsberuf tätig, die Familie entspricht sozioökonomisch der Mittelschicht. Sarahs Eltern sind aus Polen immigriert, sie selbst ist in Deutschland geboren; in der dreiköpfigen Familie wird deutsch und polnisch gesprochen.

Abb. 1: Screenshot aus dem Datenmaterial des Verfassers.
Quelle: www.facebook.de

Wie derzeit die meisten Jugendlichen ist Sarah im sozialen Netzwerk Facebook aktiv, sie nutzt es in erheblicher Weise zur medialen Vernetzung, für den Austausch über Nachrichten, Kurzmeldungen, Bilder und an anderer Stelle gefundene mediale Ereignisse[7]. Der Ordner „Pinnwandfotos" (Abb. 1), ein Bereich des Facebookprofils, in dem viele Bilder eingestellt, kommentiert und diskutiert werden können, wird zum Zeitpunkt der Erhebung mit 60 Bildern im üblichen Rahmen genutzt: Hier zeigt Sarah unter anderem mediale und reale Fundstücke, die als Bildzitate oder mediale Readymades präsentiert werden und aus den Bereichen Jugendkultur,

Abb. 2: Screenshot aus dem Datenmaterial des Verfassers.
Quelle: www.facebook.de

Comic, Postermotiv, Gaming, Streetart, Werbung etc. stammen (Abb. 2).
Private Fotografien lassen sich darunter kaum finden, jedoch eigene Blei-
stiftzeichnungen, wie sehr elaborierte Selbstporträts und Augenstudien,
für die sie von Facebookfreunden in zahlreichen Kommentaren vielfach
gelobt wird. Dazwischen befinden sich Fotos von Fingernageldesigns nach
dem japanischen TV-Maskottchen *DOMO*, das Foto einer Kondomverpa-
ckung, auf der ein kleiner Darth Vader die Star Wars-Filme mit dem Satz
„I will not be your father" persifliert. Weiterhin zeigt Sarah das Foto zweier
Kettenanhänger, bei denen sie jugendkulturelle Klassiker – den Stern aus
Super Mario, welcher der Computerspielfigur dazu verhilft, Superkräfte zu
erlangen und daneben den sog. *Pokéball*, ein wichtiges Utensil in der Serie
Pokémon – mit sichtlich großem Vergnügen aus Knetmasse nachgebildet
hat. Dies mischt sie mit vielen copy&paste-Artefakten aus dem digitalen
Hauptstrom jugendkultureller Bilder, wie etwa der Kombination einer
Figur des japanischen *Pokémon Pikachu*, welches Mütze und Hose der
Computergamefigur *Super Mario* trägt. Torsten Meyer spricht bei solchen
Strategien medialer Brechungen und sich überlagernder kultureller Codes
wohl zu Recht vom *cultural hacking*.[8]

Die Brechungen, hintergründigen Wendungen und überraschenden
Darstellungen der einzelnen Bilder fügen sich im Überblick der vielen
Pinnwandfotos zu einem Gesamtbild, das jugendlich, spontan, flexibel
und weltweit vernetzt anmutet. Ein ironischer Gestus mit Versatzstücken
ist erkennbar, was durch die Hybridität der hier spannungsvoll zusam-

mengefügten kulturellen Kontexte erreicht wird: Zitiertes, Hineinkopiertes und Selbstgemachtes wird leichthin über kulturelle und mediale Grenzen hinweg gehoben – japanische Comicfiguren wandern als Knetmasse in nordrheinwestfälische Jugendzimmer, gelangen digital in alle Welt und zurück zum Kommentar der Freundin. Die vielfachen Grenzverschleifungen zwischen digital und real, fremd und eigen, hineinkopiert und selbstgebastelt lassen sich hier als eigentliches Thema bzw. als sinngebende Struktur wahrnehmen. Das Gesamtbild, dessen Besonderheit in seinem hybriden, widersprüchlichen, strukturell nie ganz auflösbaren Charakter liegt, kann man als *kulturellen Remix* bezeichnen.[9] Dieser Remix lässt sich als probeweise[10] artikuliertes Gesamtbild lesen, das täglich verändert wird. Als *Bricolage*[11] ist es weit aussagekräftiger als die Einzelbilder, da Sarah in der Summe identitätsrelevante Aussagen über ihre Weltsicht und ihre Zugehörigkeiten artikuliert. Bedeutsam ist hierbei, dass es dieser vielen, am-bivalent zusammengestellten Bilder bedarf, um sich in einer solchen Hy-bridität und Ambiguität zu präsentie-ren. Ihre Selbstdarstellung liegt da-her nicht im Einzelbild, sondern im Remix der vielen Bilder.

Saras bildliche Erzählform ist in sozialen Netzwerken weit verbreitet und kann als Facebook-Mainstream gelten. Gleiches gilt für ihre Bildin-halte, die einen Schwerpunkt im Bereich japanischer Jugend- und Me-dienkultur wie Mangas und japani-sches Gaming haben; dies findet sich ebenso vielfach in jugendlichen Le-benswelten. Auch in Sarahs Jugend-zimmer, das im Kontext der Studie dokumentiert wurde, sind durchgän-gig japanisch anmutende Gegenstän-de: Bambus, Bonsais, Devotionalien japanischer Popkultur usw. (Abb. 3) sowie zahlreiche selbsterstellte Man-gazeichnungen (Abb. 4) zu sehen, die

Abb. 3

Abb. 4

sie auch in entsprechenden Fan-Artforen online zur Diskussion stellt.[12] Das Japanische, das hier ins Licht gerückt wird, ist jedoch bereits in sich gebrochen. Es erscheint einerseits gerade dadurch attraktiv, dass es immer noch vom Reiz der Ferne und des Exotischen profitiert. Andererseits – im Widerspruch dazu – kündet es von der Globalisierung jugendkultureller Bilder, was die Ferne gerade wieder nivelliert.[13] Beides nimmt Sarah in ihrer Pinnwand auf und fügt weitere Brüche zu diesen bekannten Kontexten hinzu, indem sie das Vorgefundene mit Bastelvergnügen in Knetmasse übersetzt. Sie bleibt daher nicht im Stereotypen verhaftet, sondern findet in der Weiterführung dieser medialen Brechungen zu eigenen und neuen Bildern.

Es ist unübersehbar, dass Sarah diverse kulturelle Versatzstücke verwendet, um etwas über sich zu erzählen. Um zu klären, *was* sie über sich aussagt und *welche* kulturellen und sozialen Zugehörigkeiten sie hier aushandelt, lohnt es sich, das Verwinkelte und Gebastelte ihres Remix´ als Selbstaussage zu untersuchen und nicht von einfachen, sondern von mehrdimensionalen Zugehörigkeiten[14] auszugehen. Weder stellt sich Sarah als Japanerin dar oder könnte als solche zugeordnet werden, noch ist sie, die Postmigrantin mit dem polnischen Nachnamen, die in den eher osteuropäisch anmutenden Räumen der Familie teilweise polnisch spricht, als polnischstämmige Migrantin erkennbar. Indem sie in ihren Lebenswelten das Hybride, Ambige selbst zum Thema macht, verschwinden die Grenzen zwischen probehalber[15] konstruierten und faktischen Zugehörigkeiten, bis man die migrantische Herkunft sowie die aus dieser familiären Vergangenheit stammenden ethnischen, nationalen und kulturellen Zugehörigkeiten nicht mehr erkennt. In Sarahs Bilderwelten tritt ihr Migrationshintergrund, der ja in öffentlichen Diskussionen vielfach als *Belastungsfaktor* begriffen wird, mitsamt seinen massiven Zuschreibungen und Festlegungen vollkommen hinter ihre neugemischte kulturelle Gegenwart zurück. Erkennbar ist im Remix der vielen Bilder vor allem, dass Sarah an der globalen, postmigrantischen[16] Jugend- und Medienkultur teilhat, also an einer selbstbestimmten Normalität, die nicht als problematisch gilt, die kaum herkunftsabhängig ist und aus der heraus sie unbeschwerter agieren kann.

Ihre Teilhabe an einer kulturellen Gegenwart ist sicherlich auch zu problematisieren, da diese ja gerade im Mainstream samt seiner globalen Stereotypen und massiven Kommerzialisierungen stattfindet. Dennoch, oder besser gerade dadurch, schüttelt sie mit Hilfe der vielen Bilder digi-

taler Jugendkultur das kulturelle Anderssein ab, das vielen Postmigrantin-
nen und Postmigranten angeheftet wird. Indem Sarah im gegenwärtigen
Remix nicht mehr als Andere erkennbar ist, wendet sie in ihrem hybriden Umgang mit den globalen Bildern eine widerständige und durchaus
emanzipatorische Strategie an.[17] Sie entwindet sich hierdurch den festle-
genden Zuschreibungen und hebelt einfache, monokausale Deutungen ihrer Person aus. Sarah transzendiert in ihren bildlichen Probehandlungen
also ihre migrantische Herkunft, womit sie sich Freiräume für selbstbe-
stimmte Bildhandlungen und eine teilhabende Lebensweise schafft. Diese
widerständige, emanzipatorische Strategie lässt sich als „Entethnisierung"
bezeichnen.[18]

VERLÄNGERUNG VON VERGANGENHEIT BEHAUPTEN

Deutlich andere Strukturen hinsichtlich des *Remix* im lebensweltlichen
Bildumgang zeigt das Beispiel von Mehmet. Er ist 15 Jahre alt, besucht
eine Hauptschule in einer Stadt in Westfalen. Mehmet wohnt mit seiner
Schwester bei seiner Mutter. Beide Elternteile sind als Angestellte in un-
gelernten Dienstleistungsberufen tätig; das soziökonomische Kapital der
Familie ist als gering einzuschätzen. Mehmet ist türkischer Herkunft, in
Deutschland geboren und lebt in dritter Migrationsgeneration in Westfa-
len.

Abb. 5: Mehmet in seinem Jugendzimmer.

Auch bei Mehmet erfasst die Studie u.a. sein Jugendzimmer und seine sozialen Netzwerke. Für das Foto (Abb. 5) wurde er gebeten, sich in einen aussagekräftigen Bereich seines Zimmers zu stellen und es nach der Aufnahme als für ihn angemessen zu bestätigen.[19] Mehmet zeigt sich vor die türkische Flagge. Rechts davon hängt ein selbstgemaltes Bild mit seinem (hier anonymisierten) Namenszug in Graffitischrift, das mit dem türkischem Nationalsymbol versehen ist. Dies wiederum steht auf einem gerahmten Schriftzug, einer Koransure. Links davon hängt ein ornamental gerahmtes Bild der Kaaba, die von Mekkapilgern umgeben ist. An einer anderen Wand des Zimmers hängt das Relief einer Gebetsnische (*Mihrab*), an der eine Gebetskette aus Olivenkernen hängt. Eine Wasserpfeife sowie aufgehängte Zeitungsbilder türkischstämmiger Fußballspieler ergänzen Mehmets Einrichtung.

Ein vorläufiger Blick in sein Zimmer könnte dem Betrachter den Schluss nahelegen, dass Mehmet – noch – stark von seiner Herkunftskultur geprägt ist und sich daher mit den Bildern seiner familiären Abstammung umgibt. *Migration der Bilder* erscheint hier zunächst als kontinuierliche Weitergabe der Bilder in der Familie von Hand zu Hand. Die Gegenwart Mehmets lässt sich als lineare Verlängerung der familiär-kulturellen Vergangenheit lesen. Es scheint wie ein Faden, der sich kontinuierlich aus der Herkunftskultur bis in sein Jugendzimmer spannt. Um diese vordergründige Sichtweise zu differenzieren, soll auch hier Meh-

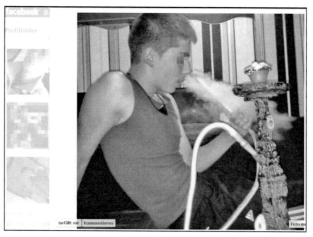

Abb. 6: Quelle: www.facebook.de

mets Facebook-Präsentation betrachtet werden.

Auf seiner Facebook-Seite präsentiert Mehmet ein Selbstporträt (vgl. Abb. 6). Dies zeigt ihn in einem schwarzen Achselshirt, lässig zurückgelehnt hinter einer großen Wasserpfeife sitzend, deren weißen Rauch er mit geschlossenen Augen ausatmet. Zunächst bildet das Foto das Shisha-Rauchen als weit verbreitetes jugendkulturelles Phänomen in deutschen Städten ab. Es wird in Mehmets Foto durch die vielfach von Jugendlichen gewählte Sepiaton-Einstellung in einer historisierenden und künstlerischen Anmutung inszeniert. Damit verbunden spielt es

Abb. 7: Goupil & Cie, Photogravüre nach Jean Lecomte du Nouÿ, Der Traum des Chosrou, 1875, Bordeaux, Musée Goupil, in: Diederen, Roger: Von Haschisch und Halluzinationen. a.a.O, S. 174.

mit weiteren Assoziationen und Kontexten: der imposante Rauch, der nach vorne geneigte Kopf, die Betonung des Männlich-Körperlichen in einem Moment großer Ruhe, der Ausgleich der Kräfte in der Körperhaltung: all das impliziert bildsprachlich die Assoziation des *fernen Orients*. Geheimnisvoll, berauscht und nicht ohne Erotik mutet es an – wovon auch die vielen Shisha-Bars profitieren. Derartige Assoziationen lassen sich ikonografisch nachverfolgen. Kontextualisiert man nämlich Mehmets Profilfoto vorsichtig durch Bilder der europäischen Malerei, insbesondere jene des im 19. Jahrhundert verbreiteten *Orientalismus,* und geht man dem ikonografischen Motiv des Rauchens nach, wird der Eindruck der *sinnlichen Ferne* plausibilisiert. Rauch, Männlichkeit und Erotik bestimmen beispielsweise das Gemälde *Der Traum des Chosrou* des französischen Malers Jean Lecomte du Nouÿ von 1875 (Abb. 7). Es stellt, in Anlehnung an die Persischen Briefe Montesquieus (1721), einen zurückgelehnten Orientalen dar, der nach dem Rauchen der Wasserpfeife, deren Mundstück er noch in seiner linken Hand hält, in halluzinierenden Rausch versunken ist. Während er in geöffneter Körperhaltung seinen muskulösen Arm zeigt, erscheint ihm aus der Rauchschwade heraus die erotische Projektion einer tanzenden Frau. Roger Diederen sieht diese Malerei als Beispiel dafür an, wie stark die Vorstellungen von *Haschisch und Halluzinationen* die westlichen Vorstellungen des Orients im 19. Jahrhundert leiteten.[20] So waren gerade auch in der Salonmalerei des späten 19. Jahrhunderts Gemälde rauchender Orientalen, vielfach in Verbindung mit Haremsdarstellungen, weit verbreitet. Darstellungen, die den betörenden Genuss von Tabak, Haschisch und Opium zeigen, durchziehen weite Teile dieses Genres – und auch insgesamt die damalige westliche Vorstellung vom Orient, wie es in frühen orientalisierenden Zigarettenwerbungen erkennbar ist.

Was hier aus der Palette des französischen Malers heraus entsteht, ist eben nicht die Innenbeobachtung vorderasiatischer Kultur, sondern es ist der westliche Blick des 19. Jh. auf den fernen Orient, der in einer übersteigerten Phantasie aus Erotik, Rausch und Exotismus schwelgt. In diesen Bildern erkennen wir schließlich mehr über den Blick des Westens als über den Osten selbst. Dem Orientalismusforscher und -kritiker Eduard Said zufolge ist der Orient eine Konstruktion des Westens. Gerade in den erwähnten Bildern der Kolonialzeit mit ihren vielfachen Bewegungen von Kulturgütern werde der Orient nicht abgebildet, sondern phantasierend erst *hergestellt* als sinnenreicher, ferner und exotischer Traumort, der in einem Taumel aus Tausend-und-einer-Nacht-Phantasien schwelgt. Durch die Übersteigerung und Aufladung mit allerlei Projektionen und damit einhergehend auch Zerrbildern des Exotischen und Fremden werde, so Said, der Orient *orientalisiert*.[21] Es wird deutlich, dass Remix-Phänomene in Folge der Wanderungen von Menschen und Kulturen mit ihren Bildern keine neuen Erscheinungen darstellen: Gerade die Kolonialzeit ließ Bilder über vielfache Grenzen hinweg migrieren und führte zu komplexen Vermischungen.

Man mag einwenden, dass Mehmet diese historischen Bilder und ihre Ikonografien kaum kennen wird. Dies ist aber auch nicht entscheidend, denn rezeptionsgeschichtlich wirken sie bis in die aktuellen, lebensweltlich relevanten Bildwelten und kollektiven Sehgewohnheiten hinein: Aus dem Kontext der Interviews ist bekannt, dass Mehmet türkischsprachige Fernsehserien, z.B. die Serie *Muhteşem Yüzyıl*[22](deutsch: *Das prächtige Jahrhundert*), verfolgt, die aktuell in der Türkei ausgestrahlt und auch vielfach von Jugendlichen in Deutschland rezipiert werden. Sie spielt im Osmanischen Reich, das Mehmet in vielfacher Hinsicht fern ist; geografisch, historisch, politisch und auch kulturell. Inszeniert werden bspw. überreich dekorierte Palastszenen oder erotische Badeszenen im Harem. Die Mechanismen wiederholen sich, denn die Motive von Erotik, Sinnlichkeit und Pracht schöpfen ihre Kraft aus der exotischen Ferne eines phantasierten Orients.

Es bedürfte hier eingehenderer bildwissenschaftlicher Forschungen, um zu belegen, dass auch diese aktuelle türkische Filmikonografie aus einem originär westlichen, nämlich orientalisierenden Blick auf den fernen Orient schöpft. Die Pointe dieser bildlichen Konstruktion des Orients ist, dass die Serie zwar ikonografisch auch aus westlicher, phantastisch übersteigerter Imagination des Orients schöpft, jedoch in der Türkei produziert wird und dort besonders erfolgreich ist. Im Re-Import der Bilder gewinnen sie gerade durch die mehrfachen Überschreitungen kultureller Grenzen zunehmend an Attraktivität. Die Orientalisierung des Orients geschieht damit aktuell auch innerhalb des geografischen Orients. Damit ist sie ein *globalisiertes* Phänomen, nicht nur weil sie international verbreitet ist, sondern weil sie ihre Struktur und Ikonografie gerade aus den mehrfachen Überschreitungen kultureller Grenzen, aus den vielfachen Übersetzungen und schließlich aus dem Remix ihrer Sichtweisen und Bildprogramme heraus entwickelt.

Ihre Orte finden diese globalisierten Bildvorstellungen beispielsweise in einer patriotisch motivierten Facebookgruppe *Ben Osmanli Torunuyum* (deutsch: Ich bin ein Enkelkind der Osmanen), auf die Mehmet sein Facebookprofil verlinkt (Abb. 8). Das dortige Profilfoto zeigt wieder turbantragende Osmanen vor prachtvoller orientalischer Kulisse.[23] 224.000 Personen hatten im August 2012 bei Facebook vermerkt, dass ihnen die Seite gefällt, wobei laut Seitenstatistik der Großteil der Sympathiebekundenden zwischen 18 und 24 Jahre alt

Abb. 8: Quelle: www.facebook.de

ist und aus der modernen Stadt Istanbul stammt: Die Orientalisierung, auf die Mehmet bildlich und habituell zurückgreift, scheint ein jugendkulturelles Phänomen der Globalisierung zu sein.

Mehmet greift hier also auf aktuelle Bildbestände globaler und stereotypisierender Medienkultur zurück, um sich in orientalisierter Pose bei Facebook zu präsentieren. Diese Lesart der medial konstruierten Zugehörigkeit lässt sich durch die soziale Bildpragmatik bei *Facebook* untermauern, die sich in den Kommentaren zum Profilfoto zeigt. Dort schreibt ein

Facebook-Freund: „*...schmeckts XD PLAAAAYYBOYYYY coles pic man wie ein Richtiger Türke ;)*". Hier ist das *Wie* interessant, da Mehmet von seinem Freund in seiner Aussage nicht *als* richtiger Türke verstanden wird, sondern als einer, der sich erfolgreich (*cool*) als solcher inszeniert. Es wird wahrgenommen, dass Mehmet einen fernen und fremden kulturellen Kontext für eine Inszenierung von Identität nutzt. Mit dem hinzugefügten Zwinkersmiley-Symbol deutet der Freund möglicherweise an, dass man sich auf dieser codierten Ebene versteht. Mehmet, so scheint es, inszeniert sich in einer orientalischen Rolle.

Die zunehmend erkennbar werdenden grenzüberschreitenden Konstruktionen in Mehmets Bildgebrauch und seiner kulturellen Selbstrepräsentation verleiten dazu, den ersten Eindruck seines Jugendzimmers zu überprüfen, das durch die einheitliche herkunftskulturelle Einrichtung zunächst den Anschein ungebrochener Zugehörigkeit erzeugte. Im Interview äußerst sich Mehmet wie folgt über die Bilder seines Zimmers: „*Ja das [die Bilder, AS] hab´ ich gerettet. Das wollt meine Mutter wegschmeißen, und dann hab´ ich gesagt: Nä! das ist zu schade. [...] Ja weil das ist so nen Andenken, so wie Souvenir, halt aus dem fernen Land. [...] Ja Mama findet halt die passen nicht so perfekt ins Wohnzimmer mit den Farben. [...] Ja. ich rette die Bilder immer (lachend).*" Die Bilder stammen zwar aus Familienbesitz, sie sind aber nicht linear von Generation zu Generation weitergegeben worden, sondern wurden von der Mutter entsorgt, weil sie als nicht mehr passend empfunden wurden. Da zum Zeitpunkt der Erhebung keinerlei Bilder und Artefakte aus dem nahöstlichen Raum mehr im Wohnbereich der Familie existieren, mag es der Mutter hierbei um mehr als um passende Farben gegangen sein. Gegenläufig zur mutmaßlichen Assimilationstendenz der Mutter kittet Mehmet hier also den ikonographischen Bruch, den die Elterngeneration zu ihrer Herkunftskultur vollzogen hat, und erhebt sich selbst mit erkennbarem Stolz habituell zu einem Bilderretter. Die kulturelle Bildtradition, mit der Mehmet sich präsentiert, ergibt sich also keineswegs eindeutig aus seiner migrantischen Herkunft, sondern sie ist maßgeblich durchzogen von den mehrfachen Überschreitungen der Bilder über vielfache mediale und kulturelle Grenzen hinweg. In der vertieften Zusammenschau der online- und offline-Räume mit ihren komplexen Strukturen des Bildgebrauchs wird deutlich, wie brüchig Mehmets Bildwelt ist. Entstand eingangs der Eindruck, dass sich Mehmets Bilder wie ein Faden linear aus der kulturellen Vergangenheit in die Gegenwart spannen, so zeigen sich nun die Risse und Knoten. Weil aber, um in der Metaphorik

zu bleiben, mit jedem Knoten der Faden kürzer wird, muss Mehmet neues Fadenmaterial heranziehen und findet es im westlichen Blick auf den
fernen Orient. Es entsteht hier in seiner lebensweltlichen Bildsprache ein
Remix aus Knoten und Knäulen.

Dieser Remix zeigt bei Mehmet nun zunächst gewisse Ähnlichkeit zu
Sarahs Bildumgang, da beide in hybrider Weise kulturelle Versatzstücke
heranziehen und dabei aus dem globalen Bilderfundus stereotypisierender Medienkultur schöpfen. Beide suchen probehandelnd nach eigenen
Formen der Selbstrepräsentationen und grenzen sich deutlich unter anderem zur Elterngeneration ab. Sarah jedoch macht die Hybridität ihrer
Bilder zum Thema und nutzt diese Uneindeutigkeit als emanzipatorische
Strategie der Entethnisierung.[24] Mehmet hingegen re-konstruiert ein nur
scheinbar lückenloses Bild des Orientalischen. Damit präsentiert er eine
dominante kulturelle Zugehörigkeit, die biografisch und lebensweltlich
weit weniger eindeutig ist als er es bildlich behauptet. Präzise benennen
lässt sich diese Inszenierung als *Selbstorientalisierung*[25], also als eine Form
der Aufladung der eigenen Identität[26] mit einem exotischen, orientalischen Habitus.[27] Dieser Habitus, das ist hier die Pointe der Selbstorientalisierung, ist Mehmet nicht schon immer durch kulturelle Abstammung
eigen, sondern er ist ihm selbst aufregend fremd, fern und unselbstver-
ständlich. Und ebenso marktgängig wie es die Bilder der französischen
Orientalisten waren, ist auch die jugendliche Selbstorientalisierung sozial
durchaus erfolgreich.

SENSIBILITÄT FÜR KOMPLEXE ZUGEHÖRIGKEITEN LERNEN

Die in beiden Formen sichtbaren medienkulturellen Stereotypisierungen,
die vielfach auch Rollen- und Genderklischees unkritisch transportieren,
machen deutlich, dass der hybride Remix in jugendlichen Lebenswelten
nicht verklärt werden darf, sondern als eine pädagogische Gestaltungs-
aufgabe in der Kunstpädagogik begriffen werden sollte. Handlungsbedarf
zeigt sich auch auf der Ebene der Wahrnehmung dieser Zugehörigkeiten
in pädagogischen Situationen: Gerade Mehmet lässt erkennen, wie mächtig und dominant die Bilder der migrantischen Herkunft, also National-
symbolik, Wasserpfeife und Koransuren sind, die er in seiner Darstellung
unübersehbar in den Vordergrund rückt. Sie nehmen als *kulturelle Repräsentationen* den Blick auf seine Person – sicherlich auch aus Lehrerpers-

pektive – zunächst fast völlig ein. Dies verstellt den Blick für die dahinter
liegende Komplexität und Diversität seiner Zugehörigkeiten, die ja weit
weniger eindeutig herkunftskulturell geprägt ist.[28] Während Mehmet die
Mächtigkeit der kulturellen Repräsentationen als *Selbstorientalisierung*
zu nutzen scheint, machen es im komplementären Beispiel von Sarahs
Entethnisierung die vielen, globalisierten und willkürlich scheinenden Bilder schwer, hinter ihre stereotype Oberfläche auf die biografisch bedeut-
samen Markierungen von Zugehörigkeiten zu achten. Eine erhebliche
Herausforderung besteht in pädagogischen Situationen darin, sich nicht
fraglos mit der scheinbaren Mächtigkeit der auf Migration oder Globalität
hindeutenden Bilder zufrieden zu geben, sondern eine Sensibilität für dahinter liegende Komplexitäten aufzubauen. Eine solche Sensibilität wird in
pädagogischen Situationen sicherlich nicht immer dazu führen können, in
vergleichbarer Tiefe in alle Winkel lebensweltlicher Räume zu blicken und
die verborgenen Hintergründe aufzudecken. Durchaus aber kann eine fra-
gende Haltung, ein bewusstes Offenhalten für die Wahrscheinlichkeit von
komplexen Identitäten den Blick für die verschiedenen Formen schärfen,
in denen Jugendliche mit Bildern Zugehörigkeiten basteln, aushandeln
und damit kulturelle Gegenwart herstellen. Hier kann die Kunstpädagogik
vieles wahrnehmen und manches gestalten.

ANMERKUNGEN

1 | Vgl. Mecheril, Paul in diesem Band; ders. u.a.: Bachelor | Master Migrationspädagogik, Weinheim und Basel 2010; ders.: „Hybridität, kulturelle Differenz und Zugehörigkeiten als pädagogische Herausforderung", in: Mertens, G.; Frost, U.; Böhm, W.; Ladenthon, V. (Hg.): *Handbuch der Erziehungswissenschaft*. Bd. 3, Paderborn 2009, S. 1087–1096.

2 | Mecheril, Paul: Bachelor | Master Migrationspädagogik, a.a.O., S. 11.

3 | Hier wird auf einen Kulturbegriff Bezug genommen, der die Gesamtheit alltäglicher Kultur würdigt und die lebensweltliche Erzeugung von Kultur betont. Vgl. die kulturanalytischen Ergebnisse des Center of Contemporary Culture Studies Birmingham: „Kultur ist die Art, wie die Beziehungen einer Gruppe strukturiert und geformt sind; aber sie ist auch die Art, wie diese Formen erfahren, verstanden und interpretiert werden." Clarke, John u. a.: *Jugendkulturen als Widerstand. Milieus, Rituale, Provokationen*, Frankfurt/M. 1979, S. 15.

4 | Eine systematische Differenzierung verschiedener milieubedingter Formen des Bildumgangs in bezug auf Zugehörigkeiten soll aus Darstellungsgründen an anderer Stelle erfolgen.

5 | Vgl. Honer, Anne: *Lebensweltliche Ethnografie*, Wiesbaden 1993.

6 | Vgl. Zumbansen, Lars (2011): Die Kunst der Grobeinstellung – Review zu Ansgar Schnurr: „Weltsicht im Plural". Über jugendliche Milieus und das „Wir" in der Kunstpädagogik. In: *onlineZeitschrift Kunst Medien Bildung* | *zkmb, Review*, http://www.zkmb.de/index.php?id=81; [22.11.2012].

7 | Vgl.: Die Formen der Selbstdarstellung, -vermarktung und kontrolle müssen kritisch betrachtet werden. Vgl hierzu unter Perspektive von Gouvernementalität Wiedemann, Carolin: „Facebook: Das Assessment-Center der alltäglichen Lebensführung", in: Leistert, O.; Röhle, T. (Hg.): *Generation Facebook. Über das Leben im Social Net*. 2011, S. 161-182.

8 | Zum „cultural hacking": Meyer, Torsten: „Next Nature Mimesis", in: Schuhmacher-Chilla, D. (Hg.): *Image und Imagination*, Oberhausen 2011, S. 211-230.

9 | Schnurr, Ansgar: „Remixing culture. Eine ethnografische Skizze zu Probehandlungen türkischstämmiger Jugendlicher in den Zwischenräumen Online und Offline", in: Geise, S.; Lobinger, K. (Hg.): *Bilder Kulturen Identitäten. Analysen zu einem Spannungsfeld Visueller Kommunikationsforschung*, Köln 2012, S. 142-164.

10 | Zu Probehandlungen bei Facebook vgl.: Reissmann, Wolfgang: „Arbeit am (Bild-)Körper. Die Plastizität des Körpers im Digitalbild und jugendliches Bildhandeln in Netzwerkplattformen", in: Geise, S.; Lobinger, K. (Hg.): *Bilder Kulturen Identitäten*. A.a.O.,S. 165-185.

11 | Hitzler, Ronald; Honer, Anne: „Bastelexistenz. Über subjektive Konsequenzen der Individualisierung", in: Beck, U.; Beck-Gernsheim, E. (Hg.): *Riskante Freiheiten*, Frankfurt/M. 1994. S. 307-315.; Lévi-Strauss, Claude: Das wilde Denken, Frankfurt/M. 1968.

12 | Vgl. Zaremba, Jutta in diesem Band.

13 | Hubert Sowa deutet die Globalisierung als „hegemonialen Kulturkampf", der kulturelle Besonderheiten „eliminiert". Sowa, Hubert: Notizen zum Nürnberg-Paper, in: Brenne, A.; Sabisch, A.; Schnurr, A. (Hg.): *revisit - Kunstpädagogische Handlungsfelder #teilhaben #kooperieren #transformieren*, München: kopaed 2012, S. 233.

14 | Zur Mehrdimensionalität von Zugehörigkeiten vgl. Nohl, Arnd-Michael, in diesem Band; ders.: Migration und Differenzerfahrung. Junge Einheimische und Migranten im rekonstruktiven Milieuvergleich, Opladen 2001; ders: Konzepte interkultureller Pädagogik. Eine systematische Einführung, Bad Heilbrunn 2010.

15 | Geert Lovink bestreitet aufgrund einer Analyse der AGBs und theoretischer Überlegungen grundsätzlich die Möglichkeit, bei Facebook identitäre Probehandlungen an den Grenzen eindeutiger Zugehörigkeiten zu vollziehen. Aufgrund der Pflicht, Facebook gegenüber bei der Anmeldung den bürgerlichen Namen anzugeben und eine eindeutige Zuordnung etwa zum Geschlecht zu treffen, folgert Lovink, dass das Identitätsmanagement stets auf Authentizität ziele, was einen spielerischen Umgang mit dem Selbst, mit mehreren oder uneindeutigen Identitäten unterbinde. Bei Facebook gebe es „nur ein pathologisches Ausmaß des Bekenntnisses zum echten Selbst. [...] Unterschiedliche Wahlmöglichkeiten werden nur so lange zelebriert, wie sie sich auf eine Identität beschränken". Lovink, Geert: „Anonymität und die Krise des multiplen Selbst". In: Leistert, O.; Röhle, T. (Hg.): Generation Facebook. Über das Leben im Social Net, 2011, S. 186. Diese Kritik an den AGBs ist berechtigt, jedoch beobachte ich empirisch, dass Jugendliche innerhalb der gesetzten Grenzen, also durchaus mit realem Bezug auf ihre Person, mit Selbstdarstellung, Rollenerwartung und -wahrnehmung spielen und hier Grenzen der Zugehörigkeit probehalber verschieben. Diese Schritte sind begrenzt, jedoch m.E. durchaus identitäts- und zugehörigkeitsrelevant.

16 | Postmigrantisch bezeichnet hier die kulturelle Situation, in der als Resultat vielfacher Wanderungen und Grenzverschleifungen eine neue Gegenwartskultur erzeugt wird und damit die Orientierung an migrantischer Vergangenheit überwunden wird.

17 | Die Erkenntnis, dass Hybridität als widerständige Strategie vorschnelle und einengende kulturelle Zuschreibungen und Einordnungen aushebelt und kulturelle Teilhabe herstellt, entstammt maßgeblich den Gedanken des postkolonialen Theoretikers Homi K. Bhabha: „The Third Space", in: Rutherfort, Jonathan (Hg.): Identity. Community, Culture and Difference, London 1990, S. 207-221. Vgl. auch: Castro-Varela, M.d.M.; Dhawan, N.: (2005) Postkoloniale Theorie, Bielefeld 83ff; Ha, Kein Nghi: Ethnizität und Migration reloaded. Kulturelle Differenz, Identität und Hybridität im postkolonialen Diskurs, Berlin 2004; Schnurr, Ansgar: „Dritte Räume'. Zwischen Bilderverbot und Facebookalbum", in: Schulz, Frank; Seumel, Ines: U20 - Kindheit, Jugend, Bildsprache. 2013, i.V.; zum Aspekt der Emanzipation und des Widerstandes vgl. die cultural studies von J. Clarke, a.a.O.

18 | Wenzel Bilger zeichnet anhand schwuler Deutschtürken nach, wie durch ambivalente Queer-Prozesse kultureller Überlagerungen Entethnisierungen vollzogen werden können. Bilger, W.: Der postethnische Homosexuelle. Zur Identität „schwuler Deutschtürken", Bielefeld 2012.

19 | Zur Methodologie fotografischer Eigenproduktion in Jugendzimmern vgl. Holzwarth, Peter: „Fotografie als visueller Zugang zu Lebenswelten von Kindern und Jugendlichen mit Migrationshintergrund", in: Marotzki, W.; Niesyto, H.: Bildinterpretation und Bildverstehen. Methodische Ansätze aus sozialwissenschaftlicher, kunst- und medienpädagogischer Perspektive, Wiesbaden 2006, S. 175-205.

20 | Diederen, Roger: „Von Haschisch und Halluzinationen", in: Diederen, R.; Depelchin, D.(Hg.): Orientalismus in Europa: Von Delacroix bis Kandinski, München 2010, S. 167-184.

21 | Said, Edward: Orientalismus, Frankfurt/ M. 2009.

22 | http://www.youtube.com/watch?v=PBxXN3HyBcg [03.01.2013].

23 | Die Facebookgruppe zielt nicht nur auf ästhetisch motivierte Vergemeinschaftung, sondern verfolgt eine nationalistische Sympathie für die Expansion des Osmanischen Reichs, was hier u.a. mit Antiamerikanismus und der Leugnung des Genozids an den Armeniern eihergeht. Vgl.: http://www.facebook.com/The.Ottomann?ref=ts&fref=ts [19.04.2012].

24 | Die verschiedenen Formen, in denen Sarah und Mehmet ihre Herkunft und Gegenwart verhandeln, ist durchaus milieuspezifisch und korreliert auch mit ihrem Bildungsgrad sowie sozioökonomischen Kapital: Sarah ist in der Lage, diese Komplexität spielerisch aufzubauen und die Spannung zu halten. Vgl. Schnurr, Ansgar: „Weltsicht im Plural. Über jugendliche Milieus und das „Wir"„in der Kunstpädagogik", in: onlineZeitschrift *Kunst Medien Bildung* | *zkmb*, Text im Diskurs, 2011, www.zkmb.de/index.php?id=42 [03.01.2013].

25 | Niessen, Sandra; Lechkowich, Ann Marie; Jones, Carla: *Re-Orienting fashion: The Globalization of Asian Dress*, Oxford 2003.

26 | Selbstorientalisierung als Phänomen jugendlicher Verhandlung von Zugehörigkeiten darf jedoch nicht nur auf Menschen mit Migrationsvergangenheit aus dem islamisch-arabischen Raum enggeführt werden. Es betrifft in etwas veränderter Form auch nichtmigrantische Jugendliche, die sich probehalber in exotische, orientalische Bildwelten und Habitusformen begeben. Auch Sarah zeigt in ihren Bezügen auf japanische Kontexte eine derartige Dynamik, wobei bei ihr der Eindruck des Herauswindens aus starren Zugehörigkeiten überwiegt.

27 | Vgl. Nauck, Bernhard; Steinbach, Anja: *Intergeneratives Verhalten und Selbstethnisierung von Zuwanderern: Expertise für die Unabhängige Kommission „Zuwanderung".* Chemnitz: Technische Universität Chemnitz 2001; Römhild, Regina: „Fremdzuschreibungen Selbstpositionierungen: Die Praxis der Selbstethnisierung im Alltag der Einwanderungsgesellschaft", in: Schmidt-Lauber, B. (Hg.): *Ethnizität und Migration: Einführung in Wissenschaft und Arbeitsfelder*, Berlin 2007, S. 157-177.

28 | Zur Diversität hinter dominanten kulturellen Repräsentationen vgl. Nohl, Arnd-Michael: *Konzepte interkultureller Pädagogik*, a.a.O, 2010, S. 146-176.

Wer hat eigentlich keinen
Migrationshintergrund?

Gibt es überhaupt noch
nationale Kulturen?

Aus welcher Sicht/von welchem
Standort aus werden Themen für
eine „Interkulturelle Kunstpädagogik"
formuliert?

Während des Kongresses „Interkultur. Kunstpädagogik remixed" sammelten die Teilnehmenden entstehende Fragen auf einer Fragenwand.

Handlungsfelder 1:
Begriffe und Lebenswelten/
Blicke – Bilder

Die folgenden vier Berichte verbindet ein Grundthema, das Thema des Blicks und des dabei entstehenden Bildes. Sei es der Blick auf sich selbst mit den Mitteln des Theaters (Anja Sparberg), der Blick auf die eigene Stadt mit filmischen oder fotografischen Mitteln (Oliver Lieb) oder der Blick auf einen anderen Kontinent bzw. andere Nationen (Laila Hermann, Samuel Drempetic). Die Verbindung zu den zuvor dokumentierten Vorträgen ist klar: Es sind Begriffe, die die Blicke und Bilder steuern, und es sind die Blicke und Bilder, die die Begriffe formen. Die Kunstpädagogik hat dabei das besondere Potenzial, diesen Zusammenhang bewusst zu machen. Das zeigen die vier Projekte.

Und so ergeben sich auch neue Inhalte für die Kunstpädagogik. Das Nürnberg-Paper formuliert dazu: „Alle Akteure, Lehrkräfte, Vermittlerinnen und Vermittler sind aufgefordert, auf die veränderte Situation in Deutschland mit einer Diskussion um die Inhalte der Kunstpädagogik zu reagieren. Dazu gehört vorrangig eine kritische Reflexion und Weiterentwicklung des zu Grunde gelegten Bildbegriffs, der Fragen von Kulturalität und Universalität, von Globalisierung und Lokalisierung, von Abgrenzung und Hybridität neu berücksichtigen muss." (A.2.) Auch wenn im *geschützten Raum* des Unterrichts ein spielerischer Umgang, ja ein Spiel, mit den Mustern der Zuschreibungen gerade noch möglich scheint, stellt sich bereits hier die Frage, wer eigentlich die Macht über die Zuschreibungen, über die Bilder hat. Produziert die *Zielgruppe* die Bilder, die von ihr existieren, zumindest mit? Dies zeigen die vier Beiträge eindringlich: Die Macht über das Selbstbild kann sehr lustvoll (zurück-)gewonnen werden.

gemeinsam türkisch – Zugvögel // Göcmen Kuslar // Migratory Birds

Internationales Jugendtheaterfest

ANJA SPARBERG

Über 50 Jugendliche aus Nürnberg, Wien und Istanbul trafen sich Ende Mai 2012 zum Jugendtheaterfest gemeinsam türkisch – Zugvögel // Göcmen Kuslar // Migratory Birds am Staatstheater Nürnberg, im türkischen Theater O und auf dem ehemaligen Gelände der Nürnberger AEG. Ausgangspunkt des Projektes war die Frage, wie die Lebenswelt junger türkischstämmiger Deutscher und Österreicher sowie Rückkehrer in Istanbul aussieht. Es ergab sich ein spannender, vergleichender Blick über den jeweiligen Tellerrand hinaus, der in den einzelnen Produktionen der beteiligten Gruppen thematisiert wurde. Auch die Produktion des Staatstheaters über Identitäten türkischstämmiger Menschen in Nürnberg anlässlich des Jubiläums 50 Jahre Anwerbeabkommen – Süper! Türken! – war bei dem Jugendtheaterfest zu sehen.

Die Idee entstand aus einer Begegnung des freien türkischen Theaters O mit der Theaterpädagogin Anja Sparberg (Staatstheater Nürnberg), der Leiterin des Kulturbüros Muggenhof Stefanie Dunker und Gülay Aybar-Emons (Amt für Kultur und Freizeit, Nürnberg). Das Theater O war auf der Suche nach Räumlichkeiten und da sich das zunächst schwierig gestaltete, gewann ein Theaterfest an Kontur, auch um das kreative Potential in der Stadt zu bündeln. Als weitere Partner kamen die Theaterakademie für Theaterpädagogik und Schauspiel sowie der Fachbereich Theaterpädagogik (Tanja Klepatzki) der Friedrich-Alexander-Universität Erlangen hinzu. Das Staatstheater Nürnberg stellte zusammen mit dem Amt für Kultur und Freizeit den Etat für die Theaterpädagogik sowie organisatorische, inhaltliche, technische Hilfe und die Räumlichkeiten zur Verfügung. Mittlerweile war das Theater O in ein altes Kino des DB Museums gezogen, fertigte ein eigenes Stück an und organisierte die Produktion aus Istanbul, die Kinovorstellung von Kiriminal Sipilfilim (Johann-Preißler-Mittelschule) und einen festlichen Abend für die Festivalteilnehmer.

Abb. 1

Abb. 2

Nach drei Workshoptagen (geleitet von Studierenden der Theaterakademie und des Fachbereichs Theaterpädagogik), sechs Vorstellungen und einer Fachdiskussion (Vortragende Hasan Çil und Dr. Leopold Klepatzki) kam der Abschied für die Teilnehmenden des Jugendtheaterfestes. Am Samstag zuvor hatte die Gruppe aus Wien noch in ihrem Stück Sag mir wer ich bin?

thematisiert, wie schwierig es sein kann, wenn man Wurzeln in Polen, Afghanistan, Mazedonien, Ägypten, China, der Türkei hat oder von den Sinti und Roma abstammt. Dank ihres Mutes und ihrer Sprachmacht haben sie – unter der Leitung von Corinne Eckenstein (Theater Foxfire) – gezeigt, wie aus dieser Vielfalt eine Gemeinschaft entsteht, die sich nicht unterkriegen lässt. An ihrem Spielort feierten sie gemeinsam mit den Zuschauerinnen und Zuschauern für kurze Zeit eine Utopie, die zumindest in der Kunst Realität werden kann.

Zwei Tage zuvor hatten die Schülerinnen des Pirckheimer-Gymnasiums unter der Leitung des Lehrers Dirk Benker in ihrem Stück Blood is red in everyone in den Kammerspielen demonstriert, dass das Leben mit der Vielfalt in ihrer Schule ganz selbstverständlich ist. Das Tiyatro Oyunbat Istanbul und das Theater O thematisierten das Ganze aus türkischer Perspektive.

Insgesamt zeigte das Festival einen wunderbar souveränen Umgang der Jugendlichen mit ihrer bisweilen komplexen Lebenswelt. Katharina Erlenwein von den Nürnberger Nachrichten resümierte nach der Premiere von SlamShut (Konzept und Regie von Özlem Demirci und Anja Sparberg): „Was ihre Theater-Show so unterhaltsam macht, ist nicht nur Burkas und Özlems Authentizität und Spielwitz, sondern der hohe Reflexionsgrad der beiden, kombiniert mit einer großen Schippe Selbstironie. Aufführungen wie diese helfen, den Anteil von 99,9 Prozent deutschstämmiger Darsteller an deutschen Bühnen, den Schauspieldirektor Klaus Kusenberg in seiner Einführung konstatierte, zu senken – mit Gewinn für alle."[1]

Özlem Demirci war als Jugendliche selbst Mitglied im Theaterjugendclub des Staatstheater Nürnberg, der auch immer Spielerinnen und Spieler mit russischen, polnischen, chinesischen, rumänischen, irischen, brasilianischen, türkischen oder nigerianischen Hintergrund beheimatet. Anja Sparberg fragte sie:

„Özlem, Du bist ausgebildete Schauspielerin und warst mit Deiner Performance, die wir hier in Nürnberg als Videomitschnitt sehen, beim Performance Festival 100° im HAU (Hebbel am Ufer) in Berlin. Kurz zuvor hast Du den Studiengang Performance Studies mit Bestnote abgeschlossen. In Deiner Abschlussarbeit setzt Du Dich mit dem postmigrantischen Theater auseinander. Was reizt Dich an dem Thema und am Projekt Zugvögel?"

Özlem Demirci antwortete: „Als Arbeiter- und Einwanderertochter hatte ich das große Glück, eine künstlerische Ausbildung machen zu können. Während meines Schauspielstudiums wurde ich nie in die Kategorie Türkin geschoben. Die Herkunft spielte keine Rolle, sie war höchstens ein zusätzlicher Schatz der Lieder und Zustände aus einer anderen Kultur. Seit einigen Jahren steigt die Zahl der postmigrantischen Künstlerinnen und Künstler – und das wurde auch langsam Zeit. Allerdings steigt damit kurioserweise auch die Zuordnung dieser Künstlerinnen und Künstler in die von außen auferlegte Nische mit Migrationshintergrund. Diese Nische kann neben der künstlerischen Einschränkung, die sie mit sich bringt, aber auch große Aufmerksamkeit erzeugen, kann Spielraum bieten für künstlerische Arbeiten, die in einem Einwanderungsland wie Deutschland von höchster Relevanz sind, aber in den laufenden Spielplänen sonst keinen Platz finden. Am Projekt Zugvögel interessiert mich, warum in den Einwandererfamilien sehr wenig über die schwierigen Ankunftsjahre geredet wird. Warum und wie haben sich bestimmte Strukturen etwa in meiner Familie manifestiert und was bedeuten diese für meine Arbeit? Wie geht es Jüngeren? Ich finde es interessant, diese Suchbewegung nach Heimat und künstlerischer Identität in der Arbeit mit jungen Menschen offen zu zeigen, mit Erwartungshaltungen zu spielen, sie zu brechen oder zu bestätigen."[2]

Auch beim Projekt Zugvögel wurden Erwartungshaltungen durchbrochen. Zwischendurch zeigte sich, dass der Fokus auf türkischstämmige Jugendliche und ihre Freunde auch den Hintergrund aller Beteiligten sehr stark thematisierte und damit den Titel Zugvögel als Schlüsselerfahrung für Viele in den Mittelpunkt rückte. Zusätzlich wurde deutlich, dass der Kontakt zwischen Jugendlichen mit Migrationshintergrund und ihren Freunden ohne Migrationshintergrund selbstverständlicher geworden ist als noch vor zehn oder zwanzig Jahren und dies als Bereicherung empfunden wird. Zumindest bei den Jugendlichen des Theaterjugendfestes, die aus den unterschiedlichsten Schultypen und Gesellschaftsschichten stammen. Hinzu kommt, dass die Zahl der Gymnasiasten mit Migrationshintergrund in Nürnberg relativ konstant bei etwa 17,6% liegt[3], beim am Theaterfest beteiligten Gymnasium liegt sie bei 33%. Das heißt, dass bereits einige Kinder und Enkel im gymnasialen Bildungssystem angekommen sind und von dort aus ihren Weg gehen wollen und können. „Man merkt: Die täglichen gesellschaftspolitischen Diskussionen hinken manchmal kilometerweit hinter der Realität von Einwanderern und Deutschen hinterher, die längst zu einem selbstverständlichen Miteinander gefunden haben. Insbesondere an den Schulen."[4]

Das Jugendtheaterfest Zugvögel hat mit den Mitteln des Theaters die Selbstwahrnehmung und die Wahrnehmung der anderen künstlerisch thematisiert. Das Einlassen auf die (Theater-)Gruppe ist eine wichtige Voraussetzung, um überhaupt Theater spielen zu können. Neugier und Akzeptanz führen dazu, dass es möglich wird, in einem geschützten Raum mehr über sich und die anderen zu erfahren. Und die gelungenen Projekte zeigen, dass dieser Spielraum wichtig ist. Grundsätzlich scheint es so zu sein, dass sich die inhaltliche Themenstellung von der reinen Fragestellung Migration heute gerne entfernen darf. Denn egal welches Thema man wählt, die Jugendlichen bringen in der Theaterarbeit ihren jeweiligen Hintergrund immer spielerisch mit ein. Was sie davon schlussendlich nach außen tragen wollen und welche Inhalte sie sich wählen, ist ein spannender, vielschichtiger Prozess des Miteinanders.

ANMERKUNGEN

1 | Nürnberger Nachrichten, 26. Mai 2012.

2 | Aus einem Interview der Autorin mit Özlem Demirci vom 4. Mai 2012.

3 | Quelle: Amt für Stadtforschung und Statistik für Nürnberg und Fürth.

4 | Erlenwein, Katharina, Nürnberger Nachrichten, 26. Mai 2012.

Web-TV am Beispiel von LEONAU.TV

OLIVER LIEB

Unter Web-TV wird hier eine Ansammlung von Videoclips aus einem bestimmten Umfeld oder zu einem bestimmten Thema verstanden, die im Internet auf einer eigenen Website, einem Kanal eines Videoportals o.ä. betrachtet werden können. Es geht also nicht um Fernsehsendungen im Internet, sondern um die Beteiligung möglichst vieler Nutzerinnen und Nutzer, die mit verschiedensten Kurzclips einen Gesamteindruck entstehen lassen. Die einzelnen Clips können schnell und mit einfachsten Mitteln erstellt werden, wobei es jeweils nicht auf die umfassende oder journalistische Behandlung eines Inhalts ankommt.

LEONAU.TV[1] versteht sich als *digitale Stadtteilzeitung* mit dem Schwerpunkt auf Videobeiträgen zu jugendrelevanten Stadtteilthemen. St. Leonhard und Schweinau sind benachbarte Nürnberger Stadtteile, die häufig auch als *ein* Stadtteil wahrgenommen werden. Sie zeichnen sich durch einen hohen Anteil an Migrantinnen und Migranten, bildungsfernen Schichten, Familien mit einem hohen Armutsrisiko und Schulabgängern ohne qualifizierenden Schulabschluss aus. Der Migrationshintergrund vieler Stadtteilbewohnerinnen und -bewohner sollte bei dem Projekt aber keine explizite Rolle spielen. Vielmehr ging es um die gemeinsam geteilte Gegenwart im Stadtteil. Bisher waren die Bewohnerinnen und Bewohner gewohnt, dass in den Medien über sie als *Brennpunkt-Stadtteil* berichtet wird. Der mediale Ansatz von LEONAU.TV sollte diese Situation grundlegend ändern. Partizipation und die Schaffung einer eigenen Öffentlichkeit standen im Mittelpunkt des gesamten Projekts. Die Bewohne-

Abb. 1: Projekttag C.v.Ossietzky-HS 7b - 11.10.2010.JPG: „Schülerinnen erforschen ihren Stadtteil mit der Kamera"

rinnen und Bewohner des Stadt-teils – im Fokus hierbei vor allem Jugendliche – erhielten unter fach-kundiger Anleitung die Gelegenheit, ihren Stadtteil, ihre Lebensumstän-de sowie Themen aus ihrem Alltag in schnell produzierten Kurzvideos selbst darzustellen und die Art und Weise der Präsentation mitzubestim-men. Eine traditionelle, textbasierte Stadtteilzeitung existierte nicht und hätte für viele Bewohner auch zu hohe Hürden der schriftsprachlichen Beteiligung gesetzt. Ein online nutzbares, elektronisches und mit Fotos und kurzen Videofilmen arbeitendes Informations- und Kommunikati-onsmedium konnte hier jedoch neue Impulse setzen. Je nach individu-ellen Stärken konnten sich die Nutzerinnen und Nutzer ausschließlich über (Bewegt-)Bilder ausdrücken oder auch journalistische Berichte erstel-len. Im Vergleich zu aufwändigeren Videoproduktionen wurde dabei ein niedrigschwelliger Ansatz verfolgt und durch schnelles Fertigstellen und Hochladen ein unmittelbares Erfolgserlebnis erzielt. LEONAU.TV fun-giert damit als Kommunikations- und Videoportal für den Stadtteil.

Initiiert und organisiert wurde LEONAU.TV vom Medienzentrum PARABOL als Bestandteil des Netzwerks *FUNKtionierende Stadtteilöf-fentlichkeit St. Leonhard/ Schweinau*. Dieses Projekt wurde im Rahmen des Programms Soziale Stadt (Modellvorhaben *Kooperationen*) durch die Städtebauförderung Bayern finanziert und durch die Stadt Nürnberg kofi-nanziert. Eigenmittel flossen ebenfalls in die Gesamtfinanzierung mit ein. Die Einrichtung und Verwaltung der Webplattform sowie die Organisation und überwiegende Betreuung der einzelnen Aktionen erfolgte durch das medienpädagogische Personal des Medienzentrums.

Das Projekt startete Ende 2009 mit den Zielgruppen Jugendliche, Ein-richtungen der Kinder- und Jugendarbeit sowie Schulen im Stadtteil. In der zweiten Projektphase ab 2011 wurde die Zielgruppe auf alle Bewohne-rinnen und Bewohner bzw. im Stadtteil Beschäftigte ausgeweitet, wobei der Schwerpunkt der Angebote weiterhin auf Kinder und Jugendliche aus-gerichtet war. Mitte 2012 lief die Förderung für das Projekt aus, wodurch auch die Durchführung von Aktionen und die Unterstützung z.B. durch kostenlosen Geräteverleih eingestellt werden mussten. Die Plattform selbst steht aber bis auf Weiteres den Nutzern zur Verfügung – ebenso wie die Beratung im Medienzentrum und der (kostenpflichtige) Geräteverleih.

Um die Jugendlichen zu erreichen, wurde mit den beiden Hauptschulen und verschiedenen Jugendeinrichtungen im Stadtteil kooperiert. So wurden z.B. im Medienzentrum PARABOL, das im Stadtteil ansässig ist, Projektvormittage mit Schulklassen durchgeführt, an denen je drei bis vier Clips in Kleingruppen parallel produziert und hochgeladen wurden. Außerdem wurden in Jugendeinrichtungen eigenständige Redaktionen initiiert und in der Anfangsphase intensiv betreut. Vier einfache Speicherkarten-Camcorder mit externen Mikrofonen wurden angeschafft und konnten bei Bedarf von den Einrichtungen oder einzelnen Jugendlichen kostenlos ausgeliehen werden. Zum Schneiden der Beiträge wurden Laptops mit einem einfachen Videoschnittprogramm zur Verfügung gestellt. Um eine unkomplizierte und sichere Veröffentlichung der Medienprodukte zu gewährleisten, wurde LEONAU.TV als *Netzcheckers*-Partnerportal realisiert, welches einen einfachen Upload der Inhalte ermöglichte.

Das Erstellen eines kurzen Clips macht Jugendlichen ebenso Spaß wie das Entdecken und Präsentieren von Personen, Orten und Gebäuden aus dem eigenen Stadtteil im Internet. Somit konnte bei den Teilnehmenden eine positive Identifikation mit dem Stadtteil, der häufig nur als *Problemstadtteil* beschrieben wird, hergestellt und gefördert sowie das Selbstwertgefühl der Bewohnerinnen und Bewohner gestärkt werden. Dabei lernten die Teilnehmenden nicht nur das Medium Video in Verbindung mit dem Internet aktiv und kreativ für sich zu nutzen, sondern erfuhren in angeleiteten Aktionen und betreuten Redaktionen auch etwas über Persönlichkeitsrechte (Recht am eigenen Bild), Urheberrecht (v.a. Musik im Clip) und Netiquette.

Auch soziale und kommunikative Kompetenzen wurden gefördert. Bei allen Clips, die in Teams und Kleingruppen produziert wurden, war jeweils die Auseinandersetzung mit unterschiedlichen Ideen, Vorstellungen und Auffassungen erforderlich. Die Veröffentlichung im Internet

Abb. 2: Projekttag HS St.Leonhard 6c - 06.04.2011.JPG: Wie finden Sie den Stadtteil und was würden Sie verändern, wenn Sie könnten? - Immer wieder spannend: Straßenumfragen unter Passanten.

setzte voraus, dass im Team geklärt wurde, wie man sich selbst bzw. die Inhalte präsentieren möchte. Jugendliche, die selbst vor der Kamera standen, hatten die Möglichkeit, ihre Fremdwahrnehmung kennen zu lernen und ihre Wirkung in Medien zu erproben.

In den zweieinhalb Projektjahren wurden über 160 Clips produziert. Die Themen waren dabei ebenso breit gefächert wie die Machart. So entstanden z.b. Berichte über Stadtteileinrichtungen und -events, Umfragen unter Stadtteilbewohnern, Impressionen oder auch experimentelle Clips. Eine Bildergalerie und ein Fotoalbum boten außerdem die Möglichkeit, schnell und unkompliziert Fotos zu veröffentlichen.

Rückblickend lässt sich sagen, dass die Angebote, sich mit kurzen Clips auszudrücken, Umfragen und Interviews zu machen etc. von Jugendlichen – sofern sie angeleitet waren und im Rahmen von Schulklassenprojekten oder in Freizeiteinrichtungen stattfanden – begeistert aufgenommen wurden. Die Jugendlichen hatten großes Interesse daran, ihre Clips im Internet anzuschauen und anderen zu zeigen, was sich an den hohen Zugriffszahlen an den ersten Tagen nach dem Upload zeigte.

Die ursprüngliche Idee hingegen, ein Portal zu schaffen, das von den Stadtteilbewohnerinnen und -bewohnern selbständig genutzt und gefüllt wird, hat in dieser Form nur teilweise funktioniert. Wie sich kurz vor Abschluss des Modellprojekts andeutete, wäre ein noch längerer Zeitraum u.U. hilfreich gewesen. Denn trotz vielfältiger Werbemaßnahmen (Plakate, Flyer, Aufkleber, Offline-Aktionen im Stadtteil, Präsenz bei Stadtteilaktionen etc.) deutete sich erst zum Ende des Projektzeitraums eine größere Bekanntheit im Stadtteil an, kamen einzelne Bewohnerinnen und Bewohner auch von sich aus auf die Initiatoren zu und eröffnete sich eine größere Bandbreite potenzieller Kooperationen.

Andererseits zeigte sich, dass Jugendliche z.B. aus der Skater- oder Danceszene durchaus bereits Clips produzieren und via Facebook und YouTube verbreiten, hierfür aber – von wenigen Ausnahmen abgesehen – nicht LEONAU.TV nutzten. Während YouTube als Marke weltweit etabliert ist und großflächige Erreichbarkeit verspricht, ist LEONAU.TV – aufgrund seines Konzepts zwar gewollt – außerhalb des Stadtteils aber schon kaum mehr bekannt und damit in seiner Reichweite beschränkt. Die Aktionsradien der Jugendlichen sind aber nicht an Stadtteilgrenzen gebunden. Außerdem kann die eigene Plattform an finanziellen und technischen Ressourcen natürlich nicht mit dem Weltmarktführer mithalten. So gibt es z.B. größere Beschränkungen bei der Dateigröße und der verfügbaren Codecs, was die Attraktivität und leichte Benutzbarkeit schmälert. Aufgrund dieser Erfahrungen und Einschätzung wäre die Nutzung eines eigenen YouTube-Kanals sinnvoll, was andererseits Kompromisse in der Seitengestaltung nach sich ziehen würde. Eine andere Möglichkeit wäre, YouTube als Videoportal zu nutzen und die Clips dann in eine eigene Website oder einen Blog einzubetten.

Das Konzept des Web-TV lässt sich auch sehr gut im Rahmen einer Einrichtung und deren Klientenkreis umsetzen. So gibt es z.b. bereits seit Längerem positive Erfahrungen mit einem Schul-TV-Projekt an der Otto-Seeling-Schule in Fürth, wo eine *digitale Schülerzeitung* mit der gleichen Software wie LEONAU.TV realisiert wird.[2] Im Rahmen einer wöchentlichen AG werden dort Beiträge zu schulinternen und anderen Themen produziert. Eigenständiges Produzieren durch die Schülerinnen und Schüler wird hier gar nicht erst angestrebt, da es mit der AG eine feste Redaktion gibt. Trotzdem können sich alle Schülerinnen und Schüler durch Abstimmungen und Kommentare beteiligen. Und da der Adressatenkreis klar abgesteckt ist und die Themen oft nur schulintern relevant sind, ist eine größere Reichweite nicht erforderlich. Allerdings ist der Erfolg dieses Projekts nur durch den engagierten Einsatz einer ambitionierten und technisch versierten Lehrkraft möglich. An den beiden Schulen im LEONAU.TV-Einzugsgebiet fanden sich solche Personen bzw. die erforderlichen Rahmenbedingungen nicht.

Um Jugendlichen, die sich im Umgang mit Texten eher schwer tun, die Möglichkeit zu geben, sich jenseits von Schülerzeitungsartikeln auszudrücken und mitzuteilen, sind Angebote aktiver Medienarbeit wie die Produktion und Verbreitung eigener kurzer Videoclips eine attraktive und vielversprechende Alternative. Hierfür benötigt man keine besonders teuren Geräte, sondern v.a. engagiertes, medienpädagogisch geschultes Personal und ausreichende technische, räumliche und zeitliche Ressourcen.

ANMERKUNGEN

1 | http://www.leonau.tv/ [17.12.2012].
2 | http://www.otto-schultv.de/ [17.12.2012].

AKWABA – Afrikatage Nürnberg

LAILA HERMANN

Die Afrikatage Nürnberg werden jährlich von Organisationen und Initiativen organisiert, die sich mit dem Thema Afrika auseinandersetzen. Dabei soll Afrika – jenseits der üblichen Klischees – als lebendiger und vielfältiger Kontinent dargestellt werden. Die Veranstaltungen sind damit vorrangig aufklärerischer und politischer Natur und behandeln Themen wie Integration, das Afrikabild in den Medien oder den Umgang mit Vorurteilen.

Auf dem Kongress in Nürnberg wurde klar: Fremdes irritiert. Irritation gehört zur Fremdheitserfahrung und ist ihr Hauptmerkmal. Fremdes ist unvertraut, es unterbricht die Routine des Alltags. Fremdes kann Angst auslösen, aber auch Lust wecken. Auch wenn das Thema Integration mittlerweile groß geschrieben wird, stellte Klaus Bade bei der letztjährigen Integrationskonferenz in Nürnberg fest, dass Deutschland einen gelingenden Integrationsprozess verschlafen hat. Seit der Einsicht, dass Migration und Zuwanderung gerade im Hinblick auf den Fachkräftemangel gut sei, wächst auch an Schulen der Anteil ausländischer Jugendlicher. Bekanntlich gehen aber Schülerinnen und Schüler nicht immer offen mit dem Fremden um: Es herrschen Vorurteile, die größtenteils bestehen bleiben, da sie kaum thematisiert werden. Die Lehrpläne sind meist mit wichtigeren Themen ausgefüllt. Im Fach Kunst besteht jedoch die Möglichkeit, sich mit Heterogenität, Migration, Integration und Interkulturalität auseinander zu setzen.

In Nürnberg wurden 2012 zum 4. Mal die Afrikatage AKWABA veranstaltet. Diese haben das Ziel, vielen Menschen Afrika näher zu bringen, denn das Bild von Afrika ist oft eindimensional und auf Armut, Katastrophen und Hunger fixiert. Dem gilt es also entgegen zu wirken, indem wir ein anderes, ein lebendiges und positives Afrika vorstellen. Es stellt sich dabei die Frage, wie sich die Kunstpädagogik hier einbringen könnte. Eine

Möglichkeit wäre es, z.B. in einer Art Simulation oder Planspiel eigene, fiktive oder reale Afrikatage zu entwerfen und zu organisieren.

Folgende Fragen sollten dabei berücksichtigt werden:

- Wie können – im Hinblick auf Prozesse der Identitätsentwicklung von Jugendlichen – die Potenziale von Migration in der pädagogischen Arbeit genutzt werden?
- Wie kann ein Verständnis von kultureller Vielfalt erzeugt und im Unterricht produktiv ausgestaltet werden?
- Wie können – vor allem Jugendliche und Erwachsene – falsche (aber mächtige) Bilder korrigieren und adäquatere Gegenbilder aufbauen?
- Welches Verständnis von afrikanischer Kultur soll im Rahmen der Afrikatage vermittelt werden?

Im Hinblick auf den Kunstunterricht lassen sich folgende Thesen auf der Basis der gemachten Erfahrungen aufstellen:

- Der Umgang mit Heterogenität sollte im Fach Kunst zum Normalfall werden und der offene und reflektierte Umgang mit Vorurteilen ein neues Bewusstsein schaffen.
- Lehrende – auch Kunstlehrende – mit Migrationshintergrund sind von Vorteil, um den Schülerinnen und Schülern andere Kulturen zu vermitteln und um die Normalität der kulturellen Vielfalt glaubhaft zu machen.
- Ziel der Kunstpädagogik kann es nur sein, über die Beschäftigung mit vielfältigen kulturellen Ausdrucks- und Lösungsansätzen Jugendlichen – egal welcher Herkunft – die Chance zu geben, ihre eigene Identität differenzierter und reflektierter zu erproben, zu entwickeln und dabei in einen interkulturellen Dialog zu treten. Dafür bietet die Beschäftigung mit Kunst, mit Bildern, mit bildnerischem Tun eine hervorragende Chance. Das Fach Kunst ist dafür gut aufgestellt. Es muss die neuen Aufgaben nur in den Blick nehmen.

Visueller Zugang zu anderen Kulturen: Globales Lernen/Reisen mit Bildern

SAMUEL DREMPETIC

Der innerhalb der Tagung Interkultur. Kunstpädagogik remixed durchgeführte Workshop nahm die visuellen Nachbereitungen von Exposure-Reisen in den Fokus. Eine Exposure-Reise ist eine spezielle Reiseform, in der sich – vereinfacht ausgedrückt – die Teilnehmenden explizit einer fremden kulturellen Situation aussetzen.[1] Solche Exposure-Reisen wurden mit Jugendlichen und jungen Erwachsenen von der Akademie Caritas Pirckheimer Haus und der Jesuitenmission in Nürnberg seit 2004 mehrmals durchgeführt. Die Finanzierung erfolgte sowohl durch die Teilnehmenden als auch über die Trägerinstitutionen.

Die Gruppen bestanden überwiegend aus Studierenden und sogenannten young professionals. Obwohl die Mehrzahl der Teilnehmenden sowie auch die Leitung keinen künstlerischen Hintergrund hatten, entschieden sie sich, die Nachbereitung und Dokumentation der Exposure-Reise überwiegend visuell darzustellen. So entstanden in den vergangenen Jahren unterschiedliche Druckmedien, Bildbände, Bilderbroschüren, Kalender und auch Ausstellungen.

Es war und ist wichtig, die Eindrücke der Exposure-Reise aufzuarbeiten, zu verarbeiten und anderen zugänglich zu machen. Hierfür bietet sich die Visualisierung mit Fotos am besten an. Die bisweilen noch sehr kognitive Auseinandersetzung mit den Themen des globalen Lernens wurde durch einen weiteren Zugang zur globalen Ungerechtigkeit ergänzt. Gleichzeitig wurde darüber diskutiert, was aus moralisch-ethischen Gründen abgebildet oder nicht abgebildet werden darf, welche Bilder welchen Eindruck von Kultur hervorrufen und welche Absichten damit verfolgt werden können. Diese Form der Nachbereitung gestaltete sich zwar als sehr zeitaufwendig, sie bot jedoch eine gute Grundlage, um die Themen der globalen Ungerechtigkeit in Seminaren zu bearbeiten.

Die visuelle Dokumentation der Exposure-Reisen war Gegenstand des Workshops auf der Tagung in Nürnberg. Neben der Vorstellung des Projektes und der Trägerinstitutionen wurde der Fokus darauf gelenkt, dass Medien Stereotypen von sogenannten Entwicklungsländern produzieren können. Vor diesem Hintergrund stellte die Workshopgruppe fest, dass der Kunstpädagogik/ Kunstvermittlung nicht nur eine ästhetische, sondern auch eine (entwicklungs-)politische Bildungsaufgabe zugrunde liegt. Sie kann in besonderem Maße dazu beitragen, die (mögliche) manipulative, stereotypisierende und/oder zweckorientierte (z.b. spendenorientierte) Wirkung von medialen Bildern im Sinne des globalen Lernens kritisch zu hinterfragen und damit die Komplexität unserer Welt durch die inhärente Komplexität der Kunst über einen anderen Zugang näher zu bringen. So wären z.b. Schulbücher im Hinblick auf die Bilder und deren Wirkung zu untersuchen. Die Frage ist, ob aufgrund der vorhandenen Bilder in Schulbüchern eine Partnerschaft/ Zusammenarbeit (auf Augenhöhe) stattfinden kann oder weiterhin eine Entwicklungshilfe kommuniziert wird. Oder muss die Darstellung immer auf sensationelle Wirkung ausgerichtet sein? Könnte man hingegeben nicht den Alltag stärker dokumentieren, um andere Kulturen nicht in der zweiten Tendenz (Reber) als rein exotisch darzustellen?

ANMERKUNG

1 | Ausführlich: Grillmeyer, Siegfried (Hrsg.): Wir sind die besseren Globalisierer. Praxishandbuch der werkstatt-weltweit für globales Lernen und Freiwilligendienste, Wochenschauverlag 2007; Drempetic 2011 und in den Publikationen des Exposure- und Dialogprogramme e.V.

II. Kunstpädagogik & kulturelle Bildung

Kontakte und Konflikte

Zur Vorgeschichte der interkulturellen Kunstpädagogik
in Deutschland (1900 – 2000)

Ernst Rebel

Interkulturelle Kunstpädagogik existiert erst in Ansätzen. Wenn ich das so
strikt sage, dann natürlich unter Voraussetzungen: *Interkulturalität*[1] muss
mehr sein als nur Thematisierung des *Fremden*, gar nur des Exotisch-Fol-
kloristischen. Denn, wo der Umgang mit anderen Menschen innerhalb
oder außerhalb der eigenen Lebenswelt *kultiviert* werden soll[2], kann es
beim bloßen Differenzverweis nicht bleiben. Weil *Differenz, Fremdheit,
Alterität, Hybridität, Heterogenität* Grundbegriffe für nahezu alles sind,
wäre unserem Thema mit ihnen allein noch nicht gedient. Interkulturelle Kunstpädagogik müsste als ein neues Unterrichtsprinzip[3] verstanden
werden. Wir sollten von Interkulturalität nur dort reden, wo dialogische
Praxis, gleichberechtigte Teilhabe der anderskulturellen Positionen angestrebt und in Bildungspraxis verankert wird. Dabei darf der Wechselbezug
zwischen Eigenem und Anderem, Vertrautem und Fremdem das Diffe-
renzielle selbst nicht einebnen.[4] Ziel muss sein, Lebbarkeiten zwischen
Kontakt und Konflikt zu schaffen, wozu die Fähigkeit des guten *Ertragens*
gehört. Denn wir wissen, die Irritationen und Spannungen müssen immer
auch ausgehalten werden, weil sie aus Faszination und Abwehr, aus Lust
und Angst, Neugier und Vorbehalt bestehen. Ethisch formuliert: Die Umgangsweisen müssen auf wechselseitigen Respekt zielen[5], der zu gemeinsamer Handlungsfähigkeit taugt. Nur das wäre *Toleranz* in einem zeit-
gemäßen, nicht bloß humanistisch-gönnerhaften Sinne. Ansätze dieses
Unterrichtsprinzips finde ich – mitsamt Widersprüchen und Widerstän-
den - verstreut über die Fachgeschichte seit dem frühen 20. Jahrhundert.
Ich will sie so zur Übersicht bringen, dass wir unsere heutige fachliche Situation darin wiedererkennen - vielleicht auch da und dort neu erkennen.
Vier Haupttendenzen habe ich ausfindig gemacht.

Da sind – erstens – komparatistische Bestrebungen. Ohne Vergleich geht
gar nichts. Vor allem im fachlich ureigensten Feld der Kinderzeichnung
wird durch Vergleich mit den Frühstufen des Zeichnens in anderen Kulturen und mit prähistorischen Zeugnissen die Breitengültigkeit der eigenen Fachkompetenz erprobt. Diesem Komparatismus, begründet ziemlich
genau um 1900, gehören Analyse- und Synthesebemühungen bis heute
an, natürlich modifiziert. Tendenz Nummer 2 betrifft das große vielfacet-
tierte Projekt der Fantasiebildung. Motivation und Animation sind andere Namen dafür. Vor 1960 verfuhr man eher naiv mit ihnen. Das führte
dazu, dass kindlich-jugendliche Abenteuerlust instrumentalisiert wurde,
nicht selten für Bildungskonzepte, denen repressive Einstellungen zugrunde lagen. Die dritte Tendenz tritt in ihrem ideologisierenden Willen
weit offensichtlicher zu Tage. Ich fasse sie in die Begriffe Abgrenzung
und Ausgrenzung, worunter Phänomene der selbststabilisierenden Distinktion, des Ethnozentrismus, letztlich des Rassismus fallen. Doch kennt
diese dritte Tendenz auch positive Momente, z.B. jene Eigenbeharrung,
die sich schlechten Assimilationen zu Recht verweigert. Wer genauer hin-
sieht, wird verstehen, dass gerade dieser dritte Aspekt der strittigste von
allen ist. Interkulturalität existiert nicht nur im horizontalen Kontakt: von
Land zu Land, sondern ebenso im vertikalen. Interkulturalität ist immer
auch eine Konfliktbeziehung von *oben* und *unten*: Wirklichkeit von Herrschaft, von Besitz- und Deutungsprivilegien, von Geschlechterkampf, all
das oft genug schon innerhalb einer nationalen Kultur. Viertens schließlich begegnet einem dasjenige, was eigentlich und vor allem heute den
interkulturellen Begriff ausmacht: die Kommunikationsweisen mit Blick
auf Völkerverständigung und Friedenspolitik, die Praxis des gerechten *In-
ter*. Auf den UNESCO-Welterbe- und INSEA-Kongressen wird das alles seit
1950 eifrig diskutiert[6], wenn auch nicht sehr folgenreich. Probleme der
kulturellen Gleichwertigkeit, der Diskutierbarkeit von Religion und Ethik,
der divergenten Haltungen in Bilderfragen, der Förderung von Sprach-
und Medienkompetenzen – all das fällt tief in die Zuständigkeiten auch
der Kunstpädagogik, insofern es um Bilder und ästhetische Erfahrungen
geht. Und selbstverständlich hat man von Tendenz 1 bis 4 (also zwischen
komparatistischer, animativer, distinktiver und integrativer Tendenz) Mischungen anzunehmen, wenngleich auf verschiedenen Ebenen. Keine der
genannten Tendenzen existiert absolut.[7]

KOMPARATISTIK

Den Anfang mache ich mit einem Hauptvertreter der Reformpädagogik: Georg Kerschensteiner. Zwar ist dessen Buch über die *Entwickelung der zeichnerischen Begabung beim Kind* von 1905 nicht das erste, das einen – wenn auch sehr marginalen –komparatistischen Ausgriff gewagt hat[8], aber doch ein prominentes. Kerschensteiner verschrieb sich einer neuen Bildungsarbeit, die den eigenwertig-schöpferischen Prozess der Kinderzeichnung in ihr Zentrum rückte. Um psychologische Grundlagen der künstlerischen Erziehung (letztlich mit Blick auf Charakterbildung und spätere Berufsausbildung) lehrplanpolitisch fruchtbar zu machen, baute er auf breiter empirischer Forschungsbasis eine morphologische Stufentheorie aus, die in einigen Grundzügen bis heute gilt. Kerschensteiner interessierte sich vor allem für das, was wir heute die Stufe der *Schemabildung* nennen. Es ging ihm da um das Verhältnis zwischen *erscheinungsgemäßer* Wahrnehmung und *schemagemäßer* Gestaltung der Kinder im Alter zwischen 6 und 14, wobei er Milieuabhängigkeiten, ethnische Varianzen durchaus erwog.[9] Und er scheute sich zumindest in einem Beispiel nicht, den Vergleich ins Zwischenkulturelle auszudehnen. In einem von Sioux-Indianern bemalten Baumwolltuch, das die Prinzessin Therese von Bayern 1893 von ihrer Nordamerikareise nach München mitgebracht hatte[10], sah er ein Indiz dafür, dass *schemagemäße* Formensprache ein weltweit vergleichbares Phänomen sei. Hier, im *Sonnentanz* der Sioux, waren zwar keine Kinder am Werk, sondern erwachsene, Rituale bedienende indianische Textilkünstler. Aber Flächenbezug, Profiltendenz, Schemareduktion, Erzählfülle erinnerten Kerschensteiner doch an unsere einheimisch kindlichen Ausdrucksweisen. Wichtig war ihm, Entwicklungsstufen und Leistungsgrade über sein propagiertes System festzulegen. Wir müssen uns hier über Wert und Wahrheit solcher statistischen und physiognomischen Urteile nicht aufhalten.[11] An Kritik hat es schon damals nicht gefehlt. Doch dass diese Urteile für das wissenschaftliche Selbstverständnis der Kunsterziehung eine Rolle spielen, bleibt gerade für unsere interkulturellen Überlegungen interessant. Allerdings müssen wir bedenken: Interkulturelle Vergleichsstudien solcher Art stehen immer unter dem Druck standpunktabhängiger Definitionsvorgaben, und diese können den Blick auf dialogische Gerechtigkeit gerade verstellen.

Was bei Kerschensteiner 1905 noch Marginalie war, wird später gewichtiger. Wenn in der Folge die Kinderzeichnungsforschung als interkulturelle Komparatistik noch einen hohen Stellenwert gewinnen wird[12], dann nicht mehr nur aus Gründen der Selbstlegitimation. Zum Beispiel werden japanische oder türkische Kinderzeichnungen herangezogen[13], weil man Erziehungsmethoden vergleichen und den Einfluss sozialer Umgebungen auf die vermeintlich so konstante Anthropologie der Schemabildungen nachweisen will. Und aufs Ende des 20. Jahrhunderts zu will man insbesondere wissen, wie vergleichbar der kindliche Mediengebrauch auf Gestaltungsformen abfärbt. Insoweit ist diese Komparatistik sinnvoll bis heute.

ANIMATION

Die zweite Tendenz, die animative, bemüht den Vergleich nicht für heuristisch-diagnostische Interessen, sondern in motivierender Absicht. Jedes Thema ist hier willkommen, das dem *frischen, kecken Wirklichkeitssinn*[14] der Kinder, zumal männlichen Geschlechts, Nahrung gibt. Ich zitiere Gymnasiallehrer Otto Zondler aus einem Projekt des Werkunterrichts 1928 in Stuttgart: „In Stuttgart ist immer etwas los. Es fehlt daher für die Stuttgarter Buben nicht an Anregungen. In diesem heißen Sommer war die Kolonialausstellung, da gab es genug zu sehen, was die starke Anteilnahme unserer Jugend erweckte, ihre Vorstellungswelt mit allerlei fremden Bildern füllte und zur Gestaltung drängte. Der Vorschlag des Lehrers, nun einmal so ein Südseeinsulanerdorf *richtig* zu machen, aufzubauen, fand daher begeisterte Aufnahme."[15] Die zweite Welle der Kunsterziehungsreform in den zwanziger Jahren setzte generell einen Schwerpunkt auf Phantasiebildung, auf Förderung von Freude als Motor für den spielerischen Erwerb handwerklicher Fähigkeiten wie für sach- und geschichtskundliche Wissensbildung. Hier, in diesem Beispiel *Südseeinsulanerdorf* (Abb.1), kam die exotische Abenteuerwelt nach den literarischen Urmustern von *Robinson Crusoe*[16], *Lederstrumpf* oder *Schatzinsel* unter die Haube reformpädagogischer Zwecke. Unser Stuttgarter Beispiel von 1928 ist auch deshalb so interessant, weil wir hier vielleicht

Abb. 1: „Südseeinsulanderdorf"
(1928), Schülerarbeit Stuttgart.

zum ersten Mal in der Geschichte
der deutschen Kunstpädagogik nachvollziehen können, wie Wechselwir-
kung zwischen Ausstellungswesen,
Lesestoff, Plakat, Kino und Schule
aussehen kann. Nochmals Zondler:
„Wir gingen [...] von Vorstellungen
aus, wie sie durch die Kolonialausstellung vermittelt worden waren
und wie sie von den Schülern selbst
durch Bilder (ein *Chang-Film* wurde erwähnt von einigen) erworben
sein konnten."[17] Auch wenn das
Plakat (Abb. 3) von 1928[18] nicht unbedingt Südseeinsulaner darstellt,
der erwähnte *Chang-Film* (Abb. 2)
von 1927[19] seiner Handlung nach in
Thailand spielt, – Exotik ist das alle-
mal! Diese darf unkorrekt sein, weil
und insofern sie aus der Wildnis ihrer Reizkombinationen lebt. Für die
Beflügelung der Schülerphantasien
ergab offenbar genau das den multi-
mediatisierten *Kick*. Zur selben Zeit,

Abb. 2: Filmszene aus „Chang"
(USA, 1927).

Abb. 3: Plakat zur Stuttgarter Kolonialausstellung (1928).

ebenfalls in Stuttgart, ebenfalls Knabenklasse des 7. Schuljahres, benutzt
ein anderer Fachkollege den exotischen Reizstoff. Diesmal steht nicht der
Abenteuerroman Pate, sondern das orientalische Märchen. An der Vision
eines „indischen Prinzen auf Elefant mit Diener" [...] also einem Sujet, das
„weitab vom täglichen Gesichtskreis" der Schüler liegt, soll alternative For-
merfahrung gemacht werden. „Unbeschwert vom kontrollierenden und
kritisierenden Verstand", soll der Schüler „sich ungehemmt dem freien
Spiel seiner Phantasie hingeben." Denn „im Grunde genommen handelt
es sich [hier] um nichts anderes als um die uralten, aber ewig neuen Probleme der rhythmisch-ornamentalen Aufteilung einer Bildfläche".[20] So wie
die Elemente angeordnet sind, sollen sie an Wandbehang oder Buchmini-
atur aus *1001 Nacht* denken lassen, an manche Formen auch der modernen Kunst. Auf dem Umweg über den Orientzauber soll der Schüler frei
werden von naturalistischen Zwängen, er soll, indem er zum reinen Klang

der Bildfläche findet, der in ihm schlummernden eigenen Künstlerschaft begegnen. Kandinsky, Klee, Hölzel, Itten haben das ein paar Jahre vorher sehr ähnlich formuliert.

Der Kunsthistoriker Gustav Felix Hartlaub legte in diesem Sinne die wohl am stärksten pointierte und synthesereichste Theorie vor, worin Bezüge zwischen Traum, Spiel, Kinderzeichnung, primitiver Kunst der *Naturvölker*, exotischer Reizmuster und Moderner Kunst aufwarten.[21] Die Kinder selbst seien, überall auf der Welt, *Wilde* im besten Wortsinne: *primitive* Träumer und Schöpfer, instinktive Künstler. Ihre unbewusste Spiel- und Fantasiekraft (*Genius*) müsse im Schulunterricht, insbesondere im Kunstunterricht, so lange wie nur irgend möglich geschützt und gefördert werden. Nur so bestehe die Chance, naturwüchsig angelegte Kreativität ins Erwachsenenleben hinüberzuretten. Insofern sei vom Genius im *Wilden* bzw. im Kind ernsthaft zu lernen. Und niemals dürfe es soweit kommen, dass durch Disziplinierung kindlicher Kreativität die zukünftige Kultur-möglichkeit unterhöhlt werde. Förderung, nicht Zähmung müsse die Pä-dagogik bestimmen. Unser Beispiel aus Hartlaubs Buch (Abb.4) bezeugt diese Forderung gleichsam authentisch aus der Sicht eines 15-Jährigen Frühkünstlers, bei dem der Kind-Genius gerade noch vorhanden ist, doch bereits spöttisch zur Reflexivität der Erwachsenenwelt hin aufbricht. Die Illustration (links) zeigt einen *Wilden* am Rednerpult. Er hält einen Vortrag über Menschenkunde, wobei links ein glatzköpfiger Zuhörer offenbar für das *weiße* Normalpublikum steht. So sind Rollen und Ränge verkehrt oder zumindest verteilt: Der Fremde *oben* ist der wahre Zivilisierte, Wis-sende und Könnende, – er verkündet die Wahrheit. Der Einheimische *un-ten* muss zuhören. Ansonsten wird hier in Hartlaubs Illustrationen bescheinigt, was generell zu den inner-fachlichen Unterrichtszielen gehört: figürliche Erzählfreude entwickeln, Raumaufteilungen kennenlernen, dramatische und ornamentale Farbak-zente finden, die Transparenz der Wasserfarbe erkunden.

Abb. 4: Illustration aus G.F. Hartlaub (1930): Die „Primitiven" belehren uns.

Nach den rassistischen Demagogien und Repressionen, die der nun aufkommende Nationalsozialismus verschuldet (wir kommen gleich

dazu), setzt sich die *musische* Fantasiepflege auch in der zweiten Jahrhun-
derthälfte noch fort, nun nicht mehr nationalistisch-kolonialististisch, aber
gelegentlich noch immer missionarisch. Hans Herrmann, Max Burchartz,
Emil Betzler, Hans Meyers[22] u. a. wählen in ihren Veröffentlichungen
den exotischen Stoff als literarisch beglaubigtes Heilmittel gegen das, was
sie an den entsprechenden Versionen der zeitgenössischen Kitsch- und
Schundindustrie glauben bekämpfen zu müssen. Die Animationstendenz
erscheint aber auch hier nie isoliert, immer ist sie nur Komponente im
Rahmen allgemeiner Erziehungsprogramme.

Erst aufs Ende des 20. Jahrhunderts hin kommt es zu Umwertungen.
Wenn 1999 Constanze Kirchner die Skulptur eines international renom-
mierten Cherokee-Künstlers[23] zum Unterrichtsthema macht, dann geht
es nicht mehr nur um erborgte Stimulanzien. Vielmehr soll jetzt der
kindliche Horizont „in Bezug auf [...] Eigenheiten und Besonderheiten"[24]
anderer Kulturen entfaltet, zugleich ein Transfer auf jene ganz eigenen
Kulturkonflikte eröffnet werden, die zwischen den Lebenswelten der
Migrantenkinder und der einheimischen Mädchen und Jungen zu Tage
treten. So wird bei Kirchner etwa die Herstellung einer türkischen Stab-
puppe auf dem Vergleichsumweg über das indianische Kunstwerk motiviert und legitimiert. Anreizung ist zwar gewollt und gesucht, aber dann
verbunden mit einer pädagogischen Zwecksetzung, die das Fremde zum
Modell für den Umgang mit eigenen Verstörungen macht.[25] Jetzt ist das
Fremde nicht mehr nur Stimulus, Ornament oder Komponente. Und damit stehen wir bereits im Raum heutiger Diskussionen.

DISTINKTION

Doch komme ich zuvor noch zur dritten Tendenz. Soziale Distinktion,
hegemoniales Wunschdenken und hierarchisch-autoritäre Weltbilder greifen tief ineinander, das lässt sich heute verlässlich zeigen. Der Umgang
mit dem Fremden liefert hier die markantesten Indizien. Bildwissenschaft
und Kunstdidaktik sind deshalb zentral gefragt. Dass dennoch die historische Kunstpädagogik[26] bisher nur wenig zur kritischen Sichtung der Phänomene beigesteuert hat, liegt wohl daran, dass man bisher meinte, mit
dem *Prinzip Herrschaft* schon alles abgedeckt bzw. aufgedeckt zu haben.
Aber wie funktioniert Herrschaft in den ästhetischen Mustern? Wie kann
man ihr bilddiagnostisch begegnen? Wo liegen die Fallstricke im auch

gutgemeinten, idealistisch überhöhten, fürsorglichen Herrschaftsdenken? Inwieweit etwa Klischeebildungen[27], die ja – wie das Wort schon sagt – primär bildhaft sind, auf die Konstruktion unseres Bewusstseins durchgreifen und deshalb ständig unser Handeln anleiten, Ängste wie Sehnsüchte bestimmen, im Westen wie im Osten, gestern wie heute, das erfahren wir nirgendwo besser als in der Bildgeschichte. Wir wissen: Stereotypen des Denkens und Fühlens sind gemeinhin auf Grenzbefestigung orientiert. Sie sind Stabilisatoren. Gewiss, Kulturen arbeiten auch immer an der Möglichkeitswelt: am Limit der Norm, am Traum, am Neuen, an Lust und Spiel des Experiments, doch primär geht es um Bestandserhaltung, um die Wirklichkeit auf verschiedensten Ebenen des Vertraut-Geordneten. Das Fremde ist aber das Risiko, das Destabilisierende, das Nichtversicherbare. Es steht gegen das Vertraute. Im besten Fall nur (etwa in der Kunst) erscheint es auch als interessanter Gewinn für das Vertraute, wird es zur Horizont öffnenden Potenz.

Einer der vielseitigsten Theoretiker und Praktiker der Kunstpädagogik vor 1945 war Ernst Weber. Ein pädagogischer Humanoptimist, keineswegs weltfremd. Aber selbst er hatte bei aller methodischen Reflektiertheit kein Problem damit, schulische Bildungsziele mit völkerpsychologischen Klischees *aufzuwürzen*, somit hegemoniales Denken zu befestigen. Wenn Weber etwa im Rahmen des Gesamtunterrichts das Thema *China* be-

Abb. 5: Illustration aus E. Weber (1913): „Die Chinesen".

handelt[28], plädiert er für die leichte Verständlichmachung durch Schemata: „Gewisse Erscheinungen charakteristischer Art – Völkertypen, Gebäude, eigenartige Verkehrsmittel u. ä. – können oft mit wenigen Strichen dargestellt werden und werden von den Schülern mit Begierde erfasst und wiedergegeben". Man sieht sie hier (Abb. 5): Monsunregen, Zopf, Fächer, Pagoden, Rikscha-Fahrer mit Spitzkegelhut – plakathafte Kürzel für ein physiognomisches Chinaverständnis. Abbau stereotyper Ressentiments stand damals noch nicht im Lehrplan. Aber das ist nicht nur ein Problem Weber/1913! Kaum

jemand sonst hat damals kurz vor
Ausbruch des 1. Weltkriegs, als das
Deutsche Reich in Afrika, in der
Südsee und eben auch in China
noch als Kolonialmacht firmierte,
Fremdheit respektvoll beschrieben,
ging es doch um Prägemuster, die der
eigenen imperialistischen Stellung
in der Welt[29] dienen sollten. Oder,
ein anderes Beispiel, nun von 1931:
Gesamtunterricht in Wien, 3. Schul-
stufe, 8-9jährige Mädchen und Kna-
ben. Richard Rothe ist hier der Autor.
Rothe hat einige Studien über die
Querbeziehungen von Geschichtsun-
terricht und Heimatkunde auf Basis
zeichnerischer Gestaltung verfasst,
z.B. beim Thema *Die Türken vor Wien*
(Abb. 6). Hier geht es um „geschicht-

Abb. 6: Illustration aus R. Rothe
(1931): „Die Türken".

liche Tatsachen, [um] ein bestimmtes Milieu, das der Lehrer den Schülern in knapper Form zu schildern hat."[30] Rothe legt durchaus Wert auf
lobende Charakterisierungen in der Frage, „wie ein Türke aussieht". Nein,
ethnozentrische Distinktion läuft in den Schulbüchern nicht immer nur
auf Verachtung der *Anderen* hinaus.[31] Es kommt auf die politischen Kon-
junkturen an. Unter Kemal Pascha Atatürk hatte das alte osmanische Reich
gerade den politischen Anschluss an westliche Modernität gefunden. So
war in Teilen, und selbst bei einem so heiklen Thema wie die *Türken vor
Wien*, Respekt angesagt. Während beim Stichwort China vorhin eine un-
bezweifelte Überlegenheitshaltung[32] zum Ausdruck kam, gibt es hier eher
so etwas wie pittoreskes Einverständnis. Der Türke ist „ein tapferer Mann
von wildem Aussehen", der Krummsäbel trägt, Bart, Fez, bunte Gewänder.
Und damit im Bilderwald der Geschichte Klarheit herrsche, bekommen
die Figuren ein typisches Verhalten zugewiesen. Frage: „Was sollen unsere
Türken tun?" Antwort: „Sie führen einen Säbel, tragen eine Fahne oder ein
Feldzeichen, sie halten Wache oder begeben sich zum Kampf."[33]

Wir wissen, dass der nach 1933 aufschäumende Rassismus auch unser
Fach dominierte.[34] Sozialdistinktion gipfelte nun in menschenverachten-
der Gewaltpolitik. Momente eines kosmopolitischen Humanismus, die

Abb. 7: Illustration aus H. R. Möller
(1970): „Die schwarze Frau".

vorher vereinzelt bestanden hatten, verstummten vollends. Fremdländische Kultur war jetzt definiert als „schädlicher Einfluss [...] auf deutsches Sehen".[35] Die abgrenzenden wie ausgrenzenden Kräfte dessen, was ich die dritte Tendenz nenne, werden nach 1968 endlich zum expliziten Gegenstand des Fachs. Denn freilich gibt es Rassismus nach wie vor. Dass er auch im liberalen Life-Style der Hochglanzmedien daherkommen kann, sich subtiler Verblendungsstrategien bedienen, mit Sexismus[36] Hand in Hand gehen kann, dass er tagtägliches Motiv der Werbeindustrie ist, elaborierten Gestaltungs- und Medienkonzepten folgt, – das alles wird unter dem Titel *Manipulationsanalyse* nun Gegenstand einer neuen, kritischen Kunstpädagogik. Heino R. Möller ist der erste, der 1970 das Fachmodell der *Visuellen Kommunikation* auch auf interkulturelle Themen ausweitet.[37] Herrschaft wird als in Produktion und Konsum verhülltes Gewalt- Ausbeutungs- und Verdummungsverhältnis analysiert. Hier, in dieser Analyse eines fotografisch illustrierten Bazon Brock-Artikels von 1969 berührt Herrschaft zudem noch die Antagonismen von Mann und Frau, Begehren und Frustration (Abb. 7). Möllers Verdienst ist es, den scheinbar kritischen Text Brocks über die cool inszenierte Erotik des schwarzen Models als letztlich zynischen konsumkonformen Dienst an einem repressiven Weltbild zu entlarven. *Ideologiekritik* nannte man das damals, *Analyse des postkolonialen Machtdiskurses im Kontext der Gender-Debatte* heißt es heute.

INTEGRATION

Die vierte und letzte Tendenz ist die prä-interkulturelle. Dass weder ein Verstehenwollen des Fremden noch gar seine Pädagogisierung einseitig verlaufen darf, dämmert uns heute immer mehr. Positive Ansätze dafür reichen wieder weit ins 20. Jahrhunderts zurück.[38] Nach dem ersten IN-SEA-Weltkongress in Den Haag (1957) kommt der internationale, bald auch interkulturelle Austausch in Gang. Ein wenig noch aus diesem Öffnungsgeist heraus dürfte 1967 Kurt Staguhn gedacht haben[39], als er dafür plädierte, dass gewisse Aspekte der Weltkunst den heimischen Unterricht Impulse geben sollten. In einem Maldiktat am Gymnasium des 7. Schuljahres [....] stellte er unter dem Titel „Der allgemein bildende Aspekt des Themas Zwei ‚Neger'" die Aufgabe, zwei braune eiförmige Gebilde zu einem eigenständigen Bild weiterzuarbeiten (Abb. 8). „Sehr schnell war man sich einig, dass man Negerköpfe daraus machen sollte".[40] Zweierlei rückte in den Blickpunkt: Fantasie sollte angeregt werden, wie üblich, und: Vorbehalte gegen dunkelhäutige Menschen (*Neger* – wie man sie bis in die 1970er Jahre hinein in vor-korrekter Sprachregelung nannte) – Vorbehalte gegen sie sollten durch bildnerisch objektivierenden Umgang schwinden. Wenn die Kinder sich mit diesem Thema beschäftigten, dann – so Staguhn – würden sie nicht mehr „mit elementarer Wucht [...] von dem völlig anderen Aussehen des Negers" getroffen, vielmehr werde das Fremde von klischeelastigen Empfindungen befreit. Das Fremde werde durch die Konkretheit seiner Erscheinung für „rationale Auseinandersetzung" geöffnet. Staguhn fährt fort: „Noch günstiger wäre es, ein Neger käme zu den Schülern in die Klasse und erzählte von seiner Jugendzeit, von den kindlichen Spielen, die in seiner Heimat üblich sind [...]. Sehr bald würden die Schüler feststellen, wie menschlich und brüderlich man einem Neger verbunden sein kann. Das Verhältnis zum schwarzen Menschen würde sich grundlegend ändern". Man tappt eben schnell in die Fallen des gutmeinenden Distinktionsvermeidungshumanismus![41] Auch das lehrt dieses Beispiel.

Abb. 8: Illustration aus K. Staguhn (1967): „Zwei Neger".

Mehr Brisanz erfährt dieselbe Problematik natürlich, wenn sie auf politische Ebenen gelangt. Hier dient der Verständigungsaufruf entweder staatlich dirigierten Solidaritätsprogrammen oder aber parteilichen Kampfzielen. Im Diskurs zum Vietnamkrieg finden wir markante Beispiele. Dieser erste global medialisierte Krieg hinterließ in den frühen Siebzigern seine Bewusstseinsspuren ebenso in der Kunstpädagogik der DDR wie der BRD.[42] Hier wie dort zeigte sich: Auch internationale Solidarität macht noch lange keine interkulturelle Pädagogik. Über bloße politische Deklarationen wird der gleichberechtigte Tausch von Wissen und Wollen noch nicht erreicht. Erst durch die seit den 1980er Jahren virulenten Migrationsdebatten, worin es nicht nur um den unmittelbaren Grenzverkehr, vielmehr jetzt um globale Bewegung geht, erwächst neuer *Handlungsbedarf*, der nun auch an die Bildungsinstitutionen herandrängt. Integration durch Bildung ist seitdem die Losung.

Im kunstpädagogischen Bereich haben sich nach 1980 bezeichnenderweise die Museumspädagogen mit entsprechenden Projektideen hervorgetan. Kein Wunder, denn das Museum gehört länger schon als die Schule zu den großen Hybridinstanzen des kulturellen und interkulturellen Verstehens. Das Verstehen des Eigenen im Anderen wie des Anderen im Eigenen verlangt dialogische Methoden der Präsentation und begleitenden Vermittlung, d.h. der Überwindung gemeinsamer Verständnisbarrieren. Unter dem heterogenen Sinndruck der Rahmen und Vitrinen werden wir nämlich alle zu Mitfremdlingen. Alle Besucher aus Nah und Fern bedürfen hier der Motivation und Pfadfindungen durch den Urwald der scheinbaren Verknüpfungslosigkeit. *Von Haus aus* ist hier Befremdung konstitutiv.[43] Gleichzeitig ist das Museum aber auch Pionierstation im großen Bemühen, diese Barrieren horizontal wie vertikal zu überwinden[44], Verknüpfungen herzustellen. Insofern sind Museen seit dem späten 19. Jahrhundert immer auch interkulturelle Versuchslabore. In nahezu jedem Museum lassen sich Anknüpfungen und Vereinbarungen für alle und alles finden, über alles Trennende hinweg. Beispielsweise *Primitivismus* als Thema im Kunstunterricht einer fünften Klasse des Gymnasiums Ingelheim (1989). Hier wird afrikanische Stammeskunst mit Zeugnissen moderner Kunst verglichen. Fokussiert wird auf den exemplarischen Bereich *Primitive Maske und Maskentanz*.[45] Dazu gehören ein Besuch der Schulklasse im Völkerkundemuseum und ein unterrichtlicher Transfer, der die Moderne auch unserer Lebensformen betrifft. Der Horizont dahinter ist ja durchgängig: *Alle* tragen Masken, machen damit Ähnliches und Verschiedenes – nicht nur in Afrika oder Neu-Guinea. Mädchen und Jungen, einheimische Kinder wie solche *mit Migrationshintergrund* – alle sind irgendwie an Ritualen beteiligt, die im aufregenden Vergleich überhaupt erst bedenkbar, besprechbar werden. Alle führen Tänze auf, wörtlich wie übertragen. Alle kennen Primitives, mit oder ohne Anführungszeichen. Indem nun aber der Umweg über das transkulturelle Symbolinstrument Maske gewählt wird, werden alle auf ihre eigenen lebensweltlich-aktuellen Maskengebräuche rückverwiesen. Ein weiteres Beispiel: München 1990, Kooperation zwischen Volkhochschule und Münchner Museen. Ulla von Gemmingen initiierte und leitete hier das Projekt *Museumswerkstatt.* Ziel war, kulturelle Bildung „für Gastarbeiter und deren Familienangehörige, ausländische Jugendliche und jugendliche Asylsuchende"[46] zu erarbeiten, und zwar so, dass Sprachdefizite ausgeglichen, Kenntnisse der deutschen Kultur vermittelt, somit auch Missverständnisse zwischen den Gruppen und Ethnien abgebaut werden konnten. Vor allem aber sollten Gemeinschaftserfahrungen möglich werden: Sozialintegration durch Umgang mit verschiedenen Künsten, verschiedenen Sprachen, Lebenspraxen. Quer durch Zeichen und Gebräuche wurden in München Exponate behandelt, die einen hohen Index von Alltäglichkeit und Vergleichbarkeit besitzen. Objekte, an denen alle ansetzen konnten, um daran verschieden zu *erzählen.* Letztlich ging es hinter allem um Basiserfahrung von Partizipation, also darum, dass jeder mit seiner Andersheit eigens teilhabefähig ist. Und anders: Dass Kommunikation *spannend* sein kann gerade in den Zwischenräumen, wo sie irritiert, stockt oder scheitert. Es ging in diesen ersten echten interkulturellen Projekten der Achtziger- und Neunziger Jahre ums *Fuß fassen.* In diesem Münchner Fall sogar ganz wörtlich. Thema war nämlich *Schuhe.* Vor den Vitrinen des Münchner Stadtmuseums, die Fußbekleidungen zeigten, wurde aus verschiedener Warte über Schuhe berichtet und erzählt.[47] Dazu wurden Bilder von den Jugendlichen gezeichnet, gemalt, collagiert, gesammelt; nicht zuletzt kam man auf das zu sprechen, was man selber gerade an den Füßen trug. Jede Erfahrungsversion besitzt seine eigene gültige Stimme und kann doch erst über andere Versionen diese Gültigkeit erkennen. Die Geschichten, die sich hier über *Schuh, Fuß, Schritt* eröffnen ließen, kann ich hier nicht mehr ausführen. Letzte Stichworte nur: Das Katastrophenrelikt (11. 9. 2001) rangiert neben dem politischen Kampfinstrument (Nikita Chrustschow 1960, George W. Bush 2008), das religiöse neben dem kunsthistorischen Zeichen, die Tagesnotwendigkeit neben dem Modeartikel. Immer sind es bloß Schuhe: Alltagsdinge und

Symbolinstrumente, Zeichen und Gebräuche zwischen *oben* und *unten*, Geschichte und Gegenwart, Dignität und Trivialität.

Die Bildvokabeln der Geschichte überschlagen sich hier. Was für die Museumspädagogik gilt, muss man selbstverständlich auch für den allgemeinen Kunst- und Medienunterricht in den Schulen neu projektieren[48], gerade auch für dessen kunsthistorischen Anteil.[49] Ich habe meine kleine Tendenzenlese an dieser Fußnotensammlung beendet. Es gibt viele solcher *Fußnoten*[50], wörtlich wie übertragen. Wir müssen die ihnen übergeordneten Texte verändert schreiben und verändert lesen. Jetzt, im 21. Jahrhundert.

ANMERKUNGEN

1 | Den Begriff des Interkulturellen finde ich fachdiskursiv erstmals 1976 bei: Roscher und Fischer-Barnicol. Fischer-Barnicol, Hans A.: „Ästhetische Erfahrungen in interkultureller Verständigung", in: Roscher, Wolfgang (Hg.): Polyästhetische Erziehung. Klänge, Texter, Bilder, Szenen. Theorien und Modelle zur pädagogischen Praxis, Köln: Dumont, 1976, S. 51-61, S. 193-210; begriffliche Differenzierungen zwischen fremd und interkulturell auch bei: Höhmann, Katrin; Stammbrau, Doris: „Annäherungen an das Fremde", in: Kunst+Unterricht, 185 (Thema „Annäherung an das Fremde") 1994.

2 | Zum Problemhorizont des Fremden allgemein: Kristeva, Julia: Fremde sind wir uns selbst, Frankfurt/M.: Suhrkamp 1990; Waldenfels, Bernhard: Topographie des Fremden. Studien zur Phänomenologie des Fremden, Bd. 1, Frankfurt/M.: Suhrkamp 1997; in fachlicher Verwendung: Seitz, Hanne: „Bewegungen in der Fremde. Experimentelle Zugänge zu einer körpernahen ästhetischen Praxis", in: Selle, Gert; Zacharias, Wolfgang; Burmeister, Hans-Peter (Hg.): Anstöße zum Ästhetischen Projekt. Eine neue Aktionsform kunst- und kulturpädagogischer Praxis?, Hagen/ Loccum: LKD 1994, S. 142-152; Selle, Gert: Betrifft Beuys. Annäherung an Gegenwartskunst (mit Beiträgen), Unna: LKD 1994, S. 136; Maset, Pierangelo: Ästhetische Bildung der Differenz. Kunst und Pädagogik im technischen Zeitalter, Stuttgart: Radius 1995, S. 68, 122; Kettel, Joachim: *SelbstFREMDheit. Elemente einer anderen Kunstpädagogik*, Oberhausen: Athena 2001.

3 | So erstmals 1983 formuliert bei: Wienhöfer, Friederike: „Übergangspädagogik als Unterrichtsprinzip? Interkulturelle Erziehung am Beispiel der türkischen Migranten", in: *Kunst +Unterricht*, 79, 1983 (Thema Ausländische Schüler), S. 8-14, hier: S. 9, hier auch die Rede von interkultureller Kompetenz.

4 | Jaud, Carmen: „Man hat schöne und gute Gefühle dabei...", in: Kunst+Unterricht, 226 (Thema: „Gemeinsam Bilder herstellen"), 1998, S: 37-39; am umfassendsten Kirchner, Constanze: „Ästhetisches Verhalten von Kindern im Dialog mit Bildender Kunst. Mit einer Analyse von Bilderarbeiten", in: Neuß, Norbert (Hg.): *Ästhetik der Kinder. Interdisziplinäre Beiträge zur ästhetischen Erfahrung von Kindern*, Frankfurt/M. 1999, S. 303-324. „Der Blick auf die Lebenswelt von anderen im Vergleich zu der eigenen, dargestellt im ästhetischen Objekt, ermöglicht das Kommunizieren über die Differenzen der Lebensentwürfe sowie das Erfassen kultureller und sozialer Unterschiede im Spiel.", S. 230.

5 | Respekt enthält im Begriff die so notwendige Freiheit der Wechselrichtung im interkulturellen Geschehen: Anerkennende Zuwendung bei latentem Rückwendungsvorbehalt, Zuwendung mit Eigenbeharrung.

6 | Ströter-Bender, Jutta (Hg.): World Heritage Education. Positionen und Vermittlung des UNESCO-Welterbes, Marburg: Tectum 2010, mit Übersichten und Details zur „World Heritage Education".

7 | Erste semiologische Skizzen zu einer neueren, interkulturellen Zusammenschau finde ich im Sinne meiner eigenen Überlegungen bei: Wagner, Ernst: „Konturen einer interkulturellen Kunstpädagogik", Fachcolloqium an der LMU, in : BDK-Mitteilungen 4/ 2009 und Wagner, Ernst: „Kunstpädagogik und Globalisierung" (Ausst. in München, 2010, Haus der Kunst), in: *BDK-Info*, Oktober 2011.

8 | Kerschensteiner, Georg: Die Entwickelung der zeichnerischen Begabung. Neue Ergebnisse auf Grund neuer Untersuchungen, München: Gerber 1905. Voraus geht in Deutschland Siegfried Levinsteins Buch, das im Untertitel bereits mit „kulturhistorischen und ethnologischen Parallelen" aufwartet und darin die Kinderzeichnung als „Weltsprache" (S. 60) qualifiziert. Levinstein, Siegfried: Untersuchungen über das Zeichnen der Kinder bis zum 14. Lebensjahr. Mit kulturhistorischen und ethnologischen Parallelen, Leipzig 1904.

9 | Mit letzten Schlüssen auf die Verallgemeinerbarkeit hielt Kerschensteiner sich gleichwohl zurück: „Wie weit diese Sätze [...] allgemeingültig sind, wie weit sie etwa bei anderen Nationen oder Rassen sich ändern, lässt sich vorläufig mit Bestimmtheit nicht sagen." Kerschensteiner, G., a.a.O., S. 487.

10 | Kerschensteiner, G., a.a.O., S. 70-75.

11 | Siehe dazu etwa Wasem, Erich: „Die Entwickelung der zeichnerischen Begabung" (1905) von Georg Kerschensteiner. Ein Standardwerk der Kunsterziehungsbewegung, in: Prinz von Hohenzollern, Johann Georg; Liedke, Max (Hg.): Vom Kritzeln zur Kunst. Stammes- und individualgeschichtliche Komponenten der künstlerischen Fähigkeiten, Bad Heilbrunn: Klinkhard 1987, S. 151-160.

12 | Zur Geschichte der interkulturellen Kinderzeichnungsforschung: Richter, Hans-Günther: Die Kinderzeichnung. Entwicklung-Interpretation-Ästhetik, Düsseldorf: Schwann 1987, S 343-358 und Richter, Hans-Günther (Hg.): Kinderzeichnung interkulturell. Zur vergleichenden Erforschung der Bildnerei von Heranwachsenden aus verschiedenen Kulturen, Münster-Hamburg: Videl 2001; Schütz, Norbert: „Über das Bildermachen im sozialen und kulturellen Kontext. Erste graphische Repräsentationen von Kindern in unterschiedlichen Kulturen", in: Neuß, Norbert (Hg.): Ästhetik der Kinder. Interdisziplinäre Beiträge zur ästhetischen Erfahrung von Kindern, Frankfurt/M. 1999, S. 288-301; Peez, Georg: „Überblick und Ausblick –Forschungsmethoden zur Kinderzeichnung und zum jugendkulturellen Ausdruck in der Kunstpädagogik", in: Kirchner, Constanze; Kirschenmann, Johannes; Miller, Monika (Hg.): *Kinderzeichnung und jugendkultureller Ausdruck. Forschungsstand – Forschungsperspektiven*, München: Kopaed 2010, S. 521-528.

13 | Einschlägige Studien hierzu aus der deutschen Literatur: Rothe, Richard: Japanische Kinderkunst und unser Zeichenunterricht, Wien: Steyrermühl 1926; Meili-Dworetzki, Gertrud: Spielarten des Menschenbildes. Ein Vergleich der Menschenzeichnungen japanischer und schweizerischer Kinder, Bern/Stuttgart/ Wien: Huber, 1982; Mittelstädt, Gerhard (1987): „Nonverbale Indikatoren für soziokulturelle Orientierungen. Interkulturelle Vergleiche der Zeichnungen von deutschen, ausländischen und Migrantenfamilien", in: Greverus, Ina-Maria; Köstlin, Konrad, Schilling, Heinz (Hg.): *Kulturkontakt – Kulturkonflikt. Zur Erfahrung des Fremden.* 26. Deutscher Volkskundekongress in Frankfurt 1987, Frankfurt/M.: F.M.-Druck, 1988, S. 293-305; Staudte, Adelheid: „Verstehen lernen – Bilder und Zeichen vom Amazonas", in: Kunst +Unterricht, 137, 1989, S. 39-49. Schütz, N. 1999, a.a.O.

14 | Kolb, Gustav: Bildhaftes Gestalten als Aufgabe der Volkserziehung, Bd. 1, Stuttgart: Holland&Josenhans, (1. Aufl. 1927); 1930 (2. Aufl.), S. 30.

15 | Zondler, Otto: „Insulanerdorf". Unterrichtsbeispiel als Gemeinschaftsarbeit 12jähriger Buben des Reform-Realgymnasiums Stuttgart, in: *Kunst und Jugend. Deutsche Blätter für Zeichen-Kunst-und Werkunterricht*, 8.Jahrgang, Stuttgart 1928, S. 246-248, hier: S. 246 (aufgenommen auch in Kolb Bd. 1 1930, S. 231-237).

16 | Zu den Robinsonaden als älteres eindrucksvolles Beispiel für exotisch angeregtes Wesenserlebnis: Pfleiderer, Wolfgang: *Die Geburt des Bildes. Ursprung, Entwicklung und künstlerische Bedeutung der Kinderzeichnung*, Stuttgart: Hoffmann 1930, S. 57-69, S. 80-81.

17 | Zondler, O., a.a.O., S, 247.

18 | Abgebildet in: Scholz-Hänsel, Michael (Bearb.): *Kat. Ausst. Stuttgart ‚Exotische Welten – Europäische Welten, Das exotische Plakat, Graphische Sammlung*, Stuttgart: Cantz 1987, S. 56.

19 | In Deutschland lief der 55-minütige Schwarzweißfilm 1928 an unter dem Titel Chang, der König des Dschungels.

20 | Kolb, Gustav: Bildhaftes Gestalten als Aufgabe der Volkserziehung, Bd.2, Stuttgart: Holland&Josenhans, 1927, S. 102 und Tafel 14; zur Teppichwirkung in der kunstpädagogischen Arbeit: Cornelius, Hans: Kunstpädagogik. Leitsätze für die Organisation der künstlerischen Erziehung, Zürich und München: Rentsch 1920. S- 162-170 (hierbei der „gute Perserteppich" als Referenzsystem für ästhetische Flächenprinzipien); zur Vorbildlichkeit der indischen Ornamentik siehe die Ausführungen Lichtwarks am Ende des 19. Jahrhunderts, in: Schaar, Eckhard (Hg.): *Alfred Lichtwark. Erziehung des Auges. Ausgewählte Schriften*, Frankfurt/M.: Fischer 1991, S. 29-36.

21 | Hartlaub, Gustav Felix: Der Genius im Kinde. Ein Versuch über die zeichnerische Anlage des Kindes, Breslau: Hirt, 1930 (1. Aufl. 1922), insbesondere 31, 47, 130, 197 (Tafel 98); ähnlich auch Pfleiderer, W. mit Nähe zum Expressionismus, a.a.O., S. 81-83.

22 | Herrmann, Hans: Theorie und Praxis im Zeichenunterricht einer höheren Schule, 1931, Bild 12; Burchartz, Max: Schwarze, Rote und Menschen wie wir. Von Kindern gemalt und erzählt, München: Prestel 1956; Betzler, Emil: *Neue Kunsterziehung*, Frankfurt/M.: Hirschgraben 1949; Meyers, Hans: *150 Bildnerische Themen. Aufgabenkreise der Kunsterziehung. Überblick und Unterrichtshilfen*, Ravensburg: Maier 1966, letzterer vor allem mit aufschlussreichen Deskriptionen: S. 84-96, S. 100-101.

23 | Mit Jimmie Durhams „Panther" (1985) initiiert Constanze Kirchner bei den Schülerinnen und Schülern interkulturelle Reflexionen auf dem Wege der Bildbetrachtung: Kirchner, C. (1999), in: Neuß, N., a.a.O. und Kirchner, Constanze: *Kinder und Kunst der Gegenwart. Zur Erfahrung mit zeitgenössischer Kunst in der Grundschule*, Seelze 1999, S. 225-230.

24 | Kirchner, C., in: Neuß, N., a.a.O., S. 317 und 320.

25 | Masets Kritik an Kirchner ist an dieser Stelle nicht stichhaltig. Kirchners Umgang mit Durhams „Panther" missbraucht dessen externes Fremdheitspotential gerade nicht, wendet dieses vielmehr auf interne Selbstfremdheit an. Vgl. dazu Maset, Pierangelo: Gegen die Zurichtung des Fremden mittels Kunstpädagogik, in: BDK-Mitteilungen 4/ 2001, S. 2.

26 | In den bisherigen kritischen Diskursanalysen unseres Fachs spielt der Indikator Fremdenfeindlichkeit noch eine vergleichsweise untergeordnete Rolle. Siehe dazu: Kerbs, Diethart: Historische Kunstpädagogik. Quellenlage, Forschungsstand, Dokumentation, Köln: Dumont 1976, S.132 (Ethnozentrismus); Legler, Wolfgang; Lehmann, Raimund (Hg.): Kunstpädagogik und Soziokultur. Perspektiven für Netzwerke kultureller Bildung, Hannover: BDK-Text 26, 1992, insbesondere 127/128 (Otto Herz); zum Begriff Ethnozentrismus siehe die Beiträge in: Brocker, Manfred; Nau, Heino Heinrich (Hg.): Ethnozentrismus. Möglichkeiten und Grenzen des interkulturellen Dialogs, Darmstadt: Wissenschaftliche Buchgesellschaft 1997.

27 | Aufgezeigt am Beispiel Karikatur: Grünewald, Dietrich: „He Kümmeltürk, da liegt noch Dreck!" Ausländer in der Karikatur. Materialien für die Sekundarstufe II, in: Kunst+Unterricht, 79, 1983; in filmischer Stereotypik: Schönemann, Axel: Ben und die Chinesen. Stereotype visuell-gesturale Menschendarstellung in Fernseh-Western-Serien am Beispiel „Bonanza" (Unterricht in Klasse 6),in: BDK-Mitteilungen, Heft 3, 1976.

28 | Weber, Ernst: Zeichnerische Gestaltung und Bildungsarbeit, Hannover: Kortkamp 1913, S 193 und Tafel 34.

29 | Hegemoniale Stellung und Nationalismus sind nahezu synonym. Auch die niveauvollsten Texte der deutschen Kunsterziehungsbewegung können sich aus dieser letztlich interkulturalitätsfeindlichen Selbstvorgabe nicht befreien. Sie etwa Lange, Konrad: Die künstlerische Erziehung der deutschen Jugend, Darmstadt: Bergstraeßer, 1893, S. 5: „So steht also für unser Vaterland die Aufgabe noch aus, in den bildenden Künsten das führende Land von Europa zu werden."

30 | Rothe, Richard: Die menschliche Figur im Zeichenunterricht, Wien: Jugend und Volk 1931, S. 140 mit Abb.91.

31 | Besonders die japanische Kultur, verstanden als Hochkultur, und der Japonismus genießen in der deutschen kunstpädagogischen Literatur durchweg hohe Wertschätzung, gelegentlich wird sie sogar zum Vorbild erhoben: Richter, Johannes: Die Entwicklung des kunsterzieherischen Gedankens. Ein Kulturproblem der Gegenwart, Leipzig: Quelle & Meyer 1909, S. 13. Ähnlich vorbildhaft rangiert wird von Alfred Lichtwark bereits in den 80er Jahre des 19. Jahrhunderts die „Indische Kunst", Lichtwark, Alfred: „Museen als Bildungsstätten (1904)", in: Schaar, E., a.a.O., S. 29-36.

32 | Chinesen-Stereotypen erfahren nicht nur im kolonialen deutschen Kaiserreich stark negative Konnotationen. Beispiele in der kunstpädagogischen Literatur: Tischendorf, Julius: Präparationen für den geographischen Unterricht an Volksschulen, Bd. 5, Leipzig: Wunderlich 1911, S. 168; Schönemann, A., a.a.O., S. 20-24 (mit Fotoreihen); zur kolonialistischen Bildstereotypik allgemein: Frassl, Joachim; Meier, Heinz-Dieter: „Fleisch-Extract in Afrika. Analyse des Verwertungszusammenhangs von Ökonomie und Ideologie im Imperialismus am Beispiel einer Liebig-Sammelbildserie", in: Möller/ Lang 1976; ergänzend heute: Zeller, Joachim: Koloniale Bilderwelten. Zwischen Klischee und Faszination: Kolonialgeschichte auf frühen Reklamesammelbildern, Augsburg: Weltbild 2008.

33 | Rothe, R. (1931), a.a.O., S. 142; mit Bezug auf den Kemalismus: Yildiz, Süleyman: „Zur Frage der kulturellen Diversifikation der türkischen Migrantenkinder durch die Schulbücher", in: Greverus/ Köstlin/ Schilling, a.a.O., S. 263-268.

34 | Anti-Internationalismus und völkische Heimat-Stereotypen etwa bei: Stark, Georg: Deutsche Bildkunst im deutschen Unterricht, München 1933; Geist, Hans-Friedrich: Die Wiedergeburt des Künstlerischen aus dem Volk, Leipzig: Seemann 1934; Sommer, Paul Karl: Kunst und Kunsterziehung. Quellen der Zersetzung und des Aufbaus, Dortmund-Breslau 1935; Böttcher, Robert: Zeichenschule. Eine organische Wegführung für die bildnerische Arbeit, Berlin: de Gruyter 1943; dazu aus kritischer Perspektive: Diel, Alex: Die Kunsterziehung im Dritten Reich. Geschichte. Analysen, München: Uni-Druck 1969; Kehr, Wolfgang: Kunstwissenschaft und Kunstpädagogik im 19. und 20. Jahrhundert. Studien zur Vermittlung von Kunstgeschichte an den Höheren Schulen, Söcking/Starnberg: Dissertationsdruck 1983, S. 134-150; Zuber, Brigitte: Gymnasiale Kunsterziehung der NS-Zeit. Das Beispiel München, Göttingen: Wallstein 2009.

35 | Stark, G., a.a.O., S. 5.

36 | Zu Sexismus und Koedukationsdebatte als Thema interkultureller Kunstpädagogik vgl. Kempfer, Marie: „Visuelle Kommunikation" über Grenzen hinweg. Ein Erfahrungsbericht über eine Erkundung besonderer Art, in: Kunst +Unterricht, 65, 1981, S. 25-29; Warzecha, Birgit: „Die Koedukationsdebatte am Beispiel türkischer Schülerinnen", in: Kunst+Unterricht, 170 (Thema „Geschlechterdifferenzierung") 1993.

37 | Möller, Heino R.: *Gegen den Kunstunterricht. Versuche zur Neuorientierung*, Ravensburg: Maier 1970, S. 91-97.

38 | Kolb Bd.1 1930, a.a.O., S. 34 beschwört auf den Schultern des Ethnologen Frobenius ein kulturübergreifend „übereinstimmendes Werden des Paideumas" und meint damit „das Seelenhafte der Kulturen", das weltweit denselben Motivations-und Wachstumsgesetzen unterworfen sei, deshalb auch über alle Unterschiede hinweg vergleichbar wertvoll und ansatzfähig. Ludwig Praehauser votiert in diesem „musisch"-kosmopolitischen Sinne nachdrücklich für eine pädagogische Befassung mit der Kunst fremder Völker. Siehe: Praehauser, Ludwig: *Erfassen und Gestalten. Die Kunsterziehung als Pflege formender Kräfte*, Salzburg: Müller 1950, S. 279-282.

39 | Staguhn, Kurt: Didaktik der Kunsterziehung, Frankfurt/M./ Berlin/ Bonn/ München: Diesterweg 1967, S. 203/204; Weltkunstbezüge auch bei Zacharias, Alfred: *Mein Kunstbuch. Werke aus Gegenwart und Vergangenheit*, München/Zürich: Schnell und Steiner 1965, S. 3, S. 18/19, S. 44/45.

40 | Staguhn, K., a.a.O., S. 188 mit Abb.48.

41 | Bezeichnenderweise beendet Staguhn das interkulturelle Abenteuer mit der ernüchternden Selbstkorrektur: „Doch welcher Lehrer kommt überhaupt auf den Gedanken, in dieser Weise eine geistige Auseinandersetzung im allgemeinbildenden Sinne zu veranlassen [...]!", Ebd., S. 204.

42 | Mantey, Karl; Pakulla, *Rudolf: Künstlerische Erziehung außerhalb des Unterrichts. Beiträge für die Praxis*, Berlin (Ost): Volk und Wissen 1970, S. 100 (Abb.34), S. 329 (Abb.173,175); Möller, Heino R.; Lang, Siegfried K. (Hg.): *Werkstatt Kunstpädagogik. Übungen zur Bildbetrachtung*, Ravensburg: Maier 1976, S. 176-199.

43 | Zum Museum als Ort der Fremdheit: Groppe, Hans-Hermann; Jürgensen, Frank (Hg.): *Gegenstände der Fremdheit. Museale Grenzgänge*, Marburg : Jonas 1989; Sloterdijk, Peter: „Museum – Schule des Befremdens" (1988), in: ders.: *Der ästhetische Imperativ. Schriften zur Kunst* (hg. von Peter Weibel), Hamburg: Fundus 2007.

44 | Kehr, W., a.a.O., S. 80-86. Hier wird auf die perspektivenvermittelnde Kraft der Bildungs- und Versöhnungsinstitution Museum eingegangen, wie sie am markantesten von Lichtwark 1904 propagiert wurde.

45 | Friedt, Anton: „Primitivismus – eine Herausforderung an die ästhetische Erziehung", in: Groppe/Jürgensen, a.a.O., S. 209-216. Der von mir angesprochene Besuch im Völkerkundemuseum wird im ansonsten facettenreichen Beitrag Friedts erstaunlicherweise nicht durchgeführt. Ergänzend hierzu: Majunke, Susanne: „Masken im Unterricht und im Museum. Besuch einer 4. Klasse im Völkerkundemuseum Berlin", in: *Kunst +Unterricht, Sonderheft 1976* (Thema: „Schule und Museum"); Vester, Martin: „Von Schädeln und Fetischen. Bekannte Techniken – fremde Inhalte. Zwei Unterrichtsbeispiele einer 9. Klasse aus Kenia (Deutsche Schule Nairobi)", in: *Kunst+Unterricht, 140* (Thema „Bildwelten – Weltbilder") 1990, S. 26-30.

46 | Gemmingen, Ulla von: *Die Farbe ist mir wie deine grüne Augen. Museumswerkstatt mit Ausländern. Ein Museumsprojekt mit ausländischen Arbeitnehmern an der Münchner Volkshochschule (mit Beiträgen)*, Opladen: Leske+Budrich 1990, S. 20.

47 | Ebd., S. 126-130; zur Alltäglichkeit der Dinge (z.b. Schuhe) und ihrer besonderen Diskurstauglichkeit für interkulturelle Pädagogik: Akkent, Meral: „Alltagskultur als eine Möglichkeit zum besseren Verstehen", in: Groppe/Jürgensen, a.a.O., S. 153-157; Brée, Stefan: *„Türkland - Deutschkei. Ein kunstpädagogisches Projekt zur multikulturellen Wahrnehmung"*, in: *BDK-Mitteilungen, 1*, 1992, S. 32; Fast, Kirstin: „Das Museum als Treffpunkt zwischen den Kulturen – ein Beitrag zur kulturellen Integration", in: dies. (Hg.): *Handbuch museumspädagogischer Ansätze*, Opladen: Leske+Budrich, 1995, S. 183-214.

48 | Stolz, Leonore; Tjaden, Ursula: „Deutschland = Arbeitsland. Die Türkei = Reiseland. Gemeinsamer Kunstunterricht einer deutschen und türkischen Grundschulklasse", in: *Kunst+Unterricht, 62*, 1980, S. 17-23; entsprechende neuere Vorschläge unter didaktischen, künstlerischen und bildwissenschaftlichen Perspektiven bei: Kirchner, C. (1999), a.a.o.; Buschkühle, Carl-Peter; Kettel, Joachim; Urlaß, Mario (Hg.): *Horizonte. Internationale Kunstpädagogik. Beiträge zum Internationalen INSEA-Kongress in Heidelberg und Karlsruhe*, Juli 2007, Oberhausen : Athena 2009; Wagner, E. (2011), a.a.O.

49 | Bildanalysen zu El Greco, Delacroix, Gauguin oder Picasso gehören als loci classici hierher. Siehe Peschlow-Kondermann, Annegret: „Aus der Arbeit einer Kunstwissenschaftlerin im Bereich kunstpädagogischer Praxis", in: Below, Irene (Hg.): *Kunstwissenschaft und Kunstvermittlung*, Gießen: Anabas, 1975, S. 49-56; Wagner, E. (2011), a.a.O. Zur Globalisierung der Gegenwartskunst: Scheps, Marc; Dziewior, Yilmaz; Thiemann, Barbara M. (Hg.): *Kunstwelten im Dialog. Von Gauguin zur globalen Gegenwart*, Köln: Museum Ludwig, 2000. Wichtige Ansätze insbesondere auch aus der Kinder- und Schulbuchillustration: Becker, Jörg; Rauter, Rosmarie (Hg.): *Die Dritte Welt im deutschen Kinderbuch 1967-1977*, Wiesbaden: Akademische Verlagsgesellschaft, 1978; Ehrenreich, Monika: Zerrbild und Wunschbild. Zur Darstellung der Juden in der nationalsozialistischen und jüdischen deutschsprachigen Kinder- und Jugendliteratur des Dritten Reichs, Regensburg: RSL 1999; Rösch, Heidi: Jim Knopf ist (nicht) schwarz. Anti-/Rassismus in der Kinder- und Jugendbuchliteratur und ihrer Didaktik, Hohengehren: Schneider 2000.

50 | Sie lassen sich in alltägliche und lebensweltliche Kontexte einbetten bzw. aus ihnen entnehmen. Auf der gegenständlichen Ebene könnten es weitere Themen sein wie: Schmuck, Verhüllung, Fenster, Spiegel, Lieblingstier, Baum, Wolke... Auf einer abstrakteren Ebene wären ethische oder verhaltensästhetische Sujets zu prüfen wie: Lachen, Weinen, Traum, Liebe, Tod, Angst, Ehre, Stärke, Respekt, Coolness.

Kunstpädagogik heute ist Kunstpädagogik im Zeitalter der Globalisierung

Ernst Wagner

Interkultur und Globalisierung – kein neues Thema

Die Erinnerung schwindet langsam, die Zeitzeugen werden immer weniger, und es ist kaum mehr in unserem Bewusstsein: Schon 1945 gab es *Menschen mit Migrationshintergrund*, nur wurden sie damals *Heimatvertriebene* genannt, und sie mussten – als Fremde – in bestehende Strukturen und Gepflogenheiten integriert werden. Und bereits diese Integration verlief, wie nicht anders zu erwarten, nicht ohne Spannungen. Sie wurden nur kaum thematisiert, weder in der Gesellschaft noch in der Bildung und schon gar nicht in der Kunstpädagogik. Es wurde einfach nicht danach gefragt. Das Beispiel wirft ein interessantes Licht auf die aktuelle Diskussion, die im Vergleich zu damals der Pädagogik gänzlich neue Aufgaben zumisst. Es zeigt auch, dass die Bundesrepublik seit ihrer Gründung vielfältige demographische Transformationsprozesse durchlebt hat, auf die Gesellschaften und Bildungssysteme unterschiedlich intensiv reagieren.

Weitere Beispiele, nun für eine explizit pädagogische Perspektive auf Interkulturalität, bilden die kurz nach dem Krieg entstandenen internationalen Kultur- und Schüleraustauschprogramme im Osten wie im Westen. Im Rahmen der Eingliederung in die politischen und militärischen Blöcke entwickelten die kulturpolitisch Verantwortlichen Konzepte, bei denen erstmals Fragen eine Rolle spielten, die wir heute als interkulturelle Fragen klassifizieren: Durch grenzüberschreitende Begegnungen im Rahmen von Austauschprogrammen sollte die eng begrenzte, nationale Perspektive zugunsten einer internationalen überwunden werden. Dieser Ansatz war zukunftsweisend, auch wenn die jeweilige Blockzugehörigkeit eine fatale, ideologisierte Engführung und Instrumentalisierung bewirkte und die Praxis vielfach schnell im billigen Tourismus verkam.

Für die aktuelle Diskussion in Deutschland wurde schließlich der Zuzug aus Südeuropa und aus der Türkei in den 1960er und 1970er Jahren entscheidend. Als *Menschen mit Migrationshintergrund* meint man heute vor allem sie, die als *Gastarbeiter* ins Land kamen und deren Nachkommen. Sowohl gesamtgesellschaftlich wie auch in der Pädagogik ging es nun nicht mehr darum, Kontakte in einem zeitlich begrenzten Rahmen und in geschützten Räumen zu gestalten, sondern darum, wie man mit den Ausländern, die plötzlich und vor allem auch sichtbar (das unterschied sie u.a. von den Heimatvertriebenen) präsent waren, umgehen sollte. Das Problem wurde noch drängender, als die zunächst nur als temporär eingestuften Aufenthalte sich als dauerhaft herausstellten.

Die Erkenntnis, dass eine Vogel-Strauß-Taktik nicht lange funktionieren kann, stimulierte die Entwicklung unterschiedlicher Ansätze. Erste Konzepte einer in den 1980er Jahren entstandenen sogenannten *Ausländerpädagogik* wurden bald durch *multikulturelle* ersetzt, die die Vielfalt von nebeneinander existierenden Teilkulturen zum Leitbild erhoben. Das Straßenfest mit türkischen, italienischen und spanischen Ständen wurde dabei zur Leitpraxis. Schnell wurde jedoch die Begrenztheit auch eines solchen Ansatzes deutlich, denn immer neue Migrantengruppen mit je unterschiedlichem Status kamen hinzu: Flüchtlinge aus nahen und fernen (Bürger-)Kriegsgebieten, Asylbewerber, Aussiedler aus Russland, Arbeitsuchende aus den ehemaligen Ostblockstaaten, Mobile innerhalb des Schengenraums etc. Mit diesen neuen Gruppen wuchsen die Herausforderungen. Das idealistisch gefärbte Bild einer pluralistischen, friedlich-freundlichen Koexistenz von überschaubaren Teilkulturen ließ sich nicht länger aufrechterhalten. Seit Ende der 1990er Jahre entstanden deshalb neue Konzepte, zunächst der *Interkulturalität,* dann der *Transkulturalität.* Gleichzeitig verschob sich das Paradigma von einer Zuordnung der neuen Gruppen nach ethnischen oder nationalen Merkmalen hin zu realistischeren, komplexeren Milieuansätzen, die nicht nur die Vielfalt der Migrationssituationen, sondern auch die Vielfalt der Relations- und Integrationsformen im Verhältnis zur deutschen Aufnahmegesellschaft (die sich ebenfalls zunehmend differenzierte) deutlich machten. Neben Herkunft wurden jetzt etwa auch sozial bzw. religiös definierte Werteorientierungen oder das Konsumverhalten berücksichtigt.

Diese Diskussionen wurden in der Kunstpädagogik lange nicht wahrgenommen. Die allerersten Ansätze finden sich im außerschulischen Bereich, zunächst in der Museumspädagogik, dann in der Stadtteilarbeit (community education) sowie an Kunstschulen im nonformalen Bereich.[1] Heute ist es vor allem die radikale Veränderung der Schülerschaft, die zunehmende Diversität in den Klassenzimmern, die nun auch die schulische Kunstpädagogik zunehmend unter Druck setzt und neue Konzepte und Ansätze einfordert.

GLOBALISIERUNG

Doch zurück zu den Ausgangsbedingungen. Es erscheint evident, dass es letztlich Globalisierungsprozesse sind, die die skizzierten Migrationsbewegungen ausgelöst haben und weiter auslösen. Sie werden weitreichende Folgen für alle gesellschaftlichen Lebensformen und damit auch für Bildung und Kunstvermittlung haben. Besonders auffällige Merkmale sind dabei, neben einer globalen Ökonomie mit der damit verbundenen radikal zunehmenden Mobilität (besonders den wachsenden, höchst unterschiedlich motivierten Migrationsbewegungen), die kulturellen Dynamiken in der Entwicklung neuer Kommunikationsformen und -technologien, mit denen räumliche und zeitliche Differenzen virtuell aufgehoben werden. Auf diese Veränderungen haben die Kunst wie die Kunstpädagogik – dieses Mal durchaus auf der Höhe der Zeit – sensibel reagiert.[2]

Die Phänomene Weltwirtschaft, Migration und Vernetzung sind als relevante Folien für die Pädagogik allerdings nicht voneinander zu trennen. Im Ergebnis führen sie – als sich weiter beschleunigende Entwicklungen – zu neuen kulturellen Mischformen, die nicht mehr klar geschiedenen, ethnischen oder nationalstaatlich gedachten Gruppen zugeordnet werden können. Weltwirtschaft, Migration und Vernetzung sind in diesem Sinne die zentralen Insignien eines globalen Wandels[3], die auch in der Kunstpädagogik in schulischen und außerschulischen Kontexten eindeutige Abgrenzungen und Zuschreibungen zunehmend in Frage stellen bzw. obsolet machen. Es sind diese Entwicklungen, die die Akteure vor substantiell neue Aufgaben stellen, da sich traditionelle Strukturen, Praktiken und Habitusformen zu Gunsten transkultureller und transnationaler Differenzierungen verflüssigen. Pluralisierungs- und Individualisierungsprozesse radikalisieren und beschleunigen sich. So entstehen neue Normalformen der Moderne[4], mit denen in der Kunstpädagogik umgegangen werden muss.

Gespräche mit Kunstpädagoginnen und -pädagogen zeigen – und das erscheint alarmierend –, wie wenig die Fachdisziplin auf den Umgang mit den benannten Phänomenen vorbereitet ist: Es existiert eine tiefe Ratlosigkeit, wie auf die neue Situation, die sich zudem laufend in nicht abzusehender Dynamik weiterentwickelt, zu reagieren ist. Die alten, vertrauten Konzepte funktionieren offensichtlich nicht mehr, und neue, überzeugende wie praktikable Konzepte deuten sich erst in vagen Umrissen an. Diese Tatsache hat schließlich zum Nürnberger Kongress *Interkultur. Kunstpädagogik remixed* geführt. Er ist der erste Kongress, der sich ausschließlich diesem Thema stellte und grundlegend die radikal neue Ausgangslage bestimmte, bestehende Ansätze sichtete sowie neue Konzepte entwickelte.

Vor dem Hintergrund der Diskussionen dort sollen nun hier die für die Kunstpädagogik wichtigsten Globalisierungsphänomene mit Blick auf Ökonomie, Mobilität, Migration (von Kommunikation, Praxen, Menschen, Waren, Marken, Identitätsangeboten, Werten), Umwelt sowie Kommunikation noch einmal grundlegender und systematischer dargestellt werden, um ihre Konsequenzen für die Kunstpädagogik skizzieren zu können.

GLOBALISIERUNGSEFFEKTE UND KUNSTPÄDAGOGIK

1. *Die ökonomische Verflechtung nimmt weltweit zu.* Für den kunstpädagogischen Kontext ist damit v.a. die Entwicklung einer globalen Waren- und Konsumwelt relevant, die Tendenzen der Vereinheitlichung unter dem Deckmantel eines ästhetisierten Alltags vorantreibt. Global icons, global brands bieten nicht nur weltumspannende Marken, sondern auch den damit verbundenen *Lifestyle*. So entstehen durch bestimmte Produkte bzw. ihren Konsum, ausformulierte Identifikationsangebote für den Einzelnen (z.B. in Nahrung, Musik, Aussehen, Körperpflege, Einrichtung, Mode und Freizeit - vom Sport bis zu Computerspielen). Diese Lifestyle-Produkte fungieren als Zeichen der Zugehörigkeit zu einer vermeintlich fortschrittlichen Moderne und tragen – sozial durchaus differenziert – zu globalen Alltagskulturen als Leitkulturen bei. Zu dieser Entwicklung muss sich die Kunstpädagogik positionieren, will sie sich mit den relevanten visuellen Kulturen befassen und Kinder, vor allem aber Jugendliche erreichen – letztlich

mit einem aufklärerischen Impuls. Sind es doch gerade die Phänomene einer globalisierten Geschmacksbildung und einer Uniformie-
rung der Lebenswelten durch globale Konsummarken und Mediener-
fahrungen, die wesentliche Bezugspunkte für den Remix darstellen
müssen – und die ja auch Migrationsbewegungen mit motivieren.
Dass die Bildende Kunst, immer noch die zentrale Referenz für die
Kunstpädagogik, als *global art* auf unzähligen Biennalen weltweit
selbst längst globalisiert ist, versteht sich in diesem Kontext von selbst.

2. *Die politische Verflechtung nimmt zu.* Begleitet wird die ökonomische
Verflechtung durch eine politische, die über alle zunehmenden In-
terdependenzen hinaus *global brands* auch in der Dimension des Nor-
mativen und Politischen produziert. Die Menschenrechte sind dafür
sicher das prominenteste Beispiel. Für die Kunstpädagogik sind die
UNESCO-Konventionen, etwa die zum Schutz des Kulturerbes von
besonderer Bedeutung; für die interkulturelle Bildung ist die *Konvention über den Schutz und die Förderung der Vielfalt kultureller Ausdrucksformen*[5] (2005) zentral. Es sind völkerrechtlich verbindliche
Konventionen, die, durch bestimmte Problemlagen begründet,
richtungsweisende Initiativen oder Referenzdokumente darstellen.
Sie spannen internationale, globale Orientierungsrahmen auf und
wirken zunehmend auch auf nationale Diskurse und Praxen (etwa
in der Förderung oder Richtlinienpolitik). Zu diesen gehören etwa
die Weltdekade zur *Bildung für nachhaltige Entwicklung*[6] oder die
Seoul-Agenda, die bei der 2. UNESCO Weltkonferenz für Kulturelle Bildung 2010 in Seoul[7] verabschiedet wurde. Kunstpädagogische
Praxis, die immer vor Ort geschieht, auch wenn sie sich nur lokal
versteht, steht zunehmend unter dem Druck, sich auch innerhalb
dieser globalen Referenzrahmen zu verorten und zu legitimieren.

3. *Migration nimmt weltweit zu.* Sie erwächst der Suche nach besseren
Lebenschancen. Die freiwillige, nicht aus Not, sondern zur Verbes-
serung der wirtschaftlichen Lage begründete Mobilität stellt sich in
Deutschland momentan v. a. als Emigration dar. (Emigration wird
oft übersehen, spielt aber eine große Rolle. So übersteigen z. B.
die dafür monatlich eruierten Zahlen für Deutschland häufig die
Immigrationszahlen.) Den für die Kunstpädagogik bedeutende-
ren Anteil hat aber die Immigration, die häufig eine erzwungene

Migration ist, begründet in der Suche nach Überlebensmöglichkeiten jenseits absoluter Armut und verwüsteter Lebensräume durch Vertreibung oder Flucht vor Krieg und politischer Verfolgung. Diese hat weitreichende kulturelle, ökonomische und gesellschaftliche Folgen für die Betroffenen ebenso wie für die Herkunfts- und die Aufnahmegesellschaften. Schulische wie außerschulische Kunstpädagogik, die zunehmend mit solchen migrantischen Zielgruppen zu tun hat, muss deshalb von einer großen sozialen und kulturellen Bandbreite ausgehen, auch wenn sie sich unter der Oberfläche eines *global lifestyles* verbirgt. Die Zunahme von traumatischen Erfahrungen, die oft gerade diese Zielgruppen prägen, spielt dabei eine wichtige Rolle und fordert Bildung in besonderem Maße heraus.

4. *Handlungsmodelle werden diverser.* Das Bild differenziert sich noch weiter, wenn man die Nachkommen der nach Deutschland Eingewanderten in den Blick nimmt. Deren Handlungsalternativen sind vielfältiger, sie bewegen sich – manchmal orientierungslos, manchmal mit traumwandlerischer Sicherheit – zwischen verschiedenen Mustern, Alternativen und Angeboten zur Positionierung; etwa bedingungslos dazu gehören zu wollen oder sich bewusst feindselig abzugrenzen. Zwischen diesen Extremen finden sich die Konstruktionen neuer, vielfach gemischter Selbstverständnisse, Reethnisierungen oder religiös-fundamentaler Neuorientierungen. Auch dadurch werden die Zielgruppen der Kunstpädagogik heterogener.

5. *Die digitale Revolution radikalisiert die Tendenzen.* Sie bringt eine schon vielfach beschriebene Beschleunigung, Verflüssigung und Enträumlichung der Kommunikation mit sich. Die durch sie eröffneten neuen, auch gestalterischen Handlungsräume sind für die Kunstpädagogik von hohem Interesse, da sich die damit verbundene Mediatisierung bei der Konstruktion von Weltbildern bei Kindern und Jugendlichen deutlich zeigt. Zugleich steigt damit die Relevanz des virtuellen Charakters kommunikativen Handelns, das häufig ein Bild-handeln, ein *mit Bildern kommunizieren* ist. Das gilt nicht nur für den privaten Bereich: Die Bildung transnationaler Kommunikationsgemeinschaften zu jedem beliebigen Thema (von der Pornografie bis zu politischen Fragen) führt dazu, dass auch die öffentliche Kommunikation in begrenzten Kontexten nun Teil globaler Kommunikations- und damit

zugleich internationaler Konfliktzusammenhänge wird. Die Publikation etwa von – in ihrem eigenen kulturellen Kontext harmlosen – Karikaturen kann dann, wie jüngste Beispiele gezeigt haben, zu weltweit
folgenreichen Ereignissen und interkulturellen Konflikten führen.
Die neuen Kommunikationsformen bieten in diesem Sinne nicht nur
die Folie für die Kunstpädagogik, sondern bergen auch erhebliche Gefahren und Potenziale. Sie haben entscheidenden Einfluss nicht nur
auf ihre Ziele (Medienkompetenz, Bildkompetenz), sondern auch auf
ihre Ansätze und Methoden insgesamt.

LOKALISIERUNGSEFFEKTE

Die so beschriebene Globalisierung fördert aber nicht nur Prozesse der
Mediatisierung, Verallgemeinerung, Vermischung und Vernetzung, sondern bringt auch – das mag bereits im Beispiel der Karikaturen angeklun-
gen sein – deutlich gegenläufige Tendenzen hervor, die sich unter dem
Stichwort *Lokalisierung* zusammenfassen lassen. Immer ist die hier ge-
meinte Lokalisierung dabei als Folge oder Reaktion auf die Globalisierung
zu sehen. In ihr spielen Fragen der Zugehörigkeit und der Zusammenge-
hörigkeit die zentrale Rolle. Fragen der Abgrenzung und der Differenzbil-
dung zwischen dem Eigenen einerseits und dem Anderen, dem Fremden
anderseits (Othering) stehen ebenso im Zentrum wie soziale, kulturgeographische, ethnisch-soziale und religiöse Dimensionen.

Kulturgeographische Dimensionen beziehen sich dann auf Identifikationen auf Mikroebene (Stadtviertel), lokaler, regionaler oder nationaler
Ebene, die sich durch Abgrenzung gegenüber anderen Räumen, Gruppen
oder Kulturen definieren. Ethnisch-soziale Dimensionen beziehen sich auf
(häufig nur vermeintliche, in Wirklichkeit dagegen meist sozial-kulturel-
le und/oder sprachlich konstruierte) ethnische Differenzen; religiöse Dimensionen wiederum beziehen sich auf religiöse Werte und gemeinsame
Anschauungen. Kommen alle diese Dimensionen zusammen, können sie
sich zu spezifischen Formen der *Ghettoisierung* verdichten, d.h. es entsteht
eine bewusste Abgrenzung und Abschottung von einzelnen gesellschaftlichen Gruppierungen, die sich über einen Mix von gleichen Merkmalen
(z.B. Herkunftsland, Stadtviertel, Alter, Jugendkultur, Religion, Bildungser-
fahrung, Milieu) in einer zunehmend differenzierten Bevölkerungsstruktur
und Alltagskultur definieren. Dass eine Positionierung der Kunstpädagogik
in diesem Bezugsfeld schwieriger wird, ist nachvollziehbar.

Die Lokalisierung führt häufig dazu, dass die eigenen Heimaten gesellschaftlicher Gruppierungen und Milieus emotional überhöht und zugleich ideologisiert werden. Die Zunahme von xenophoben, das Fremde abwehrenden Haltungen und Praktiken auf der Grundlage von nationalen, regionalen und lokalen Identifikationsprozessen ist daher oft als Reaktion auf die oben skizzierten Globalisierungsprozesse zu betrachten; die sich hier äußernden Bedürfnisse sind vor dem Hintergrund wachsender Unsicherheits- und Kontingenzerfahrungen zu sehen. Dabei umfassen die regionalen Identifikationsprozesse eine große Bandbreite: von der Betonung des jeweiligen kulturellen Erbes, der Betonung des Regionalen/Lokalen in vielfältigen Formen, von Ethnomarketing, Leitkultur, Entwicklung von Abwehrhaltungen bis hin zu islamophoben, nationalistischen oder heimatlich-regional ausgerichteten Tendenzen (s. der Erfolg populistischer Parteien am rechten Rand des politischen Spektrums bei den europäischen Nachbarn und in Deutschland, aber auch die clash of cultures-Debatten).

GLOKALE KULTURELLE BILDUNG

Was der Einspruch der Lokalisierung gegen die Globalisierung deutlich macht, ist, dass die Kunstpädagogik neben der Globalisierung auch Aspekte des Regionalen und Lokalen berücksichtigen muss. Das Zeitalter der Globalisierung ist eben geprägt von dieser Doppelfigur, der Gleichzeitigkeit von global und lokal. Paradoxerweise beziehen sich Vielfalt- und Diversitykonzepte dabei vor allem auf die Differenzen, letztlich auf lokale Identitäten, während Globalitäts- und Weltbürgerkonzepte (wie z. B. global citizenship) auf das Verbindende, Gemeinsame in globaler Dimension (wie z. B. die global brands der Konsumwelt) setzen. Das jeweils sensible Abwägen beider Aspekte in der Praxis einer interkulturell orientierten Kunstpädagogik[8] dürfte dann wesentlich zu ihrem Gelingen beitragen. Im Zeitalter der Globalisierung (jetzt besser: der Glokalisierung) ergibt sich für eine Kulturelle Bildung in diesen Kontexten eine glokale Handlungs- und Reflexionsmatrix:

	Regionalspezifische/ lokale Konzepte	Globale Konzepte
auf der Ebene des Kunst- und Kultur(erbe)begriffs	Unterschiedliche Konzepte von Kunst, Künstlern, künstlerischer Produktion in verschiedenen Regionen/Kulturen	*Global art* als aktuell relevante Kategorie künstlerischer Produktion (Migration der Künstler, von Formen, Kunstmärkten und Ausstellungen)
	Regionale Kunstgeschichte (verstanden als Hybridgeschichte im Kontext von grenzüberschreitenden Einflüssen und Wanderungsbewegungen)	Die besondere Bedeutung der digitalen Medien, nicht nur für global art *Diversity* als globale Leitvorstellung
auf der Ebene kunstpädagogischer Konzepte	Unterschiede in den Kunst- und Bildungsbegriffen verschiedener Länder und Kulturen	Internationale Definition des Begriffs *arts education* etwa bei UNESCO, OECD, den in der World Alliance for Arts Education zusammengeschlossenen NGOs
	Paradigmenwechsel bei fachdidaktischen Konzepten als Reaktion auf globale Entwicklungen im Kunst- und Bildungsbereich	

DIE BEGRIFFE

Das von John W. Berry für die Migrations- und Akkulturationsforschung bereits 1997 vorgeschlagene Modell[9] macht auf einleuchtende Weise nochmals die kategoriale Unterscheidung, jetzt aus der Perspektive des Handelnden, deutlich. Auch wenn dieses Modell auf einem zugleich kohärenten wie statischen Kulturbegriff basiert, der für die Beschreibung heutiger Phänomene problematisch erscheint, eignet sich dieser Ansatz dennoch für eine erste begriffliche Sondierung und Ausdifferenzierung. Er beschreibt Prozesse, die etwa beim Aufeinandertreffen von Immigranten und Deutschen ablaufen, in zwei Dimensionen, die als Matrix zu vier möglichen Akkulturationsstrategien führen. Dabei kann Dimension 1 auf den oben skizzierten Begriff der Lokalisierung, Dimension 2 auf die Globalisierung bezogen werden.

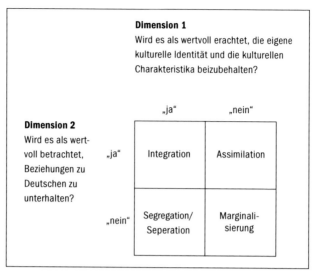

Abb.1: Diese so gewonnenen vier Handlungsstrategien lassen sich weiterer Begriffsfeldern zuweisen, die etwa die politischen Diskurse oder die individuelle Perspektive auf die eigene Lebensgestaltung in den Blick rücken.

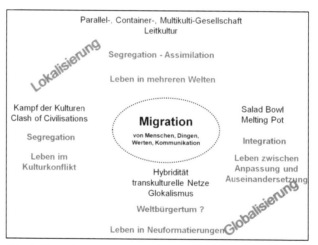

Abb. 2: Die nachvollziehbare Parallelität und Nähe von politischen und sozialpsychologischen Begriffen in der Grafik 2 macht auch deutlich, wie sehr die impliziten Wertungen im Diskurs entscheidend von der Wahl der Begrifflichkeiten abhängen. Sie spielen auch bei den Beschreibungskonzepten (s. u.) eine zentrale Rolle.

EFFEKTFOLGEN

Die Entwicklungen im Kontext von Migration und Globalisierung haben – wie aufgezeigt – komplexe und widersprüchliche, strukturelle wie subjektive Folgen. Die wachsende Heterogenität der Lebensformen und Lebensläufe und die damit verbundene Pluralisierung und Individualisierung der Lebensverhältnisse sind längst bekannte Phänomene: Lebensentwürfe und Lebenspraxen verlieren an Sicherheit; neue, häufig hybride Mischformen entstehen, deren Stabilität und Lebbarkeit oft genug fragil sind. Zugleich wächst die subjektive Zuständigkeit und Verantwortung für das eigene Leben. Der Gewinn an Autonomie kann auch als wachsende Verantwortung für die gesellschaftlichen und ökologischen Konsequenzen des eigenen Handelns verstanden werden: Er kann als Bereicherung der Lebensperspektiven und -möglichkeiten, aber auch als massive Überforderung des Einzelnen erfahren werden.

Darüber hinaus erfordert die wachsende Heterogenität in vielen Kontexten die erhöhte Fähigkeit zu switchen, in unterschiedlichen Situationen mit verschiedenen Rollen und Identitätskonstruktionen zu agieren, die sich in Teilen auch widersprechen können (Abb. 2). Zunahme der Vielfalt und Komplexität kann damit auch zu erheblichen Orientierungsproblemen führen, etwa wenn sie als kontingent erfahren wird, als Spannung zwischen dem Wunsch, eine Situation zu beherrschen – und gleichzeitig erfahren zu müssen, dass sie unbeherrschbar ist. Diese Kontextualisierung auf der Ebene der subjektiven Erfahrung ist zentraler Ausgangspunkt für die Diskussion der Beschreibungskonzepte für die Kunstpädagogik.

BESCHREIBUNGSKONZEPTE KULTURELLER PROZESSE

Während in der Wissenschaft wie der Öffentlichkeit hinsichtlich der Beschreibung der Globalisierungseffekte weitgehend Konsens herrscht, sind die Deutungsmuster für die kulturellen Prozesse, die die Globalisierung beeinflussen, sehr unterschiedlich; sie sind häufig durch politische Interessen und Steuerungsprozesse geprägt. Dementsprechend sind auch die politischen und pädagogischen Konsequenzen durchaus umstritten. Drei zentrale Deutungs- und Handlungsmuster, die jeweils unterschiedliche Aufgaben erfüllen, haben sich in den letzten Jahren herauskristallisiert:[10]

POLYKULTURALITÄT

Polykulturalität als Deutungsmuster betont (in deutlicher Nähe zum älteren Multikulturalismus-Konzept) das Nebeneinander unterschiedlicher, vielfältiger Lebenswelten und -konzepte, Künste und Kulturen, die gemeinsam in einem (wie auch immer zu definierenden) Raum gegenseitiger Wahrnehmung existieren, im besten Falle mit Respekt gegenüber den jeweils Anderen. Als Entwicklungspotenziale für die Kunstpädagogik ergeben sich daraus z. B. folgende spezifische Ansätze, die als Kompetenzen der Lernenden verstanden werden können:

- im eigenen Lebensumfeld fremde Kulturen erleben und in ihrer Bedeutung für sich selbst einschätzen und bewerten zu können,
- kulturelle Unterschiede wahrzunehmen und für sich persönlich wie für das Zusammenleben fruchtbar machen zu können,
- Kunstwerke und alltagsästhetische Gegenstände als Ausdruck von gesellschaftlichen Zuständen und als kreative Äußerungen im jeweiligen kulturellen Kontext zu verstehen,
- Kulturen vergleichen, kulturelle Vielfalt als Wert schätzen, individuelle Erfahrungsräume erschließen und gestalten zu können sowie
- bewusst aus einer *Vielfalt* auswählen zu lernen.

INTERKULTURALITÄT

Das Konzept Interkulturalität setzt den Dialog und die Interaktion zwischen unterschiedlichen, vielfältigen Lebenswelten, Lebenskonzepten und Kulturen und die Selbstdefinition in Bezug auf die Definition des jeweils Anderen voraus. Hervorgehoben wird dabei die konstitutive Relationalität aller Kultur und aller Kulturen. Als Entwicklungspotenziale für Kunstpädagogik erscheinen hier insbesondere die Möglichkeiten,

- Kulturen, Weltbilder, Bilder von der Welt als Entwürfe aufeinander beziehen zu können,
- künstlerische Phänomene wie Bilder anhand von persönlichen, gruppenspezifischen und universellen Kriterien zu bewerten,
- Dialog- und Interaktionsformen initiieren und gestalten zu können,
- Konfliktpotenziale zu erkennen und abzuschätzen,

- auf Menschenrechte bezogene Formen kultureller Interaktionen umsetzen zu können.

TRANSKULTURALITÄT

Transkulturalität als Konzept stellt insbesondere die Verschmelzungs- und
Neuausprägungsprozesse unterschiedlicher, vielfältiger Lebenswelten und
–konzepte sowie (Sub-) Kulturen heraus. Hybridisierung, die Möglichkeiten multipler und variabler Orientierungen (z.b. Transmigration mit der
Teilhabe des Einzelnen an verschiedenen Kulturen) sowie *global citizenship*
sind zentrale Phänomene. Als Entwicklungspotenziale für die Kunstpädagogik ergeben sich z.b. die Möglichkeiten,

- übergreifende Mechanismen der Kulturbildung entdecken zu können,
- kulturelle Phänomene wie Kunst oder Bildwelten als transkulturelle
zu dekodieren,
- Intentionen und Konsequenzen abzuschätzen,
- Hybridität erproben und gestalten zu können,
- in öffentlichen Kontexten zu agieren.

Diese Modelle bzw. Konstrukte sind, wie bereits erwähnt, nicht als konkur-
rierende zu verstehen. Sie überlagern bzw. ergänzen sich in der Realität.
Dabei müssen die Dimensionen von Poly-, Inter- und Transkulturalität
immer auch in dem Gesamtkontext von Kultur – Entwicklung – Bildung
diskutiert werden. Was sie verbindet ist der besondere Ort, der der Kunst
und den Künsten gegeben wird. Gerade diese bieten mit ihrer non-verba-
len, *dritten* Sprache (*third space*) für Wahrnehmung, Ausdruck, Darstellung
und Gestaltung hervorragende Chancen für die Bildung, für die Kunstpädagogik.

Aus den Überlegungen lassen sich im Moment vor allem zwei klare
Schlussfolgerungen ziehen: Transkulturelle Ansätze, die bislang zu kurz
kommen, sind in der Theorie wie in der Praxis der Kunstpädagogik zu
stärken. Und: Es muss gelingen, von der Defizitorientierung wegzukommen
und stattdessen auf die Stärken der Vielfalt zu setzen, um auch Kunstpäda-
gik als persönliche und gesellschaftliche Bereicherung zu konstituieren. Das
Nürnberg Paper, Ergebnis des Kongresses Interkultur. Kunstpädagogik remi-

xed, bietet darüber hinaus einen breiteren Ansatz und ein herausragendes Instrument zur Weiterentwicklung dieser Perspektive.

Die Potenziale für eine entsprechend produktive Rolle in einer poly-, inter- und transkulturellen und zugleich internationalen Kunstpädagogik zu nutzen, ist die zentrale Aufgabe der Kunstpädagogik heute: „Im Zeitalter der Globalisierung und Internationalisierung bedarf es der identitätsstiftenden Wirkung von Kunst und Kultur."[11]

ANMERKUNGEN

1 | Siehe z.B.: BJKE (Hrsg.): *Der Kunst-Code: Jugendkunstschulen im interkulturellen Dialog*, Unna 2008.

2 | Siehe etwa die Bedeutung der Kunstpädagogik im BLK-Modellversuch „Kulturelle Bildung im Medienzeitalter – kubim": Zentrum für Kulturforschung (Hrsg.): *Kulturelle Bildung im Medienzeitalter - kubim: Projekte – Praxis – Perspektiven*, Bonn 2003; oder beim Programm kiss der Siemens Stiftung: Kunst und aktuelle Medienkultur in der Schule, München 2010.

3 | Göhlich, Michael; Liebau, Eckart; Leonhard, Hans-Walter; Zirfas, Jörg: Transkulturalität und Pädagogik, Interdisziplinäre Annäherungen an ein kulturwissenschaftliches Konzept und seine pädagogische Relevanz, Weinheim und München, 2006.

4 | Ebd.

5 | http://www.unesco.de/2970.html [20.12.2012].

5 | http://www.bne-portal.de/ [20.12.2012].

7 | http://www.unesco.de/fileadmin/medien/Dokumente/Kultur/Kulturelle_Bildung/111024_ Seoul_Agenda_DE_final.pdf [29.10.2012].

8 | Siehe das Nürnberg-Paper in diesem Band.

9 | John W. Berry, M. H. Segall, & C. Kagitcibasi (Hrsg.): Handbook of cross-cultural psychology, Boston 1997.

10 | Die folgende Unterscheidung lehnt sich i.w. an die in Göhlich u.a. 2006 entwickelte Argumentation an. Vgl. Göhlich, M.; Liebau, E.; Leonhard, H.-W.; Zirfas, J., a.a.O., S. 20-22.

11 | Deutscher Bundestag (Hrsg.): Unterrichtung durch die Beauftragte der Bundesregierung für Migration, Flüchtlinge und Integration. Siebter Bericht über die Lage der Ausländerinnen und Ausländer in Deutschland, 16. Wahlperiode, Drucksache 16/7600. 20.12.2007, S. 45.

Interkultur neu verhäkelt

Transkulturelle Perspektiven der
Multicultural Art Education

Birgit Dorner

Der Diskurs transkultureller[1] Kunstpädagogik in Deutschland steht am Anfang des 21. Jahrhunderts immer noch an seinem Beginn. Kunstpädagogische Theorie im internationalen Feld dagegen beschäftigt sich schon längere Zeit mit trans- und interkulturellen Perspektiven, so lohnt sich an dieser Stelle der Blick über den eigenen Horizont hinaus.

In diesem Sinne sollen hier eingangs exemplarisch und skizzenhaft die Theorieentwicklungen der nordamerikanischen Multicultural Art Education betrachtet werden. Seit über 40 Jahren hat sie sich als eigener Forschungs- und Entwicklungsstrang der Kunstpädagogik etabliert und darüberhinaus die gesamte nordamerikanische kunstpädagogische Theoriebildung mitgeprägt. Gemeinsam mit der Genderforschung in der Kunstpädagogik mündete die Multicultural Art Education in den letzten Jahren in den Diskurs der Art Education for Social Justice, der neben der Kategorie *kulturelle Zugehörigkeit* genauso Themen wie Geschlecht, soziale Zugehörigkeit, Lebenswelt, Alter, Behinderung oder sexuelle Orientierung fokussiert.[2]

Vergleicht man die Fachdiskurse der Kunstpädagogik in Nordamerika und Deutschland in den letzten Jahrzehnten, so könnte man folgende Beschreibung wagen, um die Forschungen der Multicultural Art Education in den Gesamtdiskurs der Kunstpädagogik seit den späten 1960er Jahren einzuordnen:

Die Diskurse der zeitgenössischen deutschen Kunstpädagogik sind geprägt von der Hinwendung zur Person, zur individuellen, personalen künstlerischen und ästhetischen Bildung. Soziopolitische Diskurse in der Kunstpädagogik finden sich eher selten, politische Statements beziehen sich meistens auf das Bildungssystem und hier vor allem auf das *Aschen-*

brödel-Dasein des Faches Kunst in Schulen. Die gesellschaftliche Relevanz von Kunstpädagogik und dem Schulfach Kunst werden von einer prospektiven Entwicklung der einzelnen Person abgeleitet, die soziopolitischen Strukturen unserer Gesellschaft überwiegend als Einflussfaktoren auf das Individuum betrachtet, als besonders einflussreich sind hier Stichworte wie Medien- und Informationsgesellschaft zu nennen. Kunstpädagogik stellt mit der Chance, durch ihre Praxis Bild- und Medienkompetenz, Ausdrucksfähigkeit und Kreativität zu erwerben, dem Individuum wesentliche Bewältigungshilfen für das alltägliche Leben zur Verfügung. Sehr selten sieht sich die deutsche Kunstpädagogik selbst als soziopolitische Akteurin.

Anders stellt sich die Entwicklung der Kunstpädagogik in Nordamerika dar. Dort etablierten sich seit den späten 60er Jahren des 20. Jahrhunderts mehrere stark ausgeprägte Zweige mit einer klaren soziopolitischen Ausrichtung, deren Wurzeln hier kurz dargelegt seien. Im Zuge der damaligen Bürgerrechtsbewegungen in den USA, in denen vorwiegend schwarze Amerikanerinnen und Amerikaner für ihre vollen Bürgerrechte kämpften und der Friedensbewegung im Kontext des Vietnamkriegs, kam es durch eine Politisierung von Künstlerinnen und Künstler zur Gründung von soziopolitischen Bewegungen im Feld der Künste. Dazu gehörten die 1969 gegründete *Art Workers Coalition*, einer Art Gewerkschaftsbewegung von Künstlerinnen und Künstlern, die bessere gesellschaftliche Bedingungen für Kunstschaffende forderte, das *Black Arts Movement*, das für die Anerkennung schwarzer Künstlerinnen und Künstler in der US-Kunstszenen kämpfte und gleichzeitig Menschen aller ethnischen und kulturellen Hintergründe ermutigte, sich mit ihrer Kunst öffentlich zu zeigen sowie das *Women´s Art Movement*, die Frauenbewegung innerhalb der Bildenden Kunst und Kunstvermittlung.3 Diese gleichzeitig künstlerischen und politischen Bewegungen setzten zahlreiche Fachdiskussionen in der Kunstpädagogik in Gang, unter anderem den Diskurs der Multicultural Art Education, wie sich die interkulturelle und später auch transkulturelle Kunstpädagogik in Nordamerika nach wie vor nennt, die sich für anti-rassistische Reformen in der Kunstpädagogik engagierte. Bis dahin gängige Standards, Werte und Maßstäbe bei der Vermittlung kultureller Artefakte wurden in Frage gestellt. Kulturelle Leistungen von unterschiedlichen kulturellen Gruppen sollten Einzug in den Kunstunterricht halten, nicht nur der klassische Kanon der westlichen Kunstgeschichte. Themen wie Rassismus, Sexismus und kulturelle Diskriminierung fanden Eingang in die kunstpädagogische Theoriebildung, und in der Praxis wurde eine

Sensibilisierung der Schülerinnen und Schüler sowie Teilnehmenden für unterschiedliche soziopolitische Probleme angestrebt, um sie zu einem Handeln im Sinne einer gesellschaftlichen Rekonstruktion (*social reconstruction*) anzuregen.[4]

Wie einflussreich die Multicultural Art Education im Fachdiskurs der Kunstpädagogik und darüberhinaus mittlerweile ist, soll holzschnittartig an zwei Phänomenen verdeutlicht werden. Zum einen wurde multi-, inter- und transkulturelle Kunstpädagogik als ein wesentlicher Standard für Qualität in der Kunstpädagogik im schon 1994 verabschiedeten nationalen Rahmenlehrplan (National Visual Arts Standards) für Kunstpädagogik vom Kindergartenalter bis zur 12. Klasse festgelegt.[5] Zum anderen zeigt die Abbildung der Verpackung von Wachsmalkreiden in unterschiedlich abgestuften Hautfarben, dass der nordamerikanischen Markt für Künstlerbedarf (Abb. 1) Multicultural Art Education sogar als marktrelevant einstuft.

Die kommerzielle Produktpalette für transkulturelle Gestaltungen ist breit und reicht von *Multi-Kulti-Farben* bis hin zu Bastelsets zur Herstellung von zweifelhaften Reproduktionen kultureller Artefakte wie sogenannter *afrikanische Masken*.[6]

Abb. 1: Quelle: http://www.crayolastore.com/product/11919#back

MULTICULTURAL ART EDUCATION ALS ART EDUCATION FOR SOCIAL JUSTICE

Inter- und Transkulturalität in der Kunstpädagogik zu betonen, bedeutet immer auch Kunstpädagogik explizit mit soziopolitischen Positionen zu verbinden. Sie schließt sich damit verschiedenen Kräften an, die soziale und politische Veränderungen vorantreiben. So wird Kunstpädagogik in den Konzepten der Multicultural Art Education als aktives soziopolitisches Handeln gesehen, jedwedes pädagogisches Arbeiten – und damit auch Kunstpädagogik, Kunstunterricht – werden als eine kulturelle und soziale Intervention verstanden. „All forms of education act as social interventions and the implementation of these forms reconstructs society in various ways."[7]

Kulturen und Gesellschaften sind dabei keine feststehenden Einheiten und Ganzheiten. Sie befinden sich aufgrund interner und externer Veränderungen ständig in einem Prozess des Sich-Neudefinierens und Neukonstituierens, in einem Prozess der *social reconstruction*, der gesellschaftlichen Erneuerung und Veränderung. Bildungsarbeit, Schulen und Unterricht sozialisieren und enkulturieren. Viel Verantwortungsbewusstsein ist deshalb bei der Beantwortung der Fragen nötig, wie, wozu und in welchem Sinne sozialisiert und enkulturiert werden soll. Wenn Schulen, Universitäten, Bildungswissenschaften und damit auch die Kunstpädagogik zu den Kräften gehören, durch die sich eine Gesellschaft verändern und rekonstituieren kann, dann können sie auch dafür verantwortlich sein, dass bestimmte gesellschaftliche Werte und Verhaltensmuster festgeschrieben, tradiert und erhalten werden. Kunstpädagogik ist somit in jedem Fall in die gesellschaftliche Rekonstruktion (*social reconstruction*) verwickelt.[8] Um gesellschaftliche Erneuerung anzustoßen oder zu unterstützen, muss Kunstpädagogik sich jedoch ganz bewusst dieser Aufgabe stellen, das heißt, sich in gewissem Sinne in der Vermittlungsarbeit vom Paradigma der absoluten künstlerischen Freiheit zu lösen. „Foundationally, art education for social justice takes a contextualist, instrumentalist position that art must be about and for something other than just being decorative for its own sake."[9]

Die Vermittlung von Häkeln als Beispiel für transkulturelle Kunstpädagogik

Um die Thesen und Argumentationsstränge der Multicultural Art Education im Folgenden bildhafter werden zu lassen, werden sie mit Beispielen einer visuellen Gestaltungsform und ihrer Vermittlung verknüpft bzw. verhäkelt. Es soll der Frage nachgegangen werden, inwiefern die Vermittlung von Häkeln und von Häkelartefakten ein Thema für Interkulturelle Kunstpädagogik sein kann. Warum gerade Häkeln? Seit einiger Zeit outen sich in meinen Seminaren an der Hochschule Studentinnen und Studenten wieder als Strickende und Häkelnde. Selbstgehäkelte Mützen zieren Köpfe von jugendlichen Wintersportlern oder anderer jugendkultureller Gruppierungen. Der *Crafting-Boom* hat in viele Lebensbereiche Einfluss erhalten[10], mit der Do-it-Yourself-Bewegung (DIY) erobern Häkel- und Strickanleitungen YouTube und andere Internetplattformen. Häkeldeckchen, Topflappen sowie überhäkelte Toilettenpapierrollen zieren (neuerdings wieder) nicht wenige deutsche Haushalte. In manchen Familien stellt dagegen das Häkeldeckchen der Großmutter vielleicht das einzige handgemachte Artefakt dar, mit denen Bewohnerinnen und Bewohner eines Haushalts in Berührung kommen.

Künstlerinnen und Künstler, Aktivistinnen und Aktivisten und nicht zuletzt Soziale Arbeit initiieren in den letzten Jahren Häkel-, Strick- und Nähcafés mit ganz unterschiedlichen Zielsetzungen. Mit *Yarn bombing* und *Guerilla Knitting* häkeln (und stricken) vorwiegend Frauen ihren Protest international in eintönige, von Industrienormen geprägte Stadtlandschaften oder erobern sich mit ihren Werken Stadträume und gestalten diese gleichzeitig neu. Zeitgenössische Künstlerinnen und Künstler im euro-amerikanischen Raum nutzen bewusst traditionell weibliche Techniken der Handarbeit wie das Häkeln für ihre Kunst. Häkeln ist also eine transkulturelle visuelle Ausdrucksform, derer sich viele unterschiedliche kulturelle Gruppen bedienen, die dabei ganz verschiedenes sichtbar machen.

BILDKULTUREN UND BILDERVERBOTE IN DER KUNSTPÄDAGOGISCHEN VERMITTLUNG

Ein Kernthema der Multicultural Art Education geht der Frage nach, was wir in unserer kunstpädagogischen Arbeit sichtbar machen. Welche Bildkulturen, Bildtraditionen beziehen wir in unseren Unterricht, in unsere kunstpädagogische Arbeit mit ein? Welche Werte verbinden wir damit? Haben wir implizite Bilderverbote?

Für viele Kunstpädagoginnen beiderlei Geschlechts gehört sicherlich ein solches Häkeldeckchenarrangement (Abb. 2) in die Nähe eines impliziten *kunstpädagogischen Bilderverbots* und/oder stellt ein Tabu dar, mit dem man in der kunstpädagogischen Arbeit lieber nichts zu tun haben möchte. Anderen mutet es zumindest befremdlich an. Auf eine solche Fremdheitserfahrung kann auf ganz unterschiedliche Art reagiert werden: mit völliger Abgrenzung, Ausgren-

Abb. 2: Quelle: http://elisa-design.blogspot.de/2011/01/vollendung.html

zung oder mit dem Versuch sich zu nähern. Die Begegnung mit fremden
Welten kann ebenfalls auf verschiedene Weise erfolgen. Einen für transkulturelle Kunstpädagogik interessanten Ansatz der Annäherung schlägt
Maria Lugones vor. Sie hat in den 1980er Jahren dazu das Konzept des
world-travelling entwickelt als einen Vorschlag für interkulturelle Begegnungen, eine Reise in fremde Welten mit einem liebevollen Blick anzu-
treten, also mit einer Haltung bewusster Wertschätzung.[11] Näherungen,
Begegnungen in liebevoller Wertschätzung mit fremden Bildwelten wie
dem Häkeldeckchenarrangement setzen Prozesse der Selbstreflexion in
Gang. Durch diese spezifische Haltung der Offenheit lassen wir dann ein
Hinterfragen eigener kultureller Normen und Grenzen zu. In der Begegnung stellen sich Fragen nach unseren Maßstäben für die Beurteilung von
Kunst und uns wertvoller Bildwelten. Wir begeben uns so in liminale Zo-
nen, Grenzzonen des Aushandelns, des Neuverhandelns, als Orte der Vermittlung mit dem Anderen, dem Fremden, Unbekannten. „Das Sich-be-
wegen in einer Grenzzone ist hochgradig ambivalent, da hier alles möglich
ist: es ist der Bereich des Dazwischen, des uncommon sense, in dem alles
neu verhandelbar ist."[12] Unsere jeweiligen ästhetischen Vorlieben und
Normen, unsere ästhetischen Schranken stehen hier auf dem Prüfstein,
die nach der Begegnung mit fremden Bilderwelten womöglich verlassen,
überschritten oder verändert werden müssen.

Wesentlich ist es dabei den Ursprung der eigenen und der fremden
Normen und Maßstäbe auszuloten. So formulieren Wasson, Stuhr und Pe-
trovich-Mwaniki 1990 als eine der sechs Leitlinien der Multicultural Art
Education bei der Betrachtung und Beurteilung von Kunst, immer den
soziokulturellen Kontext im Blick zu haben, in dem etwas gestaltet, in dem
Kunst produziert wird. „It is our contention that cross-cultural and ethnic
studies of art provide us with a deeper understanding of the values and
beliefs that affect a society's aesthetic production and its significance in
its sociocultural context. To seperate the art object and its function, artistic
process, and artist from its conception in this milieu is to void the object
of much of its meaning and to arbitrarily remove it from its relationship
to life."[13]

Kunstpädagogik muss deshalb nach dem ästhetischen System fragen,
aus dem Werke hervorgehen und aus dem unsere Beurteilungskriterien
stammen. Die Interpretation von Werken und Objekten kann sinnvoller
Weise nur im Kontext der jeweiligen Herstellungs- und Rezeptionsbedin-
gungen erfolgen und jedwede Kunst kann nur innerhalb ihres eigenen

ästhetischen Systems bewertet werden. Kunstwerke und andere kulturelle Objekte, die in einer spezifischen Kultur entstanden sind, werden so nicht mehr als Produkte einer allgemein menschlichen Kultur oder einer Nationalkultur betrachtet, sondern als Produkte von Individuen, die bestimmten kulturellen Gruppen zugehören.

Wie kommt es also dazu, dass viele von uns Kunstpädagogen das *Häkeldeckchenarrangement* mit einem Quasi-Bilderverbot belegen? Dazu soll nun ein kurzer Blick auf die Produktions- und Rezeptionsgeschichte dieser Gestaltungsform geworfen werden. Im 19. Jahrhundert etablierte sich in Europa das Häkeln als weibliche Tätigkeit. Mit dieser gestalterischen Technik konnten die zarten Klöppel- und Nähspitzen imitiert werden, deren Herstellungsprozess so kompliziert und aufwändig war, dass sie vorwiegend nur von gelernten Facharbeiterinnen gefertigt und von Wohlhabenden erworben werden konnten.[14] Da sich mit der neuen Technik des Häkelns nun auch untere soziale Schichten mit den begehrten Spitzen schmücken konnten, wurden Häkelarbeiten bisweilen als bäurisch, bieder und sogar als unfein abgestempelt.[15] Dem ästhetischen Urteil des Biederen wird das Häkeln bis heute immer wieder unterworfen. Gehäkelt wurde zwar von Frauen in unterschiedlichen Gesellschaftsschichten und mit unterschiedlichen ästhetischen und praktischen Zielen, aber gerade die Beurteilung des Häkelns und des Häkelwerks als *bieder* und *spezifisch weiblich* scheint heute für viele vorwiegend jüngere Frauen und Männer einen besonderen Reiz auszuüben. Dies könnte der Grund sein, dass sie sich mit dieser visuellen Ausdruckform beschäftigen, um sie spielerisch neu zu kontextualisieren. Ebenso könnte unsere Ablehnung dieser Bildwelt hier zum Teil ihre Begründung finden. Selten wollen Menschen, die sich professionell der Kunst und ihrer Vermittlung verschrieben haben, bieder sein, das Biedere fördern.

HÄKELN ALS AUSDRUCK KULTURELLER ZUGEHÖRIGKEITEN

Gestalterisches Arbeiten ist immer auch Ausdruck und Experimentierfeld eigener kultureller Zugehörigkeiten. Multicultural Art Education versucht den soziokulturellen Hintergrund, die kulturelle Identität der im Lernprozess Beteiligten bewusst in ihre Arbeit miteinzubeziehen, also die ästhetisch-kulturellen Unterschiede und Verortungen der einzelnen Schülerinnen und Schüler sowie Lehrenden in mehrerer Hinsicht. Zum einen

Abb. 3, Abb. 4: Quelle: http://www.hatnut.deund http://mwave.irq.
hu/UserFiles/emil_gross_reggae(2).jpg

sollen kulturelle, geschlechtsspezifische und individuelle Unterschiede bei Lehrenden und Lernenden generell in den Fokus rücken und zwar nicht nur offensichtliche Unterschiede wie Hautfarbe oder Behinderung, sondern genauso eher *unsichtbare*, wie Religion, häusliche Situation, familiäre Tradition und milieubedingte Verschiedenheiten. Erweitert man den Blick dementsprechend, werden auch aus scheinbar monokulturellen Klassen und Lehrerkollegien multikulturelle Gruppen. Im Fokus transkultureller Kunstpädagogik stehen daher nicht nur Artefakte ferner, fremder Kulturen, sondern die unterschiedlichen kulturellen Ausdrucks- und Rezeptionsformen und ästhetischen Selbst-Verortungen in der Lerngruppe, bedingt durch das jugendkulturelle Eingebundensein der Lernenden und die kulturelle Zugehörigkeiten der Lehrenden.[16] Modisch, trendbewusste Wintersportler tragen *Boshi- oder hatnut-Mützen*, während die Köpfe der Anhänger von Raggae-Musik *Rasta-Mützen* (Abb. 3, 4) zieren. Transkulturelle Kunstpädagogik untersucht die jeweiligen Ausdrucksformen und -gehalte, betrachtet Unterschiede und Gemeinsamkeiten.

Für Lehrende bedeutet das sich auf den Weg zu machen, diese ihnen meist nicht recht vertrauten, oft sogar absolut fremden Welten zu erkunden. Im Sinne der Ziele transkultureller Kunstpädagogik darf das nicht mit dem *arroganten Blick*, mit der Distanz des klassischen Kunstbetrachters geschehen, wie Laurie Hicks das formuliert, sondern mittels des Konzepts der liebevollen Weltwanderung von Maria Lugones.[17] Wertschätzend begibt man sich hinein in die anderen kulturellen Welten der Gegenüber, nimmt spielerisch deren Perspektive ein, blickt von dort auch auf sich selbst. Wie nehmen die anderen meine kulturelle Welt wahr, mich mit meinen kulturellen Ausdrucksformen? Dies ist eine Position des Hinterfragt-Werdens, der wir Lehrende uns nur ungern aussetzen. Wir haben kulturell gelernt, dass wir zu wissen haben und unser Wissen nicht fragwürdig ist.

Ziel einer interkulturellen Kunstpädagogik muss es zudem sein, Schülerinnen und Schülern und Studierenden die Fähigkeit des *world-travelling* zu vermitteln und damit eine Art kulturelle Mehrsprachigkeit[18] zu fördern. Dazu gehört auch eine Jugendkultur mit einer anderen in Begegnung und Austausch zu bringen oder auch mit der Kultur der Schöpferin der Häkeldeckchen. Anknüpfungspunkt für den kulturellen Austausch kann die gemeinsame Wertschätzung der Gestaltungstechnik des Häkelns sein. Bei Begegnungen mit anderen kulturellen Welten ist es wichtig, soweit das möglich ist, dass *die zu Interpretierenden* selbst zu Wort kommen, dass sie ihre Welt darstellen. Gerade dieser Aspekt wird in den jüngsten Schriften zur interkulturellen Kunstpädagogik besonders betont.[19] Dadurch können Fehlinterpretationen durch unseren eigenen kulturell geprägten Blick vermieden werden. Tatsächlich bewahrten mich die Informationen auf dem Blog der Schöpferin des Häkeldeckchenarrangements vor kulturell geprägten und damit völligen Fehlinterpretation. Mein, durch meine Kindheit in den 1970er Jahren gefärbter Blick, ordnete das Arrangement einer älteren Dame aus eher traditionellem Milieu zu. Weit gefehlt: Eine hochkreative wohl Enddreißigerin präsentiert das Arrangement neben vielfältigen anderen Gestaltungsvorschlägen auf ihrem Blog, der eher auf eine Herkunft aus den gehobenen Mittelschichtsmilieus schließen lässt.

Wir können also in der kunstpädagogischen Arbeit in den meisten Settings und damit auch im Kunstunterricht nicht von einem gemeinsamen Kunstverständnis, einem für alle gültigen oder sogar weitgehend geschlossenen Kunstbegriff ausgehen. Transkulturelle Kunstpädagogik erkundet, welche Bildkulturen die Menschen mitbringen, mit denen sie arbeitet. Sie untersucht, welche Bildkulturen von Religionen, Generationen, ethnischen Gruppen, Milieus, Kinder- und Jugendkulturen jeden einzelnen geprägt haben. Ebenso fragt sie danach, woran diese Menschen Qualität von visuellen Artefakten festmachen, welche Qualitätsmaßstäbe sie kulturell und biografisch geprägt haben. Die Praxis transkultureller Kunstpädagogik knüpft diese an die unterschiedlichsten Bildkulturen an, um in reflexiven und produktiven Prozessen möglichst viele kulturelle Hintergründe in ihre Arbeit zu integrieren. Sie eruiert, wo Brücken zur bildlichen Verständigung gebaut werden müssen, damit niemand *abgehängt* wird. Seit den Studien des französischen Soziologen Pierre Bourdieu wissen wir, dass Schule sich in der Vermittlung fast ausschließlich der Sprache der akademischen Oberschicht bedient, Kinder aus unteren sozialen Milieus schon alleine deshalb extrem benachteiligt werden, weil sie diese Sprache nicht sprechen, das nicht die Sprache ist, die sie gelernt haben.[20] Ähnlich verhält sich das nicht selten im Kunstunterricht. Es werden Grundkenntnisse westlicher Kunst vorausgesetzt, *jeder muss doch Picasso kennen.* Vielen Schülern ist aber die uns so vertraute Kunst genauso fern wie den meisten Europäern die japanische Teezeremonie.

KÜNSTLERISCHE HERSTELLUNGSPROZESSE
UND IHRE VERMITTLUNG

Die Tradition der Herstellungsprozesse von Kunstwerken und Artefakten unterscheidet sich in verschiedenen Kulturen erheblich. Kristin Congdon, eine wichtige Stimme der frühen Multicultural Art Education, forderte Lehrende daher schon Ende der 1980er Jahre auf, sich mit solch verschiedenen Herstellungsweisen von Kunstwerken und Interpretationssystemen unterschiedlicher Kulturen vertraut zu machen und sie in der Lehre vorzustellen.[21]

In der westlichen Bildtradition fertigt traditionell ein Künstler sein Werk alleine an oder ist der Chef einer künstlerischen Werkstatt, die nach seinen Ideen arbeitet. Andere Kulturen betonen andere Herstellungsmodi, diese haben mittlerweile Eingang gefunden in die Praxis zeitgenössischer Kunst, wie die 10 Jahre andauernde Häkelperformance von Regula Michell und Meret Wandeler zeigt.[22] (Abb. 5) Mehrere oder viele Schöpferinnen und Schöpfer arbeiten/häkeln an dem gemeinsamen Projekt aus rosa Wolle, einer typischer Farbe für Häkelarbeiten.[23] Es gibt keine hierarchische Teilung zwischen Ideengebenden und Ausführenden, immer wieder kommen neue Mitschöpfer hinzu. Gemeinsam wird dabei das gestalterische Potenzial des Häkelns ausgelotet ohne Vorgaben, gänzlich anders als in klassischen Handarbeitsanleitungen.

„Häkeln, Handarbeiten allgemein, sind Tätigkeiten, die – vor allem von Frauen – zwischendrin, in den Pausen oder abends ausgeführt wurden. Zum einen zur Entspannung, gleichzeitig sollte in jeder Minute etwas Nützliches getan werden. Beim *Häkelobjekt* arbeiten ganz viele Leute über einen längeren Zeitraum an einem Riesending, das eigentlich vollkommen nutzlos ist. Andererseits ist es *Kunst*. Uns interessiert die Frage, in welchem Verhältnis Tun und Resultat zu einander stehen, in der Kunst, aber auch in anderen Produktions- und Arbeitszusammenhängen."[24] Der gemeinsame Herstellungsprozess lässt zudem die kommunikativen Qualitäten des gestalterischen Prozesses, eine spezifische Art der Kommunikation im Zusammensein erfahren, der auf andere Weise als das Reden beziehungsstiftend wirkt.[25]

Partnerschaftlich an einem Werk zu arbeiten, gehört in den Methodenkanon für transkulturelles Lernen in Kunstpädagogik. Kryssi Staikidis beschreibt eine solche transkulturelle künstlerische Lernerfahrung während eines Studienaufenthalts bei zwei guatemalischen Künstlern, wo sie

Abb. 5: Quelle: http://www.haekelobjekt.ch/2011/

Abb. 6: Quelle: http://www.iltasanomat.fi/kotimaa/art-1288417837718.html

anhand der in dieser Kunstsparte üblichen Vermittlungsform von partnerschaftlichem Arbeiten in die traditionellen Künste vor Ort eingeführt wird.[26] Transkulturelle Vermittlungs- und Lernerfahrungen wie diese werfen auch die Frage auf, wie sich in unterschiedlichen Kulturen Lehrende in den Künsten definieren, was sie dazu macht. Ist es ein Hochschuldiplom, sind es besondere Leistungen in einer Kunstform oder magisches, zeremonielles Wissen etc.?

Ob und in wie weit sich allerdings transkulturelle Methoden der Kunstvermittlung und transkulturelle Konzepte von Kunstlehrenden hierzulande in ein staatliches Bildungssystem integrieren lassen, das sich durch sehr starre, kulturell geprägte Vorstellungen von Lehren und Lernen auszeichnet, dessen Lehr- und Lernkultur von individueller Leistungserhebung auf der Basis von Standardisierungen und Berechenbarkeit geprägt ist, bleibt fragwürdig.[27]

Ziel der Vermittlung von künstlerischen Methoden und damit des künstlerischen Prozesses aus transkultureller Perspektive kann nicht nur das fertige Werk sein. Viele asiatische Kunstformen wie die Kalligraphie betonen zudem die spirituelle Bedeutung des künstlerischen Herstellungsaktes. Die Suche nach einer tieferen Spiritualität erfolgt in asiatischen Kunsttraditionen durch den Herstellungsprozess des künstlerischen Werkes und dieser hat selbst eine spirituelle Valenz.[28] Spiritualität im weitesten Sinne könnte also erfahren werden über das meditative, selbstvergessene Häkeln oder – westlichen Kulturen vertrauter – über die Erfahrungen des Erhabenen bei der Betrachtung von so groß dimensionierten Häkelobjekten des Yarn Bombings wie dem riesigen Häkelteppich auf den Stufen der Kathedrale von Helsinki (Abb. 6).

Ein Stadtraum wird hier durch klassische Häkeldeckchen neu gestaltet, die ästhetische Botschaften aus der Geschichte häuslicher, weiblicher Handarbeit hinein in den Stadtraum transportieren. Gleichzeitig erfahren die Häkelwerke durch die gemeinsame Gestaltung und die riesigen Dimensionen eine interessante Neukontextualisierung. Transkulturelle Kunstpädagogik hat, wie eingangs schon dargelegt, eine immanente Ausrichtung auf soziopolitische Ziele, sie versucht ein Bild kultureller Gerechtigkeit in gesellschaftliche Realität umzusetzen. Die Vermittlung von gestalterischem Arbeiten, kreativen Ausdrucksformen und die Reflexion unterschiedlichster Bildwelten und -systeme werden als ein wesentlicher Beitrag verstanden, Gesellschaft zu verändern. Orientierung für kunstpädagogisches Handeln bieten dabei gerade auch zeitgenössische Bild- und Kunstwerke, die Interventionen im sozialen Feld darstellen.[29] Häkelwerke als politische Handarbeitskunst wie die des Yarn Bombing, einer Bewegung, die zwar keine einheitlichen Ziele verfolgt, aber immer gezielt im öffentlichen Raum interveniert, stellen hier ein Beispiel dar. Mal irritieren die Werke den gewohnten Blick auf die alltägliche Umwelt, indem durch sie gezielt Produkte genormter Industrieästhetik wie Maschendrahtzäune, Geländer etc. verändert werden. Oder sie überhäkeln Kriegsgeräte – friedenspolitische Botschaften intendierend – mit rosa *wärmendem weiblichem Material* wie *Pink Tank* von Marianne Jorgensen und Kollektiv 2008 sowie *männliche* Kultobjekte – genderkritisch – wie das Motorrad in *Everything Nice* von Theresa Honeywell 2006.[30] Oft wohnt den Werken ein spielerisches Moment inne. Sie bedienen sich dabei der traditionell weiblichen Gestaltungsformen des Häkelns (und des Strickens), die jahrhundertelang vorwiegend im privaten Raum gelebt wurden, deren Produkte im öffentlichen Raum nur als Nutz- oder Schmuckgegenstände sichtbar waren und von daher vielfach von westlicher Kunstkritik recht wenig beachtet wurden. Die häufig groß angelegten, im Kollektiv gefertigten Werke des Yarn Bombing oder Craftivism lassen über ihren ästhetischen Ausdruck hinaus gemeinsame Praxis als verändernde Kraft erlebbar werden. Kunstpädagogisches Arbeiten, das sich an gestalterischen Interventionen im öffentlichen Raum orientiert, kann beispielsweise durch kollektives Arbeiten Kompetenzen fördern, an sozialer Veränderung mitzuwirken, sie mitzugestalten, sie zu planen. Wichtig für Lernprozesse auf dem Weg dorthin ist in jedem Fall die Erfahrung tatsächlicher Umsetzung, nicht nur die innerschulische Planung von ästhetischen Interventionen.[31] Kunstpädagogik macht sich durch das Aufgreifen solch intervenierender Arbeitsweisen öffentlich sichtbar, verstrickt/verhäkelt sich dabei möglicherweise auch in ganz neue Diskussionen.

Transkulturelle Kunstpädagogik verabschiedet sich von alleingültigen Standards aus der westlichen (Hoch-)Kultur für Kunst, Kunstschaffen und Kunstpädagogik. An ihre Stelle tritt eine Pluralität ästhetischer Systeme, Standards, Konzepte und Werte.[32] Was bedeutet das nun für die Ziele, Lernziele, den Vermittlungskanon der Kunstpädagogik, für Standards und Lehrpläne? Eine Pluralität ästhetischer Systeme bedeutet nicht, dass damit jegliche ästhetischen Standards aufgegeben werden müssen, aber ihre Gültigkeit muss als systemimmanent betrachtet werden und viele gleichwertige Systeme stehen nun nebeneinander und überschneiden sich bisweilen. Damit werden die Anforderung an kunstpädagogische Vermittlung und deren Konzepte hoch komplex. Internationale transkulturelle Kunstpädagogik hat dazu schon vielfältige Überlegungen angestellt, die es nun auch in Deutschland zu rezipieren gilt. Aber Kunstpädagogik in Deutschland muss sich nicht neu erfinden, um zu einer transkulturellen Kunstpädagogik zu werden. Viele hierzulande im aktuellen Fachdiskurs behandelten Ansätze wie biografische Zugänge, Ausrichtung an zeitgenössischer Kunst, Einbeziehen aktueller Medienbilderwelten finden sich auch in der internationalen Forschung zur transkulturellen Kunstpädagogik. Zwingend ist jedoch, eine klare Zielformulierung, mit kunstpädagogischer Theorie und Praxis zu einer transkulturellen Gesellschaft beizutragen, bewusst auf mehr soziale und kulturelle Gerechtigkeit hinzuarbeiten und die eigene pädagogische Arbeit an den Leitgedanken transkultureller Kunstpädagogik auszurichten.

ANMERKUNGEN

1 | Die Definition des Begriffes der Transkulturalität orientiert sich an dem Artikel von Welsch, Wolfgang: „Transkulturalität", in: Institut für Auslandsbeziehungen (Hrsg.): *Migration und Kultureller Wandel. Schwerpunktthema der Zeitschrift für Kulturaustausch 45/1*, Stuttgart 1995.

2 | Vgl. Dorner, Birgit: *Pluralismen. Differenzen. Positionen kunstpädagogischer Frauenforschung in Deutschland und in den USA seit dem Ende der 60er Jahre*, Münster 1999, S. 260.

3 | Ebd., S. 55f.

4 | Sletter, C. E.; Grant, C. A.: „An Analysis of Multicultural Education in the United States", in: *Harvard Educational Review*. Vol. 57. No. 4. 1987, S. 421-444, hier S. 421ff.

5 | NAEA (National Art Education Association): *National Visual Arts Standards*, Reston 1994, S. 9.

6 | Hochtritt, Lisa: Pre-Packed Multiculturalism: *A Cause for Concern in the Art*, 2005. S. 2.

7 | Ballengee-Morris, Christine; Daniel, Vesta A.H.; Stuhr, Patricia L.: „Social Justice through Curriculum Narrative: Investigating Issues of Diversity", in: Anderson, Tom; Gussak, David; Hallmark, Kara Kelley; Allison, Paul (Hrsg.): *Art Education for Social Justice*, Reston 2010, S. 14-21, hier S. 14.

8 | Vgl. Hicks, Laurie: Social Reconstruction and Community, in: *Studies in Art Education*, Vol. 35. No.3, 1994, S. 149-156, hier S. 149.

9 | Anderson, T. et al., a.a.O., S. 9.

10 | critical crafting circle (Hrsg.): *craftista! handarbeit als aktivismus*, Mainz 2011, S. 112.

11 | Lugones, Maria: „Playfulness, „World"-Travelling, and Loving Perception", in: *Hypatia*, Vol. 2, No. 2, 1987, S. 3ff.

12 | Uzarewicz, Charlotte: *Sensibilisierung für die Bedeutung von Kultur und Migration in der Altenpflege (2002)*, unter: http://www.die-bonn.de/esprid/dokumente/doc-2002/uzarewicz02_01.pdf , S. 8 [29.09.2012].

13 | Wason, Robyn F.; Stuhr, Patricia L; Petrovich-Mwaniki, Lois: „Teaching Art in the Multicultural Classroom. Six Position Statements", in: *Studies in Art Education*, Vol. 31, No. 4, 1990, S. 236.

14 | Stradal, Marianne; Brommer, Ulrike: *Mit Nadel und Faden. Kulturgeschichte der klassischen Handarbeiten*, Freiburg, Basel, Wien: Herder 1990, S. 195ff.

15 | Stoller, Debbie; Broderson, Imke: *MaschenWare*, München 2007, S. 14.

16 | Wasson, R. et al., a.a.O., S. 237.

17 | Hicks, L., a.a.O., S. 155.

18 | Ebd.

19 | Blandy, Dough: „Experience, Discover, Interpret, and Communicate. Material Culture Studies and Social Justice in Art Education", in: Quinn, Therese; Ploof, John; Hochtritt, Lisa (Hrsg.): *Art and Social Justice Education: Culture as Commons*, New York und London 2012, S. 28-34, hier S. 31.

20 | Bourdieu, Pierre: *Wie die Kultur zum Bauern kommt. Über Bildung, Schule, Politik*, Hamburg 2001, S. 30f.

21 | Congdon, Kristin G. : Multi-Cultural Approaches to Art Criticism. In: *Studies in Art Education.* Vol. 30. No. 3.1989:176

22 | Michell, Regula; Wandeler, Meret: *Das Häkelobjekt 2004-2014*, unter: www.haekelobjekt. ch [29.09.2012].

23 | Kuni, Verena: „Häkeln als Projekt: Das Häkelprojekt. Im Gespräch mit Regula Michell und Meret Wandeler", in: *critical crafting circle*, a.a.O., S. 128-138, hier S. 128f.

24 | Ebd., 133f.

25 | Ebd., S. 130.

26 | Staikidis, Kryssi: „Artistic Mentorship with two Mayan Artists as Source for Curricular and Pedagogical Transformation in Higher Education", in: *Electronic Magazine of Multicultural Education*, Vol. 7, No. 2, 2005.

27 | Dipti, Desai; Koch, Elsabeth: „Educational Crisis. An Artistic Intervention", in: Quinn, Therese; Ploof, John; Hochtritt, Lisa (Hrsg.): *Art and Social Justice Education*: Culture as Commons, New York und London 2012, S. 38

28 | Bullen, Richard: Art and Life oft he East Asian: Some Thoughts on Teaching East Asian Aesthetics. In: Chung, Sheng Kuan (Hrsg.): *Teaching Asian Art. Content, Context and Pedagogy.* Reston: NAEA 2012, S. 3-10, hier S. 5.

29 | Dipti , D. et al., a.a.O., S. 172 ff.

30 | Gaugele, Elke: Revolutionäre Strickerinnen, Textilaktivist_innen und die Militarisierung der Wolle. Handarbeit und Feminismus in der Moderne. In: *critical crafting circle*, a.a.O., S.15-28, hier S. 20.

31 | Quinn, T. et al., a.a.O., S. XX.

32 | Hart, Lynn M.: „Aesthetic Pluralism and Multicultural Art Education", in: *Studies in Art Education*, Vol. 32, No. 3, 1991, S. 149.

WEITERE LITERATUR

Blandy, Dough/Congdon, Kristin (2009): The making of ChinaVine. Partnering Across Countries. In: Delacruz, Elizabeth M./Arnold, Alice/Kuo, Ann/Parson, Michael (Hrsg.) (2009): Globalization and Art Education. Reston, S. 261-268.

Delacruz, Elizabeth M./Arnold, Alice/Kuo, Ann/Parson, Michael (Hrsg.) (2009): Globalization and Art Education. Reston

Classroom. Electronic Magazine of Multicultural Education. Vol. 7, No. 2, 2005.

Marks, Ruthie (1997): History of Crochet. http://www.crochet.org/pdfs/historyofcrochet_RM.pdf [6.4.2012].

Wagner, Ernst (2009): Konturen einer interkulturellen Kunstpädagogik. Fachkolloquium an der Ludwigs-Maximilians-Universität München. In: BDK-Mitteilungen 4/2009.

Orientierungshilfen für eine inter-kulturpädagogische Praxis

Rolf Witte

Qualität von Kunst- und kulturpädagogischer Bildung

Interkulturelle Fragestellungen sind nur eine Möglichkeit von vielen, wie die Qualität von kunst- und kulturpädagogischer Bildungspraxis hinterfragt werden kann. In diesem Sinne sollten sie auch gesehen und jeweils für die eigene Praxis vor Ort unter Berücksichtigung anderer ebenfalls wichtiger Qualitätsdimensionen beantwortet werden. Anne Bamford[1] geht dabei auf der Grundlage ihrer Recherchen in vielen Ländern von folgender Bandbreite möglicher Qualitätsdefinitionen für künstlerische und kulturelle Bildung aus:

- Minimal: Gute Kunstpädagogik befördert die künstlerische Leistung von Kindern und Jugendlichen.
- Maximal: Viele Ziele und Merkmale guter kunst- und kulturpädagogischer Bildung decken sich mit denen guter Allgemeinbildung.

Dazwischen sind viele graduelle Unterscheidungen denkbar, die alle ihre Berechtigung und eigene Qualität haben können, da die Ziele von konkreten kunst- und kulturpädagogischen Bildungsmaßnahmen kontextspezifisch und daher schwer zu verallgemeinern sind. Wichtig ist dabei, dass Akteurinnen und Akteure im Feld der kunst- und kulturpädagogischen Bildung sich selbst bewusst sind, welches ihre Qualitätsmaßstäbe sind.

Qualitätskriterien für eine möglichst wirksame Kunst- und Kulturpädagogik

Anne Bamford geht weiterhin davon aus, dass *gute* kunst- und kulturpädagogische Bildung im Zusammenspiel von Struktur und Methode entsteht. In diesen beiden Bereichen listet sie folgende Qualitätskriterien auf:

Strukturelle Kriterien

- aktive Partnerschaften zwischen Schulen und künstlerischen Einrichtungen, Lehrenden, Künstlerinnen und Künstlern sowie dem Gemeinwesen (community)
- flexible Organisationsstrukturen
- inklusive Angebote, die den Zugang für alle Kinder und Jugendlichen im Blick haben
- kontinuierliche Weiterbildung der Lehrenden, Künstlerinnen und Künstler sowie anderer beteiligter Akteurinnen und Akteure aus dem Gemeinwesen
- gemeinsame Verantwortung für die Planung, Durchführung und Auswertung
- flexible Schulstrukturen und durchlässige Grenzen zwischen der Schule und dem Gemeinwesen
- genaue Bewertungs- und Evaluationsstrategien für die Einschätzung und den Bericht über Lernergebnisse, Erfahrungen und Entwicklungen bei den Teilnehmenden

Methodische Kriterien

- projektbasiertes Vorgehen
- Teamwork und Zusammenarbeit
- regen zu Forschung an
- fördern das Gespräch, den Austausch von Ideen und das Geschichtenerzählen
- metakritische Reflexion über Lernzugänge und Veränderungen
- aktives, kreatives Schaffen steht im Zentrum
- sind verbunden und ganzheitlich
- schließen öffentliche Aufführungen, Ausstellungen und/oder Auftritte ein

- nutzen lokale Ressourcen, die Umgebung und den Kontext für Material und Inhalt
- verbinden die Bildung in den Sprachen der Künste mit kreativen Lernansätzen
- ermutigen Menschen, über ihre erwarteten Grenzen hinauszugehen, Risiken einzugehen und ihre Möglichkeiten voll zu entfalten

Ich möchte aufgrund meiner Erfahrungen eine inhaltliche Dimension von Qualität hinzufügen, die sowohl eine aktive Beteiligung als auch intensive Bildungsprozesse von jungen Menschen wesentlich befördern kann: Künstlerische und kulturelle Bildung berücksichtigt die Entwicklungsaufgaben der Teilnehmenden entsprechend ihrer Lebenssituation und ihres Alters. Dies ist ein Faktor der speziell in der außerschulischen kulturpädagogischen Arbeit immer wieder vernachlässigt wird, da die Ausbildung der Kulturpädagoginnen und -pädagogen zu wenige Kenntnisse über die entwicklungspsychologischen Aufgaben vermittelt, die Jugendliche in bestimmten Lebensphasen zu bewältigen haben und die dementsprechend einen großen Stellenwert in deren Wahrnehmung einnehmen.

Inter-kulturelle Bildung

Vorsicht mit den aktuell allgemein gebräuchlichen Begriffen! Es sollte uns um interkulturelles Lernen mit dem Lernziel *Kulturelle Vielfalt leben lernen* gehen, nicht um Integration – selbst wenn Integration korrekt definiert wird „als wechselseitiger Prozess zwischen der aufnehmenden Gesellschaft und der zugewanderten Bevölkerung. Zentrale Orientierungen sind hierfür die Anerkennung der kulturellen Vielfalt und das Ziel eines gleichberechtigten Miteinanders heterogener Bevölkerungsgruppen auf der Grundlage des in Deutschland geltenden Rechts."[2] Der Missbrauch des Begriffs Integration in der öffentlichen und politischen Debatte macht ihn aktuell nicht mehr nutzbar, auch wenn Förderprogramme für kunst- und kulturpädagogische Bildung sicherlich noch einige Zeit die Anwendung dieses Begriffs von den Akteuren verlangen werden.

DIE ROLLE DER KULTURELLEN BILDUNG

Der kulturellen Kinder- und Jugendbildung wird in Zusammenhang mit interkulturellem Lernen ein hoher Stellenwert zugewiesen: „Die kulturell bezogenen Lern- und Erlebnisorte vermitteln einen vielfältigen Erwerb entsprechender Kompetenzen (instrumentell, kulturell, sozial, personell). Die jeweiligen kulturellen Inhalte und Angebote stellen für Kinder und Jugendliche eine Bandbreite von Handlungsmöglichkeiten, Lebenskonzepten und Lebensmodellen sowie Antworten auf Fragen nach Welterklärung und Lebenssinn zur Verfügung. [...] Die gemeinsamen Erfahrungen fördern das Gemeinschafts- und Zugehörigkeitsgefühl."[3] Kulturelle Bildungsangebote sind somit von großem Wert für die Herausbildung kreativer und interkultureller Kompetenz.

Angebote zur interkulturellen Begegnung, Verständigung und Wertschätzung kultureller Vielfalt gehören seit Jahrzehnten zur Praxis kultureller Kinder- und Jugendbildung und prägen das Profil zahlreicher lokaler, regionaler und bundesweiter Organisationen. Einige Einrichtungen sind sogar speziell auf interkulturelle bzw. internationale Kulturarbeit für Kinder, Jugendliche und pädagogische Fachkräfte ausgerichtet.

Interkulturelles Lernen ist also auf die Förderung interkultureller Kompetenz ausgerichtet, die sensibel und tolerant gegenüber der Andersartigkeit, Vielfalt, aber auch der Widersprüchlichkeit sozialkultureller Ausdrucksformen von Menschen verschiedener ethnisch-kultureller Herkünfte ist. Entsprechend der wechselseitigen Bedingtheit von Selbst- und Fremdverstehen sind interkulturelle Lernprozesse sowohl auf die Selbstreflexion als auch auf das *Sich-in-Beziehung-Setzen zu Anderen ausgerichtet.*

Zu den wesentlichen Entwicklungszielen gehören daher:

• Auseinandersetzung mit der eigenen Identität und Prägung
• Stärkung des Einfühlungsvermögens
• Entwicklung gegenseitigen Respekts
• Sensibilisierung für gesellschaftliche Vielfalt
• Wahrnehmung von Diskriminierung und Stärkung solidarischen Handelns
• Förderung der Partizipation von Minderheiten[4]

STOLPERSTEINE

Unter Berücksichtigung dieser Ziele Interkultureller Pädagogik erscheint es sinnvoll, auf mögliche Stolpersteine interkultureller Angebote in der Bildungsarbeit hinzuweisen. Gerade weil kunst- und kulturpädagogische Projekte besonders gut dafür geeignet sind, Kulturgüter, kulturelle Muster und innere Bilder über fremde Kulturen spielerisch – durchaus auch mit einer provozierenden oder satirischen Note – aufzugreifen, besteht die Gefahr einer plakativen Festschreibung kultureller Klischees. Im Sinne einer kritischen Selbstreflexion und Selbstvergewisserung für kulturpädagogische Fachkräfte können daher folgende Fragen hilfreich sein:

- Tendieren unsere Angebote dazu, auf der Ebene folkloristischer Darbietungen zu bleiben oder zielen sie auf Verfremdungseffekte und zeigen neue kulturelle Handlungsformen auf?
- Besteht die Gefahr, durch die Begeisterung am gemeinsamen Tun über latent vorhandene Benachteiligungen in der Gruppe hinweg zu sehen oder ist die Aufmerksamkeit auch darauf ausgerichtet, derartige Tendenzen offen zu legen?
- Werden Kinder oder Jugendliche sowohl deutscher als auch nichtdeutscher Herkunft unbeabsichtigt auf eine bestimmte ethnische Zugehörigkeit festgelegt oder werden diese Vorurteile bzw. Stereotypen bewusst gemacht und ggf. differenzierende Perspektiven dazu aufgezeigt?
- Wird ein möglichst ausgewogenes Verhältnis zwischen der Möglichkeit zur Selbstreflexion, der Aufarbeitung selbstreflexiver Prozesse und der erlebnis- und handlungsorientierten Arbeitsweise hergestellt, so dass Bildung im Sinne von Lebenskompetenz gefördert wird?

ORIENTIERUNGSHILFEN

Inter-kulturpädagogische Praxis orientiert sich an den Alltags- und Lebenswelten sowie an den entwicklungspsychologischen Bedürfnissen der Jugendlichen. Mit dem Lebensweltbezug lassen sich mehrere Zielsetzungen verbinden: Der thematische Zugang zu interkulturellen Themen wird erleichtert, da Kinder oder Jugendliche ihre persönlichen Erfahrungen und Sichtweisen einbringen können. Die Motivation zur Mitarbeit ist in der

Regel höher, und es werden Voraussetzungen geschaffen, dass sich veränderte Einstellungen und neue Erfahrungen der Projektakteure im konkreten Alltagshandeln und in der persönlichen Entwicklung niederschlagen
können.

Inter-kulturpädagogische Praxis thematisiert die Vielfalt an Lebensentwürfen und vermittelt Wissen über unterschiedliche Herkunftskulturen.
Gute Beispiele zu dieser Anforderung geben z.b. Einblicke in die aktuelle gesellschaftspolitische Situation verschiedener Herkunftsländer und
die konkreten Lebensumstände von Menschen unterschiedlicher ethnisch-kultureller Herkunft.

Inter-kulturpädagogische Praxis begreift die eigene Perspektive als eine
unter vielen. Dazu gehört, einen Perspektivwechsel zwischen verschiedenen Kulturen und Lebenswelten sinnlich erfahrbar zu machen und den
eigenen Blickwinkel relativieren zu können.

Inter-kulturpädagogische Praxis betont Gemeinsamkeiten ohne vorhandene Unterschiede zu ignorieren. Sie schärft auch den Blick für Differenzen und Machtverhältnisse. Projekte sollten in diesem Spannungsverhältnis von Gemeinsamkeit und Differenz angesiedelt sein, um der Gefahr
der Überbetonung von Gemeinsamkeiten zu entgehen.

Inter-kulturpädagogische Praxis vermittelt ein Bild von kultureller
Identität, das Widersprüche zulässt. Die Grenzen des eigenen Deutens
und Verstehens wahrzunehmen, ist für kulturpädagogische Fachkräfte
und Projektteilnehmende gleichermaßen herausfordernd, genauso wie
das Erkennen eigener Widersprüche in der Identität.

Inter-kulturpädagogische Praxis begreift Mehrsprachigkeit als Normalfall und stellt entsprechende Angebote zur Verfügung. Sie nutzt Mehrsprachigkeit als künstlerisches Gestaltungselement in kulturpädagogischen
Arbeitsformen mit Kindern und Jugendlichen.

Inter-kulturpädagogische Praxis beugt der Abwertung einzelner Gruppen vor. Projekte mit Teilnehmerinnen und Teilnehmern, die eher rand-
ständigen sozialen Gruppen in unserer Gesellschaft zugerechnet werden,
sollten es verstehen, deren spezifische Kompetenzen zur Geltung kommen zu lassen.

Inter-kulturpädagogische Praxis wendet sich an alle und ist keine
sonderpädagogische Maßnahme für Migrantinnen und Migranten. Dieses Prinzip schließt nicht aus, dass es spezielle Angebote für Kinder und
Jugendliche mit Migrationshintergrund geben kann. Es soll jedoch dafür
sensibilisieren, mit welcher Haltung diese Angebote durchgeführt wer-

den. Sie sollten eben nicht auf das bloße Beheben von (vermeintlichen) Defiziten oder die einseitige Integration einer Minderheit in die Mehrheitsgesellschaft ausgerichtet sein, sondern auf gegenseitigem Respekt, Anerkennung, Erkenntnis und gemeinsamer Veränderung basieren.

Inter-kulturpädagogische Praxis fordert auf, die eigenen kulturellen Hintergründe besser verstehen zu lernen. Um Menschen mit anderen ethnisch-kulturellen Hintergründen unvoreingenommen entgegentreten zu können, ist die Bewusstwerdung über die eigene kulturelle Herkunft eine notwendige Voraussetzung. Interkulturelles Lernen hat daher auch zur Aufgabe, zum besseren Verstehen des eigenen kulturellen Hintergrundes beizutragen.

KONSEQUENZEN

Mein Vorschlag ist abschließend, sich diese Liste der Orientierungshilfen für die eigene Praxis eingehend anzusehen und die Vorsilbe inter- wegzulassen. Dann ist leicht festzustellen, dass kunst- und kulturpädagogische Praxis auch ohne diesen speziellen Fokus Interkultur Qualitätsmaßstäbe hat, die ohne eine Zuschreibung bestimmter zu integrierender Zielgruppen auskommt. Sie wird der gesellschaftlichen Wirklichkeit gerecht und definiert das Lernziel Kulturelle Vielfalt leben lernen ohnehin als eines ihrer Leitbilder und füllt es mit täglicher Praxis.

ANMERKUNGEN

1 | Vgl., Bamford, Anne: Der WOW-Faktor – eine weltweite Analyse der Qualität künstlerischer Bildung, Münster 2010.

2 | Bundesjugendkuratorium: Die Zukunft der Städte ist multiethnisch und interkulturell. Bonn, Februar 2005.

3 | Bundesministerium für Familie, Senioren, Frauen und Jugend: 12. Kinder- und Jugendbericht, Berlin 2005, S. 154.

4 | Vgl., Bremermann, Axel: Interkulturelles Lernen – Grundlagen, Möglichkeiten und Herausforderungen, Referat auf der Tagung Interkulturelles Lernen in Schule und Jugendarbeit – Hilfestellung zur Umsetzung des Rahmenplans „Interkulturelle Erziehung"; Friedrich Ebert Stiftung, Dien Hong e.V., Rostock, April 2005.

Interkultur im Feld der künstlerischen Schulfächer: Wie positioniert sich das Fach Musik?

RAIMUND VOGELS

Trans- bzw. Interkulturalität ist eine Beschreibungsweise unserer Gesellschaft. Sie ist keine essentialistische Größe. Die Frage kann daher nicht lauten: Ist diese Musik oder jenes Ensemble trans-/interkulturell? Vielmehr muss man fragen: Welche Elemente von Trans-/Interkulturalität sind beschreibbar? Unter Globalisierungsbedingungen sind alle und alles trans-/interkulturell beeinflusst. Der Austausch über nationale Grenzen hinweg bildet die Norm und nicht den Sonderfall. Ja, man kann sogar so weit gehen, von jeher den Kulturwandel als eine Konstante menschlicher Gemeinschaften auszumachen. Diese sind wesentlich von Kontakt und Austausch beeinflusst, die über die Grenzen der eigenen Gruppe hinausreichen. Trans-/Interkulturalität ist eine Konstante kultureller/musikalischer Systeme.

Inter-/Trans macht deswegen als Kategorie, die eine Musikart (Gattung, Komposition, Ensemble) in ihrer Essenz von einer anderen unterscheidet, keinen Sinn. Als Beschreibungsansatz von Gesellschaften und deren verschiedenen musikalischen Praxen erlaubt sie aber einen gezielten Blick auf die kulturellen/musikalischen Wandlungsprozesse. Unter Berücksichtigung von Inter-/Trans können kulturelle Veränderungen in ihrer Dynamik und mit ihren Wirkfaktoren klarer erfasst werden. Austausch, Kontakt, Einfluss und Kulturwandel finden allerdings nicht im luftleeren Raum oder zufällig statt, sondern sind von Machtverhältnissen geprägt. Sie sind gesellschaftlichen Aushandlungsprozessen unterworfen und dienen der Ein-, Ab- und Ausgrenzung. Nicht alle Formen musikalischen Ausdrucks haben deswegen die gleichen Möglichkeiten der öffentlichen Wahrnehmung und Akzeptanz und schon gar nicht der öffentlichen Förderung. Die im Grundgesetz garantierte Freiheit der eigenen künstlerischen und damit musikalischen Selbstbestimmung ist zwar juristisch gewährleistet. In der gesellschaftlichen und kulturpolitischen Praxis wird sie allerdings – im Sinne der prinzipiellen Gleichheit aller kulturellen und musikalischen Ausdrucksformen – nicht umgesetzt.

Anhand von vier Thesen soll hier der Blick auf die Rahmenbedingungen für musikalische Aktivitäten, auf verschiedene Vorstellungen von *Kunst* und *Kultur*, auf die durch musikalische Vielfalt entstehenden Herausforderungen für Politik und Pädagogik sowie auf kulturelle Teilhabe und Selbstverwirklichung als zentrales Menschenrecht gerichtet werden.

THESE 1: BEI DEN VIELFÄLTIGEN MUSIKALISCHEN AUSDRUCKSFORMEN HANDELT ES SICH UM PROZESSE – DIE RAHMENBEDINGUNGEN

Transkulturalität

Die Entkoppelung kultureller Räume von geografischen Räumen als ein wesentlicher Effekt der Globalisierung bedeutet für den Einzelnen, sich in ständig wechselnden musikalischen Räumen zu bewegen. Diese sind zugleich lokal und transnational. Kulturelle/musikalische Differenz ist nicht die stabile exotische Andersartigkeit. Prozesse des Aushandelns von kulturellen Bedeutungen sind damit nicht mehr an Orte gebunden.

Musik als soziale Praxis

Musik ist nicht allein als Substantiv zu verstehen, sondern auch als Verb im Sinne von *tomusic*, wie dies Christopher Small vorschlägt. *Tomusic* geht weit über die reine Musikproduktion hinaus und schließt soziale Komponenten wie z.B. über Musik reden, schreiben, nachdenken, Musik kaufen und mit anderen in die Disco gehen, mit ein. Der Begriff hebt ebenso hervor, dass Musik Menschen in Beziehungen zueinander setzt und sie sich auf dieser Plattform zueinander in unterschiedlicher Weise verhalten.

Transformation sozialer Gemeinschaften

Musik nimmt eine wichtige Funktion bei der Entstehung und Transformation sozialer Gemeinschaften ein wie z.B. in großstädtischen Musikszenen, Migrantengemeinschaften oder sogenannten Subkulturen. Die Produktion solcher *social spaces* artikuliert sich u.a. in der geteilten musikalischen Praxis und zwar gleichermaßen in lokalen wie in globalen Bedeutungszusammenhängen: Reggae, Bhangra, Salza und Rai, aber auch türkischer Rap aus Berlin sind Belegstücke für die komplexen Verflechtungen lokaler und globaler Szenen. Sie stehen in gegenseitigen Austauschverhältnissen, werden absorbiert und transformiert, mit neuen Bedeutungen versehen und in der sozialen Praxis ausgehandelt.

THESE 2: DIE VIELFALT MUSIKALISCHER AUSDRUCKSFORMEN WIRD VON EINEM ZENTRISTISCHEN UND EVOLUTIONISTISCHEN KUNSTBEGRIFF AUSGEGRENZT – DER IST-ZUSTAND

Hochkultur versus Populär- und Subkultur

Die Bedeutungswelt der Musik wird jeweils von den Musikern und den Hörern produziert. Sie entzieht sich einer von außen herangetragenen Kategorisierung wie z.B. Hoch- und Populärkultur. Bedeutungen entstehen im Sinne des *tomusic* in den Kontexten von Reden, Verhalten und aktivem Handeln. Die Zuschreibung von Hoch- bzw. Populärkultur, von Eigenem oder Fremdem, von Sichtbarkeit oder Marginalisierung ist eine Frage der gesellschaftlichen Macht geworden.

Ausbildungsinhalte und –strukturen

In der gegenwärtigen schulischen Praxis erhält der musikalische Text als Manifestation eines Meisterwerkes eine zentrale Bedeutung. Dies wird meist von biografischen Darstellungen ergänzt, aus denen heraus eine vermeintlich schlüssige, meist sogar teleologisch gerichtete Musikgeschichte konstruiert wird. Musik als soziale Praxis, an der gesellschaftliche Rollen, Macht, Hierarchie und Wandel abzulesen wären, bleibt dagegen weitgehend ausgespart. Ein grundlegender Orientierungswechsel, z.B. bei der Lehramtsausbildung, ist nicht erkennbar.

Bildungskanon und Kunstförderung

Der bürgerliche musikalische Bildungskanon wirkt nachhaltig in die Vergabepraxis der Fördermittel der öffentlichen Haushalte hinein. Zugleich durchläuft dieser eine Glaubwürdigkeitskrise, da sich die Inhalte von der Lebenswelt unserer globalisierten Gesellschaft weit entfernt haben. Damit wird der klassischen europäischen Bühnenmusik zunehmend die Rolle als gesellschaftlichem Distinktionsmittel zugeschrieben.

THESE 3: DIE FÖRDERUNG MUSIKALISCHER VIELFALT STELLT EINE POLITISCHE HERAUSFORDERUNG DAR – DER WEG

Identität und Alterität

Als Resultat und Gegenbewegung der Globalisierung hat sich weltweit eine Vielzahl von Musikformen herausgebildet. Veränderte gesellschaftliche Bedingungen, unterschiedliche Aufführungsweisen und die informellen Netzwerke und Praxen von Kopie und Austausch sind zum Vehikel für das Entstehen multipler lokaler Identitäten geworden. Hybridität ist nicht mehr die Ausnahme, sondern längst die Regel.

Musikalische Mehrsprachigkeit

Musikalische Mehrsprachigkeit heißt, neben dem eigenen musikalischen Denken und Fühlen auch das der anderen zu respektieren. Es bedeutet, dass musikalische Problemlösungen unter anderen kulturellen Bedingungen jeweils anders, aber doch gleichwertig ausfallen können, dass auch die Musik der anderen über deutlich spürbare Faszination verfügt, dass das scheinbar Einfache bei genauerer Auseinandersetzung komplex wird und umgekehrt, dass das Fremde zwar missfallen, aber schlüssig und kunstfertig sein kann.

Kulturelle Vielfalt als vielfältige Bedeutungskompetenz

Die vielfältigen musikalischen Bedeutungsebenen angemessen zu erfassen und auf ihre Konsequenz für die soziale Praxis hin zu befragen, ist eine Aufgabe der musikalischen Bildung. Mit der Kompetenz, sich in familiären, lokalen wie in globalen Kontexten zu verorten und sich als aktiven Teil in einem transkulturellen Geflecht zu begreifen, ist auch verbunden, Bedeutungszusammenhänge zu erkennen, die für die individuelle Identitätskonstruktion entscheidend sind.

THESE 4: KULTURELLE TEILHABE UND SELBSTVERWIRKLICHUNG SIND EIN ZENTRALES MENSCHENRECHT – DAS ZIEL

Kunst und Kultur als Unschärfebegriffe dekonstruieren

Werden in der kulturpolitischen Diskussion die Begriffe Kultur und Kunst nicht sauber unterschieden, besteht die Gefahr unreflektiert in Denkmuster zu verfallen, die gerade überwunden werden sollen. Niemand ist *kulturfern*! Man kann aber sehr wohl fern von den bürgerlichen Institutionen des Kunstbetriebes sein und trotzdem in eigenen kulturellen Systemen künstlerisch agieren.

Audiencedevelopment – ja bitte, aber nicht als Einbahnstraße!

Kulturelle Vielfalt ist ein Reichtum unserer Gesellschaft. Die wechselseitige Teilhabe daran sollte durch geeignete pädagogische und kulturpolitische Maßnahmen allen gewährt werden: Makam und Usul, Raga und Tala, afrikanische Trommelpattern, Tango und J-Pop, orthodoxer Kirchengesang und synagogaler Kantoralgesang, Saz, Djembe und Shakuhachi sind längst Teil unseres Musiklebens und sollten damit auch Teil unserer musikalischen Bildung werden.

Experten musikalischer Transkulturalität

Dazu bedarf es musikalischer Expertinnen und Experten, die in Schule, Erwachsenenbildung und in den unterschiedlichen kulturellen Institutionen die Breite musikalischer Kultur im Blick haben und als Multiplikatoren gegenseitige Wege des musikalischen Verstehens bauen, Prozesse der kulturellen Umdeutung begleiten und kreative Formen der Hybridisierung und (Re-)Lokalisierung globaler Musik unterstützen.

Theater in der Schule und Interkulturalität

Herausforderungen in einer Gesellschaft der kulturellen Vielfalt

DIETER LINCK

1. Deutschland ist vielgestaltig – das zeigt sich besonders in den zahlreichen Kulturen und Ethnien, die in diesem Land miteinander leben. Auch die mobile, grenzüberschreitende und globale Zukunft von Lebensbiografien erfordert bestimmte Handlungskompetenzen in interkulturellen Begegnungen.

2. Tagtäglich erleben Kinder und Jugendliche die darin liegenden Herausforderungen, die sie bewältigen müssen. Was für die einen eine spannende Bereicherung des eigenen Identitätskonzeptes darstellt, ist für die anderen eine unüberwindbare Hürde, wenn es darum geht, Identität zu entwickeln und sich in die Gemeinschaft zu integrieren. Noch lange nicht sind alle Kinder und Jugendliche auf diese diffizilen Prozesse vorbereitet.

3. Konzepte, die von einer Integration in eine Mehrheitsgesellschaft – noch immer eine deutsche – ausgehen, greifen zu kurz. Integration ist angesichts der Vielgestaltigkeit kultureller und sozialer Prägungen, welche neben Ethnie auch Religion, Milieu, Gender etc. einschließen, keine Einbahnstraße. Aus diesem Grund gewinnen transkulturelle Konzepte, die einen vernetzten und fließenden Dialog zwischen den Kulturen anstreben, an Bedeutung.

4. Schule hat den Auftrag, Kinder und Jugendliche auf die Ansprüche eines komplexen Lebens möglichst umfassend vorzubereiten. Dazu gehört nicht nur die Vermittlung von allgemein bildendem Wissen. Vielmehr zählt auch die Vermittlung sozialer und interkultureller Kompetenzen dazu. Gerade weil Schule ein Ort ist, an dem alle Kinder

und Jugendliche erreicht werden und dort vielfach die kulturelle Vielfalt sichtbar wird, gilt ihr besondere Aufmerksamkeit. Interkulturelle Kompetenz ist eine der Schlüsselkompetenzen des 21. Jahrhunderts.

5. Nur wenn sich Unterricht in seinen Inhalten und Methoden sensibel auf die Vielfalt von Lebenslagen, in denen Kinder und Jugendliche heutzutage aufwachsen, einstellt, werden für einen beträchtlichen Teil von Schülerinnen und Schülern mit Migrationshintergrund günstige Lernvoraussetzungen geschaffen.

6. Schultheater – als Kernbereich ästhetischer und kultureller Bildung – birgt zahlreiche Ansätze und Potenziale zur Vermittlung interkultureller Kompetenzen, wenn es sich mit der Vielfalt und Differenz der Kulturen auseinandersetzt. Kultur wird dabei als ein von Menschen erzeugter Gesamtkomplex von kollektiven Sinnkonstruktionen, Denkformen, Empfindungsweisen, Werten und Bedeutungen begriffen, die sich in Symbolsystemen materialisieren und damit auch in spezifischen theaterästhetischen Ausdrucksformen und Verfahren niederschlagen.

7. Interkulturelle Theaterpädagogik wirkt grenzüberschreitend und trägt zum produktiven Dialog der Kulturen bei. Sie vermag unkonventionelle ästhetische Verfahrensweisen zu generieren, die uns mit den identitätspolitischen, kulturellen und sozialen Grundannahmen der Mehrheitsgesellschaft konfrontieren. Sie lässt uns das Eigene und das Fremde sowie das Fremde im Eigenen erleben.

8. Interkulturelles Schultheater bietet die große Chance zu hinterfragen, wie man angemessen mit dem Fremden umgehen kann und darauf zu verweisen, dass dieses Problem nie nur ein ästhetisches, sondern stets auch ein ethisches und politisches ist. Zentrale Aspekte des Theaters in der Schule wie Teilhabe, Sinnlichkeit, Präsenzerfahrung und Ereignishaftigkeit liefern den geeigneten Boden für diese Auseinandersetzung. Förderlich wirkt sich dabei zusätzlich der – schulischer Theaterarbeit eingeschriebene – soziale, kollektive, prozesshafte und forschende didaktische Ansatz mit Kindern und Jugendlichen aus.

9. Interkulturelle Konflikte wie Ausgrenzung, Fremd- und Anderssein sind im Schultheater gängige Leitthemen. Noch finden sie aber vorwiegend auf thematischer Ebene statt. Eine ästhetische Auseinandersetzung mit den Migrantenkulturen der Kinder und Jugendlichen – egal ob diese hier aufgewachsen sind, einen deutschen oder ausländischen Pass haben – ist eher selten. Diese ist aber ebenso notwendig wie didaktische Beiträge zu diesem Gebiet, die in den Fokus ihrer Untersuchung rücken, inwieweit der Theaterunterricht auf eine multikulturell zusammengesetzte Schülerschaft reagiert bzw. reagieren müsste.

10. In der Aus-, Fort- und Weiterbildung des Theaters in der Schule ist die Einbeziehung von Interkulturalität notwendig integraler Bestandteil.

Tanz und (inter-)kulturelle Bildung

ANTJE KLINGE

VORBEMERKUNG

Kulturelle Bildung – verstanden als Allgemeinbildung im Medium der Künste – umfasst künstlerische, ästhetische und kreative Praxisformen, die den Akteurinnen und Akteuren Teilhabe an und Mitgestaltung von Gesellschaft und Kultur ermöglichen. Interkulturelle Bildung ist dabei eine Dimension kultureller Bildung, die gerade dort verstärkt reflektiert werden muss, wo Menschen diese gesellschaftliche und kulturelle Teilhabe erschwert ist. Dies betrifft Kinder und Jugendliche mit Zuwanderungsgeschichte in besonderem Maße. Ursächlich ist allerdings nicht die Zuwanderung oder der Migrationshintergrund anzuführen, sondern ein Bündel aus Mechanismen, das Menschen aufgrund ungewohnter kultureller Praxisformen als fremd darstellt und stigmatisiert.[1] Tanz und kulturelle Bildung unter einer interkulturellen Perspektive zu thematisieren, erfolgt auf der Grundlage einer Pädagogik der Vielfalt und Anerkennung, die entgegen einer immer noch existierenden Defizitorientierung die Wahrnehmung von und selbstreflexive Auseinandersetzung mit Differenzen in den Mittelpunkt stellt.

TANZ IN DER SCHULE

Im Vergleich zu den Kunstsparten Musik, Bildende Kunst und Theater hat der Tanz als ästhetischer Erfahrungs- und Lernbereich nicht den Status eines Schulfaches. Allerdings ist er in Verbindung mit Gymnastik und/oder den Bewegungskünsten mit vergleichsweise geringem Umfang in den

Lehrplänen des Faches Sport und als rhythmisches Bewegen und Tanzthe-
ater in den Fächern Musik und (länderspezifisch) im Fach Theater bzw.
Darstellendes Spiel curricular verankert. Mit der Einführung der Ganz-
tagsschule und der Öffnung zu außerschulischen Partnern werden an
Schulen zunehmend Tanzprojekte in unterschiedlichen Formaten angeboten, die von professionell ausgebildeten Tanzpädagogen, Choreografen
oder Tänzern durchgeführt werden. Dabei stoßen populäre Tanzformen
wie HipHop in Verbindung mit zeitgenössischen Formen des Tanzes auf
großes Interesse bei den Jugendlichen, insbesondere auf jene mit Zuwanderungsgeschichte. „Ihnen gelingt oft sogar ein leichter Zugang, da Tanz
in ihren Familien noch deutlich stärker als lebendige kulturelle Tradition
anzutreffen ist als in deutschen Familien".[2]

DIE INTERKULTURELLE DEBATTE IN BEWEGUNG, SPIEL, SPORT UND TANZ

Bewegung, Spiel und Sport als Medium interkultureller Erziehung oder
Bildung einzusetzen und zu nutzen, hat im Fach Sport wie auch im außerschulischen, gesellschaftlichen Sport derzeit einen hohen Stellenwert.
Das Thema multikulturelle Vielfalt ist vor allem im Sport sehr präsent:
praktisch in Hallen, auf Plätzen und Höfen, theoretisch in der Sportwissenschaft (v.a. in der Sportpädagogik, -didaktik und -soziologie). Die Hoffnungen der großen Sportverbände auf eine *Integration durch Sport* können
allerdings empirisch nicht bestätigt werden.[3] Umso mehr ist eine kritische
Reflexion des Beitrags von Bewegung, Sport, Spiel und Tanz im Rahmen
interkultureller Bildungsprogramme notwendig und wichtig.
    Die interkulturelle Debatte existiert in der Sportwissenschaft seit Ende
der 1980er Jahre. Der vom DOSB (Deutscher Olympischer Sportbund) fa-
vorisierte Ansatz zur *Integration durch Sport* stand zunächst Pate für die
Vorhaben im Schulsport. Er wurde Mitte der 1990er Jahre von der Leitidee
einer *interkulturellen Bewegungserziehung*[4] abgelöst und schlägt sich heute
im Begriff der *Interkulturalität*[5] nieder. In den Konzepten und Anregungen
für die (sport-)unterrichtliche Umsetzung interkultureller Erziehung bzw.
Bildung wird neben dem Spiel vor allem der Tanz immer wieder beispielhaft hervorgehoben.[6] Neben der Begegnung mit *fremden Rhythmen*[7] wird
die Bewegung als unmittelbarer Zugang zur Differenzierung der Wahrnehmung von Eigenem und Fremden ins Zentrum tanzpädagogischer

Vorhaben gesetzt. Dabei geht es sowohl darum, sich mit den heimlichen Standards zeitgenössischer wie populärer Tanzformen auseinander zu setzen als auch mit den Möglichkeiten und Wirkungen neu kreierter, individueller Ausdrucksformen.[8]

In seiner zeitgenössischen Ausprägung bietet der Tanz ein attraktives Potenzial im Hinblick auf einen anerkennenden und produktiven Umgang mit Vielfalt. Die diversen Spielformen wie Kontaktimprovisation, New Dance, Physical Dance, Martial Arts oder Körperbewusstseinstechniken machen deutlich, dass der zeitgenössische Tanz nicht auf einer Technik oder einem ästhetischen Stil basiert, sondern sich aus einer Vielfalt kultureller Traditionen und Ästhetiken zusammen setzt. Damit bricht er immer wieder ganz bewusst mit vorhandenen Formen und setzt sowohl in aktiver wie rezeptiver Hinsicht auf Widerstandserfahrungen und Reflexivität von Bewegungs-, Seh- und Hörgewohnheiten sowie Selbstverständlichkeiten. Mit seiner offenen, hybriden und transkulturellen Struktur bietet er sich folglich besonders gut für die Thematisierung von Interkulturalität an.

PRÄMISSEN INTERKULTURELLER BILDUNG DURCH TANZ

Als universelles, kultur- und sprachübergreifendes Phänomen enthält der Tanz ein eigenes, domänespezifisches Kommunikations- und Ausdruckspotenzial. In seiner Leiblichkeit ist er unmittelbar, hautnah und eröffnet kinästhetische Zugänge für Empathie und Zugehörigkeit. Dabei tritt der Körper als Basis und Fundament von Wahrnehmen, Empfinden, Fühlen und Denken sowie Ausdrücken, Handeln und Gestalten in den Mittelpunkt. Über die mimetische Annäherung, das Nachahmen einer Bewegung oder Haltung, ob von einer anderen Person oder einer Bewegung aus einem anderen kulturellen Kontext (z.B. lateinamerikanische Tanzformen, orientalische Folkloretänze, afro-amerikanische Bewegungsprinzipien oder asiatische Bewegungskünste) erfolgt die Konfrontation mit neuen, ungewohnten Bewegungsvorbildern oder -mustern. Sie erzeugt Abwehr, Faszination, Neugierde oder auch Langeweile und verweist damit in unmittelbar leiblich-sinnlicher Weise auf die eigenen Gewohnheiten und Wahrnehmungsmuster.

Tanzpädagogische Ansätze betonen diese Chancen einer sinnlichen Erkenntnis: Über und am Körper geraten die einverleibten Muster des Sozialen an die Oberfläche, erhalten Kontur, die bewusstseinsfähig wird. Erst

Abb. 1

damit lassen sich Erfahrungen als eigene kulturelle Muster unterscheiden. Mit dieser Differenzierung wird die Voraussetzung für eine Neu- oder Umordnung von Gewohnheiten und Selbstverständlichkeiten hergestellt. In der gestalterischen Auseinandersetzung und Verarbeitung körperlicher Erfahrungen kann das Eigene und Fremde hervorgeholt und zu Neuem verbunden und geformt werden. Und diese Neuordnung ist es, die den individuellen Bildungsprozess als einen aktiven, produktiven, kreativen und spielerischen kennzeichnet, der intersubjektiv vermittelbar ist.[9] Im Fremden kann das Eigene aufgedeckt, verstanden und schließlich auch relativiert werden. In der Schärfung der Wahrnehmung kultureller Relativität, der Relativität von Gütemaßstäben einer Gesellschaft, Kultur, Ethnie oder Szene liegt der Ansatzpunkt (inter-)kultureller Bildung durch Tanz. Vor diesem Hintergrund bedarf es einer intensiveren Stärkung des Tanzes als ästhetisches Lern- und Erfahrungsfeld in der Schule.

ANSÄTZE UNTERRICHTLICHER INSZENIERUNG

Konkrete Ansätze und Zugangsweisen zur Auseinandersetzung mit dem Eigenen und dem Fremden im Medium Tanz bieten die Gestaltungsprinzipien, die dem Anthropologen und Elementarpädagogen Gottfried Bräuer zufolge unabhängig vom Gegenstand durchgängig „im ästhetischen Feld [...] am Werk sind"[10]. Darunter versteht er solche Tätigkeiten, die die Wahrnehmung und Bearbeitung von Widerstandserfahrungen erzeugen und „ästhetische Zustände, Prozesse oder Objektivationen"[11] hervorbringen. Der Tanzpädagogin Ursula Fritsch folgend können Gestaltungsprinzipien als Übungen für den Erwerb ästhetischen Artikulierens verstanden werden.[12] Dazu gehören u.a. sich-ähnlich-machen und nachmachen, eingrenzen und reduzieren, verändern und verfremden.[13]

In der mimetischen Annäherung an z.b. außereuropäische Tänze erfolgt die Auf- und Übernahme des Unbekannten, einer neuen Bewegung, eines fremden Rhythmus, einer anderen Körperhaltung in die eigene Erfahrungswelt und Bewegungskultur. Dieser Anpassungsprozess erfolgt nicht ohne Widerstand; er löst vielmehr Reibungen aus und das Bedürfnis die neuen Erfahrungen in die eigene Wahrnehmungs- und Bewegungswelt zu integrieren und zu verarbeiten. Im Tanz ist das Nachmachen nicht nur als Methode deduktiven Bewegungslernens, sondern auch als Methode kreativen Gestaltens bekannt.[14]

Mit dem Prinzip des Eingrenzens und Reduzierens wird die Aufmerksamkeit auf einen Ausschnitt (methodisch) eingeschränkt, so dass sich der Blick schärfen kann. Die Möglichkeiten des Machbaren können damit losgelöst vom ursprünglichen Kontext neu oder anders wahrgenommen und geordnet werden. Werden z. B. die Handbewegungen und Gesten verschiedener Tanzformen (europäischer, historischer, außereuropäischer oder zeitgenössischer Herkunft) in den Mittelpunkt des Unterrichts gesetzt, richtet sich der Fokus auf die Bewegungsart, -vielfalt und das Bewegungspotenzial von Fingern, Handgelenken, Armen und Schultern in Zeit und Raum. Dies kann ein neuer Ausgangpunkt für eigene Bewegungsgestalten und Ausdrucksabsichten sein.

Ein besonders geeignetes Mittel zur Irritation der Wahrnehmung liefert das Prinzip der Verfremdung von Gewohnheiten. Schon kleinste Änderungen einverleibter Erfahrungen machen auf längst Bekanntes aufmerksam. Das verfremdete Vertraute wird mit anderen Augen wahrgenommen. Routinen und Automatismen weichen auf und verflüssigen

sich. So erzeugte Verfremdungen bringen einen neuen Blick, neue Wahrnehmung und Erfahrung hervor. Sie provozieren, das Eigene und Fremde
genauer anzuschauen und zu begreifen.

Neben der aktiven, tänzerischen Auseinandersetzung mit den Mustern
des Sozialen bieten die Tanzrezeptionen einen weiteren Zugang (inter-)
kulturellen Verstehens. Im Beobachten und gemeinsamen Anschauen
von Bühnenstücken, Video-Clips oder eigenen Produktionen gilt es, die
dahinterliegenden Wirkungsweisen und Macharten aufzudecken. Gerade
die Aufschlüsselung kulturell bedingter Geschmacksvorlieben und -urteile
trägt dazu bei, vorherrschenden Tanz- und Körpermoden kritisch zu begegnen.

VISIONEN (INTER-)KULTURELLER BILDUNG DURCH TANZ

Neben der grundsätzlichen Stärkung des Tanzes als einer Ausdrucksform
des Menschen ist die Belebung sämtlicher ästhetischer Lern- und Erfah-
rungsbereiche im schulischen Feld nicht nur in interkultureller Perspektive wünschenswert. Das jeweils Spezifische der eigenen Domäne bzw.
Kunstsparte sollte geschärft und das künstlerische, spartenübergreifende
Potenzial von allen Beteiligten für einen konstruktiven Umgang mit Interkulturalität genutzt werden. Um eine qualitativ wert- und anspruchsvol-
le Arbeit leisten zu können, die reflexiv und kritisch mit der Vielfalt von
Gütemaßstäben umgeht, ist eine entsprechende Aus- und Weiterbildung
der beteiligten Vermittler, Pädagogen und Lehrkräfte eine notwendige
Voraussetzung. Die noch zarten Ansätze professioneller Ausbildung für
Tanz in Schulen[15] bedürfen einer entsprechenden Ausweitung im Hinblick
auf die Potenziale interkulturellen Lernens. Ebenso sollte in der univer-
sitären Ausbildung von Lehrkräften, vor allem im Fach Sport, die Thematisierung interkultureller Potenziale von Bewegung, Spiel, Sport und
Tanz verstärkt werden. Kooperationen mit außerschulischen Partnern wie
Jugendzentren, Kultureinrichtungen und Vereinen können dabei verstärkt
genutzt werden, um die verschiedenen kulturellen Felder und Orte zu ver-
netzen und interkulturelle Bildung als gemeinsame Aufgabe querliegend
zu allen Fächern und Bildungsorten zu begreifen.

Anmerkungen

1 | Vgl., Mecheril, Paul; CastroVarela, Mario do Mar u.a.: *Migrationspädagogik*. Weinheim: Beltz, 2010.

2 | Kosubek, Tanja; Barz, Heiner: „Take-off: Junger Tanz" im Spiegel der Forschung. In: Kessel, Martina; Kosubek, Tanja; Barz, Heiner (Hg.): *Aufwachsen mit Tanz. Erfahrungen aus Praxis, Schule und Forschung*, Weinheim: Beltz, 2011, S. 101-164, hier: S. 140.

3 | Vgl., Klein, Marie-Luise: Integrationsprobleme durch kulturelle und ethnische Konflikte. Grundsatzreferat. In: DFB-Förderverein (Hg.): *Dokumentation Toleranz und Fairness. Gewaltprävention im Fußball*. O.A., 2001, S. 31-35.

4 | Erdmann, Ralf: (Hg.): Interkulturelle Bewegungserziehung. Sankt Augustin: Academia, 1999 sowie Gieß-Stüber, Petra: Interkulturelle Erziehung als Aufgabe des Sportunterrichts - Stand und Perspektiven der Sportpädagogik, in: Prohl, Robert (Hg.): *Bildung und Bewegung*. Hamburg: Czwalina, 2001, S. 179-184.

5 | Gieß-Stüber, Petra; Grimminger, Elke: Interkulturalität in der Schule und im Schulsport. In: Fessler, Norbert; Hummel, Albrecht; Stibbe, Günter (Hg.): *Handbuch Schulsport*. Schorndorf: Hofmann, 2010, S. 541-553.

6 | vgl. Cabrera-Rivas, Carmen: Fremde Tänze in der Schule erleben. Sportpädagogik 27, Heft 6, 2003, S. 28-30; Fleische-Braun, Claudia (Hg.): *Tanz zwischen den Kulturen. Tanz als Medium der interkulturellen Bildung und Identitätsentwicklung*. Butzbach-Griedel: Afra, 2002.; Huh, Yoon-Sun: *Interkulturelle Bewegungs- und Sporterziehung. Problemstellungen, Grundlagen, Vermittlungsperspektiven*. Baltmannsweiler: Schneider, 2010.

7 | Huh, Y., ebd., S. 92ff.

8 | vgl. Heusinger von Waldegge, Brigitte: *Akzeptanz – Bewegt vom Fremden und vom Eigenen*. *Sportpädagogik 27*, Heft 6, 2003, S. 20-23, hier: S. 20ff.

9 | vgl. Klinge, Antje: Lernen mit dem Körper – Anmerkungen zu einer fachspezifischen Besonderheit. In: Beckers, Edgar; Schmidt-Millard, Torsten (Hg.): *Jenseits von Schule: Sportpädagogische Aufgaben in außerschulischen Feldern. Jahrbuch der Bewegungs- und Sportpädagogik in Theorie und Forschung*, Bd.3. Butzbach-Griedel: Afra, 2004, S. 92-104.

10 | Bräuer, Gottfried: Zugänge zur ästhetischen Elementarerziehung. In: Deutsches Institut für Fernstudien an der Universität Tübingen (Hg.): *Musisch-Ästhetische Erziehung in der Grundschule. Grundbaustein Teil 1. Zugänge zur ästhetischen Elementarerziehung*. Tübingen: o.A., 1988, S. 31-102, hier: S. 82.

11 | Ebd.

12 | Fritsch, Ursula: Ästhetische Erziehung: Der Körper als Ausdrucksorgan. Sportpädagogik 13, Heft 5, 1989, S. 11-21, hier: S. 11.

13 | Eine ausführliche Darstellung der Gestaltungsprinzipien findet sich bei Klinge, Antje: Gestalten. In: Lange, Harald; Sinning, Silke (Hg.): *Handbuch Sportdidaktik*. Balingen: Spitta, 2007, S. 401-411.

14 | vgl. Klinge, Antje: *Nachmachen und Tanzen. Tanzen und Nachmachen*. Sportpädagogik 28, Heft 5, 2004b, S. 4-9.

15 | vgl. das Mastermodul Tanz in Schulen im MA Tanzkultur V.I.E.W. an der DSHS Köln und MA Tanzvermittlung im zeitgenössischen Kontext an der HfMT Köln.

Holistischer Kulturbegriff?

Musik – Kunst – Theater sind nur Fäden im Webteppich der Kultur.

Interkultur -> Interdisziplin!

Warum nur Musik – Kunst – Theater?

Warum nicht Deutsch-Kunst, Mathe-Musik, Theater-Geschichte?

Ist es nicht wichtiger, anstatt
Zugehörigkeiten zu diskutieren,
eher einen fruchtbaren Nährboden
für eine künstlerische Praxis für
ALLE zu schaffen?

Wer bestimmt, wo es lang geht?
Wer bestimmt, wer ich bin?

Während des Kongresses „Interkultur. Kunstpädagogik remixed" sammelten die Teilnehmenden entstehende Fragen auf einer Fragenwand.

Handlungsfelder 2:
Kunstpädagogik und Kulturelle Bildung –
Methoden und Ansätze

Der Umgang mit Neuem erfordert notwendigerweise auch in der Kunstpädagogik neue Ansätze. Doch diese sind nicht einfach die nächsten Schritte in der Abfolge fachdidaktischer Positionen, sondern dieses Mal – und das ist entscheidend – fungieren sie als programmatische Verankerung von Pluralität, Diversität und Vielfalt anstatt nach der einen, richtigen Position zu fragen. Das läuft nicht nur klassischen Mustern der Fachentwicklung entgegen, sondern auch dem Mainstream der deutschen Kunstpädagogik seit 1945, der sich vor allem durch die Orientierung an der jeweils aktuellen Kunst auszeichnete, die zugleich immer positiv gesehen wurde. (Dies gilt auch dann noch, wenn die fachdidaktische Position den Kunstbezug leugnet – s. Kapitel 3, Kunst und Bilder). Ob sich der neue, vielfältige Ansatz in einem anything goes der Beliebigkeit erschöpft, wird sich erst noch herausstellen.

Einleitend zeigen im folgenden Kapitel Thomas Brehm und Jessica Mack-Andrick diesen Hintergrund anhand der Institution auf, zu der die Besucher nicht automatisch (etwa per Schulpflicht) kommen: dem Museum. Die vorgeschlagenen Strategien und Wege zeigen deutlich, dass Zielgruppenorientierung das Ringen um die einzig richtige Position obsolet werden lässt, ein Aspekt der in der zukünftigen Weiterentwicklung des Nürnberg-Papers in den Abschnitten Personal- und Organisationsentwicklung noch stärker zu akzentuieren wäre.

Doris Kabutke reflektiert in ihrem Beitrag sehr eindringlich die Schwierigkeiten interkultureller Ansätze in der schulischen Praxis. Deren partielle Ablehnung durch Jugendliche macht deutlich, wie sensibel der Umgang mit angenommenen kulturellen Differenzen zu sein scheint. Daraus lassen sich verschiedene Schlussfolgerungen ziehen: eine aufwändige, reiche Erfahrungen bietende Schlussfolgerung (etwa Kooperationen zwischen Ländern zu initiieren – Susanne Liebmann-Wurmer, Tobias

Loemke) oder eine einfache, elementare, niedrigschwellige, aber vielleicht umso anspruchsvollere (Nonverbalität zu nutzen – Alfred Czech).

Die Pluralität ist jedoch nicht nur und schon gar nicht vor allem eine methodische. Sie erweist sich vielmehr dort, wo andere Traditionen (beispielsweise eine russische – Doris Hutter) ein vollkommen eigenständiges Verständnis von Kunstpädagogik praktizieren: trainieren des Illusionismus und die klare Funktionalisierung der künstlerischen Fähigkeiten als Wettbewerbsvorteil z.B. auf dem Arbeitsmarkt. Hier bedarf es vertiefter Forschungsanstrengungen: Welche Kunstpädagogik ist es, wenn sie von „Menschen mit Migrationsbedingungen" außerhalb der klassischen Bildungseinrichtungen wie Schulen und Museen angeboten wird? Das Nürnberg-Paper vermerkt dazu: „Vielfalt, etwa von Herkunft und Gegenwart, von Erzeugungspraxen in Kunst und Kultur, von global und lokal, muss im Kunstunterricht thematisiert und umgesetzt werden, es soll kunstpädagogisches Handeln insgesamt prägen." (A.1.)

Museen für alle!
Interkulturelle Aufgaben und Angebote der Museumspädagogik am Beispiel des Kunst- und Kulturpädagogischen Zentrums der Museen in Nürnberg (KPZ)

THOMAS BREHM, JESSICA MACK-ANDRICK

DAS KPZ IN NÜRNBERG

Das 1968 gegründete KPZ ist eine gemeinsame Einrichtung der Stadt
Nürnberg und der Stiftung Germanisches Nationalmuseum (GNM). Als
zentraler museumspädagogischer Dienst betreut es über ein Dutzend Museen und Ausstellungsorte in Nürnberg. Sein breitgefächertes personales
Vermittlungsangebot richtet sich an Schulen, Jugend- und Erwachsenen-
gruppen, an Einzelbesucherinnen und –besucher sowie Familien.[1]

ANGEBOTE FÜR Ü-KLASSEN

Übergangsklassen wurden in Bayern in den 1990er Jahre eingerichtet,
um Flüchtlingskinder aus den jugoslawischen Bürgerkriegsregionen
zusammenzufassen und auf den regulären Unterricht vorzubereiten.
Heute finden sich in diesen Klassen sowohl Flüchtlingskinder aus Afrika als
auch Kinder von Spätaussiedlern und anderen Zuwanderern. Gemeinsam
ist ihnen die für den regulären Unterricht unzureichende Beherrschung
der deutschen Sprache, deren Erwerb ein wichtiger Schwerpunkt des
Unterrichts ist. Des Weiteren sollen die Kinder mit dem neuen Land
vertraut werden und seine Kultur von der Hochkultur bis zum Alltagsleben
kennenlernen. Das KPZ bietet zur Zeit folgende Veranstaltungen für
Übergangsklassen an: *Berühmtes und Kurioses* ist ein Streifzug durch die
Dauerausstellung des GNM. *Stationen unseres Lebens*, ebenfalls im GNM,
bietet durch die Orientierung an menschlichen Grunderfahrungen individuelle Anknüpfungspunkte für jeden. Beim Angebot *Jeder Mensch wohnt*

Abb. 1

trägt die unterschiedliche Herkunft der Schülerinnen und Schüler wichtige Impulse für die gemeinsamen Museumsbesuche und das Gespräch über die verschiedenen Lebensweisen und Wohnkulturen bei. Im Museum für Kommunikation schließlich rückt mit der Veranstaltung *Vom Urlaut zum USB-Stick – Kommunikation kompakt* die Kommunikation selbst in den Mittelpunkt. Alle Veranstaltungen werden von einer speziell geschulten, delegierten Lehrkraft in enger inhaltlicher Abstimmung mit den Lehrkräften der Übergangsklassen durchgeführt. Die Veranstaltungen selbst können bis zu drei Museumsbesuche beinhalten je nach Motivation und Bedürfnis der Klassen. Die museumspädagogischen Angebote unterstützen den Spracherwerb und vermitteln Kenntnisse zur Kultur im deutschsprachigen Raum wie sie im GNM als größtem kulturhistorischem Museum dieses Sprachraums zu finden sind. Die Stärkung der individuellen Identität ist in diesem Zusammenhang besonders wichtig, die Entwicklung der gestalterisch-kreativen Fähigkeiten ein guter Weg dahin.

Aus der Arbeit mit Ü-Klassen zu Dani Karavans *Straße der Menschenrechte*, die 1993 vor den Neubauten des Germanischen Nationalmuseums errichtet wurde, entstand eine Lehrerhandreichung für die Arbeit mit Kindern und Jugendlichen zu den 30 Artikeln der UN-Menschenrechtscharta.[2] Die Arbeiten der Kinder und Jugendlichen aus den beteiligten Ü-Klassen zeigen eindringlich, welche Bedeutung den Menschenrechten vor dem Hintergrund individueller biografischer Erfahrungen mit Krieg, Bürgerkrieg und autoritären Regimen zukommt. Eine Bedeutung, die in den gesicherten Lebensverhältnissen bundesrepublikanischer Prägung oft nicht verstanden, ja nicht einmal wirklich erkannt wird.

ANGEBOTE FÜR ERWACHSENE UND FAMILIEN

Das umfangreiche Vermittlungsangebot für Erwachsene richtet sich auch an Museumsbesucherinnen und -besucher mit Migrationshintergrund z.B. durch fremdsprachige Führungen. Besonders beliebt sind Führungen in russischer Sprache, was sich durch das generell hohe Interesse der russisch-stämmigen Bevölkerung am europäischen Kunstkanon erklären lässt. Andere communities sind durch Museumsangebote in der Regel wesentlich schwieriger zu erreichen.

Interkulturelle Angebote können auch dabei helfen, Gemeinsamkeiten herauszuarbeiten und somit den Dialog der Religionen fördern. Dies ist das Ziel der vom KPZ veranstalteten interreligiösen Gespräche, die als öffentliche Führungen angeboten werden. Dabei handelt es sich um Gespräche von Religionspädagoginnen und -pädagogen unterschiedlicher Konfession vor Museumsobjekten. Konzipiert wurden sie von einer evangelischen Religionspädagogin, die als delegierte Lehrkraft am KPZ arbeitet. Da Museumsobjekte sich meist multiperspektivisch betrachten und interpretieren lassen, sind sie besonders für diese Form des Dialogs geeignet. Angesichts der Objekte kommen Angehörige verschiedener Religionen ins Gespräch. Anhand von Engelsdarstellungen werden zum Beispiel die Bedeutungen dieser Himmelswesen für Christen wie Muslime erörtert.[3]

Abb. 2

Aber auch jenseits konkreter religiöser Bezüge eröffnen Museumsobjekte den interreligiösen Austausch. Kulturhistorische Exponate wie zum Beispiel mittelalterliche Bettlermarken können zum Nachdenken über die Bedeutung karitativen Wirkens in den Religionen anregen. Das museumspädagogische Konzept des interreligiösen Gesprächs eröffnet viele Chancen für den Dialog der Religionen und nutzt die Möglichkeiten des Lern- und Bildungsortes Museum.

Allerdings werden solche Angebote bislang in der Regel – trotz persönlicher Kontakte zu islamischen Gemeinden – fast ausschließlich von Mitbürgerinnen und Mitbürgern ohne Migrationshintergrund genutzt. Die Erfahrungen des KPZ decken sich in diesem Punkt mit den Erfahrungen anderer Museen und museumspädagogischer Einrichtungen. Wie bei vielen außerschulischen Angeboten interkultureller Ausrichtung stellt die Zielgruppenansprache die wichtigste Herausforderung dar. Diese kann nur durch eine entsprechende personelle Ausstattung bewältigt werden, um dauerhaft Kontakte zu den Gesprächspartnerinnen und -partnern anderer Religionszugehörigkeit zu pflegen. Auch braucht es auf personeller Ebene geschulte Pädagoginnen und Pädagogen mit fundierten religionsgeschichtlichen Kompetenzen, um derartige Programme durchführen zu können. Die genaue Kenntnis der jeweils anderen religiösen und kulturellen Hintergründe ist zentral bei der Konzeption dieser Veranstaltungen – sei es nur bei der Festlegung der Uhrzeit von öffentlichen Angeboten, die z.B. nicht mit den Gebetszeiten kollidieren sollten.

Interkulturelles Arbeiten im Rahmen der Museumspädagogik hat auch dann größeren Erfolg, wenn Familien mit einbezogen werden können. Kinder, die sich in der Regel noch vorurteilsfreier begegnen, können mit ihrem Interesse und ihrer Begeisterung auch ihre Eltern inspirieren. Umgekehrt können gemeinsam positiv erlebte Stunden im Museum innerfamiliär Wirkung zeigen und beispielsweise dazu motivieren, gemeinsam kreativ zu sein oder auch noch einmal gemeinsam ins Museum zu gehen. Beim Ehrenamts-Projekt *Kulturfreunde* werden sozial benachteiligte Kinder aus Kindertageseinrichtungen Nürnbergs gefördert. Kinder können mit ihren Eltern gemeinsam Kultureinrichtungen besuchen und werden von jeweils einem ehrenamtlichen *Kulturfreund* begleitet. Viele von ihnen haben einen Migrationshintergrund. Auch das KPZ bietet für die ehrenamtlichen *Kulturfreunde* spezielle Familienangebote, die ähnlich wie die Angebote für Übergangsklassen darauf abzielen, die Erfahrungen unterschiedlicher kultureller Hintergründe mit einzubringen. Von der jeweils anderen Kultur zu lernen und offen zu sein für die Erfahrungen anderer ist hier das Ziel, ebenso wie die gemeinsame, verbindende kreative Arbeit. Nur mit entsprechender Drittmittelfinanzierung können Projekte wie die *Kulturfreunde* durchgeführt werden.

ARBEITSKREIS MIGRATION IM DEUTSCHEN MUSEUMSBUND

Im Deutschen Museumsbund hat sich ein Arbeitskreis Migration gebildet. Zunehmend stellen sich die Museen den Herausforderungen einer multikulturellen Zuwanderungsgesellschaft. Der Arbeitskreis fördert den Erfahrungsaustausch zwischen den Museen und erarbeitet einen Leitfaden, wie Museen das Thema *Migration und kulturelle Vielfalt* in die zentralen musealen Arbeitsbereiche Sammeln, Forschen, Ausstellen und Vermitteln integrieren können. Der Museumspädagogik, die aufgrund ihres bildungspolitischen Auftrags auf soziale und kulturelle Inklusion hin orientiert ist, kommt hierbei besondere Bedeutung zu.

Ein erster Entwurf steht nunmehr zur Diskussion.[4] Anregungen und Kritik nicht nur aus der Museumslandschaft sind sehr erwünscht.

Resümee: Museen bieten sich als Orte der Kommunikation und der ganzheitlichen Bildung für interkulturelle Vermittlung an. Für den Aufbau und die Pflege von Kommunikationswegen zu den (Teil-)Zielgruppen müssen ausreichende finanzielle und personelle Ressourcen bereitgestellt werden.

Interkulturelle Angebote erreichen oft nicht ihr anvisiertes Publikum, da dieses häufig andere als die traditionellen Kommunikationswege der Presse oder des Rundfunks nutzt. Im Rahmen von Projekten können Kommunikationswege zu einzelnen communities erschlossen werden, die sich nach Ende des Projekts meistens wieder verlieren. Strukturell qualitative Veränderungen sowie die unabdingbare Fort- und Weiterbildung der museumspädagogischen Mitarbeiterinnen und Mitarbeiter lassen sich nur mit einem kontinuierlichen Personal- und Mitteleinsatz erreichen.

ANMERKUNGEN

1 | Weitere Informationen unter http://www.kpz-nuernberg.de [11.1.2013].

2 | Rothe, Barbara: 30 rechte für menschen. Bilder und Texte, Lehrerhandreichung für die Arbeit mit Kindern und Jugendlichen zu den 30 Artikeln der Menschenrechte an Beispielen aus dem Unterricht für multinationale Klassen, Nürnberg 2000, über das KPZ zu beziehen.

3 | Vgl. den Blogbeitrag: http://www.kpz-nuernberg.de/blog/?tag=interrelgioses-gesprach [11.1.2013].

4 | www.museumsbund.de/de/fachgruppen_arbeitskreise/migration_ak/leitfaden [11.1.2013].

Kunstunterricht auf dem Boden der Tatsachen

Interkulturelle Projektarbeit in Konfrontation mit der Normalität hybrider Südstadtkultur in Nürnberg

Doris Kabutke

Die 940 Schülerinnen und Schüler des Pirckheimer-Gymnasiums Nürnberg (PGN) sprechen laut Auskunft der SMV 42 unterschiedliche Muttersprachen. Die Schulgemeinde kann sich glücklich schätzen, dass diese Vielfalt sich nicht in Gewalt zwischen den einzelnen kulturellen, ethnischen, nationalen Gruppen ausdrückt. Das Gymnasium engagiert sich im Projekt Schule ohne Rassismus, Schule mit Courage. Innerhalb der Südstadt Nürnbergs stammen die Schülerinnen und Schüler vor allem aus der Türkei und Russland mit sehr unterschiedlichen sozialen Lagerungen sowie aus ausgesprochen sozial schwachen, bildungsfernen Schichten Deutschlands. Der Unterricht muss sich an die Realitäten der multiethnischen, heterogenen Schülerschaft anpassen und in der Südstadt vor allem den sozialen Hintergrund der Familien der Schülerinnen und Schüler berücksichtigen. Die kulturelle Vielfalt und die oft sehr unterschiedlichen Vorstellungen von Bildung und Erziehung erfordern im Unterricht ein differenziertes und individuelles Eingehen auf die einzelnen Schülerinnen und Schüler unter Berücksichtigung der jeweiligen hybriden Lebenssituation.

Einen wesentlichen Pfeiler der Elternarbeit stellt der alljährliche interkulturelle Elternabend des PGN dar, der mit niedrigschwelligen Angeboten die Kommunikation zwischen Schülerinnen und Schülern, Lehrenden und Eltern mit Migrationshinter-

Abb. 1: Plakatentwurf „Interkultureller Elternabend", Schüler (9. Klasse)

grund fördern soll (Abb. 1). Im Mittelpunkt dieser Elternabende stehen
regelmäßig Projekte der Schülerinnen und Schüler aus dem Unterricht,
die den Eltern vorgestellt und durch mehrsprachige Lesungen, Schüler-
aktivitäten und internationalen Musikdarbietungen ergänzt werden. Die
Einladungsplakate zu diesem interkulturellen Elternabend wurden von einer 9. Klasse entworfen. Einige der Schülerinnen und Schüler beteiligten
sich auch an der Gestaltung des Abends, wodurch zusätzliche Motivation
entstand.

Die Einführung der Unterrichtseinheit erfolgte etwa Mitte Oktober
2011 mit Anbindung an das Thema Interkulturelle Kompetenz anhand
der Plakate des Künstlers Klaus Staeck Stell Dir vor, Du musst flüchten
und siehst überall „Ausländer raus!" (1989) und Würden Sie dieser Frau
ein Zimmer vermieten? (1971). Beide Plakate thematisieren die heteroge-
ne Lebenssituation und migrantische Herkunft vieler Schülerinnen und
Schüler. Wir sprachen über den ersten Eindruck, der vermittelt wurde
(Provokation, Irritation, Nationalismus, Mitleid, Angst...), über die ver-
mutliche Aussage/Intention Staecks (Wachrütteln, Vorurteile hinterfragen, Information, Kritikfähigkeit, Migrationsproblematik...) und schließlich über die konkrete Plakatgestaltung. Anschließend erarbeiteten wir die
notwendigen Informationen zum Elternabend, welche auf den Plakaten

Abb. 2: Plakatentwurf „Interkultureller Elternabend", Schülerin
(9. Klasse)

vorhanden sein sollten. In den nächsten Unterrichtsstunden thematisierte ich den Migrationshintergrund der Schülerinnen und Schüler (und ihrer Eltern und Großeltern), um über Traditionen, Nationalbewusstsein und Heimatgefühle Bildzeichen zu finden, die den heterogenen Hintergrund der Schülerinnen und Schüler symbolisch veranschaulichen könnten. Ihre Vorstellungen konzentrierten sich vor allem auf eingängige Symbolik, wie Flaggen, die Weltkarte, sich haltende Hände und Kinder unterschiedlicher Hautfarben – bekannte Symbole des friedlichen Zusammenlebens, der Vielfalt und der Gemeinsamkeiten, die für die Schülerinnen und Schüler einen hohen Wiedererkennungswert haben. Während einige sehr selbstständig an ihre Arbeit herangingen, kamen andere über das schlichte Abmalen von Flaggen oder Weltkarten nicht hinaus. Insgesamt hat sich als vorteilhaft für die interkulturellen Projekte herausgestellt, einen realen Bezug zum Schulleben herzustellen, um einen konkreten Nutzen sichtbar zu machen. Im Vergleich mit den vielen anderen interkulturellen Projekten, die ich dieses Schuljahr durchgeführt habe, ist das der Klasse 9d bei den Schülerinnen und Schülern am besten angekommen und am fruchtbarsten verlaufen.

In anderen Lerngruppen verliefen die interkulturellen Projekte weit weniger reibungslos, sondern riefen Widerstände hervor. Auffallend waren für mich die verschiedenen Reaktionen auf die Einführungsphasen der interkulturellen Projekte in den unterschiedlichen Klassen. Gegen das Unterrichtsprojekt Global Players einer 10. Klasse, das ausgehend von Bildern der Kunstgeschichte (Gauguin, Rembrandt, Expressionismus...) die Heterogenität der Klasse selbst thematisieren sollte, wehrten sich die Schülerinnen und Schüler und waren nicht bereit sich zu engagieren. Wurde in anderen Klassen über die Technik oder eine Gestaltungsweise zum interkulturellen Inhalt hingeführt, gelang die Motivation in der Regel problemlos. Dagegen resultierte aus der Hinführung, die Konflikte oder Probleme der Einwanderungsgesellschaft thematisierte, häufig eine eher ablehnende Haltung.

Möglicherweise bin ich bei meinen Versuchen, interkulturelle Themen im Unterricht einzuführen zu theoretisch an das Thema herangegangen oder die Schwierigkeiten hängen mit der Pubertät der Schüler zusammen. Erklären lässt sich die abweisende Einstellung mancher Schülerinnen und Schülern wohl insbesondere damit, dass sie den jeweiligen Migrationshintergrund nur wenig reflektieren oder die eigene, vielfach belastende migrantische Vergangenheit nicht reflektieren wollen. Sie fühlen sich offenkundig selbst in der gegenwärtigen multiethnischen Lebens- und Alltagssituation der Südstadt fest verwurzelt. In der Familie eine nicht deutsche Muttersprache, sondern Türkisch oder Russisch zu sprechen und zugleich in der Zweitsprache Deutsch in der Schule zu lernen, ist für die Schülerinnen und Schülern völlig normal. Sie selbst haben also keine Probleme mit der Vielfalt und den Überschneidungen von Nationalitäten, Kulturen und Ethnien bzw. wollen eventuelle Probleme vielleicht auch gar nicht sehen. Unser Unterricht sollte hier nicht versuchen, den Schülerinnen und Schülern eine vollkommen herkunftsorientierte, von der migrantischen Vergangenheit ausgehende Identität und Identifikation aufzudrängen. Die Schülerinnen und Schüler fühlen sich einfach als Nürnberger Südstädter und hier daheim. Für sie ist es normal aus der Türkei oder Asien zu stammen und in Nürnberg zu leben, sie reflektieren anscheinend auch nicht weiter Unterschiede und Gemeinsamkeiten der verschiedenen Völker. Zuhause wird Türkisch, in der Schule Deutsch gesprochen, am Samstagvormittag in die Koranschule gegangen, nachmittags am Dutzendteich mit Freunden anderer Nationalität gegrillt, abends geht es ins Kino mit amerikanischem oder Bollywood - Film, anschließend gibt es einen Döner, Sushi oder Fastfood. Die Schülerinnen und Schüler der Südstadt kommen offensichtlich sehr gut mit dem Remix der Identitäten, Zugehörigkeiten und Kulturen zurecht.

Aus dem Zusammenleben der Schülerinnen und Schüler untereinander können vielleicht gerade wir Erwachsenen aus dem gehobenen Bildungsbürgertum lernen, Heterogenität und Diversität als moderne Realität endlich zu akzeptieren und als Bereicherung zu empfinden. Gerade im Sinne der Globalisierung, die letztendlich nicht aufhaltbar ist und viele Vorteile sowie Verantwortung mit sich bringt, ist es dringend notwendig, auch unsere eigenen Vorurteile abzubauen, vieles lockerer zu sehen, sich dem vielleicht bisher Fremden gegenüber mehr zu öffnen. Es gibt also noch viel für uns zu tun. Nichtsdestotrotz halte ich es für richtig, dass Menschen nach ihren Wurzeln fragen und das Interesse der Jugendlichen für ihre Abstammungen zu wecken, aufrecht zu erhalten und zu fördern. Denn wenn man nicht weiß, woher man kommt, woher soll man dann wissen, wohin es gehen soll?

Babylon und andere Türme –

Kunstpädagogische Perspektiven interkultureller Kommunikation

SUSANNE LIEBMANN-WURMER

Nachhaltig in Erinnerung geblieben ist mir ein Rundgang durch eine verlassene Fabrikhalle, in der an einer Wand auf einer Tafel unzählige Streichholzschachteln angebracht waren, welche die früheren Fabrikarbeiter offensichtlich großenteils aus ihren Heimatländern mitgebracht hatten. Dieses *partizipatorische Kunstwerk* ist mir, lange bevor dieser Begriff in Mode kam, bis heute unvergesslich geblieben. Die ästhetisch faszinierende internationale Sammlung bezeugte eine zeitliche und räumliche Spanne, die auch auf biografische und gesellschaftliche Dimensionen verwies. Dieses nebenbei im beruflichen Alltag entstandene Werk einer interkulturellen Fabrikarbeitergemeinschaft erschien mir eindrücklicher, aussage-

Abb. 1: Deutsch-Türkischer Postkartendialog.

kräftiger und berührender als manches Kunstwerk im Museum. Es hatte sich aus der Situation heraus entwickelt.

Anders verhält es sich es bei vielen künstlerischen und kunstpädagogischen Projekten: Zuerst entsteht das Konzept und damit bereits eine Vorstellung der möglichen Ergebnisse. Die drei im Folgenden zur Diskussion gestellten Beispiele interkulturellen kunstpädagogischen Handelns gehen von der Geschichte des Turms von Babylon aus, der durch seine schillernde Auslegung zwischen Historie und Mythos bis heute eine breite Projektionsfläche für das Thema Interkultur bietet.1 Im Mittelpunkt steht bei allen Projekten die Frage, ob und auf welche Weise es gelingen kann, durch bildnerisches Handeln im Dialog mit anderen Ländern und Kulturen das Eigene und das Fremde zu verbinden und damit neue Horizonte zu eröffnen.

1. HANDY UND HÄNDE

Abb. 2: Audiovisuelle Installation „Babylon. handys und Hände", Schülerarbeit.

Während des 7. Internationalen Kammermusikfestivals in Nürnberg 2008 wurde das *babylon-experiment* uraufgeführt, ein Musiktheaterstück, das von Jugendlichen in Zusammenarbeit mit internationalen Künstlerinnen und Künstlern geschaffen wurde. Begleitend dazu wurde eine Ausstellung konzipiert, für die mehrere Schülergruppen bildnerische Arbeiten anfertigten, die abschließend im Neuen Museum Nürnberg ausgestellt wurden. Eine der Gruppen (Helene-Lange-Gymnasium Fürth) drückte die babylonische Sprachenvielfalt und Sprachverwirrung mittels des Symbols des Handys aus – des von Jugendlichen meistgenutzten Kommunikationsmediums: Einerseits ist es Symbol der heute fast immer und überall möglichen Vernetzung und elektronischen Kommunikation, andererseits verdeutlicht es die nach wie vor bestehenden Sprachbarrieren – auch akustisch bei unzähligen gleichzeitig geführten Gesprächen im öffentlichen Raum wahrnehmbar. Interessanterweise wird die schriftliche elektronische Kommunikation zunehmend ergänzt durch sprachenübergreifende Icons wie z.B. die Smileys, wodurch Bild und Geste auch hier besondere Bedeutung erhalten.

Mit Hilfe von Gips-Negativformen fabrizierten die Schülerinnen und Schüler eine größere Menge handyähnlicher Tontafeln, in die sie verschiedensprachige Textteile integrierten. Aus diesen Tafeln entstand eine audiovisuelle Installation, die Assoziationen an das Fragment eines Turmes oder an archäologische Fundstücke hervorriefen. Teil der Inszenierung war ein Videofilm, in dem der Text des Theaterstücks nur mit Händen gestisch dargestellt wird.

In dieser Arbeit waren die Schülerinnen und Schüler vor allem in der Planungsphase sowie bei der Auswahl der Motive stark beteiligt. Die Filmarbeiten entstanden unter Leitung der Studentin Cathérine Lehnerer. Bei der abschließenden Präsentation waren die professionellen Anregungen des an dem Projekt beteiligten Künstlers Michael Schmidt-Stein sehr bereichernd.

2. BABYLON – EIN INTERKULTURELLES PROJEKT

Die Studentin Alexandra Wolf initiierte im Rahmen ihrer Abschlussarbeit einen Briefwechsel in Bildern zwischen einer Schulklasse in Deutschland und einer Schulklasse in der Türkei: Die deutschen Fünftklässler gestalteten Postkarten, auf denen sie im Prägedruckverfahren Türme ihrer Heimatstadt Nürnberg abbildeten. Im zweiten Schritt wurde an der Nähmaschine ein *roter Faden* durch alle Bilder gesteppt, der beim Zusammenlegen der Karten den Umriss eines Turmes ergab. Das Gesamtergebnis beinhaltete daher sowohl die individuell gestalteten Karten als auch einen gemeinsamen *Turm* aller Beteiligten.

Die Postkarten wurden per Post nach Istanbul gesandt, wo die Adressaten – ebenfalls Fünftklässler – ihrerseits Postkarten anfertigten: Sie malten großformatig über mehrere Karten hinweg die Türme Istanbuls. Legt man die Karten ihrer Nummerierung folgend zusammen, so wird auf der einen Seite die Silhouette der Hagia Sophia und auf der anderen

Abb. 3: Transparente Dialoge (Ausschnitt).

die Skyline Istanbuls erkennbar. Die türkischen Karten ordnen sich mehr als die der deutschen Jugendlichen dem Gesamtkonzept unter und sind dementsprechend schematischer und weniger individuell in Farb- und Formgebung. In diesem Projekt wurden Technik, Material, Format, Motiv und Vorgehensweise vorher festgelegt. Das abschließend zusammengesetzte Gesamtergebnis wurde von der Lehrerin antizipiert. Die Jugendlichen waren jedoch sichtlich sehr zufrieden: Sie wurden offenbar genügend einbezogen, indem jeder seine eigene Karte anfertigen konnte.

3. TRANSPARENTE DIALOGE

Im dritten Projekt fand ebenfalls ein deutsch-türkischer Dialog in Bildern statt, diesmal zwischen zwei vierten Klassen – die eine in Deutschland, die andere in der Türkei. Ermöglicht wurde dieses Kunstprojekt durch Studierende des Lehrstuhls für Kunstpädagogik der Universität Erlangen-Nürnberg, die die Bilder der Viertklässler im Rahmen einer Studienreise hin und her transportierten. Jedes Kind malte ein Selbstportrait auf eine transparente Plexiglasplatte, sandte dieses im Zuge des Austauschs an die Partnerklasse im anderen Land und erhielt im Gegenzug eines von dort. Auf eine zweite Plexiglasplatte, die über die bereits bemalte gelegt wurde, durfte es nun einen eigenen Hintergrund zum fremden Gesicht erfinden. Anschließend wurden die beiden Platten mit einem Abstand von ca. einem Zentimeter aufeinander montiert. Damit versinnbildlichen sie einen interkulturellen Dialog, der die Distanz respektiert und gerade darin eine Chance sieht: Sowohl ästhetisch-formal wie auch inhaltlich-symbolisch entstehen hier im Zwischenraum neue Klänge wie auch Ein- und Ausblicke – Ausdruck und Darstellung eines zwischenmenschlichen Dialogs. Das sehr *sprechende* Gesamtergebnis dieses bildnerischen Dialogs von Kindern über mehr als zweitausend Kilometer hinweg ist eine faszinierende transparente, farbige Installation, in der zugleich die Vielfalt wie auch die Ähnlichkeit kindlicher Bildsprachen sichtbar wird.

Auch in diesem Projekt wurde vorgedacht und nach festen Regeln gearbeitet: Technik, Material, Größe und Thema waren vorgegeben. Innerhalb dieses Designs konnte jeder seine eigenen Darstellungsformen wählen und selbständig nach eigener Empfindung und Vorstellung auf sein bildliches Gegenüber reagieren. Die Kinder bearbeiteten die Aufgabe beiderseits mit großer Freude über die zu ihnen gereisten Bilder. In

Abb. 4: Transparente Dialoge - Schülerprojekt, 4. Klassen aus
Deutschland und der Türkei.

den handgemalten Bildern war ein Stück der fremden Kinder anwesend, in den persönlichen Bildantworten wurden sie in die eigenen Bildwelten eingeladen.

Im Rückblick auf diese drei Beispiele stellt sich vor allem die Frage nach der Balance zwischen Lenkung und Partizipation. Die Gratwanderung zwischen den ästhetischen Vorstellungen der Kinder und Jugendlichen und den eigenen ästhetischen Ansprüchen ist den meisten Kolleginnen und Kollegen der künstlerischen Fächer vermutlich bekannt. Noch schwieriger wird es, wenn es um die Kommunikation zwischen Ländern mit Unterschieden in den ästhetischen kulturellen Prägungen geht. Es ist eine Kunst, das richtige Maß zwischen professioneller Lenkung und individueller Partizipation zu finden, damit es gelingt, die Integration individueller und kultureller Vielfalt in einem qualitativ-künstlerisch überzeugenden Gesamtergebnis zu visualisieren.

Kann Bild- und Körpersprache sprachliche Kommunikation ersetzen? Teilweise sicher ja.

Voraussetzung ist ein gemeinsamer Rahmen oder ein gemeinsames Projekt, in dem unterschiedliche kulturelle Ausprägungen und Perspektiven sowie unterschiedliche Kenntnisse und Fähigkeiten integriert, gebraucht und gewürdigt werden können.

In der gemeinsamen künstlerisch-ästhetischen Praxis ergeben sich nonverbale Kommunikation und Zusammenarbeit, die das Interesse an anderen bildlichen *Vokabeln*, Vorstellungen und Deutungen sowie an deren kulturellen Ursprüngen wecken können. Durch die Auseinandersetzung mit dem Anderen werden sowohl die eigene Prägung und Erziehung sowie die damit verbundenen Potenziale und Einschränkungen als auch Gemeinsames und Verwandtes, Übergänge und Parallelen bewusst. Die Auseinandersetzung mit anderen Sichtweisen kann – ähnlich wie in der Kunstgeschichte – auch im kleineren Rahmen zu neuen, oft überraschenden Bildlösungen anregen.

ANMERKUNG

1 | Vgl. Kataloge zur Ausstellung Babylon – Mythos und Wahrheit, Pergamonmuseum Berlin 26.6.-5.10.2008, Katalogband Mythos, hrsg. von Moritz Wullen u. Günther Schauerte in Zusammenarbeit mit Hanna Strzoda, München: Hirmer Verlag 2008 sowie Katalogband Wahrheit, hrsg. von Joachim Marzahn und Günther Schauerte in Zusammenarbeit mit Bernd Müller-Neuhof und Katja Sternitzke, München: Hirmer Verlag 2008.

Ortswechsel: Kunstpädagogische Projekte im Ausland

TOBIAS LOEMKE

Schulische Studienfahrten sind oft touristisch konzipiert. Man reist an den anderen Ort, betrachtet die Sehenswürdigkeiten des Gastlandes oder vertieft die Landessprache. Dass jedoch gerade das gemeinsame bildnerische Arbeiten für transkulturelle Erfahrungen von Verschiedenheiten, Eigenarten und Gemeinsamkeiten eine hervorragende Grundlage bilden könnte, bleibt zumeist wenig berücksichtigt.

Spletenija ist ein Projekt, das als prägnantes Ausgangsbeispiel für internationale bzw. interkulturelle Projekte dienen kann. Es ist die Weiterentwicklung des Projekts *Temporärer Syntopie-Ort*, das 2006 mit den Schülerinnen und Schülern meines Kunstleistungskurs, dem deutsch-russischen Künstler Igor Sacharow-Ross und dem Hirnforscher Ernst Pöppel am Kurfürst-Maximilian-Gymnasium Burghausen stattfand.

Igor Sacharow-Ross wurde im stalinistischen Verbannungsort seiner Eltern 1947 in Chabarowsk/Fernostsibirien geboren und siedelte als junger Mann gegen den Willen der Behörden nach Leningrad über, wo er sich in der nonkonformistischen Kunstszene engagierte. Nicht zuletzt deswegen wurde er Ende der 1970er Jahre aus der Sowjetunion verbannt. Seither lebt und arbeitet er in Deutschland. Sein Werk trägt stark biografische Züge. Zentrales Element seines Ouevres ist die Verbindung und Verknüpfung der von ihm erinnerten Bilder aus seinen entgegengesetzten Lebenswelten.

Dem Burghauser Projekt war der Syntopie-Gedanke Ernst Pöppels zu Grunde gelegt, der als wesentliche Struktur unseres Gehirns die Vernetzung der verschiedenen neuronalen Elemente ansieht. Dieses Verbinden der zuvor voneinander getrennten Orte/Topoi bezeichnet er als Syntopie, durch die sich Wissen bilde. Nach Pöppel seien die Erinnerungsbilder an die von uns erlebten unterschiedlichen Orte allesamt im Gehirn miteinander verbunden. Durch die Erinnerung an den einen Ort könnten wir ihn erst vom anderen Ort unterscheiden und uns entsprechend orientieren. „Erinnerungswissen aus der Vergangenheit" sei, so Ernst Pöppel, „mit Orten verbunden, die sich bleibend in unser Gedächtnis eingeprägt haben. Die Bilder dieser Orte beziehen sich auf hervorstechende Episoden unserer Lebensgeschichte, mögen sie beglückend oder verletzend gewesen sein. Diese Bilder bestimmen unser Selbst, und sie verbinden uns mit der Welt."[1]

Im Burghauser Projekt brachten die Schülerinnen und Schüler Gegenstände, Texte und Bilder mit, die für sie mit Erinnerungen aufgeladen waren. Im Verbinden und Verknüpfen der unterschiedlichen Gegenstände

Abb. 1

verwoben sie ihre eigenen Erinnerungen mit denen der anderen im
syntopischen Prozess. In der hierfür
nötigen Kommunikation bildete sich
ein komplexer gruppendynamischer
Prozess, der die Gruppe des Leis-
tungskurses intensiv miteinander
verband.

Abb. 2

Im Nachhall des Burghauser
Syntopie-*Orts* entwickelten Sacha-
row-Ross und ich die Idee einer interkulturellen Verbindung meiner deutschen mit russischen Schülerinnen und Schülern in St. Petersburg, wo
Sacharow-Ross 2007 im Museum für Kommunikation ausstellte. Da sich
das russische Schulsystem deutlich von unserem unterscheidet, mussten
wir den ursprünglichen Plan, Schülerinnen und Schüler als Projektpart-
ner zu gewinnen, aufgeben und stattdessen nach russischen Studierenden
suchen, die nicht viel älter als die Schülerinnen und Schüler meines Leis-
tungskurses waren.

Sowohl die russischen Studierenden als auch meine Schülerinnen und
Schüler bereiteten sich auf das Projekt intensiv vor und gestalteten im
Vorfeld mehrere Meter lange Streifen mit visualisierten Erinnerungen an
besonders hervorstechende oder relevante Ereignisse ihres Lebens. Ernst
Pöppel erklärt, dass das bildliche Wissen unsere Identität bestimme: „Das
Wissen um uns selbst, wer wir eigentlich sind, was unser Selbst ausmacht,
wird bestimmt durch jene Bilder, die wir in uns tragen."[2]

Die Phase der Vorbereitung war elementar für die Durchführung. Hier
bildete sich die Grundlage, auf der die gemeinsame syntopische Verknüpfung entstehen konnte. Für Ernst Pöppel treten wir „mit dem hergestellten
Bild wie auch mit dem Bild, das in unserem Gedächtnis gespeichert ist,
aus dem nur gegenwärtigen Erleben heraus. Dies bedeutet", so Ernst Pöppel, „dass wir mit dem Bezug zu einem Bild in uns und um uns, also dem
erinnerten und dem hergestellten Bild, uns überhaupt erst als Menschen
bestimmen, denn zu den menschlichen Seinsbedingungen gehört Orientierung in die Zukunft und Verwurzelung in der Vergangenheit; nur in einer zeitlichen Verankerung, die über die unmittelbare Gegenwart hinaus-
geht, kann Wissen aus der Vergangenheit Bedeutung haben oder macht
der Begriff Hoffnung überhaupt Sinn."[3] *Spletenija* verband das Vergangene
der Schülerinnen und Schüler und Studierenden mit der Gegenwart und

bahnte mehrfache Grenzen überschreitende Erfahrungen an. Herausfordernd war die gemeinsame Suche nach einer Struktur, die Verbindung
und spielerisches, gemeinsames Handeln ermöglichte. Aus vorgefunde-
nen Ausstellungselementen, Dachlatten und großen farbigen Folien schu-
fen wir Binnenräume, in denen einzelne Beziehungen sichtbar werden
konnten. Jenya Nazarov druckte auf sein Band die gesamte organisatorische Kommunikation zwischen ihm, Sacharow-Ross und mir in Russisch
und Englisch (Abb. 1). Dieses Band spannte sich vor Johannes Schüchners
eindrucksvolles Bananenblatt, das er von seiner Guatemala-Reise nach St.
Petersburg mitgebrachte (Abb. 2). Anna Küffner verknüpfte Elemente aus
einer jahrelang angewachsenen Sammlung textiler Materialien zu einer
Wand, Anna Maysyuk hingegen erzählte mit ausdrucksstarken Fotografien
vom Leben auf dem russischen Land. Masha Podguskaya integrierte in
ihre Bänder eigene Kinderzeichnungen, die sie mit Hilfe ihrer digitalen
Fähigkeiten mit aktuellen Fotografien überlagerte (Abb. 3).

Die interkulturelle Begegnung wurde auch dadurch gefördert, dass die
deutschen Schülerinnen und Schüler bei den russischen Studierenden
wohnten. Jonas Sattler, einer meiner Schüler, schreibt: „Wir waren einzeln
bei den russischen Studenten, die am Projekt teilnahmen, untergebracht.
Das allein erforderte schon viel mehr interkulturelle Kommunikation und
Empathie als auf normalen Studienreisen. Wir schliefen in deren Woh-

Abb. 3

nungen, wir besuchten nach der Arbeit im Museum deren Lieblingsplätze, lernten deren Freunde kennen, etc."

Betrachtet man *Spletenija* mit Abstand und überlegt sich, welche einzelnen Eckpunkte für eine sinnvolle interkulturelle Arbeit im Kontext von Studienreisen ins Ausland relevant sind, kristallisieren sich folgende Punkte heraus:

Für ein gelingendes länderübergreifendes Konzept ist es notwendig, dass die Organisatorinnen und Organisatoren der künstlerischen Zusammenarbeit das Projekt gemeinsam entwickeln und gleichberechtigt dafür Verantwortung tragen.

Es ist wichtig, sich auf das gemeinsame interkulturelle Projekt künstlerisch vorzubereiten, weil durch die vorgelagerte Konzentration auf das Eigene eine optimale Grundlage für die Arbeit mit dem Anderen in der gemeinsamen Gegenwart geschaffen werden kann.

Inhaltlicher Kern für interkulturelle Projekte dieser Art kann Verschiedenes sein, das mit der alltäglichen Lebenswirklichkeit oder der Vergangenheit der Teilnehmerinnen und Teilnehmer in Verbindung steht. Hilfreich sind Einschränkungen, da sie die Differenz oder die Ähnlichkeit der typischen Vorgänge demonstrieren (z.b. fotografische Dokumentation alltäglicher Rituale; Darstellen elementarer Orte, an denen wesentliche Ereignisse stattfanden; Zeichnen der wichtigsten Gegenstände; malerisches Festhalten typischer Farbigkeiten der Umgebung etc.).

Für den Start des gemeinsamen Projekts ist es wichtig, die zu Hause erstellten Arbeiten gemeinsam zu betrachten und sich gegenseitig vorzustellen, da so eine solide kommunikative Grundlage geschaffen wird.

Im gemeinsamen bildnerischen Handeln am anderen Ort entsteht eine Arbeit, in der die zu Hause entwickelten Vorbereitungen miteinander verbunden, transformiert oder weiterentwickelt werden.

Für eine zweckmäßige interkulturelle Zusammenarbeit sind gemischte Zweier- oder Viererteams aus den jeweiligen Kulturen sinnvoll, um im kleinen Bereich interkulturelles Arbeiten zu ermöglichen.

Ein gelungenes, interkulturelles Projekt braucht ein Ziel, auf das es sich lohnt hinzuarbeiten. Dies kann eine Abschlusspräsentation oder eine Dokumentation sein, auf die die einzelnen Teilnehmerinnen und Teilnehmer stolz sein können.

Jonas Sattler ergänzt rückblickend: „Normale Klassenausflüge und Studienfahrten erinnern mich im Nachhinein immer mehr an Safaris. Man reist an ferne Orte, hält sich dort eine Weile auf, sieht das Wichtigste und ist doch nie Teil davon. Taucht nicht ein. Bei der Reise nach St. Petersburg verhielt sich dies anders [...]. In St. Petersburg war ich Teil eines Projekts, mir war im Vorhinein klar, dass ich eigene aktive Leistung bringen und Stellung beziehen werden müsse. Das war anstrengend und motivierend zugleich. Bei normalen Studienfahrten ist der anstrengendste Teil häufig, passiv Vorträgen zu lauschen und Gebäude zu besichtigen. Man muss keine eigene Dynamik einfließen lassen, damit das Konzept greift. Dagegen waren in St. Petersburg permanent innere und äußere Ambitionen vorhanden, sich selbst und somit das größere Ganze weiter zu bringen. [...] Wir mussten kämpfen, ausweichen, zuhören, schreien, lernen, lehren, uns zurücknehmen und uns durchsetzen. Und selbst unseren Platz innerhalb der der Gruppe, des Projekts, St. Petersburgs finden."

ANMERKUNGEN

1 | Pöppel, Ernst: Der Rahmen. Ein Blick des Gehirns auf unser Ich, München: Hanser 2006, S. 326.

2 | Ebd., S. 147.

3 | Ebd., S. 145-146.

LITERATUR

Buchhart, Dieter (Hg.): Igor Sacharow-Ross. Abgebrochene Verbindung - lost connection, Nürnberg: Verlag für Moderne Kunst, 2006.

Loemke, Tobias: „Unser Garten", in: Sacharow-Ross, Igor; Borovskiĭ, A. D.: Geflechte. Ausstellungsprojekt = Spletenija = Networks; Köln: Salon-Verlag 2008, (o. S.).

Niehaus, Andrea (Hg.): Syntopia. Igor Sacharow-Ross, Köln: Wienand 2007.

Pöppel, Ernst: Wo ist Syntopia? - Where is Syntopia?, in: Igor Sacharow-Ross und Ernst Pöppel (Hg.): Sapiens sapiens, Köln: Salon-Verlag 2002, S. 21-22.

Pöppel, Ernst: Der Rahmen. Ein Blick des Gehirns auf unser Ich, München: Hanser 2006.

Sacharow-Ross, Igor; Borovskiĭ, A. D.: Geflechte. Ausstellungsprojekt = Spletenija = Networks, Köln: Salon-Verlag 2008.

Sacharow-Ross, Igor; Pöppel, Ernst (Hg.): Sapiens sapiens. [Syntopia, Köln]. Köln: Salon-Verlag 2002.

Nonverbale Kommunikation im Museum

Alfred Czech, Ilona Bacher-Göttfried

Auf Flughäfen treffen Menschen aller Sprachen und Kulturen aufeinander. Zu ihrer Orientierung wird ein international einheitliches Repertoire von einfachsten Bildern, sogenannten Piktogrammen, angewandt. Diese nonverbale Form einer interkulturellen Kommunikation kann auf die Vermittlung im Museum übertragen werden. Der nonverbale Ansatz geht nicht von einer Rekonstruktion kultureller Voraussetzungen oder der Gegenüberstellung von Kulturen aus, bei der die Vermittlung kunst- und kulturhistorischer Informationen im Zentrum steht. Vielmehr reagiert er auf eine sich ständig wandelnde Mischkultur, die zunehmend auf interkulturellen Bildkompetenzen basiert.

NEUGIER UND SKEPSIS

Da immer mehr Kinder und Jugendlicheins Museum kommen, die über eine elaborierte Sprache kaum erreichbar sind oder noch kein Deutsch sprechen, müssen Vermittlerinnen und Vermittler auf elementare Verständigungsformen mit Bildern und Piktogrammen zurückgreifen. Das regt vor allem bei jungen Menschen Neugier und Interesse an, stößt aber bei Kunstvermittlern häufig auf Skepsis: Ist eine Vermittlung ohne Worte im Museum überhaupt sinnvoll und fruchtbar? Ist es möglich, in der Kunst- und Kulturvermittlung teilweise auf Sprache zu verzichten? Was lässt sich mit nonverbalen Methoden bewirken und was nicht?

IM STUDIO / IM MUSEUM - KURZBESCHREIBUNG DES WORKSHOPS

Zwei Methoden sollen hier anhand der Erfahrungen eines Workshops im Germanischen Nationalmuseum Nürnberg vorgestellt werden.

PUZZLE/FÄDEN ZU EINEM STERN SPANNEN

Ein Puzzle mit einem islamischen Ornament eröffnet den Zugang zu ornamentaler Gestaltung, zur Freude an gestalterischer Ordnung, die sich in allen Kulturen findet. Ornamente können auch performativ erfahren werden. Je drei Teilnehmende pro Gruppe bekommen eine farbige Schnur in die Hand. Vier Gruppen sollen nach Vorlage eines Piktogramms gemeinsam einen regelmäßigen Stern bilden, durch die Position ihrer Körper ein Ornament im Raum entstehen lassen. Mit Gesten und wenigen Worten organisieren sie sich und bilden fast ohne Sprache den Stern. Gleichzeitig wachsen mit der Aktion ein Gemeinschaftsgefühl und ein *Gefühl* für den Ausstellungsraum, in dem die Teilnehmenden sich spielerisch bewegen.

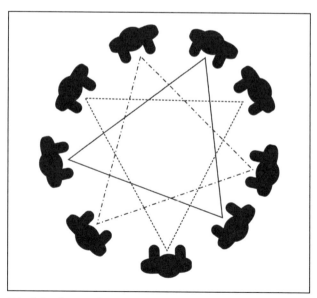

Abb. 1: Quelle: www.facebook.de

Abb. 2

KOPFBEDECKUNGEN MIT HILFE VON PIKTOGRAMMEN ENTDECKEN

Die spätgotischen Tafelgemälde des Germanischen Nationalmuseums zeigen eine erstaunliche Vielfalt an Kopfbedeckungen: Kappen, Kopftücher, Hauben, Helme, Hüte, Kronen. Ein solches Bilderangebot lädt ein, die Teilnehmenden mit Piktogrammen, die sehr vereinfachte Kopfbedeckungen zeigen, auf Entdeckungstour zu schicken. Sie suchen im Ausstellungsraum nach Bildern mit Kopfbedeckung. Vor den Bildern ihrer Wahl legen sie ihre Piktogramme ab. So können die anderen Teilnehmerinnen und Teilnehmer die Entdeckungen nachvollziehen. Die Vielfalt des Bilderangebots bietet Raum für Aufspürungen und eröffnet Spielräume, nach eigenen Vorlieben auszuwählen. Die Piktogramme vor den Bildern stecken diese Möglichkeiten für alle nachvollziehbar ab.

Während einige *blitzschnell* verstehen und die nonverbale Aufgabe in Aktion umsetzten, kämpfen andere mit Unklarheiten (zu offene Form des Piktogramms, Zuordnung von Piktogramm und Gemälde). Als Impuls für Aktivität und Entdeckungen wird die Aufgabe von Kindern und Jugendlichen insgesamt positiv aufgenommen. Erwachsene wünschen sich meist eine vertiefende Betrachtung oder weiterführende Information.

POTENTIALE DER NONVERBALEN KOMMUNIKATION FÜR DIE INTERKULTURELLE KOMMUNIKATION

Diese Aufgaben werden schnell verstanden, auch wenn sie einige Teilnehmende verunsichern. Sie provozieren spontane Zuwendung zu Bildern oder Objekten und fördern den Kontakt untereinander. Nonverbale Methoden können intensive Diskussionen auslösen. Während einige die Methoden begeistert aufnehmen, betrachten andere sie mit Skepsis. Folgende Schwächen und Stärken nonverbaler Kommunikation zeichnen sich ab:

Schwächen:
- In Bildern lassen sich Aufgaben nicht so eindeutig stellen wie in Worten. Die Teilnehmerinnen und Teilnehmer können sie unterschiedlich auffassen, was zu Missverständnissen aller Art führen kann. Die Vieldeutigkeit kann aber auch einen positiven Effekt haben, wenn die Aufgabe in neuer, kreativer Weise interpretiert und umgesetzt wird.
- Wenn Teilnehmerinnen und Teilnehmer ihre Erfahrungen nur mangelhaft mitteilen können, können die Vermittelnden diese Erfahrungen der Gruppe nur begrenzt weitergeben und auswerten.
- Hintergrundinformationen und komplexe Sachverhalte lassen sich mit nonverbalen Methoden nur sehr beschränkt vermitteln, keine der behandelten nonverbalen Methoden eignet sich für eingehende Analysen und Bewertungen von kulturellen Objekten.

Für nonverbale Methoden oder solche, die mit minimalen Erklärungen auskommen, spricht:
- Sie erlauben schnelle Einstiege ohne Sprachbarrieren. Auch Teilnehmerinnen und Teilnehmer, die der deutschen Sprache kaum mächtig sind oder einen sehr begrenzten Wortschatz haben, können das Vermittlungsangebot verstehen und mitmachen.
- Durch das niederschwellige Anspruchsniveau können alle die Aufgabe nach eigener Auffassung gestalten: Ihre Bewältigung vermittelt ein schnelles Erfolgserlebnis.
- Bildimpulse und Piktogramme können durch ihre Offenheit ideal selbst gesteuerte Entdeckungen und Erfahrungen anregen.

Nonverbale Kommunikation bietet schließlich große Potenziale für die Kunst- und Kulturvermittlung im Museum und an anderen Orten, diese müssen in der Praxis aber erschlossen werden.

LITERATUR

Heringer, Hans Jürgen: Interkulturelle Kommunikation, 3. Aufl. Tübingen, Basel 2010.

Krampen, Martin; Götte, Michael; Kneidl, Michael: Die Welt der Zeichen. Kommunikation mit Piktogrammen, Ludwigsburg 2007.

Kumbier, Dagmar; Schulz von Thun, Friedemann (Hg.): Interkulturelle Kommunikation: Methoden, Modelle, Beispiele, 5. Aufl. Reinbek bei Hamburg 2011.

Lui, Yang: Ost trifft West, Mainz 2007.

Osuji,Wilma: Die 50 besten Spiele zum interkulturellen Lernen, München 2010.

Malkurse für junge Zuwanderer aus Russland im Haus der Heimat e.V. Nürnberg

Erfahrungen mit Themen, Bildsprache und Unterrichtsformen

Doris Hutter

Im 1998 erbauten Haus der Heimat Nürnberg (HdH) wird neben dem Hauptziel „Pflege der Tradition und Kultur der Deutschen, die ihre Heimat verloren haben" in hohem Maße Integrationsarbeit, besonders für Deutsche aus Russland, geleistet. Hand in Hand mit den sieben Angestellten arbeiten rund 40 Ehrenamtliche in sechs Arbeitskreisen regelmäßig im und für das HdH. Der Verein ist aktives Mitglied im Stadtteilforum Nürnberg-Langwasser und vernetzt mit dem Bürgerverein Langwasser, den Wohlfahrtsverbänden und städtischen Institutionen wie dem Jugendamt, dem Allg. Sozialdienst usw. Neben Projekten, die von den Mitgliedern durchgeführt werden, bietet das HdH regelmäßig Sprachkurse, Aussiedlerberatung, Informationsreihen, Forschung über die Deutschen im Osten, Bräuche und Brauchtumsveranstaltungen (wie Volkstanz und Trachtenpflege) an, aber auch Seniorentreffen, Gesang, musikalische Früherziehung, modernen Tanz, Theater, Ausstellungen, Mundartlesungen, Buchpräsentationen, Malkurse und Förderunterricht.

Das Begegnungs-, Integrations- und Kulturzentrum Haus der Heimat Nürnberg strebt den kulturellen Austausch und das gegenseitige Verständnis mit der einheimischen Bevölkerung ebenso an wie gemeinsame Veranstaltungen, bei denen sich Aussiedler und Vertriebene einbringen können. So können sie die hiesige Kulturlandschaft mit ihren, einst von hier mitgenommenen und nun verändert wieder zurückgebrachten, Traditionen bereichern.[1]

Die Malkurse von Irina Trautwein im Haus der Heimat werden von Jugendlichen mit Wurzeln in Russland und von einheimischen Jugendlichen je eine volle Doppelstunde pro Woche besucht. Sie umfassen eine Gruppe Vorschulkinder und zwei Gruppen Fortgeschrittener ab 12 bzw. 15 Jahren, ca. 12 Schüler pro Gruppe. Organisiert werden sie vom Verein

Abb. 1

Artec proiectum. Die Leiterin des Projektes, Irina Trautwein, ist freibe-
rufliche, ausgebildete „Lehrerin für darstellende Kunst, Zeichnen und
Werkunterricht". Sie hat als Kunstlehrerin in einer Kunstschule sowie am
Lehrstuhl für Malerei und Skulptur in Tomsk/Russland und am Lehrstuhl
„Design der baukünstlerischen Umgebung" in Alma-Ata/Kasachstan gearbeitet. Die Finanzierung der Malkursleiterin erfolgt über ein Honorar, das
abhängig auch von der Anzahl der Schüler ist. Für die Schülerinnen und
Schüler findet der Malkurs als Freizeitbeschäftigung statt. Die Malkurse
sehen gemeinsame Bildbetrachtungen vor, danach das schrittweise Hin-
führen an verschiedene Techniken. Anleiten und Mut machen zur eigenen
Kreativität sind zentrale Aspekte.

Im Haus der Heimat wird mit den Anfängern zunächst eine systematische, realitätsnahe Abbildung der Wirklichkeit durch Übungen trainiert,
z.B. durch Licht- und Schattenstudien ausgehend von einer Kugel über
einen Apfel bis hin zum Auge. Die Fortgeschrittenen wählen dagegen die
Technik frei und besprechen mit der Kursleiterin die Komposition. Während der Arbeit werden sie mit Rat und manchmal durch Korrektur auf
der Leinwand unterstützt. Der Unterricht besteht also aus Übungen oder
es wird nach Themen gemalt, wobei bei den Fortgeschrittenen nicht nur
ästhetische Malerei im Vordergrund steht, sondern auch soziale und emotionale Aspekte berücksichtigt werden, die den Jugendlichen wichtig sind.

Die Erfahrung zeigt, dass die Schülerinnen und Schüler aus Zuwandererfamilien anfangs bestärkt werden müssen, um ihre eigenen Gefühle auszudrücken. Sie können dies durch die Kunst im geschützten Raum des vertrauten Malkurses, wo sie individuell und respektvoll gefördert werden und sich so gut weiterentwickeln. Bei der Themen- oder Technikwahl unterscheiden sich die Schüler mit Migrationshintergrund nicht von den alteingesessenen Schülern, die die Malkurse besuchen, stellt Irina Trautwein fest.

Malkurse außerhalb der Schule gehen leider meist nur über eine beschränkte Zeit (z.b. 10 Wochen), das Haus der Heimat stellt hier eine Ausnahme dar, denn die Verweildauer beträgt zwei bis fünf Jahre. Dabei wird selbst der Berufseinstieg mit praktischem Rat gefördert, z.b. mit Tipps wo man ein Praktikum belegen oder in welche Richtung sich ein Schüler weiterentwickeln könnte. Die Erfolgsrate beim Berufseinstieg oder beim Besuch weiterführender Schulen kann sich sehen lassen: 30-40% der Malkursschüler erreichen ihr Ziel. Bemerkenswert ist das steigende Selbstbewusstsein der Malkursschüler im Gespräch über Kunstthemen besonders bei der Präsentation ihrer Bilder. Die meisten haben festgestellt, dass Kunst Türen öffnet: Man wird – auch als Zuwanderer – gesellschaftlich besser anerkannt. Wichtig in diesem Zusammenhang sind Gruppenausstellungen und Workshops in verschiedenen Institutionen in Nürnberg und im Haus der Heimat anlässlich von Kulturtagen, Empfängen oder Kinderfesten. Aufmerksamkeit erregte u.a. das Erstellen des Kinderkunstkataloges Freche Pinsel – coole Kunst 2006 mit Ausstellung und Vernissage im Haus der Heimat oder die Beteiligung am Jugendprojekt Im Wandel der Zeit mit Bildbeiträgen für das Fotobuch 2011. Die Jugendlichen genießen diese Aufmerksamkeit für ihre Bilder durch Besucher ihrer Ausstellungen. Erfolg stärkt ihr Selbstbewusstsein und gibt ihnen Halt in der neuen Heimat.

ANMERKUNGEN

1 | Siehe auch http://www.hausderheimat-nuernberg.de/ [30.1.2013].

Tagungseindrücke
„Interkultur. Kunst-
pädagogik remixed"

Nürnberg, 20. – 22. April 2012

III. Kunst & Bilder

Doppelte Fremderfahrung als Selbsterfahrung

Chancen einer interkulturellen Kunstgeschichte/
Kunstpädagogik oder: Lost in Translation?

Martin Schulz

THE GLOBAL CONTEMPORARY

Im Februar 2012 endete mit einer Laufzeit von fast fünf Monaten die viel beachtete und diskutierte Ausstellung *The Global Contemporary. Kunstwelten nach 1989* im Karlsruher Zentrum für Kunst und Medientechnologie. Sie wurde im Wesentlichen von Andrea Buddensieg und Peter Weibel kuratiert, doch zugleich sehr von einem jungen und teils noch studentischen Team unterstützt, das vor allem aus Kunsthistorikerinnen und Kunsthistorikern bestand.[1] Ein internationaler Beirat hatte besonderen Einfluss auf die inhaltliche wie theoretische und methodische Konzeption dieser Ausstellung, nicht zuletzt auf die enorme Problematik ihrer gestalterischen Umsetzung. In einem Zeitraum von fünf Jahren wurde darüber in einer ganzen Reihe von Tagungen debattiert, die immer wieder auch in außereuropäischen Ländern stattfanden, gemeinsam mit vielen internationalen Gastwissenschaftlerinnen und Gastwissenschaftlern sowie Gastkünstlerinnen und Gastkünstlern. Dies verdeutlicht den wissenschaftlichen Anspruch der Veranstaltung; ein Anspruch, wie er sich bereits vor der Ausstellung in voluminösen und vielstimmigen Publikationen niedergeschlagen hat. 2009 erschien der Sammelband *The Global Art World*, in dem es zunächst einmal um eine kritische, gerade auch in einem politischen, ökonomischen und soziologischen Sinn kritische Bestandsaufnahme und Analyse der neuen globalen Rahmenbedingungen zeitgenössischer Kunst ging. Dies betraf etwa die enorm expandierenden Kunstmärkte und die vielen weltweit eröffneten *Museums of Contemporary Art*, die zwar schon Räume zur Verfügung stellen, aber noch keine wirklichen Sammlungen bieten. Sie bleiben auch in einem symbolischen Sinne zunächst *empty rooms*, die regelrecht darauf warten, welche Konzepte sich für die Ausstellungen der *New Art World* entwickeln werden. Zur Diskussion steht ebenso der Sachverhalt, dass die territorialen Erweiterungen der Gegenwartskunst mit den überlieferten Koordinaten europäischer und nordamerikanischer Kunstgeschichte nicht mehr viel zu tun haben und sie stattdessen Folgen einer globalisierten Welt widerspiegeln.²

Was schließlich präsentiert wurde, war eine große Werkschau von 108 Künstlerinnen und Künstlern aus gut 40 Ländern (Abb. 1). Jeder Besucher musste zunächst ein außerordentliches Maß an Zeit und Geduld mitbringen, nicht nur, um den gesamten Parcours zu durchschreiten, sondern vielmehr auch, um einen Großteil der Arbeiten überhaupt in ihrer Heterogenität und in ihren sehr unterschiedlichen kulturellen Kontexten und Anspielungen annähernd zu verstehen: in einer Ausstellung, die explizit nicht allein für eine mehr oder minder lokale Öffentlichkeit gemacht wurde, die vielleicht gerade noch mit *westlicher* Gegenwartskunst vertraut ist, sondern mehr noch für ein vielfältiges, heterogenes und als

Abb 1: Blick in die Ausstellung *The Global Contemporary. Kunstwelten nach 1989*, Februar 2012, Foto: Andrea Buddensieg.

solches zumindest imaginiertes Publikum der neuen Weltzeit einer global vernetzten Kunstszene.

Obgleich die Ausstellung durch ein übergreifendes, farblich markiertes Leitsystem von sieben transregionalen Themenschwerpunkten organisiert war, blieb sie auch für einen gestandenen Kunstprofi nur wenig überschaubar, der wiederum ohne Führung oder ohne das umfangreiche Begleitheft kaum die Chance hatte, einen guten Teil der Arbeiten wirklich zu entschlüsseln. Dies ist freilich ein altbekannter Kritikpunkt an der *Kommentarbedürftigkeit* zeitgenössischer Kunst, der aber in dieser Ausstellung, kalkuliert und unumgänglich zugleich, eine neue Dimension gewonnen hat. Dabei ging es sicherlich nicht darum, die vielen Besucherinnen und Besucher einfach vorzuführen und in ihrem Urteil allein zu lassen. Vielmehr sollte der Tatsache, dass es längst eine globale, an vielen verschiedenen Orten und in vielen Hybriden sich zeigende Gegenwartskunst gibt, eine – wenn auch nur versuchsweise angemessene – Plattform gegeben werden.

Für manche war der Besuch der Ausstellung gewiss ein besonderes, nicht zuletzt sinnliches Vergnügen und eine intellektuelle Herausforderung, sich mit dieser bunten Vielstimmigkeit und Offenheit zu beschäftigen. Dies betraf jedoch weniger die Art und Weise, wie, in welcher Form und mit welchen neuen Medien die Arbeiten präsentiert wurden. Sie steckten im Grunde das Spektrum ab, was durch die begrifflichen, medialen und bereits interkulturellen Erweiterungen der Kunst seit den 1960er Jahren möglich wurde. Auf der medialen Ebene gab es sogar eine erstaunliche Homogenität. Vielmehr war es die thematische, kulturelle, soziale, politische Vielfalt der Arbeiten, die bei vielen Besucherinnen und Besuchern ein Gefühl der Kapitulation weckte: Dies ist die schiere und nicht mehr zu bewältigende Unüberschaubarkeit: was die wandfüllende Arbeit des Gastkünstlers Will Kwan aus Hongkong *Unlimited* auf den Punkt brachte (Abb. 2).

Abb. 2: Will Kwan, Unlimited, in der Ausstellung *The Global Contemporary. Kunstwelten nach 1989*, Foto: Martin Schulz.

Einmal abgesehen davon, dass überall bemängelt werden konnte, dass dies und jenes noch fehle, diese und jene Regionen nicht repräsentiert und gerade auch der *Arabische Frühling* nicht mehr mit eingeflossen sei – der Tenor der Kritik war vor allem dieser: Das Thema einer globalen Gegenwartskunst als Gesamtschau hat die Grenzen des Darstellbaren und Vermittelbaren erreicht, jedenfalls in bestimmten Begriffen; und wenn man dennoch das Unmögliche versucht, dann nur zu dem Preis, dass die vielen kulturellen, sozialen oder politischen Unterschiede der einzelnen Kunstwerke aus zahllosen Kontexten nivelliert würden. Indessen konnte man sich, sekundiert von einem vielfältigen Angebot der Kunstvermittlung, sehr gut über alle ausgestellten Arbeiten informieren. Die Botschaft der Ausstellung war dennoch nicht zuletzt diese: Trotz aller Differenzen hat jede Arbeit zunächst einmal den Anspruch darauf, als gleichberechtigter Teil einer globalen Kunstszene präsentiert, wahrgenommen und diskutiert zu werden. Ohne dass darauf explizit Bezug genommen wurde, hatte man den Eindruck, weniger dem viel zitierten *clash of civilizations* beizuwohnen, als eher – nun in interkultureller Erweiterung – das Ideal einer Diskurs-

Abb. 3: Die Zeitschrift *Third Text* in der Ausstellung *The Global Contemporary. Kunstwelten nach 1989*, Foto: Martin Schulz.

ethik verwirklicht zu sehen, an die immer wieder Jürgen Habermas gemahnt.[3]

In den *Rooms of Histories* der Ausstellung, die mit vielen Dokumentationen zur bisherigen Geschichte der globalen Kunst vorangestellt waren, gab es einen Raum, in dem alle Ausgaben der seit 1987 in England erscheinenden und in Deutschland nur wenig bekannten Zeitschrift *Third Text* zur möglichen Lektüre auslagen (Abb. 3); eine Zeitschrift, die von dem ursprünglich aus Pakistan stammenden englischen Künstler Rasheed Araeen (der diesen Raum auch eingerichtet hatte) mit dem Anliegen gegründet wurde, allen ethnisch, religiös oder sozial ausgegrenzten und marginalisierten Minderheiten und Nomaden der zeitgenössischen Kunst wie allen anderen, vergessenen und nicht erzählten Geschichten der modernen Kunst eine eigene Plattform zu geben; eine Plattform, die wiederum stark gegen eine strikt eurozentristische und entsprechend ethnozentristische Perspektive auf die weltweite Kunstproduktion ausgerichtet ist. Damit wurde die Zeitschrift zu einem zentralen Organ des postkolonialen Diskurses. Doch obwohl *Third Text* gleichsam als Subtext der Ausstellung fungierte, schien diese sich, bei allen kritischen Positionen zur je lokalen Politik, zu den Folgen des Kolonialismus, zum Kapitalismus wie zum globalen Kunstmarkt, bereits über die Debatten zum Postkolonialismus hinaus zu bewegen: im engeren Sinne verstanden als eine intensive Auseinandersetzung mit allen ausgegrenzten und als fremd wahrgenommenen Minderheiten in der Kunst. Gleichberechtigung, Anerkennung, Öffentlichkeit waren in *The Global Contemporary* mit allen Widersprüchen und Gegensätzen im Einzelnen vielmehr ein – vielleicht nur idealer – Status quo.

Es fehlte jedoch nicht an solchen Positionen, die gerade eine grundlegende Problematik der meisten Arbeiten zum Thema machten: das schier unlösbare Problem der Übersetzung und damit aber auch die dynamischen, produktiven und umschreibenden Möglichkeiten des Übersetzens.

Diese Thematik machte die Videoarbeit *Dow Song Duang* von 2008 der thailändischen Künstlerin Araya Rasdjarmrearnsook anschaulich. In vier relativ kurzen Sequenzen zeigt sich eine Gruppe von thailändischen Dorfbewohnerinnen und -bewohnern in teils atemberaubender Landschaftskulisse, die vor einem für *uns* bekannten und zum Kanon gehörenden Bild der europäischen Malerei des 19. Jahrhunderts sitzt: etwa vor Manets bekanntem *Frühstück im Grünen* von 1863 (Abb. 4).

Die Dorfbewohner erklärten sich für die Künstlerin bereit, gemäß ihrer eigenen Sprache, Begriffe und Erfahrungen das Bild, gerade auch ohne Anwesenheit eines mit der Materie bereits vertrauten Didakten, diskutierend zu betrachten. Das führte in der tropischen Landschaft zu vielen erheiternden Spekulationen darüber, was die Menschen im gepflegten Park des gemalten Bildes eigentlich machen. Zwar kann ein fremdes Bild von allen, die sehen können, gesehen und in die eigene Sprache übersetzt werden – im Unterschied zu einem fremden Text, der nicht entziffert werden kann. Das heißt aber nicht, dass das Bild hier in einem akademisch geschulten und normierten Sinne begriffen wird; und es gewinnen Details an Aufmerksamkeit, die dem Kunst-Akademiker längst entgehen und deren Bedeutung in einem anderen Kontext sicherlich auch Manet nicht mit bedenken konnte.

Abb. 4: Araya Rasdjarmrearnsook, Dow Song Duang, Videoinstallation, 2008, Foto: Martin Schulz.

DOPPELTE FREMDERFAHRUNG

Das historisch und kulturell Andere mit eigenen Begriffen erklären zu versuchen, ist die eine Sache. Nicht minder schwierig ist der umgekehrte Weg, die Bilder der eigenen Kulturgeschichte einem Anderen zu vermitteln, dem diese Bilder thematisch, medial wie stilistisch unvertraut sind – eine Aufgabe, die von Kunstgeschichte wie Kunstpädagogik gleichermaßen als die vordringliche angesehen wird; nicht zuletzt mit kritischem Plädoyer dafür, den Rahmen der eigenen Fachkompetenzen nicht zu sehr zu überschreiten oder mit fremden Material zu überfüllen. Denn nur „wer sich zuhause gut auskennt, wird Fremden viel zu sagen haben" – so die Empfehlung des Kunsthistorikers Wolfgang Kemp aus dem Jahr 2000 an Studierende der Kunstgeschichte und Kunstpädagogik und zugleich das Fazit einer mahnenden Erörterung, gegenüber den mehr oder minder lauten Forderungen nach den notwendig interdisziplinären wie interkulturellen Erweiterungen der Fächer im angestammten Rahmen selbstbewusst und souverän zu bleiben.[4]

Dieser Satz leuchtet jedem ein – und doch regen sich zugleich Bedenken, ob er vielleicht nur die halbe Wahrheit anspricht; nicht zuletzt darüber, dass womöglich das eigene Zuhause und alles, was als das Eigene beansprucht wird, weniger selbstverständlich und absolut ist, als es in der Binnenperspektive der Fächer den Anschein hat. Man könnte die Aussage von Kemp folgendermaßen ergänzen: Nur wer auch das Andere und Fremde erfahren hat, wird das Eigene noch besser erkennen, anders kennenlernen und beurteilen, andere Möglichkeiten überhaupt entdecken sowie mehr darüber schließlich den Menschen der eigenen kulturellen Identität selbst zu sagen haben. Nehmen wir folgenden Fall an, der nicht nur ein bloßes Gedankenspiel ist: Eine deutsche Kunsthistorikerin führt einen Buddhisten aus China, der noch wenig mit der christlichen Religion und westlichen Kunst vertraut ist, in Colmar vor Grünewalds Kruzifixus Isenheimer Altars (Abb. 5). Zunächst wird die Kunstexpertin einige theologische Hintergründe und die heilsgeschichtliche Notwendigkeit dieser exzessiv dargestellten Hinrichtung zu erläutern haben: Dass Christus eigentlich die Fleischwerdung des einen, universalen, aber unsichtbaren Gottes verkörpere, der aber mit diesem Opfer den Menschen die Gnade erwies, sie stellvertretend von ihrer Ursünde zu erlösen, die Auferstehung von den Toten exemplarisch vorzubereiten und in den Himmel aufzufahren mit dem Versprechen, dort am Ende der Zeit zum allerletzten und entscheidenden Gericht wieder zu erscheinen. Bevor sie weiter über den besonderen Ort und die Funktion des Altarbildes sprechen wird, ferner kritisch vielleicht über den obsessiven wie gewalttätigen männlichen Blick, um schließlich und endlich zur einzigartigen künstlerischen Qualität dieses Werkes zu gelangen, wird sie, zumal das Gegenüber den Eindruck machen sollte, nicht alles verstanden zu haben, und schon im Begriff ist einzuwenden, dass im Buddhismus alles sehr anders sei – dann wird sie kurz ins Stocken und befremdendes Zweifeln darüber geraten, ob denn dieses grausame Menschenopfer und diese rohe Körperschindung für den Beweis der zivilisierten Barmherzigkeit wirklich notwendig war.

Diese doppelte Fremderfahrung zu verhandeln und in ein wissenschaftliches Verständnis zu übersetzen, ist lange Zeit die Aufgabe der Ethnologie gewesen. Sie hat im Zuge vieler postkolonialer Debatten um die Folgen der Globalisierung und die Fragwürdigkeit der vermeintlichen Fakten frischen Aufwind bekommen, gerade auch, wenn es darum geht, den ethnologischen Blick nicht einseitig vom selbst bestimmten Eigenen auf das Fremde zu richten, sondern dieses Verhältnis umzukehren.[5] Seit der Zeit um 1900 hat die Ethnologie den Charakter einer Wissenschaft vom Anderen und war im Kanon der westlichen Akademien nicht zuletzt eine Art Gegenwissenschaft, die chronisch zu Unruhe, Selbstkritik und Unsicherheit darüber führte, was in den Geisteswissenschaften als anthropologisch gesichert, epistemisch überlegen, einzigartig wie zugleich universell gültig und nicht zuletzt als

Abb. 5: Matthias Grünewald, Mitteltafel des Isenheimer Altars, Kreuzigung Christi, Musée Unterlinden, Colmar, 1512-1515.[19].

höchste Stufe der Kultur und – übertragen auf die Kunstgeschichte – als höchste Stufe der Kunst galt.[6] Zugleich und nicht minder selbstverständlich blieb die kulturelle Fremderfahrung wie Fremddarstellung ein europäisches und nordamerikanisches Privileg, während die Fremderfahrung der Anderen vor allem unter den Vorzeichen von Kolonialisierung, Ausbeutung, Unterwerfung und Vernichtung stattgefunden hat. Auch wenn die Wirtschaftsordnungen der Welt wesentlich vom Turbokapitalismus diktiert werden und die Normen des globalen Kunstbetriebes westlichen Standards entsprechen, könnte sich Europa bald mit einer Zukunft konfrontiert sehen, in welcher die eigene Geschichte nur mehr ein Reservat und fernes Biotop eines außergewöhnlichen Sonderweges sein wird.

Doch hat die institutionalisierte Fremderfahrung wirklich dazu geführt, die eigenen Ansprüche und Grundlagen zu relativieren, die europäische Deutungshoheit in Frage zu stellen, fremde Möglichkeiten des Denkens und Bildens zu integrieren und das Andere im Eigenen zu entdecken? Mit einiger Ernüchterung verneint dies Iris Därmann in ihrer grundlegenden Studie *Fremde Monde der Vernunft*, zumindest für die Philosophie, die sie weiterhin befangen in „transzendental-universellen Geltungsanmaßungen" sieht – trotz der breiten Resonanz über die Fächergrenzen hinaus, die etwa Marcel Mauss' berühmter Essay über die Gabe und die kulturtheoretischen Schriften Sigmund Freuds, die nicht ohne die *ethnologische Provokation* denkbar wären, erlebt haben.[7] Der Strenge dieses in vielem und auf breiter Grundlage nur zu gut begründeten Urteils kann man zumindest in einem größeren Spektrum hinzufügen, dass nicht alles ohne Folge geblieben und vieles von den einstigen Kolonien in die eigene Kultur eingewandert ist. Wie kolonialistisch, überschrieben, unbefragt, einseitig und missverstanden auch immer, Fremderfahrungen sind als Byzantinismus, Orientalismus und Primitivismus in die Kunstgeschichte eingegangen.[8] Auch in den Inversionen und Entgrenzungen der Kunst der 1960/70er Jahre spielten sie eine wichtige Rolle. Eingeführt sind die Erfahrungen des Anderen ferner in eine umfassende Kulturwissenschaft, wie sie etwa Aby Warburg vertreten hat, ebenso in die postkolonialen Debatten (und den vielen von ihnen inspirierten Ausstellungen) sowie aktuell in die World oder Global Art Studies, in denen, zumindest in Ansätzen, die Grenzen von eigen und fremd, lokal und global, öffentlich und privat, *high* und *low*, Einschluss und Ausschluss, Zentrum und Peripherie neu gezogen oder die grundlegenden kulturellen Unterschiede, aber auch die dynamischen Prozesse des Austauschs und der Identität neu verhandelt werden.[9]

ETHNOLOGIE RELOADED

Doch zurück zum ursprünglichen Kerngeschäft der Ethnologie. Dort besteht ein breites Spektrum der Einschätzung darüber, wie das Fremde als Fremdes im Eigenen überhaupt beschrieben, begriffen und übersetzt werden kann. Die Palette reicht von der Idee, in der primitiven Welt des Anderen den Urzustand und die Unschuld des evolutionär erfolgreichen Eigenen zu erkennen, aber auch, umgekehrt, die Anachronismen und Varianten der unbewussten Strukturen der eigenen Kultur zu entdecken[10]; bis hin zur schalen Ernüchterung darüber, dass alles, was beschrieben, analysiert und übersetzt wird, immer schon die eigene Kultur, die eigene Perspektive und Deutungshoheit sowie den stets vorausgehenden Text des griechischen Alphabets widerspiegle, das bereits das Andere infiziert und zerstört habe.[11] Die Übertragungsrate tendiert so gegen Null und verschiebt sich ins Unendliche: Das Fremde bleibt das Fremde, und das Eigene wird dadurch auch nicht verständlicher.

Dieser Nostalgie wie Enttäuschung hat Claude Lévi-Strauss mit seinen *Tristes Tropiques* 1955 ein literarisches Denkmal gesetzt: nicht nur den maßlosen Verwüstungen und kolonialen Enteignungen der einstmals Neuen Welt und nicht allein dem zweifelhaften Ziel dieser strapaziösen Reisen und der unsicheren Möglichkeit der Übersetzung; sondern auch der trostlosen Armut an den Rändern der Zivilisation, die nur noch als Überreste einer ursprünglich reichen und hochdifferenzierten Kultur erscheinen.[12] Nichts mehr kann den Anfang repräsentieren; allenthalben traf er auf das, was – bei aller elementaren Äußerung – wiederum schon eine viel ältere Geschichte hatte. Die Archaik ist eine Illusion, und die Zeit des großen Anfangs, die wesentlich – so die streng formale und darin fragwürdige Sichtweise – die allgemeinen kulturellen und unbewusst bleibenden Strukturen prägte, ist für immer verloren. Grundlegend bleibt jedoch die Einsicht, dass alle Kulturen und Gesellschaften wesentlich auf Austausch mit dem Nachbarn wie mit dem Fernen angewiesen sind. Keine kulturelle Leistung ist exklusiv und ohne interkulturelle Wechselwirkungen, Übertragungen, Übernahmen und Tauschhandlungen entstanden.[13] Eine Globalisierung der Kultur, die in seltenen Fällen eine dialogische, friedliche und gerechte war, hat auf der Basis von Aneignung, Abgrenzung, Vermischung und Differenz immer schon stattgefunden. Strittig und als konservativ wie altersstarr gewertet bleibt die Diagnose des Anthropologen Lévi-Strauss, der im Oktober 2009 mit fast 101 Jahren starb, dass im Zeitalter der turbokapitalistischen, nichts mehr unberührt lassenden Globalisierung die Geschichte des Menschen ihr Ende gefunden habe und auch die Anthropologie verschwinden werde, die nurmehr noch, wie viele andere Fächer auch, ihre eigene Geschichte schreiben kann.[14]

Doch im Diesseits der Traurigen Tropen und erschütterten Wüsten der Postgeschichte, in der Gegenwart von Massentourismus, Naturzerstörung, asymmetrischen Kriegen, fundamentalistischen Spaltungen, unüberbrückbaren Feindschaften, fehlschlagender Integrationspolitik und wirtschaftlicher Verelendung zeigen sich zugleich neue Horizonte der größtenteils durchmediatisierten und mit gleichen Techniken kommunizierenden Kulturen[15]: nationenübergreifende Kunstnetzwerke, globale Bilder- und Textpools bei YouTube, Flickr, Facebook und Twitter, hybride Angebote und gemeinsame Plattformen, in denen auch die lokalen Geschichten gesammelt, gepflegt und belebt werden; ein *dritter Raum*, der sich nicht einfach aus erstem (kolonialistischen) und zweitem (postkolonialen) zusammensetzt, sondern, so die Hoffnung noch 1994 von Homi K. Bhabha, tatsächlich ein neuer Raum mit offenen, heterogenen, dezentrierten und einander durchdringenden Identitäten ist.[16] Kultur ist in diesem Verständnis vor allem aktive Übersetzung und darin eine Verhandlung von Differenz, die sich nicht zuletzt und gerade auch in der aktuellen Bildenden Kunst zeigt.[17] Sie wird nicht mehr begriffen als etwas Geschlossenes, Homogenes und Statisches, sondern als offen, heterogen und dynamisch. In den entlegenen Provinzen wie explodierenden Megacitys dieser Welt freilich stellt sich für diejenigen, denen multikulturelle Erfahrung, Arbeit und Selbstbetrachtung noch eher unvertraut und fremd sind, doch wohl eher das bleibende Gefühl ein: Lost in Translation.

LOST IN TRANSLATION

Der gleichnamige Film von Sofia Coppola, der 2002 mit nur 27 Drehtagen in Tokio entstand und in dem vielfach improvisiert wurde, inszeniert den fiktiven Zustand in heiter-melancholischer und spielerischer Weise. Vorab: Es ist zwar ein unabhängig produzierter, aber deutlich kommerzieller Film; kitschig zuweilen und inkorrekt in der Art, wie mit amerikanischem Horizont und Selbstbewusstsein zuweilen eine Karikatur der japanischen Kultur entstanden ist; feministisch fragwürdig in der platonischen Liebe zwischen einem alternden Schauspieler in der Midlife-Crisis, dessen Ge-

sicht zur Oberfläche einer absurd entstehenden japanischen Whiskey-Wer-
bung verkommt, und einer jungen
schönen, noch pausbäckigen, dabei
intelligenten, sensiblen und zweifeln-
den Frau, die alles vor sich hat und dabei noch nichts mit ihrem Leben an-
zufangen weiß – und dies alles spielt
sich in einem Luxushotel der Stadt ab,
das sich kaum ein Kinobesucher je
wird leisten können.[18]

Und doch ist zugleich ein Film
mit traumhaften Bildern und subtil
gestalteten Farb- und Klangräumen
über das hybride Zwischenreich kultureller Übersetzung entstanden. Die
hypermedialisierte japanische Me-
gastadt taucht das virtuelle und un-
gleiche amerikanische Paar, das sich
in der Einsamkeit des Tokyo Park
Hyatt kennenlernt, in irreal-hyperre-
ale Licht- und Bilderwelten einer völlig fremden und zugleich aus vielen
kulturellen Versatzstücken vermischten Umgebung (Abb. 6). Unerwartet
wandern Elefanten und Dinosaurier
über haushohe elektronische Bild-
wände, während Kids in lauten, alle
Sinne überschüttenden Spielhallen
ihre Identitäten in High-Tech-Com-
puterspielen transzendieren (Abb.
7; 8). In einem Karaoke-Club, in den
das Paar eine nächtliche Tour durch die
Stadt verschlägt, wirbeln vollends die
populären, massenmedialen Codes
durcheinander, schwirren die Zeichen nur so und vereinigen sich neu
(Abb. 9).

Abb. 6–9: Still aus: Sofia Coppola,
Lost in Translation, 2002.

Auch alle Maschinen scheinen anders zu ticken, was Bob sprichwörtlich am eigenen Leib erfährt, wenn er von einem fremdsprachigen, nach eigenen Regeln funktionierenden Side-Stepper in einer Weise durchgeschüttelt wird, dass er nur noch nach Hilfe rufen kann. Der Jetlag tut sein Übriges, um das Erlebte in einen Zustand der Trance zu hüllen. Unter der lakonisch traurigen, alle Absurditäten scheinbar stumpf hinnehmenden Maske des Schauspielers gerät indessen alles außer sich. Je fremder die japanische Umgebung wird und je weniger davon in die eigenen Begriffe übersetzt werden kann, desto mehr entgleiten auch die Vertrautheiten und Selbstverständlichkeiten des eigenen Lebens, driften in ein Vakuum von Verzweiflung, metaphysischer Obdachlosigkeit und eröffnen doch zugleich neue Möglichkeiten. Die bisherigen Beziehungen werden fremd und fern, der Luxus westlicher Standards gerät zur Groteske; das ungelüftete, lärmende Selbstbewusstsein der jungen Schauspielkolleginnen und –kollegen aus dem eigenen Land wird unerträglich und die eigene Geschichte als plumper Action-Star eine einzige Peinlichkeit. Das Eigene entrückt zunehmend ins Irreale, während der Alltagstrott und die eigenen Unzufriedenheiten beklemmender denn je werden. Im schwebenden Zwischenreich von Traum und Wachen, Krise und noch undefinierten Möglichkeiten besteht nur reine und ziellose Gegenwart. In ihr scheint das schiere Vorhandensein von anderem Licht, grellen Neonfarben, neuen und exotischen Zeichen zunächst aufregender, belebender und reicher zu sein als ihre kryptische Bedeutung zu entschlüsseln und in die vertraute wie ernüchternde Ordnung der Dinge zurückzuholen. Doch fremd sind sie eingezogen, und fremd ziehen sie auch wieder aus.

Dass am Ende nur die melancholische und wieder nüchterne Rückkehr bleibt, in der alles zu einer unwirklichen Erinnerung wird, heißt jedoch nicht, dass auch das Eigene zukünftig nicht in einem anderen Licht erscheint, einen neuen Wert erhält und etwas hinzugewonnen hat, das als seine andere Möglichkeit aktiv bleibt. Zugegeben: Der Vergleich hinkt, und die Integration und Übertragung von Fremderfahrung einer filmischen, romantischen Fiktion in die so vertraut scheinenden Bereiche der Kunst, Kunstgeschichte und Kunstpädagogik bleiben ebenso lückenhaft wie die deutsche Synchronfassung des Films. Im Anschluss an das diskutierte Motto von Wolfgang Kemp wird dennoch eine ergänzende Umkehrung erlaubt sein: Nur wer sich auch dem Fremden öffnet, wird den Eigenen noch mehr zu erzählen haben. Mitnichten kann es hier um den nivellierenden Vergleich und, bei allen bestehenden kulturellen Hybriden, um nichtssagende Vermischungen gehen, vielmehr darum, die historischen Selbstverständlichkeiten der eigenen Bauten, Bilder, Begriffe und ihrer Institutionen kritischer und distanzierter zu sehen sowie genauer zu verstehen – und damit letztlich für die kulturellen Differenzen zu sensibilisieren, aber auch den eigenen Begriffen neue Möglichkeiten einzuräumen.

ANMERKUNGEN

1 | Vgl. die ständige aktualisierte und aktiv bleibende Homepage des Projektes Global Art and the Museum unter: www.globalartmuseum.de [5.12.12.] sowie den Ausst. Kat.: Belting, Hans; Buddensieg, Andrea; Weibel, Peter (Hg.): The Global Contemporary & the Rise of New Art Worlds, Cambridge 2013.

2 | Vgl. Belting, Hans; Buddensieg, Andrea (Hg.): *The Global Art Wold. Audiences, Markets, and Museums*, Ostfildern 2008.

3 | Vgl. Huntington, Samuel: *The Clash of Civilizations and the Remaking of World Order*, London 1996; Habermas, Jürgen: *Erläuterungen zur Diskursethik*, Frankfurt/M. 1991.

4 | Kemp, Wolfgang: *„Kunstgeschichte und Interdisziplinarität"*, in: Kunsthistorische Arbeitsblätter 7/8, 2000, S. 43-48; hier: S. 48.

5 | Vgl. u.a. Geertz, Clifford: *After the Fact. Two Countries, Four Decades, One Anthropologist*, Cambridge/Mass. 1995 (deutsch: *Spurenlesen. Die Ethnologie und das Entgleiten der Fakten*, München 1997); Clifford, James: *The Predicament of Culture. Twentieth Century Ethnography, Literature, and Art*, Cambridge/Mass. 1988; vgl. zusammenfassend auch Bachmann-Medik, Doris: *Cultural Turns. Neuorientierungen in den Kulturwissenschaften*, Reinbek 2006.

6 | Vgl. Därmann, Iris: *Fremde Monde der Vernunft. Die ethnologische Provokation der Philosophie*, München 2005; Bernhard Waldenfels, *Topographie des Fremden. Studien zur Phänomenologie I*, Frankfurt/M. 1997; ders.; Därmann, Iris (Hg.): *Der Anspruch des Anderen. Perspektiven phänomenologischer Ethik*, München 1998; siehe auch Foucault, Michel: *Die Ordnung der Dinge. Eine Archäologie der Humanwissenschaft*, Frankfurt/M. 1974, S. 447 ff.

7 | Därmann, Iris, a.a.O., S. 9 ff.

8 | Vgl. hierzu immer noch Rubin, William S. (Hg.): *Primitivismus in der Kunst des zwanzigsten Jahrhunderts*, München: Prestel 1996; auch Küsterer, Bärbel: *Matisse und Picasso als Kulturreisende. Primitivismus und Anthropologie um 1900*, Berlin 2003.

9 | Den Auftakt bildete etwa die viel kritisierte Ausstellung Magiciens de la terre 1989 im Pariser Centre Pompidou; vgl. u.a. auch das Programm des Exzellenz-Clusters an der Universität Heidelberg Asia and Europe in a Global Context. Shifting Asymmetries in Cultural Flows unter: www.asia-europe.uni-heidelberg.de [5.12.12.] und des Projekts Global Art and the Museum am Zentrum für Kunst und Medientechnologie unter: www.globalartmuseum.de; ferner: Weibel, Peter (Hg.): Inklusion : Exklusion. *Versuch einer neuen Kartografie der Kunst im Zeitalter von Postkolonialismus und globaler Migration*, Ausst.-Kat. Steirischer Herbst (Graz), Köln 1997; Belting, Hans; Haustein, Lydia (Hg.): *Das Erbe der Bilder. Kunst und moderne Medien in den Kulturen der Welt*, München 1998; Hoffmann, Detlef (Hg.): *Kunst der Welt oder Weltkunst? Die Kunst in der Globa-*

lisierungsdebatte, Rehburg-Loccum 2003; Summers, David: *Real Spaces. World Art History and the Rise of Western Modernism*, New York 2003; Volkenandt, Claus (Hg.): *Kunstgeschichte und Weltgegenwartskunst. Konzepte – Methoden – Perspektiven*, Berlin 2004; Onians, John (Hg.): *Atlas of World Art*, New York 2004; Zijlmanns, Kitty; Damme, Wilfried van (Hg.): *Word Art Studies: Exploring Concepts and Approaches*, Amsterdam 2008; Belting, Hans: *Florenz und Bagdad. Eine westöstliche Geschichte des Blicks*, München 2007; Weibel, Peter; Buddensieg, Andrea (Hg.): *Contemporary Art and the Museum*, Ostfildern 2006; Elkins, James (ed.): *Is Art History Global?*, London 2006; Haustein, Lydia: *Global Icons. Globale Bildinszenierung und kulturelle Identität*, Göttingen 2008; vgl. auch die Sektion Kanonisierung und Globalisierung. Nationale und globale Aspekte in Kunst und Kunstdiskursen seit 1945 des XXX. Deutschen Kunsthistorikertags an der Universität Marburg 2009; schließlich die Ausrichtungen der beiden vergangenen Documenta-Ausstellungen 11 (Okwui Enwezor), 12 (Roger M. Buergel/Ruth Noack) und 13 (Carolyn Christov-Bakargiev) in den Jahren 2002, 2007 und 2012.

10 | Vgl. hierzu einmal mehr die Texte von Aby Warburg; vgl. auch Didi-Huberman, Georges: *Ähnlichkeit und Berührung. Archäologie, Anachronismus und Modernität des Abdrucks*, Köln 1999; ders.: *L'image survivante. Histoire d l'art et temps des fantômes selon Aby Warburg*, Paris 2002 (deutsch: *Das Nachleben der Bilder*, Frankfurt/M. 2010).

11 | Vgl. hierzu insbesondere die dekonstruierende Kritik Jacques Derridas am Phonozentrismus, Logozentrismus und Ethnozentrismus von Claude Lévi-Strauss berühmten Schreibstunden, die er in seinen Tristes Tropiques beschrieben und analysiert hat, in: Derrida, Jacques: *Grammatologie (1967)*, Frankfurt/M. 1983; Lévi-Strauss, Claude: *Traurige Tropen (1955)*, Frankfurt/M. 1978, S. 288 ff. Derrida sieht Lévi-Strauss noch befangen in der Rousseauschen Tradition, nach welcher die Schrift und ihre Gewalt von außen in die ursprüngliche Unschuld und Gewaltlosigkeit der schriftlosen Naturvölker eingebrochen sei. Stattdessen erkennt er auch bei den Indianer bereits das Vorhandensein einer Urschrift, die „von keiner sinnlich wahrnehmbaren, hörbaren oder sichtbaren, lautlichen oder graphischen Fülle abhängig, sondern im Gegenteil deren Bedingung" ist (S. 109). Die Gewalt der Urschrift und ihre sprachlich-soziale Klassifizierung (S. 196) waren schon da, bevor die europäische Schrift eingeführt wurde. So genau und argwöhnisch Derrida die metaphysischen Prämissen der Ethnologie in den Begriffen vom Anderen, von Primitivismus, Archaismus, Naturzustand wie von Geschichts- und Schriftlosigkeit dekonstruiert, so wenig wird die Möglichkeit gesehen, überhaupt etwas anderes zu entdecken. Dass auch hier die Deutungshoheit allein eine europäische ist, diese Kritik ist wiederum an Derrida selbst zu richten. Sein Dekonstruktivismus zeigt sich selbst als metaphysisch geschlossenes System, das seine eigenen Grenzen nicht überschreiten kann. Das Nicht-Europäische wird mit dem transzendentalen Theorem der Urschrift aufgeladen, das damit selbst zu einem universalen, irreduziblen und nicht-ursprünglichen Problem gemacht wird: zu einem Wesen, das immer schon und überall eine nicht hintergehbare différance der Sprache im Allgemeinen geschaffen hat. Vgl. hierzu die Kritik von Iris Därmann in: Därmann, Iris, a.a.O., S. 641 ff.

12 | Ebd.

13 | Siehe Durkheim, Émile; Mauss, Marcel: „Note sur la notion de civilisation" (1913), in: Mauss, Marcel: *Oeuvres 2: Représentations collectives et diversité des civilisations*, Paris 1974, S. 451-455.

14 | Vgl. Ritter, Henning: Ein Zivilist in der Fremde, in: Frankfurter Allgemeine Zeitung 274, 2008, Z 1 f.

15 | Vgl. hierzu auch die früh geäußerten Hoffnungen einer Welt-Zivilisation von Marcel Mauss, „Les civilisations. Éléments et formes" (1929), in: Ders., s.s.O., S. 456-479; auch ders.: „Die Techniken des Körpers", in: Ders.: Soziologie und Anthropologie, Bd. II. (Gabentausch, Soziologie und Psychologie, Todesvorstellungen, Körpertechniken, Begriff der Person), Frankfurt/M. 1989, S. 223-254.

16 | Bhabha, Homi K.: *The Location of Culture*, London/New York 1994; vgl. auch C. Young, Robert: *Colonial desire. Hybridity in theory, culture and race*, London 1995; Bachmann-Medick, Doris: *Cultural Turns. Neuorientierungen in den Kulturwissenschaften*, Hamburg 2007; vgl. hierzu die anderen Klassiker postkolonialistischer Theorie (und zugleich ihrer Kritik): Appadurai, Arjun: *Modernity at large. Cultural dimensions of globalization*, 5. Aufl., Mineapolis 2000; King, Anthony (ed.): *Culture, gobalization, and the world system*, London 1991; Hall, Stuart: *Rassismus und kulturelle Identität. Ausgewählte Schriften Bd. 2*, Hamburg 1994; Hall, Stuart (Hg.): *Representation. Cultural representations and signifying practises*, London/Thousand Oaks/New Delhi, 1997; Said, Edward: *Orientalism. Western Concepts of the Orient*, New York/London 1978; vgl. auch Schmidt-Linsenhoff, Viktoria (Hg.): *Postkolonialismus (Kunst und Politik, Jahrbuch der Guernica-Gesellschaft 4)*, 2002; dies.: *Ästhetik der Differenz. Postkoloniale Perspektiven vom 16. bis 21. Jahrhundert*, Marburg 2010.

17 | „At this point I'd like to introduce the notion of ‚cultural translation' (and my use of the word is informed by the very original observations of Walter Benjamin on the task of translation and on the task of the translator) to suggest that all forms of culture are in some way related to each other, because culture is a signifying or symbolic activity. The articulation of cultures is possible not because of the familiarity or similarity contents, but because all cultures are symbol-forming and subject-constituting, interpellative practice. [...] In that sense there is no 'in itself' and 'for itself' within cultures because there are always subject to intrinsic forms of translation." Ebd., S. 209-210.

18 | Siehe hierzu etwa die Kritik von Kiku Day, Totally Lost in Translation, in: The Guardian, 24. Januar 2004, S. 33.

19 | Entnommen aus: Fraenger, Wilhelm: *Matthias Grünewald*, Dresden 1983, Tafel 1.

Dritte, vierte, fünfte, sechste, siebte Räume

Navid Kermani und Martin Schulz im Gespräch über
Bildbeschreibungen im Roman „Dein Name"

NAVID KERMANI, MARTIN SCHULZ
MODERIERT VON ANSGAR SCHNURR

Das Gespräch bezieht sich auf die Lesung von Navid Kermani aus seinem
Roman *Dein Name* am 22. April 2012 in Nürnberg. In autobiografischer
Nähe zum Autor zeichnet der Erzähler seine Wahrnehmungen, Gedanken
und Erfahrungen nach, die er angesichts der Begegnung mit Werken der
katholischen Kunst erlebt. In den wechselnden Rollen eines „Muslims",
„Romanschreibers", „Enkels", „Orientalisten" und „Navid Kermanis" erfährt er Momente der Fremdheit der Kunst, die sich aus der historischen
Ferne, aus der christlichen Ikonografie und aus ihrem Präsentationsort
in katholischen Kirchen ergeben. Er verwebt dies mit universellen Seher-
fahrungen und der Subjektivität ästhetischer Erfahrung. Den einzelnen
Gesprächsteilen zwischen Navid Kermani und dem Bildwissenschaftler
Martin Schulz werden im Folgenden kurze Zusammenfassungen der Bildbeschreibungen aus dem Roman vorangestellt.

UNIVERSALITÄT ÄSTHETISCHER ERFAHRUNG?

*Die Kreuzigung des Apostel Petrus von Caravaggio (1600-01) „schockiert"
den Erzähler inmitten der flanierenden Romtouristen in der Cerasi-Kapelle
in Santa Maria del Popolo, da es „lebendiger als das Leben selbst oder sagen
wie YouTube" sei. Er fährt fort: „[...] Aber was das Bild ausmacht, ist mehr
seine ergreifende Natürlichkeit [...]. Ich meine den Blick Petri, zu dem man
zweitausend Jahre später nichts nachlesen muß. Er stirbt wie ein Mensch:
ratlos, einsam, überrascht." Nach einer Reflexion über die neutestamenta-
rische Darstellung Petri wendet er sich in der Betrachtung dem Ausdruck
der Person zu: „Bei Caravaggio weint Petrus nicht, er klagt nicht oder win-*

selt gar um Gnade, aber auch bei YouTube wahren Menschen Haltung [...]:
Selbst Saddam Hussein hat Haltung bewahrt [...]. Er ist überrascht, das ist
vielleicht der stärkste Eindruck trotz aller Einsicht, allem Wissen und einem
Glauben, der buchstäblich Berge versetzt, kann nicht einmal er es fassen,
jetzt sterben zu müssen, so sterben zu müssen, deshalb hebt er noch seinen
Kopf, um sich zu versichern, daß es tatsächlich ein Nagel ist, der seine Hand
durchbohrt. [...]: Petrus, der Fels ist ein Mensch. Diese Wahrheit offenbar
werden zu lassen, die jeder weiß und die nirgends steht, gelingt keinem Na-
turalismus, keiner Photographie und nicht einmal dem Auge. Du kannst sie
nur erleben". [1]

Schnurr: Herr Kermani, Ihre Bildbeschreibung erzählt von einer ersten, staunenden Begegnung mit dem Bild und betont das Universale, allgemein Menschliche. Ist das viel oder wenig? Verhandeln Sie damit den kleinsten gemeinsamen Nenner?

Kermani: Nein, ich glaube, es geht über das Universale hinaus. Das Universale an sich ist ja nichtssagend. Die acht oder neun Bildbeschreibungen aus *Dein Name* beschäftigen sich alle mehr oder weniger mit katholischer Kunst, vier Mal mit Caravaggio, aber auch mit anderen Werken. Diese Texte vertreten keine kunstgeschichtliche Betrachtung, sondern sie stehen im Kontext eines Romans und gehen davon aus, dass da jemand

Abb. 1

beschreibt, der nicht in der katholischen Tradition steht, zu der sie gehören. Das heißt, sie arbeiten sehr stark mit dem Fremdheitsmoment. Auf das Thema der Tagung übertragen heißt das, dass es natürlich Einsichten gibt – es wird uns wohl einleuchten –, die man gewinnt, wenn man in einer Tradition steht. Vieles erscheint dann sofort verständlicher und muss nicht erklärt werden. Also beispielsweise übertragen auf die klassische Musik: Natürlich versteht man mehr von der Beethoven-Symphonie oder eine Bachkantate, wenn man die Konnotationen kennt, wenn man damit aufgewachsen ist. Aber es gibt auch eine *andere* Art von Erkenntnis oder von ästhetischen Betrachtungsweisen, die von der Fremdheitserfahrung ausgeht und die versucht, den ersten Blick auf diese Dinge zu fassen. Die Bildbeschreibungen – und das ist das literarische Element daran – verstärken und stilisieren dieses Moment. Sie tun so, als sei da wirklich jemand naiv und würde erstmalig in die Kirche und zum Bild gehen. Aber um diesen Blick in die Literatur zu tragen, darf man selbst nicht naiv sein. Es gibt einen Unterschied zwischen einer wirklichen Berührung, die man vielleicht haben kann, wenn man naiv, zum ersten Mal sagen wir in einen hinduistischen Tempel oder zu einer chinesischen Kulturmanifestation oder in eine Moschee geht und dem nachträglichen Schreiben. Da gibt es etwas, was wirklich einmalig und auch ein wertvolles Moment ist, aber, um es zu beschreiben, um es in Worte zu fassen, kann man nicht identisch mit dieser ersten Begegnung sein. Dann braucht es meistens den zweiten, dritten oder fünfzehnten Besuch, um es fassen zu können. Das heißt, es gibt einen Unterschied zwischen der Unmittelbarkeit, die es zu interpretieren gilt, und der Darstellung, die nicht unmittelbar sein kann.

Schnurr: Ich verstehe nun, dass es kein naives Moment ist, Universalien zu entdecken, sondern eine Reflexion, ein Erkenntnisprozess. Welche Rolle messen Sie aber jenseits der literarischen Stilisierung der Erfahrung, dem Wissen um die Traditionen und Kontexte bei?

Kermani: Nur noch einmal zur Erklärung: Man kann in die Cerasi-Kapelle in Santa Maria del Popolo gehen, um sich unmittelbar, ohne irgendein Vorwissen zu haben – weil es universal ist, weil man das Moment kennt, weil es universal funktioniert – in eine andere Welt transportieren zu lassen. Die ästhetische Erfahrung ist möglich – durchaus! –, aber sie ist eingeschränkt, sie braucht eine Weile, sie ist eine ganz andere Perspektive. Das möchte ich überhaupt nicht bestreiten. Gerade so ein Bild wie die Kreuzigung Petri funktioniert hier, weil es ein Thema berührt, das jeder durch Hinrichtungsszenen auf YouTube oder allgemeiner durch eigene

Erfahrung mit Tod und Sterben kennt: Wenn jemand einmal selbst an einem Totenbett gestanden hat, dann erkennt man darin etwas Universales. Aber, um es literarisch zu fassen ist, glaube ich, sehr viel Wissen erforderlich. Es ist ein Unterschied, ob wir etwas ästhetisch unmittelbar erfahren, was eine wertvolle Erfahrung und auch die Voraussetzung für die Verdichtung ist, oder ob wir es in irgendeiner Weise, in welcher Form auch immer, kommunizierbar machen.

Schnurr: Herr Schulz, wie stellt sich das aus bildwissenschaftlicher Sicht dar? Was kommt zur unmittelbaren ästhetischen Erfahrung dazu, wenn man aus einer Bilderfahrung schöpft, die Sie haben, die aber sicherlich nicht alle haben? Wir vertreten ja nicht den Durchschnitt, falls es den überhaupt gibt.

Schulz: Es gelingt Caravaggio in seiner Darstellung ja sehr gut, eine unmittelbare ästhetische Erfahrung von dieses Ereignis zu ermöglichen, ohne dass man allzu viel darüber wissen muss. Genau das verknüpfen Sie, Herr Kermani, ja schließlich in besonderer Weise mit der Geschichte von Petrus, gerade auch – wenn ich das so sagen darf – vor ihrem eigenen kulturellen Hintergrund. Da mischt sich Nähe mit Distanz, Fremdsein mit Vertrautheit, Faszination mit Skepsis – auch bei den anderen Bildbeschreibungen, die wir heute noch hören werden. Zum Bildwissenschaftlichen: Aby Warburg würde die Gestik und den Blick des Körpers Petri vielleicht als eine Pathosformel bezeichnet haben, also als eine unmittelbar von starken körperlichen Erregungszuständen abgeleitete Formel, die als solche in ganz unterschiedlichen inhaltlichen, aber auch kulturell verschiedenen Kontexten eingesetzt werden kann und dabei vor allem eines garantiert: eine energetisch starke Übertragung unmittelbarer Emotion. Darin sind diese Formeln des körperlichen Pathos in der Tat universal – gleichwohl ist es interessant, dass diese bei Aby Warburg fast nie christlich konnotiert sind; nur mit wenigen Ausnahmen erscheinen christliche Märtyrer, der Kruzifixus fast gar nicht. Hier sehen wir jedoch eine jener Pathosformeln, die in ganz unterschiedlichen kulturellen Kontexten eigentlich sehr ähnlich funktionieren, auch wenn sie unterschiedliche Geschichten haben und mit sehr verschiedenen Bedeutungen aufgeladen sein können. Aber natürlich kommt hinzu, dass man wissen muss, wer Petrus ist, um das Ereignis als Ganzes zu verstehen und was er letztendlich für die christliche Heilsgeschichte bedeutet; etwa dass er das Papsttum bis heute legitimiert, das sich als Stellvertretung Christi auf Erden bis zum Ende der Zeit und der Wiederkehr Christi begreift. Das muss man alles in dieses Bild mit hineinlesen können, und dazu bedarf es natürlich der Kenntnis des biblischen

Textes wie seiner kirchlichen Auslegung. Aber dies heißt wiederum nicht, dass es nicht auch einen unmittelbar ästhetischen Zugang zu diesem Bild gibt, über seine christliche Botschaft hinaus; und diesen hat Caravaggio sicherlich einkalkuliert (weshalb es mit seinen Bildern in Kirchen immer wieder Konflikte gab). Doch über den christlichen Sinn – wenn es einen solchen überhaupt gibt – dieses selbstauferlegten Leidens, das dann doch in reine Todesangst umschlägt, muss man sich natürlich genau informieren. Und dieser christliche Märtyrerkult wirkt ja auf viele andere Kulturen eher befremdend; und in der selbstkritischen Betrachtung wiederum befremdend für uns selbst.

BILDER TRANSKULTURELL UND RELIGIÖS LESEN

Im Roman führt „der katholische Freund" den Erzähler mit muslimischem Glauben zu einem Kloster am Ufer des Tibers. Durch ein Gitter vom Gebetsraum der in völliger Klausur und Armut lebenden Nonnen getrennt und begleitet von ihrem betenden Gesang, betrachtet er eine spätantike Marienikone. „Die Jungfrau hat auch mich angeschaut, ohne Alter", beginnt er unvermittelt. Reflektierend über eine Aussage des Papstes zur Würde der Wiederholung, die ja die Form der Ikone bestimmt, sagt er: „In Rom wurde ich ohnehin neidisch auf das Christentum, neidisch selbst auf den Papst, der auch solche Sätze sagt, und wenn ich den Gedanken der Inkarnation nur in einem Menschen nicht so grundverkehrt hielte und speziell die katholische Vorstellungswelt mir nicht so heidnisch vorkäme, [...] womöglich hätte ich mich seinen Praktiken nach und nach angeschlossen [...] wenngleich anfangs mehr aus ästhetischen Gründen [...]. Wiederum unvermittelt: „Ein Wort: Getroffensein. Gott hat sie getroffen. Das ist Gnade und Qual, das verleiht Flügel und schmettert nieder [...]. Die großen braunen Augen schauen mich an, als hätte der viel kleinere Mund anfangs noch Halladsch gerufen, rettet mich, Leute, rettet mich vor ihm. Das hat sie auch, Hilfe gerufen, anfangs, als sie es erfuhr, ich bin mir sicher. Frohe Botschaft! Röhrten die Könige und brachten Geschenke, aber ich bin mir sicher, daß sie alles war, nur nicht froh. Sie ertrug es [...]." Der Erzähler zeichnet nach, wie sie angesichts des Todes ihres Sohnes den Schrecken Gottes erfuhr, bevor er schließt: „Nur Maria halten sich die Katholiken rein, und das begreife ich so gut. [...] Jungfräulichkeit bedeutet für mich nichts anderes: rein – und damit immanent gesprochen: gereinigt – von der Erfahrung."[2]

Abb. 2

Schnurr: Herr Kermani, Sie beschreiben ja die Begegnung mit der Ikone als Fremdheitserfahrung. Dort ist das Bild, hier ist das Ich. In den Bildbeschreibungen Ihres Romans liegt meines Erachtens der Clou darin, dass dieses Ich muslimischen Glaubens ist und eben nicht der katholischen Tradition angehört, sondern aus dieser Sicht auf das christliche Bild schaut. Martin Schulz hat in seinem Vortrag davon gesprochen, dass ausgehend von Differenzen und Fremdheitserfahrungen *dritte Räume* entstehen. Ist das eine Figur, mit der Sie etwas anfangen können? Dass also etwas Neues aus solchen Differenzen entsteht?

Kermani: Das hoffe ich. Also wenn man nach Rom geht, wie ich für ein Jahr, dann weiß man natürlich, dass man der ungefähr 824ste deutsche Dichter in dieser Stadt ist – und alle haben Rom beschrieben. Und natürlich habe ich überlegt, als ich nach Rom kam, wo wohl die Punkte sind, an denen ich ansetzen könnte. Einer war, als Kölner in Rom zu sein. Natürlich fällt hier jedem sofort Rolf Dieter Brinkmann ein, also dieser *Romhasser*, der die ganze Rom-Verherrlichung der deutschen Dichtung in seinem Buch frontal angegangen ist. Der andere Punkt war eben diese deutsche Rombegeisterung, die die deutsche Literatur durchzieht. Dazu kommt, dass mein Buch *Dein Name* auch die Geschichte eines sehr frommen iranischen Großvaters ist, dessen Lebensgeschichte beschrieben wird. Und der Enkel dieses Großvaters, der zugleich der Romanschreiber ist, lebt in Deutschland. Er gehört als Schriftsteller zu einer ganz anderen Sphäre, nämlich der Literatur, und ist selbst nicht so sonderlich fromm bzw. lebt sehr säkular. Der Großvater hatte selbst 1963 Europa bereist, weil er dort seine Tochter besuchte. Der Enkel beschreibt im Buch, wie der Großvater immer seinen Gebetsteppich wie selbstverständlich in den Kirchen ausbreitete. 1963 war das kein Skandal, offenbar wurde es als etwas Normales begriffen, dass man beten möchte und dafür ein Haus Gottes aufsucht. Das war noch so ein naives Moment, man hatte noch keine Angst vor dieser fremden Religion. Und der Großvater nimmt ganz selbstverständlich Europa als christlich wahr, jedenfalls sehr viel christlicher, als sein eigenes Land als islamisch. 1963 waren die Kirchen noch voll, in Frankreich etwa, der Schweiz oder auch in Deutschland, während sich der Iran damals strikt, sozusagen radikal, säkularisierte. In seiner eigenen großbürgerlichen Lebensgeschichte war Glaube etwas für die armen Leute, es war ungewohnt. Wieso betet überhaupt noch jemand? Natürlich ist es auch diese Perspektive des Enkels, der gewissermaßen jetzt diese muslimische Weltordnung auch einmal annimmt und verstärkt mitsamt seines literarischen Horizonts, den er ja hat. Sein intellektueller Kosmos ist deutlich ein anderer, da spielen etwa Jean Paul und Hölderlin eine große Rolle, nicht Rumi und Hafis, da gibt es Neil Young und Werner Herzog, nicht so sehr den Koran oder 1001 Nacht. Ein Enkel, der seiner Bildung nach ganz und gar westlich ist, geht sozusagen mit seinem Großvater in die römischen Kirchen, damit ihm ein neuer Blick gewährt, eine neue Perspektive zuteil wird, die sich bei den 824 Vorgängern so noch nicht findet. Es sind sozusagen dritte, vierte, fünfte, sechste, siebte Räume, die hier eine Rolle spielen.

Schulz: Vielleicht kommt noch ein weiterer Raum hinzu. Zunächst herzlichen Dank für diese einfühlsame, von Skepsis wie Faszination zugleich begleitete Beschreibung eines der ältesten Marienbilder, die wir überhaupt kennen; ein Bild, das es eigentlich aus ursprünglich christlicher Perspektive gar nicht hätte geben dürfen, da das monotheistische Christentum, wie auch der Islam und das Judentum, zunächst in Ablehnung heidnischer Idolatrie als reine Wort- und Schriftreligion aufgetreten ist, in der Bilder schon gemäß des zweiten Gebotes des einen Gottes verboten waren. Es kommt aber noch eindeutig hinzu, dass diese Ikone mitnichten ein römisches Bild ist, sondern wohl aus Syrien oder Palästina stammt, also vom Ort der biblischen Geschichte. Das erkennt man nicht zuletzt an dieser wunderbaren Enkaustik-Technik, die man in Rom seit dem frühen Mittelalter schon wieder vergessen hatte. Daher ist sie eine der ganz frühen Import-Ikonen. Aus römischer Sicht galt sie daher als ein wirklich authentisches Bild aus apostolischer Zeit. Deswegen ist es nicht zufällig vielleicht das erste Bild überhaupt, für welches man die Lukaslegende erfunden hat, der zufolge der Apostel Lukas die Gottesmutter höchst persönlich porträtiert hat. Gemäß einer Legende hat das Bild einmal ein Pilger aus Jerusalem oder Konstantinopel nach Rom gebracht, wo es zu einer der bis heute am meisten verehrten Ikonen wurde. Es hat also regelrecht ein interkultureller Transfer der Ikone stattgefunden: vom Ort der biblischen Geschichte in die Stadt der Päpste, in der es als echtes Bild Mariens verehrt wurde. Daher kommt seine außerordentliche Wertschätzung: Es gilt als ein wahres und eben nicht als ein bloß erfundenes Bild. Aus historischer Sicht ist dennoch klar, dass diese Ikone nicht früher als im 5. Jahrhundert entstehen konnte, weil sich erst da der Marienkult gründete. Auch hier zeigt sich eine weitere interkulturelle Dimension. Maria tritt ja, als sie 431 im Konzil von Ephesus zur Gottesgebärerin erklärt wird, an die Stelle antiker weiblicher, meist auch jungfräulicher Gottheiten und erfüllte gerade in ihren Bildern den Wunsch des spätantiken Menschen, der an Bilder gewohnt war, nach der Sichtbarkeit des Heiligen. Aus christlich theologischer Sicht konnte das zwar insofern legitimiert werden, als Maria ja eine historische Person war und daher innerhalb der natürlichen Geschichte lebte. Dennoch war dies ein Zugeständnis an den antiken Bilderkult. Und dies ist wiederum für den Islam das Argument, dass man sich hierin nicht ganz deutlich vom Heidentum unterscheidet. In der Tat gibt es viele eher fließende Übergänge als klar definierbare Brüche. Einige Marienikonen, die eindeutig mit der Person der Gottesmutter selbst identifiziert werden, übernehmen die Rolle antiker Schutzgöttinnen. In diesem Fall wird sie als *Maria Advocata* regelrecht zur Anwältin des römischen Volkes, der mehr Autorität und Macht eingeräumt wurden, als sie der Papst besaß. Papst Sergius III., der die Ikone in den Lateran überführen ließ, musste sich, zumindest der Legende nach, dem Willen der Ikone beugen, die unbedingt wieder zu den armen Nonnen zurückkehren wollte, die damals in der Hierarchie der Kirche ganz unten rangierten. Das war also

Abb. 3

ein regelrecht subversiver Akt der Ikone. Solche Bilder konnten bekanntlich bluten, weinen und fliegen; und sie wurden wie lebende Personen behandelt. Dies widerspricht natürlich jeglicher christlicher Bildtheologie. Aber man kann sich der Aura dieser uralten Bilder nur schwerlich entziehen, wie Sie das, Herr Kermani, so anschaulich beschreiben. Und darin steckt natürlich auch eine Gefahr.

Kermani: Darf ich noch einen Gedanken hinzufügen? Den habe ich eben vergessen, aber der passt nun ganz gut dazu. Ich sagte ja, es gibt zwei Pole der Rombeschreibung: Brinkmann als ein Extrem und das andere, die deutsche Rombegeisterung. Und was mir aufgefallen ist, dass in den vielen Rombeschreibungen, die ich gelesen hatte, als ich nach Rom ging, das christliche Moment an Rom nicht wirklich ernst genommen wird. Beschrieben wird sehr viel öfter das antike Rom und, wenn auf die dezidiert christliche Kunst eingegangen wird, dann fast immer kunstgeschichtlich, nicht religiös-theologisch. Aber die christliche Kunst als christliche Kunst ernst zu nehmen und dieses Moment aufzuspüren – so wie man auch Hölderlin noch als christlichen Dichter begreifen kann (natürlich nicht im orthodoxen Sinne) – ich wüsste jetzt keinen Romreisenden, der die Stadt so stark in ihrer religiösen Dimension ernst genommen hat, wie ich es versucht habe. Dabei kann der fremde Blick auch helfen. Wenn es selbstverständlich ist, dann denkt man gar nicht darüber nach, das ist dann halt so, es sind dann eben lauter christliche Motive. Aber wenn man dieses Fremdheitsmoment einmal stärkt, dann wundert man sich zunächst. Das hat dazu geführt, dass ausgerechnet meine Rombeschreibung so dezidiert das Christliche in den Mittelpunkt stellt und sich nicht auf die Antike bezieht. Gerade Raffael oder Caravaggio könnte man ja säkular lesen, das ist eine berechtigte Leseweise dieser Bilder. Aber bei mir ist es gerade umgekehrt: Ich lese sie dezidiert religiös.

BILDERVERBOTE

Schnurr: Und wie stark Sie das machen und wie sehr Sie diese Bilder als christliche Bilder ernst nehmen, wird meines Erachtens in Ihrem Satz deutlich: „Die Jungfrau hat auch mich angeschaut." Ich habe eine Frage an den Orientalisten Kermani und vielleicht auch an den scharfen Beobachter aktueller Lebenswelten: In diesem Satz: „Die Jungfrau hat auch mich angeschaut" schildern Sie ja durchaus ein sehr stark religiöses Moment, Sie fassen es sehr präzise mit dem *Getroffensein*, was ähnlich ja Roland Barthes mit *punctum* in der ästhetischen Erfahrung von Fotografien formuliert. Das *Getroffensein* entspricht einem dezidiert religiösen Moment, einer religiösen vielleicht sogar christlichen Wirkung dieses Bildes. Wäre es nun sinnvoll, über Bilderverbote zu sprechen, über islamischen Bildumgang? Muss das diskutiert werden? Oder würden Sie sagen, dass dies eine Frage ist, die in Bezug auf die Jetztzeit, auf die Lebenswelten von Kindern und Jugendlichen, keine Rolle spielt?

Kermani: (lacht) Als Schriftsteller lebe ich ja vom Bilderverbot, indem ich eben keine Bilder mache, sondern erzähle – deshalb bin ich unbedingt dafür. Nein, im Ernst: Natürlich sollte das Bilderverbot diskutiert werden, nur bitte nicht eindimensional im Sinne: Meinungsfreiheit ja oder nein? Bilder sind höchst ambivalent, also auch gefährlich. Es gibt gute Gründe dafür, dass zwei oder drei monotheistische Religionen sehr skeptisch sind.

Dies betrifft sicherlich gerade die Sprengkraft, aber auch das Nivellierende der Bilder: Das, was unaussprechlich ist, was in der Fantasie bleiben soll, das wird ja abgebildet und damit womöglich nivelliert, ärmer gemacht. Die Diskussion über das Bilderverbot mag durchaus die Ambivalenz des Bildlichen schärfen oder Blicke führen.

Die Gefährlichkeit der Bilder: Nehmen Sie jetzt etwa die Bilder vom Amoklauf in Oslo. Es ist eine Gefahr, wenn man solche Bilder verbreitet. 99,99999 Prozent aller Betrachter werden das für durchgeknallt halten, aber der eine Betrachter, wird vielleicht zum Nachahmer. Das bedeutet nicht, dass ich solche Bilder generell verbieten würde. Man sollte sich aber ihrer Sprengkraft bewusst sein und verantwortlich mit ihnen umgehen. Nicht alles, was gezeigt werden darf, muss man auch zeigen. Im Übrigen hat es das Bilderverbot so nie gegeben. Aber den dahinterstehenden Gedanken, der auch ein biblischer ist, ernst zu nehmen und zu diskutieren, finde ich absolut legitim und lebendig, ohne dass es eine Diskussion eines interreligiösen Diskurses wird und man nur die religiösen Leute zu Wort kommen lässt.

DAS EIGENE UND DAS WEGBRECHEN DES KANONS

Kermani: Vielleicht als Anmerkung zum Nürnberg-Paper und weil wir allgemein über Bildbetrachtung sprachen: Herr Schulz, ich verstehe in gewisser Weise den in Ihrem Vortrag distanziert zitierten Kollegen, der sagte: „Wenn man das Eigene nicht kennt, dann hat man nichts zu erzählen". Natürlich bin ich der erste, der einfordern würde, dass unser Blick sich vom Kanon abendländischer Kulturgeschichte und von der Vorstellung einer Gesellschaft befreien muss, die eben nicht so kulturell vielfältig ist wie unsere. Das ist theoretisch absolut einleuchtend und eine wichtige Forderung für den Schulunterricht, für Museen, Schauspielhäusern usw. Nur haben wir gleichzeitig die Situation, dass dieser Kanon vollkommen wegbricht. Und dem muss man sich genauso stellen. Also, wir versuchen uns in einem Augenblick zu öffnen, in dem wir den Zugang zum eigenen Kanon verlieren. Diese abendländische Kultur und Kunstgeschichte – das sage ich als Vater zweier Töchter – welcher Gymnasiast kennt sie denn noch? Wer bekommt sie vermittelt? Das ist ja die Schwierigkeit, dass wir uns öffnen müssen in einem Augenblick, in dem hinter uns alles Mögliche an Verständnis, Wissen und Bildung wegbricht. Da muss man versuchen, beides im Blick zu haben.

Schulz: Das ist auch mein Plädoyer. Es macht wenig Sinn, sich allen anderen Kulturen öffnen zu wollen und sie irgendwie zu integrieren, wenn kaum mehr etwas von der Geschichte der eigenen Kultur gewusst und verstanden wird. Ich habe darüber unlängst mit einer Examenskandidatin für Kunsterziehung darüber diskutiert, die sich deshalb weigerte, sich mit christlicher Ikonographie zu beschäftigen, weil sie atheistisch erzogen worden sei. Eine solche Haltung führt zugleich mit dem Anspruch, sich allen anderen Kunstkulturen zu öffnen, zwangsläufig zu erheblicher Kurzsichtigkeit. Viele weitere solcher Beispiele aus meiner Lehre an Kunstakademien ließen sich anführen, bei denen man manchmal erschrocken darüber ist, wie viel an Wissen und Bildung ganz einfach nicht mehr vorhanden ist – auch schon das bloße Interesse daran fehlt. Dafür ist da eine bunte, unendlich durchmischte multimediale Gegenwart, die ja schon komplex genug ist. Daher meine Empfehlung: Beschäftigt Euch noch einmal intensiver mit den vermeintlichen Selbstverständlichkeiten Euer eigenen Geschichte und Kultur. Von dort aus kann ein interkultureller Dialog, wenigstens im Akademischen, eigentlich erst beginnen. Insofern benennt der zitierte Satz meines Kollegen: „Nur wer sich Zuhause gut auskennt, kann Fremden viel erzählen" eine entscheidende Grundlage. Dennoch ist damit nur die halbe Wahrheit angesprochen, da Fremderfahrung das Wissen über das Eigene notwendig schärfen muss. Fremderfahrung ermöglicht auch eine selbstreflektierende Distanz, in der das Eigene dann nicht mehr so selbstverständlich, sondern fragwürdig, mitunter merkwürdig erscheint. Und dann wird man auch dem Fremden ganz anders begegnen können.

GLOBALES UND LOKALES

Nach der Romreise nach Köln zurückgekehrt, besucht der Erzähler das neue Domfester von Gerhard Richter, das in Anlehnung an ein Zufallsverfahren flächig aus kleinen quadratischen Glasscheiben in 72 unterschiedlichen Farbtönen zusammengesetzt ist. Nach einer Belustigung über die Debatte um den Kölner Kardinal, der das Fenster als es passender für eine Moschee kritisierte, beginnt der Erzähler: „Man sagt das so, daß man den Atem anhält, es passiert nicht oft. [...] Ich blicke hoch, nicht bloß sprach- sondern atemlos." Der Dom, so fährt er fort, „ist außen", wirkt vor allem durch seine Fassade als „das Weltgebäude". [...] „Er preist nicht Gott, sondern die Kölner. Ich mag das, nicht nur als Kölner. Mit dem Richter-Fenster legt das Innere nach." Indem das Licht gefärbt von außen nach innen fällt „macht sich das Außen bemerkbar in seinem Wandel". Das Fenster „strahlt die Jetztzeit aus. [...] Der Kardinal hat recht: Mit dem Richter-Fenster zieht die Abstraktheit, die mathematische Anordnung und sogar manche Farbprinzipien der islamischen Baukunst in den Dom ein."³

Schnurr: Herr Schulz, Sie sagten eben im Vortrag: „Globalität ist ein inflationärer Begriff, aber sagen Sie mir einen besseren!" Nun haben wir die Lesung Navid Kermanis zum Richterfenster im Kölner Dom gehört, also zu einer aktuellen Kunst, die sich ja gerade zwischen den Bildtraditionen positioniert. Inwiefern könnte aus Ihrer Sicht diese Bildbeschreibung den Begriff des Globalen schärfen?

Schulz: Das Domfenster von Gerhard Richter ist vielleicht nicht das beste Beispiel dafür, den Begriff von Globalität in der Kultur der Bilder wirklich zu schärfen; aber dennoch ist es, wie wir es in der Beschreibung von Herrn Kermani heraushörten, ein sehr gutes Beispiel dafür, wie Lokales und Globales einander durchdringen und wie sich verschiedene Ebenen der Geschichte zu einer multiplen Identität ergänzen können – und sich dabei nicht ausschließen. Der Dom ist ja zunächst nicht nur ein Wahrzeichen der städtischen Identität, sondern galt im 19. Jahrhundert als *das* Symbol einer rein deutschen Kunst – wenigstens so lange, bis es dämmerte, dass fast alles, was die Kirche als Gesamtwerk auszeichnet, seinen Ursprung in Frankreich hat und eigentlich französische Architektur ist. Da musste man schon erkennen, dass selbst nationale Identität allenfalls fließende Grenzen hat.

Für Richter war es sicherlich ein ganz besonderes Wagnis, als moderner, aufgeklärter und, bei allen mystischen Elementen auch der modernen Kunst, zu guten Teilen säkularisierter Künstler einen solchen wirklich erzkatholischen Auftrag anzunehmen. Denn ein solcher Auftrag ging, anders als etwa in Frankreich, allein von der Kirche aus, die daran natürlich auch, wie wir wissen, bestimmte Erwartungen knüpfte. Und Richter hat gut daran getan, sich nicht auf den Wunsch einzulassen, Märtyrer des 20. Jahrhunderts ins Bild zu setzen. Stattdessen hat er auf ein eigenes älteres Werk von 1974 zurückgegriffen, auf *4096 Farben*, das in einer Zeit entstand, in der sich das Figürliche in der Malerei, aber auch die abstrakte Malerei und daher die Malerei überhaupt, einmal mehr in einer tiefen Krise befanden. Was kann man noch malen? Was bleibt von der Malerei, wenn alles Private, Subjektive, kulturell Codierte herausgefiltert wird? Allein noch das grenzenlose Spektrum der wunderbaren Farben und das Quadrat als die einfachste Form, aus der sich alle weiteren Formen durch Drehung, Teilung oder Addition ergeben können. Und die gesamte Anordnung wird dem reinen Zufallsprinzip überlassen. Alles spricht zunächst einmal nur für sich und dennoch zu allen zugleich. Es ist ohne Frage immer eine Utopie – und auch Ideologie – der gegenstandslosen Malerei gewesen, eine über alle kulturellen Grenzen hinweg verständliche Universalsprache zu schaffen. Daher entspringt eine solche Idee letztlich einer, wenn man so will, rein lokalen Tradition. Aber dennoch bieten Richters Fenster ein sinnliches Fest für die kommenden Jahrhunderte, an dem jeder teilhaben kann, gleich welcher Kultur und welcher Religion. Damit hat sich die Stadt ein weltoffenes Symbol gegeben, auch wenn diese Arbeit zweifelsohne eine bestimmte Geschichtlichkeit hat. Aber es wird so etwas wie ein größtmöglicher gemeinsamer Nenner angeboten, der sich gerade nicht allein im Dekorativen erschöpft. Und Herr Kermani hat es herausgehoben: Die wenig überlegte Kritik von Kardinal Meisner, das Fenster passe eher in eine Moschee oder in ein anderes Gebetshaus, ist eigentlich das größte Lob, das man überhaupt aussprechen kann. Zugleich rückt das Fenster das Innere des Doms in ein neues Licht und gibt dem gotischen Bauwerk etwas wieder, was einmal seine Bestimmung war: dem Raum allein durch das Eigenlicht der Farben einen anderen, gleichsam höheren Energiezustand zu verleihen. Und das ist schon ein großartiges Erlebnis, mögen auch noch so viele Kritiker darüber unken, dass Richter sich damit wieder christlicher Lichtmystik angedient hat.

Anmerkungen

1 | Die Bildbeschreibung zur Kreuzigung Petri findet sich in: Kermani, Navid: *Dein Name*, München 2011, S. 715 f.; vgl. auch: http://www.nzz.ch/nachrichten/kultur/literatur_und_kunst/ mehr-als-wir-sehen--caravaggios-die-kreuzigung-des-petrus-1.813539 [07.01.2013].

2 | Zur Ikone: Kermani, N.: a.a.O., S. 884-887; vgl. auch: http://www.nzz.ch/nachrichten/kultur/literatur_und_kunst/gott-hat-sie-getroffen--eine-anonyme-marien-ikone-in-rom-1.2523109 [07.01.2013].

3 | Zum Richter-Fenster: Kermani, N.: a.a.O., S. 913-915; vgl. auch: http://www.nzz.ch/nachrichten/kultur/literatur_und_kunst/ploetzlich-macht-sich-das-aussen-bemerkbar--gerhard-richters-fenster-im-koelner-dom-1.696620 |07.01.2013].

Kann man sich hinter Kulturen verstecken?

Gibt es denn überhaupt ein WIR?

Löschen Marken Kulturen aus?

Während des Kongresses „Interkultur. Kunstpädagogik remixed" sammelten die Teilnehmenden entstehende Fragen auf einer Fragenwand.

Handlungsfelder 3:
Kunst & Bilder

Globalisierte Phänomene wie Jugendkulturen, Brands oder Bildende Kunst versprechen viel für die interkulturelle Pädagogik: Als Universalsprachen jenseits der verbalen Sprache und jenseits lokaler Beschränktheiten bieten sie den in der postkolonialen Theorie vielfach beschworenen third space, in dem herrschaftsfreiere Verständigungen ermöglicht werden sollen. (Das Gegenmodell wäre dann die Auseinandersetzung mit der Burka (Beate Schmuck). Seien es Mangas oder andere Comics als jugendkulturelle Universalsprache (Jutta Zaremba), sei es die Konsumkultur als globaler und von der Mehrheit geteilter Unterrichtsgegenstand (Franz Billmayer), sie lassen interkulturelle Differenzierungen, Unterscheidungen, Trennungen obsolet werden.

Für die Bildende Kunst sind es dann verschiedene Künstlerinnen und Künstler aus unterschiedlichen Regionen, die zusammen in der Stadt, also im lebensweltlichen Umfeld, performativ arbeiten (Johanna Eder, Alexandra Mohr, Pascale Ruppel, Veronika Zinser), Migrantinnen und Migranten in der Erwachsenenbildung, die die Arbeiten des Künstlers Christian Boltanski als Vorbild für eigene, biografisch orientierte, visuelle Auseinandersetzung nehmen (Fatma Herrmann) oder die gemeinsam im Garten – an sich bereits ein verheißungsvoller Topos – arbeiten.

Zwei Aspekte scheinen hier noch von besonderem Interesse: Zum einen, wie gut sich globale Konsumwelt und global art ergänzen, wie parallel sie funktionieren (jeder Bereich natürlich mit den jeweils spezifischen Zielgruppen), zum andern, wie auch im Kunstkontext zunächst überraschende Praxen ein produktives Potenzial entfalten können, wozu etwa interkulturelle Gärten zählen (Helga Balletta). Mit diesen beiden Beobachtungen, wenn sie denn stimmen, ändert sich auch der Bildbegriff der Kunstpädagogik: „Eine komparative Sicht künstlerischer und bildlicher Formen weltweit lässt neben Differenzen auch Ähnlichkeiten und Parallelen zu Tage treten. Es ist eine Aufgabe kunstpädagogischer Praxis und kunstwissenschaftlicher Forschung, nicht nur die Differenzen, sondern auch mögliche Konstanten und Universalien des Bildlichen auf ihre Struktur und Tragweite hin zu befragen." (Nürnberg-Paper, VI)

co-creating interculture
Kulturklischees und ihre spielerischen Transfers in
jugendlichen Fan-Art-Szenen

Jutta Zaremba

Die weltweit agierende, jugendliche Fan-Art-Szene, die sich auf einschlä-
gigen Online-Portalen vor allem mit Mangas, Animes und Games gestal-
terisch und kommunikativ auseinandersetzt[1], könnte man aufgrund ihrer
ausgeprägten Japan-Bezogenheit per se als interkulturell bezeichnen. Will
man es nicht bei dieser grundsätzlichen Feststellung belassen, lohnt ein
exemplarischer Blick in aktuelle Aushandlungspraxen am Beispiel des
Kultmangas *Hetalia Axis Powers* mit seinen figurativen Länderklischee-
Zuschreibungen. Wie gehen Fan-Artisten mit diesen fixen pop- und interkulturellen Setzungen um, welche kreativen Transfers lassen sich dabei ausmachen? Und was bedeutet das für ein prozessuales Interkultur-Verständnis?

RESSOURCE HETALIA AXIS POWERS

Der japanische Comiczeichner Hidekaz Himaruya studierte in New York
Design und schuf dort 1993 u.a. in Anlehnung an die *South Park*-Serie
den Web-Manga[2] *Hetalia Axis Powers* (im weiteren *Hetalia*). Es entwickelte
sich schnell eine weltweite Fangemeinde, so dass es *Hetalia* mittlerweile
in Japan als Print-Manga, Animationsfilm und Hörspiel sowie aktuell in
Deutschland als dreibändige Manga-Reihe beim Tokyopop-Verlag gibt.[3]
Hetalia ist ein Kunstwort aus *hetare* (jap. Feige) und *Italia*, denn *Hetalia
Axis Powers* ist eine Parodie auf ein fiktives Nachkriegs-Setting mit Ach-
senmächten und Alliierten, bei dem über 40 Staaten durch einzelne, sehr
klischierte Figuren verkörpert sind. So ist Italien ein von Pasta gesteuerter,
ängstlicher Chaot, Deutschland ein strenger Pessimist und Japan ein kon-
fliktscheuer Modellbaufreak. Alle Nationen erleben in bizarren Alltagssitu-
ationen diverse Reibereien und Missverständnisse.

NEO-JAPONISMUS

Im Fan-Art-Kontext ist das größte deutschsprachige Webportal der in München beheimatete und seit dem Jahr 2000 agierende Animexx-Verein.[4] Zum beliebten *Hetalia* finden sich umfangreiche freiwillige Fan-Aktivitäten: u.a. über 4.000 Fan-Arts, fast 3.500 Cosplays (Kostümierungen in Anlehnung an die medialen Figuren, Zusammensetzung aus costume und play), 50 Dōjinshis (selbst erstellte und beim Portal hochgeladene Mangas) sowie bislang 24 selbst ausgerufene Wettbewerbe.[5] Das in *Hetalia* durchgängige Verfahren, Länderpersonifikationen in eskalierenden Alltagswelten aufeinander treffen zu lassen, bringt die Fan-Artistin *Goesha* auf die

Abb. 1: Goesha: Schulzeit http://animexx.onlinewelten.com/fanart/
wettbewerb/39289/1868417/

Idee, einen nahe liegenden situativen *Kulturimport* in die Schule zu visualisieren: „so bin ich auf die idee gekommen, die drei in die schule zu stecken XD. wird sicher lustig. japan wird dann klassensprecher, deutschland der unruhestifter, und italien … ähm ja, italien ist einfach italien."[6] Ihre Computerkoloration *Schulzeit* (Abb. 1) mit den drei flächig umrandeten Länderfiguren vor der vollbeschriebenen Schultafel betont zwar die Fiktion dieser Vorstellung, gleichzeitig beschwört sie ein lustvoll-dynamisches „*Hetalia* Take Over" im Klassenzimmer herauf. Im Gegensatz zum Manga tragen nun alle drei Figuren dieselbe Uniform, wobei Japan als der – mitSonnenbrille und Ohrpiercings – trendige Anführer, Deutschland als der – trotz Kette und freiem Sixpack-Oberkörper – defensive Abwiegler und Italien als der stürmische Kleine ohne Durchblick dargestellt ist. Die in *Hetalia* noch ansatzweise vorhandenen historischen Länderanleihen sind nun zu jugendkultureller Coolness im Stile des Japan-Pop modifiziert, der ohnehin auf keinerlei reales interkulturelles Konfliktpotenzial anspielen will. Vielmehr geht es gerade um die (imaginäre) Aufladung von alltagskulturellen Settings durch die Visualisierung von stilbildenden Selbst-Asiatisierungen. Das bereits seit den 1960er Jahren als *Japonismus*[7] bezeichnete Interesse von europäischen Künstlern an der Kunst Japans – von Kritikern als *Schwärmerei* abgetan –, aktualisiert sich somit bei Fan-Artistinnen und -Artisten in einer popkulturellen Variante.

LOKALKOLORIT

In *Hetalia* ist jeder der über 40 Staaten durch jeweils nur eine Figur repräsentiert. Mit dieser Setzung bricht der 19-jährige Fan-Artist *habkeineahnung*, wenn er statt Länder Bundesländer betrachtet und diese wiederum nach kulturgeschichtlichen Kriterien in mehrere Figuren aufgliedert (Abb. 2). In Bezug auf NRW meint er: „Da die Unterschiede zwischen den Rheinländern und

Abb. 2: habkeineahnung: Hetalia NRW
http://animexx.onlinewelten.com/
fanart/1919647/?

den Westfalen so groß sind, kann man NRW nicht als einen Charakter darstellen. Und da NRW insgesamt aus zwei Preußischen Provinzen

Abb. 3: ShaunHastings Heta-
lia-Shooting mit South-Korea und
Türkei. http://animexx.onlinewelten.
com/cosplay/mitglied/174047/
order_1_0/258630/7041055/

und einem Freistaat gebildet wurde, sind es drei Personen geworden."[8] Bewusst greift der Fan-Artist bei seinen drei NRW-Personifikationen ebenfalls auf Stereotypen zurück: „Ich weiß, ihr seid nicht alle wie der Klischee Kölner oder Westfale, aber ohne Klischees wäre Hetalia nicht mehr so lustig oder."[9] Minutiös begleitet er seine drei computerkolorierten Charaktere *Rheinland*, *Lippe* und *Westfalen* mit überspitzten Beschreibungen. Hierbei wird deutlich, dass Interkultur nicht zwingend Internationalität oder gar Globalität als Bezugsgröße braucht, sondern sich bildliche Verhandlungen von Verschiedenheit durch kenntnisreiche lokale Binnendifferenzierung einstellen können. Humorvoll-provokante Lokalklischees lösen auch bei anderen Community-Mitgliedern den starken Wunsch aus, ihre eigene Expertise unter Beweis zu stellen. Lokalkulturelle Klischees werden ergänzt, weiter ausdifferenziert, hinterfragt oder ihnen widersprochen. Da der Aushandlungsspielraum hier besonders groß zu sein scheint, bildet dies eine gute Basis für kommunikative und gestalterische Ausführungen.

NATIONEN-ROLLENSPIEL

Eine gänzlich andere Ausdrucksform wählt die Fan-Artistin *ShaunHastings*: Sie veröffentlicht Fotos ihrer Cosplay-Inszenierungen, auf denen sie mittels Kleidung, Mimik und Gestik möglichst detailgetreu nach fiktiven *Hetalia*-Charakteren posiert. Während der landesweiten *Animagic*-Convention 2010 fanden umfangreiche Cosplay-Fotoshootings zu *Hetalia* statt, bei denen verschiedenste Länder-Figuren *gecosst* wurden. In diesem Kontext entstand auch das Foto *Hetalia Shooting mit South Korea und Türkei*[10] (Abb. 3), auf dem *ShaunHastings* als Türkei alias *Sadik Adnan* agiert. Analog zur *Hetalia*-Türkei-Figur *Sadik Adnan*, der tagsüber als Büroangestellter arbeitet und abends als Kunstdieb unterwegs ist, bastelt sich *Shaun Hastings* das zentrale Accessoir einer Diebesmaske, deutet Bartstoppeln an und legt sich eine tarnfarbene Kapuzenjacke sowie eine Türkeiflagge zu. Zusammen mit einer weiteren Cosplayerin als Südkorea, legen sich die beiden Akteurinnen in einträchtiger Pose nebeneinander auf ihre Flaggen. Interkultur wird hier in ihrem *Oberflächencharakter* ausagiert und in gewollt naiver Weise performt. Fiktive Nationen-Klischees werden zum Anlass für affirmatives Rollenspiel. Gleichzeitig gibt es einige Kommentare von Community-Mitgliedern zu weiteren Cosplay-Fotos von *Shaun Hastings* als Türkei, die auf ein erstauntes (Wieder)Erkennen von ethnischen Codes basieren: „alda! du bist so geil als Turkey XD egal ob vom aussehen her oder vom charakter!" oder „Whuoooooaaaa [...] Krass! [...] Voll Türken-like!" oder „Der Obertürke. Du siehst so Gängsta aus, so erkenn ich dich gar nicht. Wie ist das passiert? Einfach nur geil, du bringst ihn geil rüber."[11] Die Anerkennung bezieht sich zum einen auf den Genderswitch von weiblich zu männlich, zum anderen auf die Verwandlung in einen „Obertürken" und „Gängsta". Die freiwillige Inkorporation in eine interkulturell sowohl stigmatisierte als auch machtvolle Gestalt wird wohl auch gerade angesichts ihrer Ambivalenz bewundert. Diese spielerische (und damit harmlose und jederzeit umkehrbare) interkulturelle Metamorphose wird zumindest auf dem Cosplay-Terrain begrüßt.

Inter-Kultur-Prozess

Diese Beispiele lassen sehr unterschiedliche, gestalterische und kommunikative Akte bei der Mitgestaltung interkultureller Dynamiken sichtbar werden. Es sind – teils vordergründige, teils indirekte – Aspekte von Interkultur, die eigene identitäre (mediale, nationale) Elemente betonen oder aufbrechen. Gerade die Freiwilligkeit und die Selfeducation der jugendlichen Fan-Art-Szene lenken den Blick auf interkulturelle Aspekte von Begeisterung, Kreativität und Selbstexotisierung[12]. Gemeinsame Ausgangspunkte sind globale Medienfiguren und nationale Stereotypen – gemeinsamer Spaß entzündet sich rund um interkulturelle Missverständnisse. Immer wieder geht es um das spielerische Ausagieren von Klischees, Widersprüchen, Übertreibungen. Mitunter ist dies nicht mehr, aber manches Mal werden wichtige Impulse für permanente, konfliktreiche Aushandlungsprozesse gesetzt.

Anmerkungen

1 | Zaremba, Jutta: „FanArt - kreative Bastionen jugendlichen Fantums im Internet", in: Richard, Birgit; Krüger, Heinz-Hermann (Hg.): *Intercool 3.0. Ein Kompendium zur aktuellen Jugendkultur-forschung*, München 2010, S. 347-357; dies.: „FanArt. Jugendästhetik online für den Kunstunterricht", in: SCHROEDEL KUNSTPORTAL – Kunstdidaktisches Forum 2011, http://www.schroedel. de/kunstportal/didaktik_archiv/2011-05-zaremba.pdf [12.12.2012]; dies.: „JugendKunstOnline", in: Hugger, Kai-Uwe (Hg.): *Digitale Jugendkulturen*, 2. Auflage, Wiesbaden: VS-Verlag 2013.

2 | Web-Mangas sind unabhängig erstellte Comics, die (noch unbekannte) Künstler kostenlos zum Lesen im Internet hochladen.

3 | http://www.tokyopop.de/buecher/manga/hetalia_axis_powers/leseprobe.php [12.12.2012].

4 | animexx-onlinewelten.com

5 | http://animexx.onlinewelten.com/themen/3641_Hetalia%20-%20Axis%20Powers [12.12.2012].

6 | http://animexx.onlinewelten.com/fanart/wettbewerb/39289/1868417/ [12.12.2012].

7 | Linhart, Sepp; Weigelin-Schwiedrzik, Susanne (Hg.): *Ostasien im 20. Jahrhundert. Geschichte und Gesellschaft*, Wien 2007.

8 | http://animexx.onlinewelten.com/fanart/1919647/? [12.12.2012].

9 | Ebda.

10 | http://animexx.onlinewelten.com/cosplay/mitglied/174047/order_1_0/258630/7041055/ [12.12.2012].

11 | Ebda.

12 | Vgl. zu Selforientalization Schnurr, Ansgar: *Fremdheit loswerden – das Fremde wieder erzeugen. Zur Gestaltung von Zugehörigkeiten im Remix jugendlicher Lebenswelten* in diesem Band, S. 73-89.

Konsum als globale Kultur

Franz Billmayer

Beobachtung

Shopping Malls sind für Touristen eher langweilige Orte, sie gleichen sich mehr oder weniger in Windhoek, Beijing, München, Las Vegas, Stockholm oder Heilbronn (Abb.1). Man weiß im Voraus, was einen erwartet: Die gleichen Markenläden bieten die gleichen Waren. Und alle denken darüber nach, ob sie diese haben wollen oder nicht. Gleiche Produkte bieten weltweit ähnliche sinnliche Erfahrungen: Jeans, Unterwäsche, Autos, Getränke, Möbel, Badezimmer... Längst hat sich die Konsumkultur zur gemeinsamen globalen Kultur entwickelt. Angesichts der globalen Verbreitung und Wirksamkeit dieser Kultur erscheinen kulturelle Unterschiede kaum mehr zu sein als Folklore. Konsum lässt sich als Kultur beschreiben.[1]

Beschreibung

Grundlage der Konsumkultur ist eine große Auswahl an Produkten, wobei Angebot und Produktauswahl als Grundlagen der Konsumkultur von uns Entscheidungen fordern. Produkte haben einen Doppelcharakter als Sprache (Symbolsystem) und als Wahrnehmungsangebot. Sie wenden sich an die Anderen, wenn wir mit den Produkten unsere Einstellungen und unsere sozialen Zugehörigkeiten kommunizieren.[2] Und Sie wenden sich an uns, wenn wir mit ihnen das Wahrnehmungsangebot für unsere Körper manipulieren, um Einfluss auf Befinden und Erfahrungen zu nehmen. Wir betreiben Situationsmanagement.[3] Der Zeichencharakter der Produkte ist zudem eine wichtige Basis für die Konstruktion von Identität und Sinn – subjektiv und gesellschaftlich. Produkte und Dienstleistungen, die

Abb. 1

Abb. 2

z.b. im Tourismus in all seinen Formen angeboten werden[4] sind Mittel, mit denen wir Ziele und Zwecke verfolgen. In den letzten Jahrzehnten wurden die Verkaufsflächen laufend vergrößert. Mit dem Angebot erweitern sich die Codes und die Wahrnehmungsmöglichkeiten. Trinkwasser hat sich z.b. zu einem schier unüberschaubaren Produktfeld entwickelt (Abb.2). Die Produkte bieten und fordern damit zugleich eine differenziertere Sprache und eine feinere Wahrnehmung. Mit Produkten zeigen wir, wie wir gesehen werden wollen. Nach Helene Karmasin wollen wir vor allem zeigen, wie wir *nicht* sind; nicht spießig, nicht uncool, nicht verschwenderisch...[5]

KULTUR(EN)

Angesichts der weltweit relativ einheitlichen Konsumkultur können wir von einer gemeinsamen Kultur ausgehen, auf die sich alle Menschen mehr oder weniger beziehen können. Das soll nicht heißen, dass alle an dieser Kultur teilhaben; vielmehr ist die Mehrheit der Weltbevölkerung aufgrund von Armut davon ausgeschlossen. Aber offensichtlich würden die meisten gerne dabei mitmachen können. Die Konsumkultur scheint eine gemeinsame Plattform der Weltkultur zu bilden, so wie wir das aus der Automobilindustrie kennen, wo etwa verschiedene Modelle von VW, Audi, Skoda und Seat zu etwa 90% aus einer gemeinsamen Plattform bestehen. Die Unterschiede sind vor allem ästhetischer Natur. Innerhalb der Konsumkultur gibt es viele Unterkulturen mit besonderen Regeln, die soziale Zugehörigkeiten kommunizieren und manifestieren. Diese sind möglicherweise bald bedeutsamer als regionale oder gar nationale kulturelle Unterschiede.

In den Shopping Malls und Supermärkten sehen *wir* nicht nur den Vorrat der Zeichen, die wir verwenden, sondern auch den *der Anderen*, die diese Kultur mitgestalten. Da wir als Konsumenten die Produktion bestimmen – die Händler stellen das ins Regal, was sie verkaufen können, und die Produzenten stellen das her, was die Händler ins Regal stellen – sehen wir gegenseitig, was wir uns wünschen und was wir fürchten. Dagegen zeigen Kunstmuseen die Auswahl lediglich *einer* Subkultur, nämlich der Kunstszene. Die Verkaufsregale der Kaufhäuser zeigen hingegen die Auswahlen einer großen Mehrheit. Nicht mehr eine kleine gesellschaftliche Elite, sondern alle Konsumentinnen und Konsumenten sind heute die Trä-

ger der Kultur. Was wir heute in Museen, Parks und Altstädten als Kulturgüter bewundern, ist nicht zuletzt eine Folge des Konsums der damaligen
Kulturträgerinnen und -träger, des Adels und des reichen Bürgertums.

In der Konsumkultur spiegeln sich die allgemeinen Wünsche, Bedürfnisse und Ängste der Menschen. In ihr werden intensive ästhetische Erfahrungen gemacht, werden Identitäten konstruiert und kommuniziert.
Man kann nicht mehr behaupten, dass diese weniger wertvoll seien als die,
die traditionelle Kultureinrichtungen bieten. Damit wird die traditionelle
Kunst- und Kulturvermittlung mit ihrer Affinität zu Institutionen in Frage
gestellt[6]. Ein Unterricht, der bestimmte kulturelle Erfahrungen – z.b. der
Kunst – als wertvoller als andere propagiert, läuft Gefahr, andere Erfahrungen und deren Konsumenten abzuwerten. Das impliziert eine mehr oder
weniger große Anzahl von Menschen, die außerhalb der als hochwertig
gesetzten Kultur stehen.

Die Konsumkultur mit ihren Erfahrungs-, Sinn- und Zeichenange-
boten und dem Zwang zur Auswahl kann als ästhetisches Bildungspro-
gramm[7] beschrieben werden. Es schließt in den entwickelten Ländern
kaum jemanden aus und trägt dazu bei, dass sich unterschiedliche Identitäten und Zugehörigkeiten weitgehend frei von Konflikten entwickeln
können. Konsumkultur ist nicht mit *viel Geldausgeben* gleichzusetzen.
Damit ist die Diskriminierung von weniger kaufkräftigen Gruppen ausgeschlossen. Die Unterschiede zwischen denen, die eine formelle ästhetische Erziehung durchlaufen haben, und jenen, die sich (durch Konsum)
informell ästhetisch gebildet haben, verschwinden. So wird es vermutlich
immer schwerer werden, die (positiven) Folgen kultureller Bildung im Sinne von *Education through Arts* nachzuweisen.

SCHLUSSFOLGERUNGEN

Die Konsumkultur erweist sich als die gemeinsame kulturelle Basis aktu-
eller Gesellschaften und sollte deshalb Gegenstand und Thema kultureller
Bildung sein. Das wird zu Lasten der Kunst gehen. Allerdings brauchen
Kunstpädagoginnen und -pädagogen keine Sorge zu haben, dass sie ihren
Schülerinnen und Schülern gegenüber etwas Wichtiges vernachlässigen;
denn:

Kunst als Subkultur eines begrenzten sozialen Milieus ist für die meisten Schülerinnen und Schüler von verhältnismäßig geringer Relevanz. Der Zugang wird ohnehin über das Milieu geregelt.

Die Konsumkultur erfüllt die Ziele der ästhetischen Bildung sozial ausgewogen und effizient – ästhetische Bildung in der Auseinandersetzung mit Kunst verdoppelt dies nur an anderen Gegenständen und ist damit an sich Zeitvergeudung.

ANALYTISCH UND PRAGMATISCH

Der Kulturbegriff sollte nicht normativ, sondern deskriptiv und analytisch verwendet werden. Kultur wäre damit pragmatisch zu verstehen. Zu fragen wäre, welche Probleme durch *kulturelles Verhalten* und kulturelle Produktion gelöst werden sollen und welche durch sie entstehen können. Kulturelles Verhalten und kulturelle Produktion haben ganz verschiedene Ziele: Vergemeinschaftung, Vorhersagbarkeit von Verhalten, Identitätskonstruktion, Selbstbeobachtung, Spiel, Produktion von Sinn, soziale Vernetzung, innovatives Denken, ästhetische Erfahrung, Aufbau sozialer Distinktionen (Inklusion und Ausgrenzung), Reduktion von Komplexität, Steigerung von Komplexität, Unterhaltung, Propaganda, Konstruktion von Tradition und Kontinuität, Konstruktion von gemeinsamen Wertvorstellungen, Infragestellen von Wertvorstellungen, Entschleunigung oder Verdichtung von Zeit, Etablierung von Macht, Dekonstruktion von Macht usw.

DIDAKTIK UND METHODIK

Die Konsumkultur ist allen gemeinsam und wird deshalb zu einem (zentralen) Gegenstand des Schulunterrichts. Es geht darum, sie in ihrer Normalität zu verstehen. Der globale Konsum ist kein machtfreier Raum, sondern folgt offensichtlich westlichen Mustern. Das muss die Kunstpädagogik thematisieren.

Da Konsumprodukte und der Umgang mit ihnen alle Schülerinnen und Schüler der entwickelten Gesellschaften betreffen, eignen sie sich als Themen für den Unterricht. Niemand wird aufgrund seiner Herkunft oder seines Geschlechtes diskriminiert. Die globale (Konsum-)Kultur bietet eine tragfähige Möglichkeit, alle Schülerinnen und Schüler zu erreichen und so ein vertieftes Verständnis für Struktur und Funktion von Kultur zu erwerben. Allerdings darf sie nicht (mehr) als trivial, banal, kommerziell, manipulativ oder sonst wie minderwertig abgetan werden. Das fällt schwer, wenn man, wie wir Kunstpädagoginnen und -pädagogen, in der *elitären* Subkultur Kunst sozialisiert wurde. Diese konstituiert sich ja gerade dadurch, dass sie sich von angeblicher Trivialität, Banalität und Mainstream abhebt. Den eigenen ästhetischen Interessen wird ein hohes Maß an Komplexität und geistiger *Tiefe* zugeschrieben. Den Anderen wird dies abgesprochen.

Wenn wir die Konsumkultur als globale kulturelle Plattform akzeptieren, hat das Auswirkungen

- auf den konkreten Unterricht (didaktisch und methodisch)
- auf die Produktion von Unterrichtsmaterialien
- auf die kunstpädagogische Forschung
- auf die Aus-, Fort- und Weiterbildung
- auf die Lehrplanentwicklung.

ANMERKUNGEN

1 | Ullrich, Wolfgang: *Habenwollen – wie funktioniert die Konsumkultur?*, Frankfurt am Main: S. Fischer 2006.

2 | Karmasin, Helene: *Produkte als Botschaften*, Wien/Frankfurt: Ueberreuter 1998. Keller, Rudi: *Zeichentheorie – zu einer Theorie semiotischen Wissens*, Tübingen und Basel: A. Francke Verlag 1995.

3 | Schulze, Gerhard: *Die Erlebnis-Gesellschaft - Kultursoziologie der Gegenwart*, Frankfurt/Main [u.a.]: Campus 1992, S. 34 ff.

4 | Hennig, Christoph: *Reiselust - Touristen, Tourismus und Urlaubskultur*, Frankfurt a. Main; Leipzig, 1999.

5 | Karmasin, Helene: „Produkte und Produktverpackungen als Botschaften", in: Billmayer Franz (Hrsg.) *Nachgefragt. Was die Kunstpädagogik leisten soll*, München: kopaed 2009, S. 145-158, hier: S. 152.

6 | etwa UNESCO: *Leitfaden für kulturelle Bildung* (Road Map for Arts Education). UNESCO-Weltkonferenz für kulturelle Bildung: Schaffung kreativer Kapazitäten für das 21. Jahrhundert Lissabon, 6.-9. März 2006. deutsche Übersetzung 2007, S. 6.

7 | Ullrich, Wolfgang: Über die warenästhetische Erziehung des Menschen, in: Bering, Kunibert und Niehoff, Rolf, *Bildkompetenz(en) – Beiträge des Kunstunterrichts zur Bildung*, Oberhausen: ATHENA 2009, S. 43-58; Billmayer, Franz: Shopping - Ein Angebot zur Entlastung der Kunstpädagogik. In: onlineZeitschrift Kunst Medien Bildung | zkmb, Text im Diskurs 2011, www.zkmb.de/index.php?id=73 [20.11.2012]

arts&culture reshaping urban life

Ein Deutsch-Italienisch-Tschechisches Art Lab

JOHANNA EDER, ALEXANDRA MOHR, PASCALE RUPPEL, VERONIKA ZINSER

Interkultureller Austausch ist nichts Neues. Schulen wie Hochschulen besitzen hierin reiche Erfahrungsschätze. Besonderes Potenzial liegt jedoch in einem interkulturellen Austausch über den Weg der Kunst. Dies bestätigte sich im Sommer 2011 im Rahmen des interkulturellen EU-Förderprojekts *arts&culture reshaping urban life*.

RAHMENBEDINGUNGEN

Vom 2. bis 10. Juli 2011 begegneten sich ca. 35 Kunststudierende sowie Künstlerinnen und Künstler aus Deutschland, Italien und Tschechien, der Slowakei, Dänemark und den USA in einem *Art Lab*, einem Kunst-Labor im Sinne des Artistic Research, im säkularisierten Augustinerkloster Sternberk nahe der Stadt Olmütz in Tschechien. Das Institut für Kunstpädagogik der LMU München beteiligte sich als lokaler Partner und einziger deutscher Teilnehmer mit einer Gruppe von acht Studentinnen sowie der Dozentin Johanna Eder. Als freischaffende deutsche Performancekünstlerin und Kunstpädagogin war Julia Dick der deutschen Gruppe zugeordnet. Das Projekt wurde mit Unterstützung der Europäischen Kommission finanziert (GD Bildung und Kultur). Zudem gab es diverse Ko-Finanzierungen und Partner des Projektes.[1]

PROJEKTBESCHREIBUNG

Die Stadt als wichtiger Lebensmittelpunkt ist Erfahrungsfeld von Gemeinschaft sowie auch ein öffentlicher Raum aktiver, verantwortungsvoller

Abb. 1: *Die Stadt, die fremde, ist mein Zuhause*, Foto: Johanna Eder

Mitgestaltung. Städtisches Leben zeichnet sich heute durch wachsende Schwierigkeiten in sozialen, (inter-)kulturellen und politischen Bereichen aus. In den europäischen Städten stellt sich die dringende Frage nach einer tragfähigen Vision eines zukünftigen urbanen Zusammenlebens.

Ziel von *arts&culture reshaping urban life* war es, eine internationale Diskussions- und Arbeitsplattform für Kunststudierende sowie Künstlerinnen und Künstler zu schaffen, um die aktuellen Entwicklungen des europäischen urbanen Raums mit den Mitteln der Kunst zu thematisieren und danach zu fragen, wie sich Kunst und soziale Realitäten der Stadt räumlich wie inhaltlich befruchten können. Im Vordergrund stand das gemeinsame künstlerische Schaffen – auch im Hinblick auf die Förderung einer gemeinsamen europäischen Identität. Die Aufgabe bestand darin, sich selbst in den verschiedenen kulturellen Kontexten zu erleben, zu inspirieren und den urbanen Raum in insgesamt fünf Art Labs in Deutschland, Tschechien und Italien mit künstlerischen Interventionen zu gestalten. Während des Art Labs in Sternberk verwirklichten alle Teilnehmenden ein eigenes künstlerisch-forschendes Projekt zum Thema *Living Spaces* in verschiedenen künstlerischen Ausdrucksweisen mit anschließender Gemeinschafts-Ausstellung vom 9. bis 30. Juli 2011 im Kunstverein Olmütz und der Galerie G. Die Ausstellung wanderte weiter nach Udine/Norditalien.Das Großprojekt *arts&culture reshaping urban life* endete im Juni 2012 mit einem abschließenden Symposium in Venedig und Udine.

ABLAUF

Im Februar 2011 kam es während eines Kick-Off-Wochenendes in Schwerte zur ersten internationalen Begegnung. Der studentische Kurs der LMU bereitete sich seit Beginn des Sommersemesters 2011 inhaltlich-konzeptionell und künstlerisch auf das Art Lab durch Recherchen zu den Themen Ästhetische Forschung, Feldforschung, Mapping und Street Art vor. In einem ersten Performance-Workshop mit Julia Dick in München wurden die Themenkomplexe Intervention – Interaktion – Partizipation erschlossen. Daraufhin begannen die Planungen zu zwei Performance-Aktionen, die vor Ort in Olmütz mit allen Teilnehmenden unternommen werden sollten. Zudem wurden auf einer Metaebene Voraussetzungen für die Begegnung mit Fremdem erarbeitet: neugierige Offenheit, geduldige Wertschätzung, Begegnung und Kennen-Lernen durch Beobachten und sinnliche Erfahrungen wie Sehen, Hören, Schmecken. Als Brücke bzw. gemeinsamer Schnittpunkt zwischen den internationalen Teilnehmerinnen und Teilnehmern sollte die Kunst dienen.

ART LAB

Zusammen mit der Künstlerin Julia Dick bereitete das Studententeam der Münchner Universität einen künstlerischen Stationen-Workshop vor, der multimediale Begegnung ermöglichen sollte: mit den Mitteln der Kunst (Zeichnen) und der Sprache (Wortspiele), dem Körper (Pantomime, Gestik), Kräfte messen (Armdrücken) und der Kleidung (Kleidertausch *in die Haut des anderen schlüpfen*). Spielen erwies sich als wirkmächtiger Türöffner und Eisbrecher. Der Alltag im Kloster, in dem das Team in Tschechien untergebracht war, hatte Aspekte, die für internationale Begegnungsprojekte typisch sind: zusammen arbeiten, essen, feiern, den Vertretern der anderen Kulturen helfen, sich gegenseitig besser kennenzulernen mithilfe unmittelbar sinnlicher Erfahrungen. Es schälten sich jedoch auch Besonderheiten einer speziell künstlerischen internationalen Begegnung heraus. Uns wurde der kulturelle Ausdruck von Essen, Kunst, Musik und Tanz als universelle Sprache deutlich. Durch die Atelier-Arbeit kam es zu einem sehr persönlichen und tiefgründigen künstlerischen Austausch.

24-STUNDEN-PERFORMANCE *DIE STADT, DIE FREMDE, IST MEIN ZUHAUSE*

Die künstlerische Begegnung gewann neue Dimensionen während einer gemeinsamen zweiteiligen 24-Stunden-Performance-Aktion in Olmütz, der folgendes Konzept zugrunde lag: Der Mensch ist ausgerichtet auf Kommunikation und Beziehung. Wenn Unterschiede aufeinanderprallen – im urbanen, wie auch im europäischen Kontext – stellt Kommunikation eine notwendige Brücke dar, um Beziehung zu schaffen und eine Kultur der Gemeinschaft zu entwickeln. In performativen Experimenten stellten wir uns deshalb folgende Fragen: Was bindet Menschen zu einer Gemeinschaft zusammen? Welche Rolle spielt dabei die Sprache? Welche Formen der Kommunikation entstehen, wenn die Verbalsprache versagt, weil

Abb. 2: connected-verbunden-collegati, Foto: Johanna Eder

die Dialogpartner verschiedene Muttersprachen sprechen? Welche Begegnungs- und Beziehungsräume tun sich dabei auf – sowohl untereinander, als auch im Kontext der Stadtbevölkerung? Dabei ergaben sich zwei thematische Richtungen: zum Einen eine interpersonale Auseinandersetzung unter den Künstlern, die sich aufeinander einlassen und mit den Gruppen-immanenten Herausforderungen arrangieren mussten, zum Anderen eine Interaktion zwischen den Künstlern und den Olmützern.

Teil 1: Um den Bahnhof herum wurde anhand von spielerischen Performance-Experimenten – z.B. in der Aktion *connected-verbunden-collegati*– Kontakt mit der Bevölkerung aufgenommen. Alle Teilnehmenden banden sich mit ihren Kleidungsstücken aneinander, *fingen* Passanten ins dadurch entstandene Netz, begleiteten sie zum Zug und winkten ihnen zum Abschied. So tat sich für Momente ein Wir-Gefühl auf.

Teil 2: Anschließend führten Julia Dick, Johanna Eder und Pascale Ruppel (Schauspielerin, Studentin der Kunstpädagogik) das künstlerisch-experimentelle Konzept mit weiteren Performance-Strategien fort. Es ging darum, die fremde Stadt als vielfältigen, von individuellen Einzelgeschichten geprägten Lebensraum 24 Stunden lang zu *bewohnen*. Abgesehen von künstlerischen Arbeits- und Dokumentationsmaterialien wie Skizzenblock, Stiften, Foto- und Videokamera nahmen sie keinerlei Versorgung mit. Dieser Mangel provozierte eine Extremsituation, die eine Auseinandersetzung mit den Themen Fremdheit, Kommunikation, Interaktion, Interdependenz und Beziehung zwangsläufig machte. Die Begegnungen spiegelten ein großes Spektrum an menschlichem Miteinander wider.

In einer Abschlussausstellung wurden die Ergebnisse des individuellen wie auch gemeinschaftlichen künstlerischen Arbeitens präsentiert.

Alle Arbeiten trugen Spuren der während der Woche gewachsenen Beziehungen: der Ort, Menschen und Erlebnisse, Respekt, Freude, Energie, Spiel und Freiheit. Zur Vernissage kamen unerwartet einige der Passanten, die wir Tage zuvor performativ zum Zug begleitet hatten. Wir waren Freunde geworden.

RESÜMEE

Zentrales Thema des Art Labs war der Kontakt. Es kam auch zu Missverständnissen und Kollisionen. Doch größeres Gewicht hatte, dass echte Begegnung und Verständigung stattfanden. Auf der Basis von respektvollem, spannungsreichem Kontakt und wohlwollender Neugier wurden Schwierigkeiten spielerisch-humorvoll genommen. Eine große Hilfsbereitschaft bewirkte geschwisterliche Beziehungen.Den unbedingten Mehrwert lieferte tatsächlich der Austausch auf künstlerischer Ebene. Kunst erwies sich als unmittelbares, universelles, Brücken bauendes Kommunikationsmittel.Über die Kunst kamen sich Menschen in tiefem Respekt und authentischer Freiheit schnell sehr nah. Das performative Spielen war dabei von großer Bedeutung. Das künstlerische Arbeiten im urbanen Kontext stärkte das Bewusstsein für eine verantwortungsbewusste Teilhabe und kreative Mitgestaltung gesellschaftlichen Lebens.

arts&culture reshaping urban life war für die Verantwortlichen wie für die Teilnehmenden eine große Bereicherung und ein unvergessliches Erlebnis. In überschwänglicher Freude und achtsamem Humor lernten wir aneinander und voneinander. Sicherlich hat der kathartische Prozess der *Wir-Werdung* Konsequenzen für zukünftige Projekte – auf jeden Fall für die individuelle Lebenserfahrung!

ANMERKUNG

1 | Antragsteller und Koordinator war die Fokolar-Bewegung e.V., eine NGO im Bereich Zivilgesell-schaft, Kultur und Bildung. Weitere Partner waren die UVUO (Union of Visual Artsof Olomouc) so-wie die AssociazioneCulturaleModo Udine, eine junge grassroots Organisation von unabhängigen Künstlerinnen und Künstlern der Region Triveneto mit dem Ziel, durch kulturelle Kooperationen Wissen und Erfahrungen zwischen verschiedenen kreativen Sektoren auszutauschen. Die Verant-wortlichen der jeweiligen Partnerländer waren: Mathias Kaps (Projekt-Manager und Pädagoge, Mannheim), Dr. Niklas Gliesmann (Kunsthistoriker, TU Dortmund, Julia Dick(Performance-Künst-lerin und Kunstpädagogin, deren Schaffen soziale Prozesse fokussiert), Johanna EderM.A. (Kunstpädagogin und Kunstwissenschaftlerin, LMU München), Daniele Fraccaro (Künstler und Kunstdidaktiker, Accademia di Belle Arti di Urbino), Marek Trizuljak (Bildhauer, Olmütz).

Zeitgenössische Kunst als Interaktionsgegenstand in der interkulturellen Erwachsenenbildung

Fatma Herrmann

Einleitung

Grundsätzlich verfügt unsere Gesellschaft über eine multikulturelle Bevölkerungsstruktur und ist von einem wechselseitigen Verhalten von Menschen unterschiedlicher kultureller Kontexte und Migrationshintergründe geprägt. Dieses Verhalten ist eine spezifische Form sozialer Interaktion und lässt sich auf der interpersonellen Ebene zwischen *Deutschen* und *Migranten* als interkulturelle Interaktion bezeichnen, die allerdings zu Verständigungsschwierigkeiten führen kann. Pädagogische Konzepte müssen, wenn sie einen Beitrag zur Bewältigung dieser Problematik leisten wollen, mit ihren Analysen bei der interkulturellen Interaktion ansetzen. Das Konstrukt der interkulturellen Interaktion darf allerdings nicht an Konzepten festhalten, die Defizitfestschreibungen wie Sprachbarrieren, kulturelle Unterschiede (ethnische Herkunft, Religion etc.) und fehlende gemeinsame Interessen zwischen Deutschen und Migranten fokussieren, sondern muss sich den Paradigmen Partizipation und Anerkennung zuwenden. Im Folgenden werde ich die Möglichkeit aufzeigen, die entstehen, wenn der in Interaktionsmodellen eingelegte Interaktionsgegenstand Sprache in den Interaktionsgegenstand Kunst bzw. künstlerische Gestaltung überführt wird.

Interaktionsgegenstand Zeitgenössische Kunst

Zeitgenössische Kunst wird zum handlungsrelevanten Katalysator eigenkünstlerischer Gestaltungspraxis, wenn sie nicht durch Konstruktionen ethnischer Differenzen festgelegt wird: denn sie ist heute nicht mehr monokulturell zu verorten, sondern zeichnet sich über transkulturelle Do-

Abb. 1: Christian Boltanski, Monument Canada, 1988

kumente aus. Sie lässt sich nicht als Determinante ethnischer Differenz einordnen, sondern ist ein bedeutungsvoller Teil des kulturellen Symbolsystems. Als Teil im weltweiten Verbund verschiedener Kulturen hat sie sich längst dem Diversity-Konzept verschrieben. Zeitgenössische Kunst lebt von Kontakten und Austausch und besitzt weder ethnische noch kulturelle Reinheit. Beispielhaft wird das am Werk des Künstlers Christian Boltanski ersichtlich. In *Monument Canada* kombiniert er Kleidungsstücke und Fotos und scheint sein Versprechen einzulösen:

„Zwischen dem Betrachter und meinen Bildern existiert ein doppeltes Spiel: Zuallererst zeige ich sie ihm; aber darüber hinaus fungieren sie als Spiegel: Sie rufen dem Betrachter etwas aus seinem Leben in Erinnerung. Meine Bilder sollen auch Spiegel sein für Menschen aus anderen Kulturbereichen. Ich will, dass jeder darin Zeichen seiner eigenen Erinnerung findet, ob er katholisch oder muselmanisch etc. ist."[1]

Monument Canada wurde Katalysator für eine künstlerische Gestaltungspraxis einer Gruppe Deutscher sowie Migrantinnen und Migranten. Die Gruppe befand sich in der nachberuflichen Lebensphase und besuchte täglich eine Einrichtung der Sozialen Arbeit in Berlin-Kreuzberg. Studierende der Kulturpädagogik/Kulturarbeit an der Universität der Künste Berlin initiierten dort vor Ort für diese Gruppe einen dreitägigen künstlerischen Workshop, in dem sich die Teilnehmerinnen mit ihrer Arbeitsbiografie und ihrem damit verwobenen Schicksal auseinandersetzen konnten.

KÜNSTLERISCHE GESTALTUNG ALS PARTIZIPATIVE HANDLUNG

Im Folgenden richtet sich mein Augenmerk auf das künstlerische Gestaltungsergebnis der Teilnehmerin Vesalet. Sie hat einen türkischen Migrationshintergrund und spricht kaum deutsch. Die von Vesalet auf ihren Arbeitskittel applizierten Fotomaterialien, Aufenthaltsgenehmigungen, ärztlichen Untersuchungsergebnissen etc. werden in ihrem künstlerischen Gestaltungsergebnis zu Zeugen ihrer Arbeitsbiografie, zu Geschichtszeugnissen einer Migrantin in Deutschland. Es sind die von Boltanski erwähnten Erinnerungen, die immer wieder neu erzählt werden wollen. Als Migrantin in Deutschland rekonstruiert Vesalet diese Erinnerungen, die sich über die unzähligen Stempelabdrücke der Ausländerbehörden und Arbeitsgenehmigungen artikulieren und wichtige Stationen ihres Lebens nachzeichnen.

Irini, eine Teilnehmerin mit griechischen Migrationshintergrund, hat ihre negativen Berufserinnerungen mit einem selbst gestalteten *Abfallnetz* zum Ausdruck gebracht: Das Netz füllt sie mit zerknüllten und zerrissenen Fotografien und Dokumenten dieser Zeit. Ihr materialer Zugriff erlaubt Verweise zu Boltanskis Werk: auch sie setzt Fotomaterial und Textilien ein. Jedoch arbeitet sie gegen deren Materialpräsenz, indem sie z.B. auf der ästhetisch hochglänzenden Oberflächenstruktur der Fotos mechanische

Abb. 2: Vesalet, Arbeitskittel

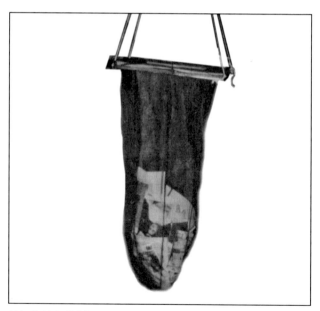

Abb. 3: Irini, Abfallnetz

Eingriffe vornimmt, die symbolisch für ihre Verletztheit stehen. Sie nutzt den inhärenten Widerspruch und falschen Zusammenhang zwischen ästhetischer Oberfläche und Abbild (Motiv) und versucht diesen Zwiespalt aufzuzeigen und aufzubrechen. Ihre Arbeit wird zum Beleg für den Versuch, über künstlerische Gestaltung lebensgeschichtliche Konflikte zurechtrücken zu können.

Margret, eine deutsche Teilnehmerin, zeigte sich beim Anblick dieser künstlerischen Gestaltung voller Anerkennung und gleichermaßen *erschüttert* wie fasziniert:

> „*Erschüttert war ich von der Griechin, die dieses Netz gebaut hatte, in das sie alles hineingeschüttet hatte. Das hat mich sehr stark angerührt [...]. Ja, das fand ich großartig, dass sie das gesehen hat und einfach wegwerfen konnte. Das war eine Art von Befreiung. Das gehörte zwar zu ihrem Leben, aber es war nicht mehr so, dass es sie belastete. Das fand ich toll. Ich denke mir, dass jeder für sich einen Teil abgeschlossen hat – mit seiner Lebensarbeit.*"

Das Zitat zeigt, dass die interkulturelle Zielkategorie der Anerkennung nicht durch das Individuum im Selbstbezug hergestellt werden kann, sondern an die künstlerische Gestaltung gebunden ist und über die Reaktion der anderen Teilnehmerinnen ausgedrückt wird.

Ein partizipatives Handlungsmodell

Das partizipative Handlungsmodell berücksichtigt die grundlegende Erkenntnis, dass die Begegnungs- und Handlungsformen zwischen Migranten und Deutschen neuer Zugangswege bedürfen, um die Ausdrucksweisen der Menschen individuell-lebensgeschichtlich darstellen zu können.

Partizipatives Handlungsmodell nach Herrmann (2009)[2]

Das Modell geht von der Vorannahme aus, dass es notwendig und wichtig ist zwischen den Interaktionspartnern einen handlungsrelevanten Katalysator zu implementieren, der es auch den Teilnehmenden mit eingeschränkter Sprachkompetenz ermöglicht, miteinander (d.h. mit Teilnehmenden, die einen anderen Sprachcode verwenden) in eine interkulturelle

Interaktion zu treten. A und B können im Modell nicht direkt interkulturell interagieren, sondern immer nur vermittelt über den Interaktionsgegenstand X. Der direkte Interaktionsfluss von A zu B wird allerdings unterbrochen, wenn er ausschließlich verbaler Mitteilungsart ist. Das bedeutet, die Subjekte können die A-B-Interaktionsgrenze nur über eine bildhaft-präverbale Mitteilungsart3 überschreiten und erst danach in eine interkulturelle Interaktion treten. Die zeitgenössische Kunst erhält hier als Katalysatorfunktion ihre primäre Stellung. Da die im Kunstwerk gegebenen Inhalte nicht dem sprachlichen Diskurs allein unterliegen, können Missverständnisse – wie sie in der Sprache auftreten, wenn der Sprachcode des Empfängers nicht dem des Senders entspricht – aufgehoben werden. Erst wenn A und B und X in ein Verhältnis (in Balance) gebracht sind, schließt sich der Kreis zu einer interkulturellen Interaktion, in der die Interaktionspartner über den partizipativen Handlungsprozess künstlerischer Gestaltung zu gegenseitiger Anerkennung gelangen.

Zusammenfassend lässt sich sagen, dass Werke der zeitgenössischen Kunst Anlässe bieten, Bezüge zur eigenen Biografie und Lebenswelt herzustellen. Es zeigen sich Valenzen der Erwachsenenbildung in ihren kategorialen Darstellungen von Lebenswelt- und Biografiekonzept. Denn über den Verweischarakter der Kunstwerke wird im Rezeptionsprozess die individuelle Sinnkonstitution für die subjektiven biografischen Zusammenhänge und Lebenswelten rekonstruierbar. Die Werke der zeitgenössischen Kunst können der biografischen Erschließung des Selbst dienen

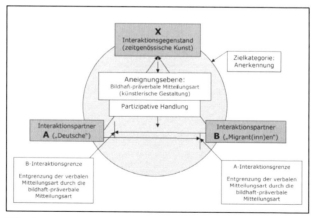

Abb. 4

und somit in ihrer Wirkungsweise als Projektionsfläche gesehen werden. Die Teilnehmerinnen des oben beschriebenen Projektes, so lässt sich argumentieren, konnten über das Kunstwerk *Monument Canada* ihre Lebensgeschichte künstlerisch gestaltend reflektieren und als *Leinwand ihres Lebens* begreifen. Sie sind in diesem Prozess Rezipierende, Produzierende und Kommunizierende gleichermaßen. Sowohl den Kunstwerken als auch den künstlerischen Gestaltungen können Funktionen wie Selbsterfahrung, Selbstfindung und Verständigung zugewiesen werden. Darüber hatten die Teilnehmerinnen die Möglichkeit, sich mit sich und anderen auseinanderzusetzen. Häufig erfahren wir andere als fremd, wenn wir uns nicht vorstellen können, wie sie leben, was sie denken. Die Auseinandersetzung und Identifizierung mit der subjektiven Geschichte anderer kann einen wechselseitigen Beziehungs- und Handlungsaufbau zwischen Migranten und Deutschen anbahnen.

ANMERKUNGEN

1 | Christian Boltanski zitiert nach Felix, Zdenek: „Zur Ausstellung", in: Boltanski, C.; Felix, Z.: Christian Boltanski. *Lecon des Ténèbres*, Ausst.Kat. Kunstverein München: Gotteswinter 1986, S. 39.

2 | Herrmann, Fatma: *Künstlerische Gestaltung in der interkulturellen Erwachsenenbildung – Entwicklung eines partizipativen Handlungsmodells*, Wiesbaden: VS Verlag 2009.

3 | Den Begriff verstehe ich als eine Mitteilungsform, die es den Teilnehmerinnen ermöglicht, sich über künstlerische Gestaltungen auszudrücken. Dies stellt eine wesentliche Voraussetzung dar, die je eigenen Artikulations- und Ausdrucksfähigkeiten ohne Defizitzuweisungen wechselseitig anzuwenden. Es bietet außerdem die Möglichkeit das aktuelle (auch eingeschränkte) Sprachvermögen anzuwenden und zu erweitern.

Der interkulturelle Garten

HELGA BALLETTA

Die Idee des *urban gardening*, und dazu zählen auch die interkulturellen Gärten (ikG), entstand in den achtziger Jahren des letzten Jahrhunderts fast zeitgleich in Großstädten wie New York oder Buenos Aires, um der Verstädterung entgegen zu wirken und vor allem den weniger begüterten Einwohnerinnen und Einwohnern die Möglichkeit zu geben, sich selbst preiswert mit frischem Obst und Gemüse zu versorgen. Der erste deutsche ikG wurde 1996 in Göttingen von Migrantinnen und Migranten ins Leben gerufen. Inzwischen gibt es deutschlandweit 131 realisierte Projekte, 76 sind in Planung.[1]

Interkulturelle Gärten sind kleine Schrebergärten, jedoch ohne trennende Zäune und starre Vorschriften. Jede Gärtnerin, jeder Gärtner darf seine Parzelle so bepflanzen, wie sie/ er möchte. Normalerweise ist ein Verhältnis von 70 % Migranten zu 30% deutschen Gärtnern erwünscht, wobei jede Nation (außer der deutschen) möglichst nur zweimal vertreten sein sollte. Träger der interkulturellen

Abb. 1: Ein „interkultureller Garten" in Fürth

Gärten können sowohl städtische als auch kirchliche Organisationen oder Vereine sein. Einige Gärten stellen ihre Beete kostenlos zur Verfügung, die meisten verlangen einen kleinen Jahresbeitrag zur Deckung der Unkosten. Unterstützung bietet u.a. die Stiftung Interkultur, die bei der Planung und teilweise auch Finanzierung hilft.

Ziel der interkulturellen Gärten ist es, Migranten einen niederschwelligen Zugang zu ihrem neuen Umfeld zu ermöglichen. Folgende Überlegungen führten dazu:

1. Viele Migranten hatten zu Hause ein kleines Stück Land oder einen Garten, d.h., sie bringen Kenntnisse und Kompetenzen mit, die Begegnungen auf Augenhöhe mit ihren deutschen Mitgärtnern ermöglichen. Das Ergebnis ihrer Arbeit wird wertgeschätzt oder sogar bewundert.

2. Obwohl es inzwischen die meisten Lebensmittel aus den Heimatländern der Migranten auch hier zu kaufen gibt, versorgen sich viele Gärtner preisgünstig mit Obst und Gemüse vom eigenen Beet.

3. Deutsche Gärtner, die sich in interkulturellen Gärten engagieren, sind in der Regel aufgeschlossen und knüpfen schnell soziale Kontakte mit ihren Mitgärtnern. Beim Pflanzen, Säen und Ernten ergeben sich unverfängliche Gesprächsthemen, die die Gärtner auch mutiger und sicherer im Umgang mit der deutschen Sprache werden lassen. Viele interkulturelle Gärten bieten zudem Sprachkurse, Fortbildungen oder Hilfestellungen im Alltag an.

4. Gemeinsame Aktivitäten wie Feste oder andere gemeinsam durchgeführte Aktionen lassen Bekanntschaften und manchmal auch Freundschaften über den Garten hinaus entstehen.

Der interkulturelle Garten Fürth wurde 2005 vom *Zentrum aktiver Bürger* geplant und 2007 anlässlich der 1000-Jahr-Feier der Stadt Fürth eröffnet. Im Herbst 2012 fand ein Fest zum 5-jährigen Bestehen statt. Träger ist seit 2008 der Verein Interkultureller Garten Fürth e.V. Der Vorstand wird von den Mitgliedern alle zwei Jahre gewählt und arbeitet ehrenamtlich; finanziert wird der Verein durch Mitgliedsbeiträge und Spenden.

Der Garten ist ca. 2500 qm groß und in 30 Parzellen zu jeweils 25 qm aufgeteilt, von denen derzeit 27 bewirtschaftet sind. Aktuell sind einschließlich Deutschland 19 Nationen vertreten, darunter Kenia, Bosnien, Indien, Libanon, USA, Vietnam, Spanien etc. Für alle Mitglieder (kos-

Abb. 2

ten)frei zugänglich sind die vom Verein angeschafften und zur Verfügung gestellten Gartengeräte, Grill, Spielplatz und Gemeinschaftsflächen sowie das große Kräuterbeet, angepflanzt in Anlehnung an die Vorgaben, die Karl der Große (der Sage nach der Gründer Fürths) im *capitulare de villis* für seine Königshöfe festgelegt hat.

Jede Form des Miteinanders bedeutet auch ein Aufeinandertreffen unterschiedlicher Erwartungen und tradierter Verhaltensweisen, was auch zu Unstimmigkeiten oder Konfliktsituationen führen kann. Jeder interkulturelle Garten hat Regeln, an die sich die Gärtner halten sollten: dazu gehört möglichst naturnah und biologisch anzubauen; die Anlage und die Geräte in Ordnung zu halten; nicht nur regelmäßig die eigene Parzelle zu bearbeiten, sondern gelegentlich auch den Gemeinschaftsrasen zu gießen, zu mähen oder die Hecken zu schneiden. Doch wo liegt die Grenze? Wie viel Pflege braucht ein Beet? Der Übergang zwischen naturnah und verwahrlost ist oft fließend Wie lange darf ich meine Parzelle – aus welchen Gründen auch immer – brachliegen lassen, bevor ich sie abgeben muss, um sie anderen Bewerberinnen und Bewerbern auf der Warteliste zur Verfügung zu stellen? Zum Glück sind es meistens nur kleine Unstimmigkeiten, die sich in der Regel im Gespräch lösen lassen. Auch der Fürther Garten hatte in der Anfangsphase seine Startschwierigkeiten, doch inzwischen ist er – auch durch seine idyllische Lage am Ufer der Rednitz – zu einem kleinen Paradies in der Stadt geworden.

ANMERKUNG

1 | Vgl. Stiftung Interkultur: Stand 2012, unter: http://www.stiftung-interkultur.de/ [18.12.2012].

IV. Politische & gesellschaftliche Perspektive

Interkulturelle Kunstpädagogik an der Schnittstelle zwischen politischer und kultureller Bildung

Bernd Hübinger

Als Pädagogen und Bildungsvermittler haben wir zwar mit unterschiedlichen Sujets, aber mit ähnlich gelagerten Herausforderungen zu tun. Bereits seit längerer Zeit ist es sehr viel schwieriger geworden, unsere *klassischen Stoffe* gemäß unserer Bildungsaufträge mit unseren *klassischen Methoden* an das Publikum von heute mit Begeisterung zu vermitteln. Das Publikum von heute – geprägt durch kulturelle Vielfalt, neue Medienwelten und eine völlig neue Sicht auf Bildungsgegenstände – ist anspruchsvoller geworden, fordert die Pädagogen und Vermittler viel stärker heraus. Dies ist kein Grund zum Lamento, sondern eine in jeder Hinsicht positive Entwicklung, denn sowohl die Kultur als auch das politische System wollen nicht nur vermittelt, sondern auch gelebt werden und die Adressaten von Bildungsangeboten, vor allem die nachwachsenden Generationen, sind erst dann zufrieden, wenn sie nicht nur Rezipienten, sondern auch Mitgestaltende der Kunst, der Kultur und der Politik ihres Gemeinwesens sind. Es gilt, innerhalb und außerhalb der Schule neue Methoden und Ansätze zu entwickeln, die es erlauben den Bildungsaspiranten von heute im weitesten Sinne in die eigene Arbeit mit einzubeziehen. Hier haben wir als politische Bildner von Ihnen – den Kunstpädagogen – vieles gelernt. Kulturelle Bildung spielt heute in unserer Arbeit eine nicht mehr wegzudenkende Rolle. Aber wir haben unsere eigenen Akzente gesetzt und damit sehr positive Erfahrungen gemacht.

KULTURELLE BILDUNG ALS TEIL POLITISCHER BILDUNG

Die Bundeszentrale für politische Bildung hat – laut Gründungserlass – die Aufgabe, den Bürgerinnen und Bürgern politische Sachverhalte zu vermitteln, das demokratische Bewusstsein zu fördern und Menschen zu einem verantwortungsvollen politischen Handeln zu befähigen. Das machen wir nicht als l'art pour l'art, sondern, das ist eine existentielle Angelegenheit. Unsere Demokratie ist von der Zustimmung der Bürgerinnen und Bürger notwendig abhängig; ihre Legitimität ist nicht gesichert, wenn nur ein kleiner, bürgerlicher, ursprungsdeutscher und akademischer Teil sich politisch beteiligt und die Restbevölkerung sich nicht angesprochen fühlt. Der *Rest*, das sind nicht nur die so genannten *Bildungsfernen*, sondern das politische Desinteresse reicht mittlerweile weit in bürgerliche Kreise hinein. Es ist allerdings nicht *das Politische*, dem die Menschen kein Interesse entgegenbringen. Wir haben vielmehr die klassische Bildungsvermittlung als das Problem identifiziert. Gerade Jugendliche distanzieren sich zwar nachweislich von bestimmten Formen der institutionalisierten Politik, aber wenn man Politik in einem weiter gefassten Sinne versteht – nämlich als Gestaltung respektive Mitgestaltung der gesellschaftlichen und der eigenen Lebensbedingungen – dann zeigt sich, dass Jugendliche sich durchaus für politische Themen interessieren, ja sogar begeistern. Es gilt also an die Lebenswelt und die Alltagserfahrungen von Jugendlichen anzuknüpfen. Hier bieten die Zugänge der kulturellen Bildung weitreichende Perspektiven.

Im Alltag vieler Jugendlicher spielen Kunst und Kultur eine wichtige Rolle – wenn man darunter nicht nur eine elitäre Hochkultur, sondern auch Formen der Jugend- und Soziokultur versteht. Jugendliche gründen Bands, machen Streetart oder Graffiti, spielen Theater, rappen oder gehen ins Kino. Kurzum, sie aktivieren und engagieren sich. Wenn die politische Bildung diese Impulse aufgreift, offene Räume für Kreativität und kulturellen Austausch schafft, wenn sie Bildungsprozesse zulässt, in deren Rahmen Jugendliche ihre Themen selbst setzen und ihre Rolle sowie den gesamten Prozess mit bestimmen können, dann sind sie bereit, sich durchaus nachhaltig aktiv einzubringen. Sie erfahren, dass sie eine Stimme haben, dass sie etwas bewirken und verändern können. Das ist entscheidend für die Motivation, sich zu engagieren und bei der Fortentwicklung der Gesellschaft aktiv mitzutun.

Das Alles hört sich noch nicht danach an, als würden wir auf diesem Wege politische Sachverhalte oder Institutionenkunde vermitteln. Wir haben damit aber eine Treppe betreten, auf der die Institutionenkunde nur eine Stufe ist. Bis weit in die 1950er Jahre haben empirische Sozialforscher den Deutschen eine politische Kultur attestiert, in der die demokratischen Werte nicht sehr stark verinnerlicht waren. Es dominierten vielmehr Denk- und Verhaltensmuster der nicht-demokratischen Vergangenheit wie Konfliktscheue, Denken in Schwarz-weiß-Kategorien, Harmoniesucht, Formalismus, Etatismus und Verhaftetsein im deutschen Idealismus. Die Deutschen der Nachkriegszeit waren zu weiten Teilen apolitisch und begriffen *Wählen* gehen nicht als Partizipation, sondern als gute Bürgerpflicht. Viele dieser Traditionen der politischen Kultur haben Nachwirkungen bis in die Gegenwart, die allerdings viel stärker durch Ambivalenzen, Komplexität, Vieldeutigkeit und damit letzten Endes Uneindeutigkeit geprägt ist. In diesem Zusammenhang trauen wir der kulturellen Bildung ein hohes Potenzial zu und können den Bogen zu den Themen dieser Tagung *Interkultur und Remix* schlagen.

Wir leben in einer Einwanderungsgesellschaft, in der die grundlegenden Werte immer wieder neu vermittelt und die Regeln des Zusammenlebens immer wieder neu verhandelt werden müssen. Das spiegelt sich in den Medien wider, die omnipräsent sind und die gleichzeitig eine unglaubliche Vielzahl an Informationen und Meinungen bieten. In diesem Umfeld müssen sich Jugendliche orientieren können sowie Aufgeschlossenheit und Toleranz gegenüber zunächst als fremd empfundenen Erscheinungen lernen. Sie sollen bereit sein zum Perspektivwechsel, d.h. bereit sein, eigene Gewissheiten vor dem Hintergrund neuer Ereignisse, Herausforderungen und Erfahrungen immer wieder neu auf ihre Tragfähigkeit und Brauchbarkeit hin zu befragen und ggf. weiterzuentwickeln.

Kulturelle politische Bildung kann die Fähigkeit zur Toleranz, zur Aufgeschlossenheit, zur Empathie, vielleicht sogar zur Zivilcourage fördern – das sind jedenfalls unsere Erfahrungen der letzten Jahre. Aus dieser Überzeugung haben wir uns z.B. entschlossen, ein Online-Dossier Kulturelle Bildung1 auf unserer Website anzubieten. Seit nunmehr zwei Jahren werden hier in regelmäßigen Abständen neue Themenschwerpunkte veröffentlicht, die die Kulturelle Bildung in all ihren Facetten durch Hintergrundartikel, Interviews, Praxisbeispiele, Filme und umfangreiche Literatur- und Linksammlungen beleuchtet. Ihnen allen ist die Studie der australischen Professorin Anne Bamford zur Rolle der Künste in Bildung und Erziehung unter dem Titel *The Wow Factor* geläufig. Frau Bamford unterscheidet zwei Zugänge zur *Arts Education*, in der deutschen Übersetzung *künstlerische Bildung* genannt: Erstens *Education in art*, also Bildung *in* den Künsten: Sie umfasst „nachhaltiges und systematisches Erlernen der Fertigkeiten, Denkweisen und Darstellungsweisen jedes der künstlerischen

Felder – Tanz, visuelle Künste, Musik, Theater"[1]. Ziel dieser künstlerischen Bildung ist die Entwicklung künstlerischer Fertigkeiten und die Fähigkeit, sich kritisch mit kulturellen Ausdrucksformen auseinandersetzen zu können. Anne Bamford unterscheidet hiervon *Education through art*, also die Bildung *durch* die Künste, bei der sich andere Disziplinen kreativer und künstlerischer pädagogischer Mittel bedienen, wodurch, so Bamford, u.a. „positive kognitive Transferleistungen"[2] gefördert werden.

Für uns als Institution der politischen Bildung spielt dieser zweite Aspekt eine besondere Rolle. Künstlerische Bildung im Rahmen unserer Arbeit ist vor allem Bilden *mit* Kunst bzw. *durch* die *Künste*.

Um Missverständnissen vorzubeugen: Wir stellen dabei nicht infrage, dass Kunst- und Kulturprodukte in ihrer ästhetischen Aussage auch um ihrer selbst willen geschätzt werden müssen oder mindestens zu respektieren sind. Wir gehen aber einen Schritt weiter und stellen die Hypothese auf, dass die Auseinandersetzung mit künstlerischen Werken kein rein ästhetischer Akt ist. Die Beschäftigung mit Kunst- und Kulturprodukten ist aus unserer Sicht bereits die Teilnahme an einem kulturellen Diskurs der Gesellschaft und somit kulturelle Teilhabe.

Es geht uns um künstlerisch-kulturelle Bildung, die gesellschaftliche Relevanz besitzt und die einen Begriff von Kultur als Soziokultur – nicht als Hochkultur – zugrunde legt. Damit ist auch gesagt, dass der Akzent von der Rezeption zur Partizipation verschoben wird, auch wenn die Stärkung von Rezeptionskompetenz selbstverständlich ein wichtiges Thema ist. Zudem geht der Fokus weg vom individuellen Bildungserlebnis hin zu einem sozial vermittelten Prozess der (Selbst-)Bildung, auf dessen Inhalte und Verlauf die Beteiligten einen maßgeblichen Einfluss haben.

Dieser Denkansatz hat auch unser Selbstverständnis als Institution der politischen Bildung verändert. Angesichts der rasanten gesellschaftlichen Veränderungen wurden wir eine sich selbst reformierende Behörde, die begonnen hat, ihre Bildungskonzepte mit ihren *Zielgruppen* zu diskutieren. Wir suchen nach neuen Bildungsformaten und neuen pädagogischen Prozessen, die in sich demokratisch sind, die die Rezipienten ernst nehmen und die deren Selbstvertrauen als *active citizens* zu stärken vermögen. *Education through arts* ist dabei vor allem auch ein Ansatz der Menschen integrieren kann, die eine andere Art von Sprache – auch im übertragenen Sinne – besser beherrschen als die Sprache der politischen Verfahren. Sie alle kennen das: Ein Kind, das noch kaum Deutsch spricht und sich in der Schule immer im Hintergrund hält, liefert im Rahmen der Foto-AG die beste Reportage aller Schülerinnen und Schüler ab. Der eigene Standpunkt auf das selbstgewählte Thema wird anhand der Fotografien deutlicher, als dies je durch Sprache hätte geschehen können.

Ich vermute, ich habe Ihr Misstrauen geweckt. Spannen die dort bei der bpb etwa Kunst für ihre Anliegen ein? Sie werden zu Recht darauf beharren, dass Kunst vom Grundsatz her zweckfrei sein muss, d.h. nicht instrumentalisiert werden sollte. Das ist auch nicht unser Anliegen; wir haben vielmehr einen Impuls aufgegriffen, den wir seit Längerem beobachten: Viele Künstlerinnen und Künstler haben sich in den letzten Jahren stärker denn je von einer Auffassung distanziert, nach der Kunst im menschenleeren Raum stattfindet. Sie suchen Bezüge zur gesellschaftlichen Wirklichkeit, nehmen Laien auf die Bühne, treten in Kontakt mit Jugendlichen, lassen das Dokumentarische ihre Ausdrucksformen bestimmen. Sie thematisieren gesellschaftspolitische und historische Themen, gerade weil sie konfliktbeladen sind. Sie nutzen Kunst als Ausdrucksform für politische Anliegen, wollen auf etwas aufmerksam machen und Kommunikation auslösen. In diesem Sinne haben wir viele Künstlerinnen und Künstler als *Komplizen* gewonnen, die ihre Ansätze in unsere Arbeit einbringen, unsere Arbeit bereichern, weil sie die gleichen gesellschaftlichen Anliegen vertreten wie wir.

DIGITALISIERUNG, NEUE MEDIEN UND INTERNET – HERAUSFORDERUNGEN UND CHANCEN

Die bpb hat die Digitalisierung unserer Lebenswelt und die kulturelle Vielfalt unserer Gesellschaft als Themen und Herausforderungen identifiziert, auf die die Bildungsarbeit in der nächsten Zukunft fokussiert werden sollte.

Unsere Lebenswelten und allen voran die der Jugendlichen verschieben sich in den digitalen Raum. Internet, soziale Netzwerke und Smartphones sind omnipräsent. Viele Jugendliche verbringen mehrere Stunden täglich vor dem Computer. Die Digitalisierung unserer Bildwelten bietet viele Chancen, z.B. entstehen durch die digitale Bildbearbeitung Collagen und Montagen und dadurch neue Bedeutungen, also eine Form des Remix, von dem der Tagungstitel erzählt. Kinder und Jugendliche müssen sich neben den Chancen aber auch der Gefahren digitaler Medien und des Internets bewusst sein. Medienpädagogik wird daher zunehmend wichtig. Solange es hierfür noch kein eigenes Unterrichtsfach gibt, ist auch die

Kunstpädagogik gefragt, die Themen der Medienpädagogik zu behandeln. Ein Kooperationsprojekt der bpb mit dem Bildungswerk des DGB heißt *pb21 | Web 2.0 in der politischen Bildung.* Die gleichnamige Website[3] berichtet von Schnittstellen der Welt der politischen Bildung und der Welt des Internets. Dort finden Sie zahlreiche informative und praxisnahe Artikel. Die Seite ist sicherlich nicht nur für Politiklehrerinnen und -lehrer relevant. Weiterhin möchte ich Ihnen noch unsere Kinderwebsite HanisauLand.de empfehlen, die sich an Kinder und Jugendliche zwischen 8 und 14 Jahren richtet und mit Hilfe von Comics, einem Lexikon, Spielen und vielen weiteren Angeboten unterhaltsame und leicht verständliche Zugänge zu politischen Themen bietet. Medienpädagogische Aspekte spielen hier eine wichtige Rolle. Unter anderem werden auch Tipps zum sicheren Surfen im Internet und Hinweise für Lehrende angeboten.

KULTURELLE VIELFALT UND MULTIPERSPEKTIVITÄT IN DER BILDUNGSARBEIT

Heute hat bereits jedes dritte Kind unter fünf Jahren einen Migrationshintergrund oder eine Zuwanderungsgeschichte. In westdeutschen Großstädten trifft dies bereits auf 50% der Schülerinnen und Schüler zu, Tendenz steigend. Der Erfahrungshorizont der Jugendlichen heute wird zunehmend multikultureller und multiethnischer. In der Begriffswelt gibt es große Debatten darüber, ob man von Interkultur, Multikultur, Transkultur etc. sprechen sollte. Für die praktische Bildungsarbeit ist es prinzipiell aber nachrangig, welchen Begriff wir benutzen. Wichtig erscheint, dass wir uns selbst und anderen die Multiperspektivität unserer Lebenswelt verdeutlichen. Interkulturalität darf sich nicht nur auf einen eng gefassten Kulturbegriff beziehen.

Ein übergeordnetes Ziel aller Bildungsarbeit sollte es sein, etwas, das uns fremd ist oder erscheint, seien es andere Meinungen, Weltanschauungen, ein anderes Äußeres oder ungewohnte Verhaltensweisen wertfrei wahrzunehmen und sie zu tolerieren. Der Fachjargon hat hierfür den Begriff der Ambiguitätstoleranz parat – man spricht auch von Ungewissheitstoleranz. Es geht um die Fähigkeit, Ambiguitäten, also Widersprüchlichkeiten, kulturell bedingte Unterschiede oder mehrdeutige Informationen, die prima vista schwer verständlich oder sogar inakzeptabel erscheinen, ohne Vorbehalte wahrzunehmen, d.h. weder a priori negativ noch vorbehaltlos positiv zu bewerten. Die Fähigkeit zu Empathie und Perspektiv-wechsel kann gerade mit künstlerisch-kultureller Bildung sehr gut erlernt werden. Beim Theaterspielen, beim kreativen Schreiben, beim Malen, Fotografieren oder Zeichnen ist das Einnehmen anderer Sichtweisen und Rollen eine Grundvoraussetzung, die trainiert wird.

Ich möchte Ihnen ein Beispiel aus unserer Arbeit vorstellen, das sich mit eben dieser Thematik befasste: Das 8. Theaterfestival der bpb im Herbst 2011 in Dresden stand unter dem Titel *fremd*. 16 deutsche und internationale Produktionen von freien Theatern und ein umfangreiches Begleitprogramm näherten sich dem Thema Fremde aus verschiedensten Perspektiven: *das Fremde* als Summe des Andersartigen, *die Fremde* als unlimitiertes Territorium außerhalb des Bekannten und *Fremde* als ano-nymer Plural. In den Stücken und im Rahmenprogramm ging es immer wieder um Perspektivwechsel. Das Publikum war häufig herausgefordert, sich dem Fremden zu nähern, um ein Stück die Scheu davor abzulegen und es vielleicht sogar als Teil des Eigenen zu verstehen. In zahlreichen künstlerischen Produktionen und Workshops im Begleitprogramm stan-den interkulturelle Fragestellungen und die Forderung nach einem krea-tiv-produktiven Umgang mit der Vielfalt im Zentrum.

Kulturelle Vielfalt und Digitalisierung der Lebenswelt verändern zu-nehmend den Schulalltag. Da beide Phänomene aus unserer Sicht nicht voneinander trennbar sind, haben wir in Zusammenarbeit mit der Koope-rative Berlin das Projekt *werkstatt.bpb.de – Digitale Bildung in der Praxis* ins Leben gerufen. Es geht hier um die Frage, wie das Lernen in der Zukunft aussehen kann. Das Projekt fragt, diskutiert und erforscht, wie Technolo-gien und Onlineangebote genutzt werden können, um Jugendliche dort abzuholen, wo sie sind. Wie lassen sich Themen des Geschichts- oder Po-litikunterrichts an Klassen vermitteln, in denen zahlreiche Schülerinnen und Schüler aus Familien stammen, in deren Erfahrungshorizont The-men wie Zweiter Weltkrieg oder Mauerfall nicht selbstverständlich sind? Wie passt die eigene, nationale Erzählung zu den Perspektiven und Er-fahrungshorizonten der anderen Mitschüler? Und wie können Jugendli-che im Anschluss für den Mehrwert von Partizipation in der Demokratie begeistert werden? Der Begriff *Werkstatt* betont den prozesshaften Cha-rakter des Projekts. Alle Aktivitäten, Thesen und Beiträge werden ständig weiterentwickelt und verstehen sich durchaus als Gegenstand der For-schung. Ziel des Projekts ist der Aufbau einer aktiven Community von Lehrenden, Akteuren und Experten, die sich gemeinsam mit uns über die oben genannten Themen und Fragen auseinandersetzen will. Langfristig sollen Bildungsangebote optimiert und alltagstauglicher gemacht werden. Werkstatt.bpb.de ist eine Online-Plattform aber auch ein *reales* Netzwerk. Bei eintägigen Konferenzen (Speedlabs) kommen Bildungspraktiker und Experten zusammen.

Ein Beispiel für die produktive Nutzung digitaler Medien im Unterricht, das auf werkstatt.bpb.de vorstellt wird, ist der Blog *Migration / Integration* der Stadtteilschule Bahrenfeld in Hamburg, der von einem Lehrer angelegt wurde. Auf diesem Blog werden von Schülerinnen, Schülern und Lehrenden Materialien zum Thema Migration und Integration eingestellt, kategorisiert und diskutiert. Die Jugendlichen können aus dem online bereitgestellten Material ihre persönlichen Forschungsschwerpunkte erarbeiten, Projektergebnisse präsentieren und so der ganzen Welt zugänglich machen. Dadurch wird neben der inhaltlichen Auseinandersetzung mit dem Thema auch die Medienkompetenz der Schülerinnen und Schüler gefördert. Jeder Internetnutzer kann Kommentare hinterlassen und so mit den Jugendlichen ins Gespräch kommen. Das motiviert die Jugendlichen und weckt ihren Ehrgeiz, Texte und Bilder von hoher Qualität zu produzieren.

PARTIZIPATION UND LEBENSWIRKLICHKEIT

Politische Bildung hat es schon seit langem nicht mehr mit reiner Wissensvermittlung und Institutionenkunde zu tun, sondern hat in einer demokratischen Gesellschaft die Aufgabe, die Bürgerinnen und Bürger handlungs- und urteilsfähig zu machen. Politische Bildung muss also auf das Handeln bezogen sein und steht so in einem direkten Zusammenhang mit Partizipation, die als Möglichkeit zur Mitgestaltung und Mitentscheidung verstanden wird.

Die politische Bildung hat den umfassenden und zugleich differenzierten Anspruch, auf die Bedingungen der unterschiedlichen Adressaten sehr genau einzugehen. Ihre Ziele lassen sich nur realisieren, wenn sie eingebettet sind in eine Kultur der Teilhabe und Mitwirkung und wenn sie mit dem gelebten Alltag und der Lebenswirklichkeit der Bürgerinnen und Bürger und vor allem der Jugendlichen zu tun hat.

Die Bedeutung der Kategorie *Lebenswirklichkeit* ist besonders gut am Netzwerk schule@museum zu illustrieren. Von 2004-2011 kooperierten

der Deutsche Museumsbund, die bpb und weitere Partner (BDK - Fachverband für Kunstpädagogik und der Bundesverband Museumspädagogik,
die Stiftung Mercator) beim Projekt schule@museum. Das Projekt hatte
zum Ziel, langfristige Kooperationen zwischen Schulen und Museen zu
entwickeln. Ziel der letzten Ausschreibung war es, bundesweit Strukturen
für die Zusammenarbeit anhand eines interkulturellen Themas zu erproben. Die Ergebnisse dieser Zusammenarbeit werden nun am Ende des
Projekts in Handreichungen und im Internet anderen Schulen und Muse-
en zur Verfügung gestellt.

Die Auseinandersetzung mit dem Thema *Einwanderungsgesellschaft*
war ein für uns bedeutsames Kriterium bei der Auswahl der Projekte für
das Netzwerk, so dass sich mehrere der 15 Tandemprojekte im weitesten
Sinne mit Fragen der Migration auseinandersetzten. In Minden wurden
eine Hauptschule und das Stadtmuseum mit dem Projekt *Familienge-
schichte(n). Menschen und Migration in Minden* ausgewählt. Die Leiter des
Projekttandems gingen davon aus, dass aufgrund des sehr hohen Anteils
von Schülerinnen und Schülern mit Migrationshintergrund das Thema
Migration für die Jugendlichen interessant ist. Das Projekt schleppte sich
zunächst über Monate träge dahin. Die Partner aus Schule und Museum
wunderten sich über den Mangel an Motivation und Kreativität bei den
Jugendlichen. Es stellte sich heraus, dass Migration als Thema mit der
Selbstwahrnehmung der Schülerinnen und Schüler fast nichts zu tun hatte
und deshalb auch nicht zum Motivieren geeignet war. Die Jugendlichen
wählten sich daraufhin selbst ein neues Thema und ein künstlerisches
Format. Sie fingen nun an, das Projekt mit viel Energie voranzutreiben.
Es entstand *Mein Minden* - eine Fotoausstellung der städtischen Lieblingsplätze.

Kulturelle Aktivität kann gesellschaftliches Engagement zur Verbes-
serung der jeweils eigenen Lebensumstände inspirieren. Die Ergebnisse
von Bildung sind zwar zum einen nie im Voraus berechenbar und damit
planbar, zum anderen kann man niemanden zur aktiven Teilnahme am
gesellschaftlichen Leben zwingen. Wir können und sollten aber Angebote machen und Räume schaffen, in denen Partizipation möglich wird, in
denen junge Menschen Einfluss nehmen können auf das, was sie selbst
betrifft. Nur wenn sie diese Selbstwirksamkeit am eigenen Leib erfahren
haben, werden sie motiviert sein, sich einzubringen und die Gesellschaft
aktiv mitzugestalten.

Wichtig bei der Konzeption von Bildungsangeboten, die echte Partizipation ermöglichen, ist die grundsätzliche Bereitschaft zur Ergebnisoffenheit. Es klingt so einfach, aber ich weiß so gut wie Sie, wie schwierig es ist, sich auf einen Kontrollverlust und offene Prozesse einzulassen. Am Anfang eines Projekts nicht zu wissen, was am Ende dabei herauskommen soll oder wird, macht unsicher. Auch für Förderer von Projekten ist das eine schwierige Angelegenheit.

Wichtig bleibt bei ergebnisoffenen Projekten an der Schnittstelle zwischen politischer und kultureller Bildung natürlich, eine gewisse Qualität zu sichern. Im Rahmen des Programms schule@museum wurde ein Leitfaden für kulturelle Kooperationsprojekte[4] entwickelt, also für solche Projekte, die von Schulen gemeinsam mit externen Partnern wie Kulturinstitutionen oder Künstlern umgesetzt werden. In diesem wurden neben vielen wertvollen Tipps und Checklisten auch einige Kriterien entwickelt, die die Qualität solcher Projekte sichern können. Viele Punkte lassen sich auch auf Bildungsprojekte übertragen, die nicht im engeren Sinne Kooperationsprojekte sind.

Wie erfasst man die Qualität kultureller Bildungsprojekte? Das ist eine Frage, die von der Politik- und Verwaltungsebene über die Wissenschaft bis in die pädagogische und kulturelle Praxis alle beschäftigt. Eine erste Antwort aus der Projekterfahrung von schule@museum lautet: die Qualität oder genauer der (qualitative) Vorteil kultureller Bildung besteht ja gerade darin, dass es keine allgemeingültige Antwort auf die obige Frage gibt. Wohl aber gibt es eine Reihe von Aspekten, über die sich die Bildungspartner auf der Grundlage der Situation vor Ort verständigen sollten. Diese Merkmale sind deshalb keine Muss-Kriterien, aber sie bieten eine Auswahl an, aus der die jeweiligen Projekte sinnvolle Aspekte benennen und auf deren Erfüllung sie gemeinsam mit den Teilnehmenden hinarbeiten können.

KUNST UND KUNSTPROJEKTE ALS CHANCE

Das Sinus-Institut für Markt- und Sozialforschung hat im Auftrag der bpb eine Studie zu Themenwelten und dem politischen Interesse von 14-19-jährigen Jugendlichen aus *bildungsfernen* Milieus mit und ohne Migrationshintergrund durchgeführt. Wir haben daraus gelernt, dass Politik und alles, was mit offiziellen Politikbegriffen zu tun hat, etwas ist, das für die Jugendlichen sehr weit weg ist. Politik wird von Politikern gemacht, aber was die da eigentlich machen, ist den Jugendlichen ziemlich unklar. Politik ist etwas Abstraktes und was Politik ist, wird von anderen, also von oben definiert. Politik hat in den Augen der Jugendlichen wenig mit Menschen zu tun. Ihre eigenen relevanten Themen finden dort keine Berücksichtigung.

Zu den Themen und Sachverhalten, die sich hinter politischen Begriffen verbergen, haben Jugendliche aber sehr wohl etwas zu sagen. Ihr Zugang zu politischen Themen funktioniert fast ausschließlich über ihre ganz konkreten unmittelbaren Erfahrungen, die ihre Lebenswelt betreffen. Wenn man von einem erweiterten Politikbegriff ausgeht, interessieren sich die Jugendlichen durchaus für politische Themen: Ihnen ist einfach nicht klar, dass es sich um politische Themen handelt. Als besonders interessant nannten sie etwa die Themenkomplexe Gerechtigkeit, Konsum, Drogen, Obdachlosigkeit, Staatsbürgerschaft, Integration, Krieg oder Religion. Jungen interessieren sich zudem besonders für die Themen Ausbildung, Gewalt, Arbeitslosigkeit und Jugendzentren. Mädchen interessieren sich verstärkt für die Themen Familienprobleme, Alkohol, Diskriminierung.

Von einem festgefügten Desinteresse an politischen Themen kann also keine Rede sein. Die bpb ist bestrebt, diese Kernthemen der Jugendlichen aufzugreifen und an die politischen Kernthemen der bpb anzubinden. Gleichzeitig bemühen wir uns, unsere Kernthemen in die Lebenswelt der Jugendlichen zu übersetzen. Wir entwickeln Ideen und Formate, die geeignet sein könnten, dies umzusetzen. Es existieren bereits Fernsehformate (Sendung *Sido geht wählen* und Quiz-Show *Ahnunglos*), Schulmaterialien (*Was geht?*) und andere. Sehr erfolgversprechend sind so genannte Peer Education Programme, bei denen Jugendliche Jugendlichen auf Augenhöhe Bildungsinhalte vermitteln und so aufbereiten, dass sie bei ihren Altersgenossen Interesse wecken und zum Mitmachen einladen. Dazu gehört unter anderem das Netzwerk teamGLOBAL, das sich vor allem mit den Themen Nachhaltigkeit und Globalisierung befasst und kreative, spielerische Zugänge schafft, die bei Jugendlichen sehr gut ankommen.

Wir haben es hier mit einer großen Herausforderung für die Bildung heute und in der Zukunft zu tun. Den Wunsch nach aktiver Beteiligung aller Bürgerinnen und Bürger an unserem gesellschaftlichen Leben müssen wir ernst- und aufnehmen, wenn wir unsere Demokratie lebendig und wandelbar halten wollen.

Dies gilt auch für das schulische Leben. Wenn Kinder und Jugendliche die Schule nur als etwas von oben Aufgezwungenes, eine Zwangsanstalt sozusagen sehen, wo sie nichts zu sagen haben und nichts mitgestalten können, wird ihre Motivation sich einzubringen, nur minimal sein. Kunstunterricht mag hier eine Ausnahme sein, was wir unbedingt als Chance begreifen sollten. In der künstlerischen Bildung können die Kinder und Jugendlichen selbst mitgestalten im wahrsten Sinne des Wortes. Kooperationsprojekte sind in diesem Zusammenhang sehr produktiv. Es lohnt sich, die Schule zu öffnen für externe Kooperationspartner: Künstler, Kultureinrichtungen, Alltagsexperten. Sie bringen andere Blickwinkel und Zugänge ein, sie schaffen Möglichkeitsräume und eröffnen den Schülerinnen und Schülern neue Welten. Die Wettbewerbe *Kinder zum Olymp* der Kulturstiftung der Länder und *Mixed up* der Bundesvereinigung Kulturelle Kinder- und Jugendbildung bieten hier viel Inspiration und Unterstützung.

FAZIT

Diese Tagung geht von einer gemeinsam geteilten Bildkultur des Remix aus, in der wir uns bewegen. Tatsächlich ist die Lebensrealität der Menschen heute eine Kultur des Remix, und jeder schafft sich seine eigene Mischung. Wir haben es mit einer Vervielfältigung der Identitäten, Ausdrücke, Ansichten und Blickwinkel zu tun. Gerade in künstlerischen Projekten liegt ein hohes Potenzial, diese sichtbar zu machen und kreativ zu nutzen.

Die Projektbeispiele und die eben erwähnte Studie der bpb haben uns gezeigt, dass wir Jugendliche am besten über Themen erreichen, die sie wirklich interessieren und die mit ihnen und ihrer Lebenswelt zu tun haben, nicht über Zuschreibungen und Vorgaben. Die Kinder und Jugendlichen sollten an der Themenwahl aktiv beteiligt werden, wir können ihnen Angebote machen und Möglichkeitsräume eröffnen. Mit kulturell-künstlerischen Mitteln und Ausdrucksformen – mit Tanz, Theater, Malerei, Musik, Film können wir als Anbieter Zugänge schaffen, die emotional sind und Freude machen, wo z.B. auch Sprache nicht im Vordergrund steht. Die Kunst bietet Stoff zur Auseinandersetzung mit verschiedensten Identifikationen und kulturellen Zuschreibungen. Es eröffnen sich Denk- und Aktionsräume.

Die Fähigkeiten jedes und jeder Einzelnen müssen genutzt und entwickelt werden. Differenzen müssen erkannt, benannt und genutzt werden im Sinne einer toleranzbasierten Streitkultur, von der alle Seiten profitieren können. Hier müssen Widersprüche ausgehalten werden und das Ziel darf nicht Homogenisierung sein.

In der politischen Bildung gilt das Kontroversitätsprinzip, wie es im Beutelsbacher Konsens festgelegt ist. Es besagt, dass alles, was in der Politik und Wissenschaft kontrovers ist, auch im Unterricht kontrovers erscheinen muss. Vielleicht kann man diese Idee auch auf den Kunstunterricht beziehen – Kunst bietet viele Perspektiven und Deutungsmöglichkeiten, sie kann die kulturelle Vielfalt unserer Gesellschaft sichtbar machen.

Kunst und kulturelle Bildung können Angebote entwickeln, um individuelle Perspektiven und Standpunkte zu veranschaulichen. Verschiedene Positionen sollten dabei nebeneinander stehen können, vielleicht werden sie auch zusammengeführt oder geremixt, um auf den Tagungstitel zurückzukommen. Dies ist möglicherweise ein Prozess voller Widersprüche.

Wir leben in einer kulturell diversen, pluralistischen Gesellschaft. Die Verzahnung von künstlerisch-kultureller und politischer Bildung kann dazu beitragen, dass Kritikfähigkeit und Reflexionsvermögen aller Menschen entwickelt werden und dass wir zu einer lebendigen demokratischen Streitkultur kommen, in der festgefahrene Denkmuster hinterfragt und in Bewegung gebracht werden. Dies sind wichtige Voraussetzungen für eine zukunftsfähige Migrationsgesellschaft. Kunst kann hier Inspiration bieten und Räume eröffnen.

ANMERKUNGEN

1 | Bamford, Anne: Der Wow-Faktor. Eine weltweite Analyse der Qualität künstlerischer Bildung, Münster 2010, S.94 f.

2 | Ebd.

3 | http://pb21.de/ [16.1.2013].

4 | www.museumsbund.de/de/publikationen/leitfaeden/ [16.1.2013].

Kulturelles Erbe in einem Einwanderungsland
Einige Perspektiven kunsthistorisch-kultureller Bildung

BARBARA WELZEL

Der Kölner Dom gilt nach einhelliger Meinung als das Wahrzeichen Kölns.[1] Seine beiden Türme sind weithin sichtbar (sie bezeichnen in der Gebärdensprache sogar insgesamt die Stadt Köln). Das Bauwerk ist weit ausstrahlende *landmark*. Als Hochhausbauten auf der gegenüberliegenden Rheinseite geplant wurden, die die Sicht auf das seit 1996 in die Liste des UNESCO Weltkulturerbes eingetragene Denkmal[2] gestört hätten – genauer: die Integrität der durch den Dom bestimmten Stadtsilhouette –, wurde der Kölner Dom 2004 auf die *Rote Liste*, die Liste des Welterbes in Gefahr, gesetzt. Erst 2006 wurde dieser Eintrag wieder gelöscht. Das Monument bildet mit seiner Architektur[3], den Glasfenstern, die in ihrer Entstehung vom Mittelalter bis zu dem 2007 eingeweihten Südquerhausfenster von Gerhard Richter reichen, seinen hochrangigen Ausstattungsstücken – etwa dem *Gerokreuz* und dem *Dreikönigsschrein* – sowie der Domschatzkammer ein komplexes Ensemble[4]. Es ist Gotteshaus und Metropolitankirche des Kölner Erzbistums, Ort verehrter Heiltümer, besonders der Gebeine der Heiligen Drei Könige, Architekturdenkmal und Schatzhaus bedeutender Kunstwerke, Erinnerungsort und Weltkulturerbe. Diese Funktionen korrespondieren mit verschiedenen Gruppen, wobei einzelne Personen durchaus mehreren Gruppen angehören können: Mitglieder der katholischen Kirche, andere Christinnen und Christen, Einwohnerinnen und Einwohner der Stadt Köln, die zu einem signifikanten Teil einen sogenannten Migrationshintergrund besitzen und von denen ein nennenswerter Teil anderen Religionen, vor allem dem Islam, angehört.[5] Zu nennen sind weiterhin sehr unterschiedliche Perspektiven auf das Bauwerk, zu denen auch verschiedene wissenschaftliche Zugänge zählen: Kunsthistoriker und Restauratoren, Historiker, Kirchen- und Liturgiehistoriker, um nur einige aufzuführen. Für Touristen gehört der Dom fest ins Programm.

Insgesamt verzeichnet der Kölner Dom jährlich ca. 6 Millionen Besucher. Wem also „gehört" der Kölner Dom, der hier als Beispiel für Fragen der Überlieferungsträgerschaft kulturellen Erbes in Europa insgesamt stehen kann? Wessen Erbe ist dieses Monument? Trägt das Bauwerk zur Identität der gesamten Stadt bei; besitzt er gesamtgesellschaftliches Interesse? Und was bedeutet es, wenn die UNESCO den Dom als Erbe aller Menschen einstuft?

Aus den Forschungen zum kulturellen und zum kommunikativen Gedächtnis wird unmissverständlich deutlich, dass Überlieferung der aktiven Übermittlung bedarf, des Hereinnehmens in Erinnerungsgemeinschaften oder des Erlernens von miteinander geteilten Orten, Texten, Ritualen etc.[6] Erstaunlicherweise – und hier wären dringend weiterführende wissenschaftsgeschichtliche Fragen anzuschließen – thematisieren diese Forschungen, soweit ich sehe, das Bildungssystem und die schulischen Curricula nicht als Agenten kultureller Überlieferung und Identitätsbildung. Vor allem fällt auf, dass in vielen Fällen ein vergleichsweise homogenes Bild von Kultur und Identität zugrunde liegt. Zeitgemäße Bildung bedarf allerdings – wie der Kongress *Interkultur. Kunstpädagogik remixed* zurecht ins Scheinwerferlicht stellt – eines Bewusstseins der Inter- und Transkulturalität. Für die kulturwissenschaftliche Forschung ergeben sich – will sie eine Referenz für zentrale Selbstverständigungsprozesse ihrer jeweiligen Gegenwart darstellen – Anforderungen der Zeitgenossenschaft.[7] Doch was heißt das für die Kunstgeschichte und dann auch für die Kunstdidaktik? Für die kunstgeschichtliche Bildung allgemein und mehr noch in interkultureller Perspektive stehen Forschungen und Vermittlungskonzepte noch immer am Anfang, und es eröffnen sich wichtige Felder für Untersuchungen und Projekte in den nächsten Jahren.

Auf der Ebene der internationalen Konventionen, die wichtige Legitimationen für Bildungsprozesse bereitstellen, ist mit der *Konvention von Faro* ein entscheidender Schritt vollzogen worden.[8] Diese *Framework Convention on the Value of Cultural Heritage for Society* wurde 2005 von den für Kultur zuständigen Ministern des Europarats verabschiedet. Schon 1948 waren in der *Allgemeinen Erklärung der Menschenrechte* kulturelle Menschenrechte verankert worden.[9] In der Folge haben verschiedene Konventionen diese Rechte weiter ausgefächert und bestätigt. Doch erst in den letzten Jahren rückt detaillierter in den Blick, dass Kultur und kulturelle Menschenrechte in den Einwanderungsgesellschaften und in der globalisierten Welt des 21. Jahrhunderts weniger im

Sinne einer homogenen Herkunftskultur als im Sinne von Heterogenität, Inter- bzw. Transkulturalität und Mehrperspektivität zu beschreiben sind.[10] In der *Faro-Konvention* erklären die Unterzeichner, dass sie:

„a) recognise that rights relating to cultural heritage are inherent in the right to participate in cultural life, as defined in the Universal Declaration of Human Rights;
[...]
d) take the necessary steps to apply the provisions of this Convention concerning: the role of cultural heritage in the construction of a peaceful and democratic society, and in the processes of sustainable development and the promotion of cultural diversity;
[...]."

Weiter heißt es:
„Article 7: Cultural Heritage and dialogue
The parties undertake, through the public authorities and other competent bodies, to:

a)   encourage reflection on the ethics and methods of presentation of the cultural heritage, as well as respect for diversity of interpretations;
b)   establish processes for conciliation to deal equitably with situations where contradictory values are placed on the same cultural heritage by different communities;
c)   develop knowledge of cultural heritage as a resource to facilitate peaceful co-existence by promoting trust and mutual understanding with a view of resolution and prevention of conflicts;
d)   integrate these approaches into all aspects of lifelong education and training."[11]

Für einen *turn* in die Multiperspektivität ergeben sich belastbare und vielversprechende Möglichkeiten, sobald man in das Zentrum kunsthistorischer und kunstdidaktischer Diskussion konkrete Objekte und Monumente stellt.[12] Ein spezifisches Monument oder Objekt kann aus verschiedenen Perspektiven erschlossen werden. Die Kunstgeschichte kennt dies mit eingespielter Selbstverständlichkeit bei Architektur in komplexen Bau- und Restaurierungsgeschichten. Auch für Gemälde, Skulpturen und Objekte der Angewandten Künste finden sich zunehmend solche Zugangsweisen. Nachdrücklich werden diese *Objektbiografien* etwa ebenfalls von der Provenienzforschung eingefordert, die mit großem Aufwand nach der sogenannten Washingtoner Erklärung von 1998 (vollständiger Titel: *Grundsätze der Washingtoner Konferenz in Bezug auf Kunstwerke, die von den Nationalsozialisten beschlagnahmt wurden*) vor juristischem Hintergrund durchgeführt wird. Objektbiografien und konkrete Werkanalysen, die nach Funktionen und räumlichen wie situativen Kontexten sowie nach allen Formen des Bild- bzw. Objektgebrauchs fragen, erlauben das hermeneutische „Einklinken" der Kunstwerke in gesellschaftliche und politische Diskurse. Sie erlauben Forschungen, die die Objekte – und gerade auch Bilder – als Agenten von Sinnstiftungsprozessen analysieren, ohne sie, wie dies in der historischen Forschung oft geschieht, zu bloßen Illustrationen zu degradieren und dabei häufig in ihrem Aussagepotential fundamental zu verfehlen. Auch kunstpädagogische Texte und vor allem Schulbücher des Faches Kunst missverstehen (historische) Kunstwerke allzu häufig als Belege einer Epoche (eines Stils, einer künstlerischen Position) und bleiben in stilgeschichtlichen Narrativen befangen, derer sich die Fachwissenschaft aus gutem Grund längst nicht mehr bedient.[13] Als aktuelles und richtungsweisendes Modell solcher Objektbiografien und multiperspektivischen Analysen, mit denen sich „die" *Geschichte der ganzen Welt* erzählen lässt, kann das beeindruckende Projekt von Neil MacGregor *Eine Geschichte der Welt in 100 Objekten* aufgerufen werden.[14]

Auch der Kölner Dom ist ein besonders aussagestarkes Beispiel. Mehrere Vorgängerbauten gingen dem gotischen Dom voraus, dessen Grundsteinlegung 1248 erfolgte. Am Ort lässt sich in historischen Schichten Geschichte bis in die Römerzeit zurückverfolgen und die Umcodierung der Stadt in eine „abendländische" Metropole aufzeigen. In die Entstehungszeit des *Alten Domes* im ausgehenden 9. Jahrhundert datiert auch das *Gerokreuz*.[15] An dieser Skulptur kann exemplarisch – wie etwa auch an der *Goldenen Madonna* im Essener Dom[16] – der Wandel der christlich-europäischen Kultur in eine Bildkultur beschrieben werden. Hatte es zuvor zwar schon Bilder gegeben, so muss doch das Aufkommen dreidimensionaler, mithin körperhafter Figuren als grundstürzende kulturelle Veränderung beschrieben werden. Skulpturen trugen als semantisches Feld die antiken Götterbilder im Gepäck und wurden mit dem alttestamentlichen Bilderverbot belegt. Spätestens seit dem 9. Jahrhundert aber fanden Skulpturen im christlichen Europa Verbreitung. Kunstwerke wie das *Gerokreuz* oder die *Goldene Madonna* können also als „Verhandlungsorte" dienen, um sie als herausragende „Erbstücke" europäischer Kultur kennenzulernen. Weiterhin lassen sich die verschiedenen kulturellen Traditionen im Umgang mit Bildern ins Gespräch bringen: das Bilderverbot in Judentum und Islam, die Bilderstürme in Byzanz und den bis heute gültigen Verzicht auf Skulpturen in den christlich-orthodoxen Religionen sowie das noch einmal verschiedene Bildverständnis in den evangelischen Konfessionen.[17] Schließlich gilt es, Mitglieder dieser verschiedenen Gruppen miteinander in ein Gespräch über ihr Bildverständnis zu bringen und solche Dialoge zu moderieren. Dies setzt solide Sachkenntnis voraus. Und man wünscht sich in der Tat aus der Disziplin der Kunstgeschichte heraus verstärkt Narrative, die solchen multiperspektivischen Blick verwirklichen: als Bringschuld der Kunstwissenschaft für die kulturelle Verständigung in einem Einwanderungsland. Selbstbewusst sollte die Kunstdidaktik dies von ihrer Bezugswissenschaft einfordern, um ihren Bildungsauftrag angemessen sachkundig erfüllen zu können.

Dem Kölner Dom ist – um ein weiteres Kapitel seiner Objektbiografie aufzuschlagen – auch das für Europa so prägende Phänomen des Reliquienkultes eingeschrieben.[18] 1164 wurden die Reliquien der Heiligen Drei Könige aus Mailand nach Köln verbracht; für sie wurde der *Dreikönigsschrein* angefertigt, der als ein Hauptwerk mittelalterlicher Goldschmiedekunst gilt. Die Organisation des Jahres nach Heiligentagen (Festtag der Heiligen Drei Könige ist der 6. Januar), Zeitrechnung überhaupt, aber auch Biografiemodelle, die Heilige und ihre Tugenden als Referenz der eigenen Lebensführung verstanden[19], lassen sich von diesen Objekten aus vermitteln. Kunsthistorische Forschung nimmt diese Kontextualisierungen regelmäßig vor. Überhaupt hält gerade auch die Geschichte der Künste den großen Schatz der Mythen und Erzählungen bereit, dessen Netz für viele Jahrhunderte Leben und Kultur der Menschen ganz selbstverständlich durchzog. Teilhabe an diesem Erzählkosmos zu eröffnen, darf in einem Moment, in dem diese Überlieferung zu reißen droht und immer wieder auch in unverantwortlicher Komplexitätsreduktion preisgegeben wird[20], zu den großen Bildungsherausforderungen gerechnet werden. Auch dies ist ein weites Feld dringend gebotener Anstrengungen kultureller Bildung. Hier bedarf es ebenfalls sensibler interkultureller Kompetenz und souveräner Moderation wie ein Beispiel aus Dortmund zu belegen vermag: Ein Kreuzigungsgemälde des ausgehenden 14. Jahrhunderts wurde in seinem Bildthema von einem Mädchen der dritten Klasse nicht erkannt. Vielmehr erschrak das Kind, das offenbar aus einem kirchenfernen Elternhaus stammt, über die gewaltsame Szene. Ein anderes Kind aus einer moslemische Familie griff vermittelnd ein: „Soll ich dir die Geschichte des Propheten Jesus erzählen?"[21] Hier wird die Erzählung von einer jungen Betrachterin erkannt, die in einer religiösen Tradition sozialisiert ist, die die entscheidenden Figuren, allen voran den Propheten Mohammed bildlich nicht repräsentiert. Gleichwohl wächst sie in der Bildkultur des westlichen Europa auf und kann mit dem Gemälde umgehen. Das Gemälde zeigt allerdings nicht den „Propheten Jesus", sondern Jesus Christus, den von den Christen als Erlöser der Welt geglaubten Messias. Es war Navid Kermani, der in seinen *Bildansichten* (2009) diese komplexen Rezeptionsprozesse von Gemälden christlichen Inhalts und (teilweise ehemals) kirchlicher Funktion durch einen in Deutschland aufgewachsenen Intellektuellen aus einer persischen und moslemischen Familie sensibel und facettenreich nachgezeichnet hat. Seine *Bildansicht* einer Kreuzigung von Guido Reni in Rom führte zu einer harten Debatte über die Deutungshoheit christlich-heilsgeschichtlicher Bilder.[22] Im Sinne der *Konvention von Faro* hat Kermani nichts anderes getan, als von seinem Recht auf kulturelle Teilhabe Gebrauch zu machen. Der Konflikt macht allerdings deutlich, dass die interkulturelle Dialogfähigkeit über kulturelles Erbe, gerade auch über die im christlichen Europa entstandenen und in den modernen – nur noch teilweise in dieser christlichen Tradition lebenden – Gesellschaften ererbten Kunstwerke, noch längst keine Selbstverständlichkeit ist.

In seiner heutigen Erscheinung ist der Kölner Dom zugleich eine mittelalterliche Kathedrale und ein Bauwerk des 19. Jahrhunderts. Nach dem Wiederauffinden mittelalterlicher Baupläne wurde er im 19. Jahrhundert gleichsam zu Ende gebaut; er ist damit Zeugnis des Historismus, mit seinem eisernen Dachstuhl auch der Industrialisierung. In dieser Epoche wurde er – neben seiner Rolle für die Katholische Kirche – zu einem national codierten Monument, zumal sich der preußische – protestantische! – König stark für die Vollendung des Domes einsetzte. Dass die nationale Inanspruchnahme bei einem Bauwerk, welches in besonderer Weise französische Gotik rezipiert und weiterentwickelt hatte, im ausgehenden 19. Jahrhundert (Stichwort: deutsch-französischer Krieg 1870/71) und in der ersten Hälfte des 20. Jahrhunderts zu Kontroversen in der Forschungsliteratur führte, ist ebenfalls ein spannendes Thema. In der Rückschau sind manche Positionen nur noch schwer verständlich. Deutungsstreitigkeiten lassen sich hier historisch thematisieren. Zudem wird deutlich, wie

wichtig die Unversehrtheit baulicher Substanz als authentische Überlieferung und Quelle – eine Leitforderung der Denkmalpflege – ist, um andere,
gerade auch spätere Zugangsweisen nicht für immer zu verunmöglichen.[23]
    Eine Objektbiografie des Kölner Doms hat ebenso von den Zerstörun-
gen des Zweiten Weltkriegs und vom Wiederaufbau zu handeln. Schließlich ist auch von der Ergänzung der Ausstattung durch das Südquerhausfenster von Gerhard Richter im Jahr 2007 zu sprechen,[24] an die sich – dem
Gerokreuz vergleichbar – komplexe Fragen des Bildverständnisses an-
schließen. Muss kirchliche Kunst gegenständlich sein und Heilsgeschichte erzählen? Oder gehörten Ornamentik und Gegenstandslosigkeit – und
ein Blick innerhalb des Domes auf die oberen Partien der Chorverglasung
des 14. Jahrhunderts bestätigt dies unmittelbar – ganz selbstverständlich
zur Tradition auch des christlichen Europa? Und wie sehen dann im Vergleich die Ornamentverglasungen großer Moscheen aus?
    Objektbiografien erlauben – so lässt sich vielleicht zusammenfassen
– multiperspektivische Zugangsweisen. Dabei gerät einerseits die historische Tiefendimension einer Stadt wie Köln in den Blick. Ein Bauwerk wie
der Kölner Dom ist integraler Bestandteil der Gegenwart der Stadt. Als
mittelalterliche und historistische Kathedrale bezeugt er zugleich mehrere Vergangenheiten wie gegenwärtige Lebenswelt. Er ist ein paradigma-
tischer „Verhandlungsort" für wechselnde Bedeutungen, Funktionen und
für Zugangsberechtigungen sehr unterschiedlicher Gruppen. Er kann
herausragendes Objekt für Aushandlungsprozesse im Gespräch zwischen
heterogenen Playern sein, denen heute gemeinsam diese Erbschaft aller
Menschen anvertraut ist, um sie zu pflegen, zu verstehen und künftigen
Generationen weiter zu tradieren. Das Ziel kunsthistorisch-kultureller Bildung ist daher mindestens ein doppeltes: 1. Teilhabe am kulturellen Erbe
zu eröffnen, die konkreten Erinnerungsorte aufzuschließen und vorzustellen; in diesem Kontext gehört auch das Wissen über kulturell imprägnierte
Bildbegriffe; 2. multiperspektivische Zugangsweisen aufzuzeigen und den
Dialog einzuüben. Solche Mehrstimmigkeit meint gerade nicht das Sammeln persönlicher Anmutungen und Assoziationen, sondern vielmehr
nachdrücklich das Erschließen gewandelter historischer Deutungen und
die sachkundige Verhandlung heterogener Perspektiven der eigenen Gegenwart.
    Voraussichtlich im Jahr 2013 soll in Köln-Ehrenfeld die DITIB-Zen-
tral-Moschee eröffnet werden. Planungen und Bauprozess haben in der
Stadt – und darüber hinaus – zu vehementen Auseinandersetzungen ge-

führt.[25] Als besonders heikel wurde das Einschreiben der beiden Minarette in die Stadtsilhouette empfunden. Die Europäizität der Stadt schien bedroht; ihre Identität vermeintlich in Frage gestellt. Eine pragmatische Bestandsaufnahme kann schnell deutlich machen, dass die *landmark* des Domes unangefochten bleiben soll und wird: Die Türme des Domes haben eine Höhe von ca. 157 Metern, die Minarette der Moschee erreichen hingegen 55 Meter. Zudem ist die – vermeintliche! – Homogenität der Gesellschaft, auch die religiöse Homogenität, ein Phantasma – allerdings eines, dem im Laufe des 20. Jahrhunderts blutig zugearbeitet worden ist.[26] So haben in Köln – und nicht nur dort – Synagogen einen festen Platz in der Stadtgeschichte und im Stadtbild. In einem Filmbeitrag des WDR aus dem Jahr 2012 zum Moscheebau[27] wird eine junge, türkischstämmige Frau gezeigt. Sie beschreibt ihre Identifikation mit der Stadt, zu der der Dom untrennbar gehört. Seine Schönheit ist Teil ihrer Lebenswelt. Damit die Stadt noch mehr ihr Zuhause sein kann, brauche sie jetzt aber auch ein schönes Bauwerk, das ihren Leuten, ihrer Religion und Kultur Sichtbarkeit verleiht. Das ist es, was sie von der Moschee erwartet, mehr noch: wie sie sich ihre Stadt wünscht. Heterogenität der gegenwärtigen Stadt – ihrer Bevölkerung wie ihrer (Bau-)Kultur – und die Vielfalt der „Erbengemeinschaft" des kulturellen Erbes sind untrennbar miteinander verwoben.

Für die kunsthistorisch-kulturelle Bildung, die es in den nächsten Jahren verstärkt im Gespräch zwischen Kunstgeschichte und Kunstdidaktik voranzubringen gilt, mag es – so kann abschließend festgestellt werden – sinnvoll sein, Referenzen wie die *Charta von Venedig* oder die *Konvention von Faro* vorzustellen und zu diskutieren. Gerade letztere Konvention erlaubt es, die kunsthistorische Bildung mit dem übergreifenden Anliegen der Menschenrechtsbildung in Dialog zu setzen. Nicht zuletzt werden hier auch Fragen der Friedens- und der Demokratieerziehung berührt.

ANMERKUNGEN

1 | Die hier vorgetragenen Überlegungen sind Teil eines breit angelegten Projektes zur Vermittlung kulturellen Erbes und zur kunstwissenschaftlichen Fundierung von Bildungsprozessen, aus dem bereits verschiedentlich Aspekte, Projektbeschreibungen und grundsätzliche Überlegungen publiziert wurden; stellvertretend: Welzel, Barbara: „Kunstgeschichte und kulturelles Gedächtnis: Zur Integration historischer Kunstwerke in Bildungsprozesse", in: Busse, Klaus-Peter; Pazzini, Karl-Josef (Hg.): *(Un)Vorhersehbares lernen: Kunst – Kultur – Bild, Publikation des Bundeskongresses für Kunstpädagogik (Dortmunder Schriften zur Kunst. Studien zur Kunstdidaktik 5)*, Norderstedt 2008, S. 161-169; dies. (Hg.): *Weltwissen Kunstgeschichte. Kinder entdecken das Mittelalter in Dortmund (Dortmunder Schriften zur Kunst/Studien zur Kunstdidaktik 10)*, Norderstedt 2009; dies.: „Das Projekt ‚StadtKulturRaum'. Vom Hellweg zur Rheinischen Straße", in: Busse, Klaus Peter; Preuss, Rudolf; Wettengl, Kurt (Hg.): *U-Westend (Dortmunder Schriften zur Kunst/Studien zur Kunstdidaktik 13)*, Norderstedt 2011, S. 55-60, 156-167; dies.: „Warum hat uns das bisher noch niemand gezeigt?" – Einige Anmerkungen zu kulturellem Erbe und Teilhabe, in: Dietrich, Eva; Leyser-Droste, Magdalena; Ollenik, Walter; Reicher, Christa; Utku; Yasemin (Hg.): *Zukunft braucht Herkunft (Beiträge zur städtebaulichen Denkmalpflege 3)*, Essen 2011, S. 142-154; dies.: „Wissenschaft vor Ort. Die Vermittlung von kulturellem Erbe an Kinder und Jugendliche", in: Deutsches Nationalkomitee für Denkmalschutz (Hg.): *Kommunizieren – Partizipieren. Neue Wege der Denkmalvermittlung (Schriftenreihe des DNK 82)*, 2012, S. 155-160; dies. (2013a): „Kunstgeschichte, Bildung und kulturelle Menschenrechte", Dortmunder Projekte, in: Hattendorff, Claudia; Tavernier, Ludwig; Welzel, Barbara (Hg.): *Kunstgeschichte und Bildung (Dortmunder Schriften zur Kunst/Studien zur Kunstgeschichte 5)*, Norderstedt 2013, S. 37-47.

2 | http://www.unesco.de/293.html [25.1.2013].

3 | Einen guten Einstieg bietet: Beuckers, Klaus-Gereon: *Der Kölner Dom*, Darmstadt 2004.

4 | Einen ersten Überblick über die große Breite von Geschichte, Architektur und Ausstattung bietet: http://de.wikipedia.org/wiki/Kölner_Dom [25.1.2013].

5 | Jugendliche und junge Erwachsene in Nordrhein-Westfalen. Statistik kompakt 1/2012, Information und Technik Nordrhein-Westfalen, Geschäftsbereich Statistik.

6 | Die zusammenhängenden Konzepte des kulturellen Gedächtnisses und der Erinnerungsorte dürfen mittlerweile als wichtiges Paradigma der Kulturwissenschaften gelten; entsprechend vielfältig ist die Literatur. In unserem Zusammenhang stellvertretend: Nora, Pierre (Hg.): *Les Lieux de mémoire*, 8 Bde., Paris 1984ff; als deutsches Projekt: François, Etienne; Schulze, Hagen (Hg.): *Deutsche Erinnerungsorte*, 3 Bde., München 2001; grundsätzlich auch Assmann, Jan: *Das kulturelle Gedächtnis. Schrift, Erinnerung und politische Identität in frühen Hochkulturen*, München 1992; Oexle, Otto Gerhard: „Memoria als Kultur", in: ders. (Hg.): *Memoria als Kultur (Veröffentlichungen des Max-Planck-Instituts für Geschichte 121)*, Göttingen 1995, S. 9-78; Dolff-Bonekämper, Gabi: „Denkmaltopographien, Erinnerungstopographie und Gedächtniskollektive", in: Schilp, Thomas; Welzel, Barbara (Hg.): *Die Dortmunder Dominikaner und die Propsteikirche als Erinnerungsort (Dortmunder Mittelalter-Forschungen 8)*, Bielefeld 2006, S. 361-374; Assmann, Aleida: *Erinnerungsräume. Formen und Wandlungen des kulturellen Gedächtnisses*, München 1999; dies.: *Der lange Schatten der Vergangenheit. Erinnerungskultur und Geschichtspolitik*, München 2006; Welzer, Harald: *Das kommunikative Gedächtnis. Eine Theorie der Erinnerung*, München 2002.

7 | Vgl. hierzu auch die Überlegungen in Welzel (2011a): „Essener Dom und Schatzkammer: Kulturelles Erbe Europas", in: Schilp, Thomas (Hg): *Frauen bauen Europa. Internationale Verflechtungen des Frauenstifts Essen (Essener Forschungen zum Frauenstift 9)*, Essen 2011, S. 13-24.

8 | Council of Europe Treaty Series – Nr. 199; im Internet leicht zugänglich etwa über die Liste der Konventionen des Council of Europe: http://conventions.coe.int/ [25.1.2013]; eine deutsche, leider nicht wirklich gelungene Übersetzung findet sich als Download auf der Seite des Deutschen Nationalkomitees für Denkmalschutz unter http://www.dnk.de/ [25.1.2013]. Gabi Dolff-Bonekämper (Berlin), die an der Erarbeitung der Konvention mitgewirkt hat, bereitet eine deutsche Übersetzung vor; ich danke ihr herzlich für zahlreiche anregende Gespräche und Hinweise. Vgl. Welzel (2013a), a.a.O.

9 | Die entscheidenden Konventionen lassen sich leicht im Internet auffinden; vgl. in diesem Kontext auch Welzel (2013a), a.a.O.

10 | Seismograph ist – neben der kultur- und sozialwissenschaftlichen Diskussion – vor allem auch die Literatur; ein Beispiel, das aufgrund seiner Aussagekraft auch im Umgang mit Bildern auf dem Nürnberger Kongress *Interkultur. Kunstpädagogik remixed* thematisiert wurde, bietet Kermani, Navid: *Dein Name. Roman*, München 2011.

11 | Konvention von Faro wie Anm. 8.

12 | Ein Modellprojekt, welches die Leistungsfähigkeit solcher Arbeit an konkreten Erinnerungsorten aufzeigt, ist publiziert in: Klaus-Peter Busse und Barbara Welzel mit weiteren Autoren: *Stadtspäher in Hagen. Baukultur in Schule und Universität*. Hg. von der Wüstenrot Stiftung. Ludwigsburg 2013.

13 | Zum Verhältnis zwischen Kunstpädagogik und Kunstgeschichte vgl. grundsätzlich Hattendorff, Claudia: „Konvergenzen und Divergenzen zwischen Kunstgeschichte und Kunstpädagogik heute", in: Hattendorff, Claudia; Tavernier, Ludwig; Welzel, Barbara (Hg.): *Kunstgeschichte und Bildung (Dortmunder Schriften zur Kunst/Studien zur Kunstgeschichte 5)*, Norderstedt 2013, S. 37-47. Eine systematische Analyse von Schulbüchern für das Fach Kunst vor den fachwissenschaftlichen Standards ist ein dringendes Desiderat. Auch die Welterbe-Projekte von Jutta Ströter-Bender für den Kölner Dom sind aus fachwissenschaftlicher Sicht leider enttäuschend.

14 | MacGregor, Neil: *A history of the world in 100 objects*, London 2010; deutsch: *Eine Geschichte der Welt in 100 Objekten*, München 2011. Das Projekt wurde in Kooperation von British Museum und der BBC entwickelt. Die Sendungen können als Download abgerufen werden unter: http://www.bbc.co.uk/ahistoryoftheworld/ [8.1.2013].

15 | Klein, Bruno: „Das Gerokreuz. Revolution und Grenzen figürlicher Mimesis im 10. Jahrhundert", in: Klein, Bruno; Wolter-von dem Knesebeck, Harald (Hg.): *Nobilis Arte Manus. Festschrift zum 70. Geburtstag von Antje Middeldorf Kosegarten*, Dresden 2002, S. 43-60; Beer, Manuela: „Ottonische und frühsalische Monumentalskulptur. Entwicklung, Gestalt und Funktion von Holzbildwerken des 10. und frühen 11. Jahrhunderts", in: Beuckers, Klaus Gereon; Cramer, Johannes; Imhof, Michael (Hg.): *Die Ottonen. Kunst – Architektur – Geschichte*, Petersberg 2002, S. 129-152.

16 | *Gold vor Schwarz. Der Essener Domschatz auf Zollverein*, hg. von Birgitta Falk. Ausst.kat. Essen 2008/09, Essen 2008; in einer zweiten Auflage als Bestandskatalog publiziert unter dem Titel *Der Essener Domschatz*, Essen 2009; vgl. weiterhin stellvertretend: Fehrenbach, Frank: *Die Goldene Madonna im Essener Münster. Der Körper der Königin (KunstOrt Ruhrgebiet 4)*, Ostfildern 1996; Beer, Manuela: „Orte und Wege. Überlegungen zur Aufstellung und Verwendung frühmittelalterlicher Marienfiguren", in Hülsen-Esch, Andrea von; Täube, Dagmar: *„Luft unter die Flügel..." Beiträge zur mittelalterlichen Kunst. Festschrift für Hiltrud Westermann-Angerhausen,* Hildesheim/Zürich/New York 2010, S. 99-121; Welzel, Barbara: „Die Goldene Madonna als Erinnerungsort Europas", in: Falk, Birgitta; Schilp, Thomas; Schlagheck, Michael (Hg.): *... wie das Gold den Augen leuchtet. Schätze aus dem Essener Frauenstift (Essener Forschungen zum Frauenstift 5),* Essen 2007, S. 81-94; zum weiteren Zusammenhang siehe auch Welzel, Barbara: „Kirchliche Schatzkunst: Kulturelle Teilhabe in einem Einwanderungsland". In: Bayer, Clemens M.; Meiering, Dominik; Seidler, Martin; Struck, Martin (Hg.): *Schatzkunst in rheinischen Kirchen und Museen,* Regensburg 2013 (Druck in Vorbereitung; 2013c).

17 | Zur ersten Orientierung kann dienen: Leuschner; Eckhard; Hesslinger, Mark R. (Hg.): *Das Bild Gottes in Judentum, Christentum und Islam. Vom Alten Testament bis zum Karikaturenstreit,* Petersberg 2009.

18 | Stellvertretend: Angenendt, Arnold: *Heilige und ihre Reliquien. Die Geschichte ihres Kultes vom frühen Christentum bis zur Gegenwart,* München 1994; Treasures of Heaven. Saints, Relics and Devotion in medieval Europe, hg. von Martina Bagnoli; Holger A. Klein; C. Griffith Mann; James Robinson, Ausst.kat. London 2011.

19 | Stellvertretend: *Franziskus – Licht aus Assisi,* hg. von Christoph Stiegemann; Bernd Schmies; Heinz-Dieter Heimann. Ausst.kat. Paderborn 2011, München 2011.

20 | Noltze, Holger: *Die Leichtigkeitslüge. Über Musik, Medien und Komplexität,* Hamburg 2010.

21 | Diese Geschichte fand im Kontext unseres breit angelegten Bildungsprojektes *Dortmund entdecken. Schätze und Geschichten aus dem Mittelalter* statt; vorgestellt in Welzel (2009), a.a.O.; jetzt auch Welzel (2013a), a.a.O., im Kontext interkultureller Bildung auch Welzel (2011a), a.a.O.

22 | Kermani, Navid: „Mehr als wir sehen – Caravaggios ‚Die Kreuzigung des Petrus'", in: *Neue Zürcher Zeitung,* 23. August 2008; „Der unverschämte Blick – Caravaggios ‚Judith enthauptet Holofernes'", 27. September 2008; „Es könnte jeder sein – Caravaggios ‚Die Berufung des heiligen Matthäus'", 29. November 2008; „Warum hast du uns verlassen? Guido Renis ‚Kreuzigung'", 14. März 2009 „Plötzlich macht sich das Aussen bemerkbar – Gerhard Richters Fenster im Kölner Dom", 29. März 2009; weiterhin bisher: „Sehendes Auge in die Katastrophe – ‚Ein Engel erscheint der heiligen Ursula'", 12. Januar 2008; „Gott hat sie getroffen – eine anonyme Marien-Ikone in Rom", 9. Mai 2009. Die „Bildansichten sind jetzt, in veränderter Form, eingearbeitet in Kermani, N., a.a.O. Vgl. in unserem Zusammenhang auch Welzel (2010), a.a.O.

23 | Charta von Venedig, 1964; auch diese Charta ist im Internet leicht zugänglich; etwa über ICOMOS. Anregend und weiterführend ist der von Gabi Dolff-Bonekämper 2010 in die Diskussion eingeführte Begriff vom Streitwert des Denkmals. Vgl. Dolff-Bonekämper, Gabi.: „Gegenwartswerte. Für eine Erneuerung von Alois Riegls Denkmalwerttheorie", in: Hans-Rudolf Meier und Ingrid Scheurmann (Hg.). *DENKmalWERTE. Beiträge zur Theorie und Aktualität der Denkmalpflege. Georg Mörsch zum 70. Geburtstag.* Berlin/München 2010, S. 27-40; dies. (2010): „Das Museum als Denkwerkstatt: Christliche Kunst im transkulturellen Gespräch", in: Hülsen-Esch, A. von; Täube, D., a.a.O., S. 1-10.

24 | Museum Ludwig und Metropolitankapitel der Hohen Domkirche Köln (Hrsg.): Gerhard Richter – Zufall, das Kölner Domfenster und 4900 Farben/the Cologne Cathedral Window, and 4900 Colours, Köln 2007; Schock-Werner, Barbara: *„Das Südquerhausfenster des Kölner Domes. Zur Genese eines Entwurfs",* in: Kölner Domblatt (72) 2007, S. 349-378.

25 | Einen ersten Überblick gibt http://de.wikipedia.org/wiki/DITIB-Zentralmoschee_Köln [25.1.2013]; Sommerfeld, Franz (Hg.): *Der Moscheestreit: Eine exemplarische Debatte über Einwanderung und Integration*, Köln 2008; Beinhauer-Köhler, Bärbel; Leggewie, Claus (Hg.): *Moscheen in Deutschland. Religiöse Heimat und gesellschaftliche Herausforderung*, München 2009; vgl. Welzel, Barbara: „Geht Ihr auch in eine Moschee?" Kirchen und ihre Ausstattungen als kulturelle Erinnerungsorte, in: Schilp, Thomas (Hg.): *Pro Remedio et salute anime peragemus. Totengedenken am Frauenstift Essen (Essener Forschungen zum Frauenstift 6)* Essen 2008, S. 289-301.

26 | Für den diskursiven Horizont stellvertretend: Schlögel, Karl: „Unmixing Europe oder: Kosovo war überall", in: ders.: *Promenade in Jalta und andere Städtebilder*, München/Wien 2001, S. 272-285.

27 | Allah in Ehrenfeld – Der Bau der Kölner Moschee. Ein Film von Birgit Schulz und Gerhard Schick, gesendet am 25. Oktober 2012 im WDR, http://www.wdr.de/tv/kinozeit/dokufilm/sendungsbeitraege/2012/1025/index.jsp [25.1.2013].

Nürnberg-Paper 2013

Interkultur – Globalität – Diversity:

Leitlinien und Handlungsempfehlungen für eine

transkulturelle Kunstpädagogik

Barbara Lutz-Sterzenbach, Ansgar Schnurr, Ernst Wagner
mit allen am Entstehungsprozess Beteiligten

Das *Nürnberg-Paper 2013* hat eine Entwicklungsgeschichte, die auf einem partizipativen Prozess beruht. Die Vorläuferversion von 2012 (veröffentlicht in der Publikation *revisit*[1]) fasste die zentralen Ergebnisse des ersten Kongresses zum Thema *Interkultur. Kunstpädagogik remixed* zusammen. Dieser Kongress fand im Rahmen des Bundeskongresses der Kunstpädagogik (BuKo12) statt und wurde vom 20.-22. April 2012 vom BDK Bayern, der TU Dortmund und der Universität Erlangen-Nürnberg in Kooperation mit der Stadt Nürnberg veranstaltet. Vorbereitet auf dem Forum *Interkultur* bei der Hauptversammlung des Fachverbandes für Kunstpädagogik BDK e.V. im März 2012 in Wolfenbüttel, wurde das Nürnberg-Paper dort von den über 150 Teilnehmenden in Workshops weiterentwickelt und schließlich von einem Redaktionsteam ausgearbeitet. Auf dem Nürnberger Kongress wurden in den dortigen Workshops erarbeitete Anregungen ergänzt, das Papier im Abschlussplenum vorgestellt und die Weiterarbeit daran beschlossen. Diese wiederum geschah durch Einladung nicht am Prozess beteiligter Expertinnen und Experten, das Nürnberg-Paper zu kommentieren. Viele haben diese Einladung dankenswerterweise angenommen. Die Kommentare sind ebenfalls in *revisit* veröffentlicht.[2] Die nun vorgelegte Fassung berücksichtigt diese und weitere[3] äußerst wertvolle Anregungen. Dieser partizipative Entstehungsprozess will die Diskursmacht, die jede Formulierung von Handlungsempfehlungen mit sich bringt, durch eine diskursive, vielstimmige Praxis zumindest absichern. Der Redaktionsprozess wurde durch Barbara Lutz-Sterzenbach, Ansgar Schnurr und Ernst Wagner gestaltet.

Auf Antrag des BDK Bayern wurde das Nürnberg-Paper auf der Hauptversammlung des Fachverbandes für Kunstpädagogik im April 2013 als programmatisches Grundsatzpapier des BDK e.v. übernommen und wird künftig in geeigneter Weise veröffentlicht und vertreten.

Das Nürnberg-Paper bezieht sich zum einen auf den aktuellen erziehungs- und kulturwissenschaftlichen Diskurs in Deutschland, in der *Pädagogik der Vielfalt* und *Inklusionspädagogik* als wesentliche gesellschaftspolitische Aufgaben erkannt wurden. Es bezieht sich aber auch auf nationale und internationale Positionen wie das UNESCO *Übereinkommen über den Schutz und die Förderung der Vielfalt kultureller Ausdrucksformen* (2005), die UNESCO *Seoul-Agenda* (2010), die Positionen des *Runden Tischs Interkultur* beim Deutschen Kulturrat sowie die Ansätze im Abschlussbericht der Enquete-Kommission *Kultur in Deutschland* des Deutschen Bundestags (2007).

Die hier formulierten Leitlinien und Handlungsempfehlungen richten sich an die Verantwortlichen in Kunstpädagogik und Kunstvermittlung auf Bundes-, Landes- und kommunaler Ebene: in den Schulen (Lehrkräfte und Schulleitungen), in kulturellen Einrichtungen (Vermittlerinnen und Vermittler sowie Leitungen), an Hochschulen (Forscherinnen und Forscher sowie Lehrende), in Verwaltungen (Behörden und Ministerien) sowie in der Politik (Verbände wie Volksvertreterinnen und -vertreter). All diese sind aufgefordert, an der Umsetzung der Handlungsempfehlungen mitzuarbeiten.

PRÄAMBEL

Kinder und Jugendliche sind in ihren Lebensentwürfen wie Lebenspraxen durch vielfältige Zugehörigkeiten geprägt, von denen die ethnisch-national-kulturelle Herkunft nur eine Dimension ist neben Milieu, Bildungsgrad, Alter, Schicht, ökonomischer Lage etc. Diese Diversität bestimmt die Lebenswelten von Menschen – mit oder ohne Migrationshintergrund. Nicht nur aus kunstpädagogischer Sicht ist dabei bedeutsam, dass diese Lebenswelten zunehmend von Bildern zwischen Hoch- und Alltagskultur geprägt sind, die darüber hinaus aus unterschiedlichen kulturellen Kontexten stammen. Beeinflusst von globalisierten Medien, werden diese Bilder etwa in lokalen, jugendkulturellen oder milieuspezifischen Hybridformen erfahrbar, die sich als *Remix* beschreiben lassen.

In Erweiterung des Begriffes *hybrid*, der im transkulturellen Diskurs für die Bezeichnung kultureller Vermischungen gebraucht wird, wird hier auch die Bezeichnung *Remix* zur Diskussion vorgeschlagen. Aus kulturellen Zusammenhängen stammend, betont *Remix* die weitere Überlagerung von kulturellen Kontexten und Versatzstücken in Bildern. Darüber hinaus sollen nicht nur hybride Produkte, sondern auch die Prozesse lebensweltlicher Gestaltung von Gegenwartskultur wahrgenommen und gewürdigt werden, bei denen vielfach aus der Kombination tradierter Formen neue Bilder entstehen.

Aus Migration und Globalisierung resultieren heute neue und mächtige Bild- und Medienwelten. Die dabei feststellbare Beschleunigung der Bildentstehung und Bildrezeption, aber auch die zunehmende Vermischung und Überlagerung kultureller Kontexte, stellt eine zentrale fachliche Herausforderung für die Kunstpädagogik / Kunstvermittlung dar. Diese Phänomene bieten aber auch einen großen kulturellen Reichtum und eine gesellschaftliche Chance.

Dafür müssen die Veränderungen durch nachhaltige Bildungsprozesse in Kunstpädagogik und Kunstvermittlung begleitet werden. Ein bedeutsames Ziel ist es, Kinder und Jugendliche durch bildnerisches Gestalten und Reflektieren in ihrer Persönlichkeit zu stärken: Sie sollen sich als selbstbewusste, kreative und verantwortliche Persönlichkeiten erfahren, die fähig sind, Fragen von Identität und Zugehörigkeiten in bildlichen Kontexten auszuhandeln und die Vielfalt kulturellen Erbes und kultureller Gegenwart wahrzunehmen, zu analysieren und zu bewerten. So sollen sie fähig werden, eigene Ideen zu entwickeln, umzusetzen und zu kommunizieren, um kulturelle Teilhabe in der Vielfalt zu erreichen.

Dies muss im Dialog und in gegenseitiger Achtung geschehen, um zugleich verschiedene wie gemeinsame kulturelle Ausdrucksformen schaffen zu können. Dabei sollen Kinder und Jugendliche nicht nur Empathie und Toleranz entwickeln bzw. ihre Empathiefähigkeit stärken, sondern sich auch als der Gesellschaft zugehörig und diese mitgestaltend verstehen und erleben.

Transkulturell sensibilisierte Pädagogik ist mit Paradoxa konfrontiert, die darin liegen, kulturelle Verschiedenheit anzuerkennen und dabei kulturelle Separationen nicht zu verstärken. Dieses Denken und Handeln in Widersprüchen ist eine kunstpädagogische Herausforderung und prägt auch das Nürnberg-Paper.

INHALTLICHE LEITLINIEN

1. Transkulturalität als Aufgabe und Chance denken

In einer von Migration und Globalisierung geprägten Gesellschaft vermischen sich grundsätzlich verschiedene kulturelle Formen unterschiedlichster Herkunft und Autorenschaft. Aus solchen Überlagerungen, manchmal in Schnittmengen, manchmal in Kollisionen, entsteht in Kunst, Alltags- und Jugendkultur Neues. Kunstpädagogik und Kunstvermittlung kommen die Aufgabe zu, den Blick von der Herkunft auch auf die gemeinsam geteilte Gegenwart zu wenden und Formen dieses kulturellen Remix zu thematisieren. So werden Schülerinnen und Schüler fähig, die Entwicklung von Kultur zu verstehen und mitzugestalten.

2. Diversität und Vielfalt als Chance und Potenzial wahrnehmen und gestalten

Herkunftskulturell geprägte Bilder und Symbole werden in pädagogischen Situationen oft dominant wahrgenommen und verweisen auf das vermeintlich *Andersartige* von Migrantinnen und Migranten. Dies verstellt den Blick für die vielfältigen, dahinter liegenden Zugehörigkeiten wie z.B. Milieu, Bildungsgrad, Alter, Geschlecht etc. Diversität erweist sich in Lebensentwürfen zwischen Herkunft, aktueller Zugehörigkeit und Entwurf für die Zukunft sowie zwischen Globalität und Lokalität. Lebenswelten und Bildkulturen in der Migrationsgesellschaft formen diese. Forschung und kunstdidaktischer Konzeption kommt die Aufgabe zu, diese Mannigfaltigkeit zu erkunden und ihren Begriff von kulturellen Differenzen entsprechend zu schärfen und nicht auf Herkunft zu beschränken.

3. Differenzen als Bildungsanlässe nutzen

Erfahrungen von Differenzen, Fremdheit und Ambiguität gerade auch in kulturellen Kontexten sind konstitutive Bestandteile von Bildungsprozessen. Sie erlauben es, vertraute Schemata in produktiver Weise fraglich werden zu lassen und neue, komplexe Strukturen zu erkennen und zu gestalten. Aktuelle und historische Kunst sind hervorragende Felder, um im Kunstunterricht diverse Dimensionen von Differenzen kritisch wahr-

zunehmen und als Bildungsanlässe v.a. auch im gestalterischen Bereich
zu nutzen.

4. Differenzen in inter- und transkultureller Kunstpädagogik sensibel ausbalancieren

Bilder und Symbole aus den Herkunftskulturen lassen Schülerinnen und
Schüler manchmal als *kulturell Andere* erscheinen. Dies kann den Blick für
die tatsächliche Diversität kultureller Gegenwart verstellen und zu unangemessenen Festschreibungen und Adressierungen verleiten. Diese Zuschreibungen können im pädagogischen Handeln trennende Differenzen
vertiefen, fortschreiben oder erst erzeugen. Es ist eine besondere Herausforderung für die Kunstpädagogik / Kunstvermittlung, ihren Umgang mit
den kulturellen Differenzen sensibel auszubalancieren.

5. Vergleiche verschiedener künstlerischer und alltagsästhetischer Phänomene aus aller Welt als Themen in Kunstunterricht / Kunstvermittlung etablieren

Erst die Berücksichtigung und die Anerkennung der Vielfalt von Kunst
und kreativer Gestaltung aus verschiedenen Regionen der Welt öffnen den
bislang dominant eurozentrischen Blick des Kunstunterrichts für außereuropäische Bildsprachen. Kritisch ausbalancierte komparative Ansätze
tragen zu einem Verständnis über die Bedingungen, die Funktionen und
die Ausprägungen der Bildsprachen in verschiedenen kulturellen Kontexten bei.

6. Universalien des Bildlichen erkennen

Eine komparative Sicht künstlerischer und bildlicher Formen weltweit
lässt neben Differenzen auch Ähnlichkeiten und Parallelen zu Tage treten.
Es ist eine Aufgabe kunstpädagogischer Praxis und kunstwissenschaftlicher Forschung, nicht nur die Differenzen, sondern auch mögliche Konstanten und Universalien des Bildlichen auf ihre Struktur und Tragweite
hin zu befragen.

330 BARBARA LUTZ-STERZENBACH, ANSGAR SCHNURR, ERNST WAGNER U.A.

7. Mit globalisierten Strukturen in der analogen und digitalen Bilderproduktion umgehen

Zeitgenössische und historische Kunst, Jugendkultur und ästhetische Lebenswelten sind in erheblichem Maße von globalen Zeichensystemen, globalisierten Ausdrucksformen und Handlungsweisen geprägt, die sich mit den verschiedenen lokalen Formen mischen. Kunstpädagogik und Kunstvermittlung sollen dazu beitragen, das globale Beziehungsgeflecht der Kultur über Grenzen hinweg wahrzunehmen. Das Potential der globalisierten Bild- und Zeichensysteme ist in der kunstpädagogischen Praxis produktiv zu nutzen.

8. Machtvolle Verhältnisse als Bedingungen erkennen

Nicht alle Gesellschaftsmitglieder sind in der Lage, kulturelle Gegenwart durch das Herauslösen aus starren kulturellen Festlegungen und Transzendieren eigener Herkunft in Remixprozessen mitzugestalten. Machtvolle Differenzen, die über die Möglichkeiten zur kulturellen Partizipation entscheiden, liegen in sozioökonomischen Verhältnissen begründet. Strukturelle Diskriminierungen in Institutionen wie Schule oder Museum verhindern zudem vielfach den Zugang zu Bildungsprozessen und verstärken oft diese Machtstrukturen.

9. Gestaltungspotenziale neuer, globalisierter, hybrider, fremder Bildformen und Bildauffassungen lustvoll und erkenntnisreich ausschöpfen

Der Reichtum, der in der Vielfalt der Bildkulturen sowie in den sich durch Migration und Globalisierung ergebenden Remixformen liegt, bietet neue und mannigfaltige Möglichkeiten für bildnerische und künstlerische Gestaltungen. Dieses Potenzial soll in der Kunstpädagogik / Kunstvermittlung genutzt und zugänglich gemacht werden.

HANDLUNGSEMPFEHLUNGEN

A. UNTERRICHTSENTWICKLUNG

1. Diversität als Grunddimension etablieren

Vielfalt, etwa von Herkunft und Gegenwart, von Erzeugungspraxen in Kunst und Kultur, von global und lokal, muss im Kunstunterricht thematisiert und umgesetzt werden; sie soll kunstpädagogisches Handeln insgesamt prägen.

2. Inhalte neu definieren

Alle Akteure, Lehrkräfte, Vermittlerinnen und Vermittler sind aufgefordert, auf die veränderte Situation in Deutschland mit einer Diskussion um die Inhalte der Kunstpädagogik zu reagieren. Dazu gehört vorrangig eine kritische Reflexion und Weiterentwicklung des zu Grunde gelegten Bildbegriffs, der Fragen von Kulturalität und Universalität, von Globalisierung und Lokalisierung, von Abgrenzung und Hybridität neu berücksichtigen muss. Die Hochschulen sind aufgefordert, diese Diskussionen zu initiieren, zu begleiten und zu unterstützen.

3. Methoden entwickeln

Die Entwicklung unserer Bildkultur ist als Überlagerungs- und Hybridisierungsprozess, als *Remix* beschreibbar. Damit tritt ein Prozess zu Tage, der auch für die Kunstpädagogik von größter Relevanz ist. Dafür sind v.a. in der Lehrerfortbildung Ansätze zu entwickeln, die einen produktiven und kritischen Umgang mit derartigen Prozessen ermöglichen. Sie müssen mit der Entwicklung der oben genannten Inhalte Hand in Hand gehen.

4. Unterrichtsmedien weiterentwickeln

Unterrichtsmedien wie z. B. Schulbücher für den Kunstunterricht gilt es hinsichtlich eines dynamischen Bildbegriffes und neuer Erkenntnisse aus Wissenschaft und Praxis zu transkultureller Kunstpädagogik zu entwickeln.

5. Handlungsmodelle ausarbeiten und veröffentlichen

Der Fachverband für Kunstpädagogik BDK möge eine bundesweite Arbeitsgruppe einrichten, die die aktuellen Diskussionen zur einer interkulturellen Neubestimmung der Kunstpädagogik beobachtet und auf dieser Basis Ansätze und mögliche Kompetenzmodelle diskutiert sowie die Ergebnisse der Diskussionen veröffentlicht.

6. Heterogenität von Lerngruppen nutzen

Lerngruppen zeichnen sich durch zunehmende Heterogenität im Hinblick auf Herkunft, Sprache, Milieu, Bildungsgrad, soziale Schicht aus. Solche Verschiedenheiten gilt es in der Praxis sowohl als pädagogische Herausforderungen zu meistern als auch als positives Potenzial zu nutzen. Dafür sind geeignete Praxismodelle an den pädagogischen Landesinstituten zu entwickeln und zu publizieren.

B. PERSONALENTWICKLUNG

1. Vergleichende Bild-/Kulturwissenschaft in der Lehrerausbildung verankern

Um die zukünftig notwendigen Angebote sinnvoll gestalten zu können, müssen Lehrerinnen und Lehrer sowie Vermittlerinnen und Vermittler entsprechend ausgebildet sein. Eine vergleichende Bild-/Kulturwissenschaft – bezogen v.a. auf historische wie zeitgenössische außereuropäische Bildkulturen bzw. auf zeitgenössische hybride Alltagskulturen – muss deshalb in der Ausbildung an den Hochschulen einen zentralen und verpflichtenden Stellenwert einnehmen.

2. Lehrkräfte und Vermittler durch regelmäßige Fortbildungsangebote qualifizieren

Vermittlerinnen und Vermittler sowie Lehrkräfte benötigen Fortbildungsangebote in den Bereichen vergleichende Bildwissenschaft, Kultursoziologie, Fachdidaktik und -methodik. Die Einrichtungen der Länder sind aufgefordert, entsprechende Angebote zu entwickeln.

C. ORGANISATIONSENTWICKLUNG

1. Zeit-, Geld- und Personalressourcen zur Entwicklung neuer Formate bereitstellen

Schulen, Museen und andere kulturelle Einrichtungen müssen zur Entwicklung neuer Konzepte (z.B. die Integration von Eltern in Programme) über entsprechende Ressourcen verfügen.

2. Trans- und interkulturelle Fragestellungen in den Lehrplänen verankern

Lehrpläne/Curricula sind Formulierungen eines in die Zukunft gewendeten Kulturbegriffs: In dieser Kultur wollen wir leben. Deshalb sind bei der Entwicklung neuer Lehrpläne für die Schulen und neuer Ausbildungskonzepte für Hochschulen interkulturelle Leitlinien zu implementieren (intercultural mainstreaming). Dazu gehören u.a.: Formulierung kunstpädagogikspezifischer Kompetenzen zur kulturellen Vielfalt; Schnittstellen zur politischen Bildung und zu anderen Fächern zu suchen und auszugestalten; die Fokussierung auf bestimme Kulturen zu reflektieren; Diskussion des für den Dialog notwendigen historischen Basiswissens.

3. Internationale Partnerschaften und Kooperationen ausbauen

Schulen, Hochschulen, Kultureinrichtungen sowie die in diesen Institutionen arbeitenden Menschen verfügen häufig über internationale Verbindungen. Diese sind für eine Positionierung der Einrichtung in einer globalisierten Welt zu nutzen.

D. Forschungsentwicklung

1. Forschung auf den Weg bringen

Fundiertes Handlungswissen zur Qualifizierung von Akteurinnen und Akteuren sowie Fundierung von Aktivitäten benötigen pädagogische Forschung, zu der die Hochschulen beitragen müssen. Die Klärung der tatsächlichen Situation in den Klassenzimmern ist dabei vorrangig: Welche Einstellungen / Interessen / Fragen / Voraussetzungen / Bilder bringen die Schülerinnen und Schüler mit? Welche Potenziale ergeben sich daraus?

2. Ein bundesweites Projekt zur standardsetzenden Entwicklung von Inhalten und Methoden initiieren

Zur Entwicklung interkultureller Bildung im (fächerübergreifenden) Kulturbereich braucht es eine wissenschaftlich begleitete Erprobung von Inhalten, Formaten, Konzepten und Methoden und eine Auswertung für standardsetzende Diskussionsprozesse. Ein bundesweites Vorhaben, das diesen Anspruch erfüllen kann, ist zu entwickeln und zu finanzieren.

ANMERKUNGEN

1 | Nürnberg-Paper. Interkultur – Globalität – Diversity: Leitlinien und Handlungsempfehlungen zur Kunstpädagogik / Kunstvermittlung remixed. Stand: Oktober 2012, in: Brenne, A.; Sabisch, A.; Schnurr, A. (Hg.): *Revisit – Kunstpädagogische Handlungsfelder #teilhaben #kooperieren # transformieren*, München 2012, S. 225-230.

2 | Zu den Kommentaren zum Nürnberg-Paper 2012 von P. Mecheril, H, Sowa, G. Frenzel, C. Maerz, E. Sturm, A. Serjoujie-Scholz, H. Öztürk vgl. ebd., S. 231-246.

3 | Kritisch-unterstützende Hinweise zum Nürnberg-Paper 2012 finden sich bei: Landkammer, Nora / Mörsch, Carmen: KUNSTUNTERRICHT UND -VERMITTLUNG IN DER MIGRATIONSGESELL-SCHAFT, TEIL I: SICH IRRITIEREN LASSEN. Editorial des Art Education Research °6, http://iae-journal.zhdk.ch/no-6/ [06.01.2013].

Integration als Aufgabe Interkultureller Pädagogik?[1]

Max Fuchs

Problem

Im Folgenden soll gezeigt werden, dass die fachliche Debatte über Interkultur und Interkulturelle Pädagogik belastet und vermutlich sogar überfrachtet wird durch eine politische Debatte über Integration. Hierbei ist zu zeigen, dass man ein Konzept von Integration zugrunde legt, das für eine moderne ausdifferenzierte Gesellschaft nicht funktionieren kann. Dabei müsste Interkultur überhaupt kein Problem sein. Denn es lässt sich zeigen, dass Kulturkontakte und Kulturbegegnung nicht nur ständig in der Geschichte der Menschheit stattfanden, sondern sogar als Motor der menschlichen Entwicklung verstanden werden können. Dies gilt speziell für ästhetische Ausdrucksformen, die all dies, was man ihnen in pädagogischen Diskursen an Wirkungen zuschreibt, erfüllen könnten (Begegnung mit Fremdem, das Finden des Fremden in sich und des Eigenen außerhalb des eigenen Selbst etc.), sofern diese Begegnungen handlungsentlastet stattfinden, ganz so, wie es die idealistische Autonomieästhetik beschreibt. Doch kommt es auch deshalb nicht zu der notwendigen Handlungsentlastung in einer angstfreien Atmosphäre, weil die ohnehin überzogene Integrationsaufgabe dann auch noch mit untauglichen Mitteln, nämlich mit pädagogischen Mitteln angegangen werden soll, wo es sich doch um ein Problem mangelnder politischer, sozialer und ökonomischer Teilhabe handelt.

INTEGRATION ALS PROBLEM MODERNER GESELLSCHAFTEN

Die Frage ist: Wie ist Kohärenz in einer modernen Gesellschaft möglich, wie viel ist notwendig, wie kann sie hergestellt werden, wenn sie nicht im Selbstlauf entsteht?

Integration ist daher selbst dann ein Thema moderner Gesellschaften, wenn es nicht bloß um die Frage nach der Eingliederung von Menschen mit Migrationshintergrund geht. Als vor etwa 10 Jahren Wilhelm Heitmeyer zwei Bücher unter den programmatischen Titeln „Was hält die Gesellschaft zusammen?" bzw. „Was treibt die Gesellschaft auseinander?" herausgegeben hat[2], war es sicherlich kein Zufall, dass das Buch über Desintegrationsprozesse um 50% dicker war als das Buch über Zusammenhalt. Und bei genauerem Hinsehen befassten sich die Autoren auch dort eher mit Fragen der Desintegration, der Spaltung und Konkurrenz. Im verbleibenden Drittel wurden dann gemeinsame Werte, Solidarität oder Kommunikation als mögliche Medien der Integration betrachtet. Interessant ist, dass es sich hierbei vorwiegend um kulturelle Prozesse handelt, also um Sinndiskurse und Wertefragen oder auch um individuelle Kompetenzen, die für die Herstellung von Zusammenhalt nötig sind. Damit wären wir bei beidem angelangt: bei der Frage nach der nötigen Kompetenzstruktur des Einzelnen, also bei einer genuin pädagogischen Frage, und bei der Rolle der Kultur in diesem Prozess. Zugleich sind die beiden entscheidenden Fraghorizonte abgesteckt, wenn man kulturelle Bildung in ihrer Bedeutung für sozialen Zusammenhang betrachtet.

Doch was versteht man überhaupt unter kultureller Bildung, die einen solchen sozialen Zusammenhang leisten könnte? Gibt es entsprechende Erfahrungen und Belege – oder gehört auch dies zu den unerfüllten Versprechungen der Moderne oder den Versprechungen des Ästhetischen?[3] Bevor ich diesen Fragen nachgehe, sei ein Aspekt hervorgehoben, der oben bereits angedeutet wurde. Gerade in Deutschland hat man sich in der Geschichte sehr schwer damit getan, die Frage nach sozialer und politischer Gestaltung unter dem Begriff der Gesellschaft abzuhandeln. Gesellschaft zielte auf einen eher rationalen Zusammenschluss, auf (auch ökonomische) Interessen. Gesellschaft zielte auf eine Moderne, in der etwa Religion und traditionelle Bindungen nur noch eine geringe Rolle spielten. Im 19. Jahrhundert verband man diesen Gesellschaftsdiskurs mit England und Frankreich. Dagegen brachte man in Deutschland die Idee einer emotionsgebundenen Gemeinschaft ins Spiel und man distanzierte sich zugleich von republikanisch-demokratischen Vorstellungen. Es war die Zeit, in der Kultur eine schicksalhafte, bedeutungsschwere Deutung erhielt, die man der bloß oberflächlichen Zivilisation der genannten Länder entgegenhielt. Helmut Plessner hat in seiner Analyse der geistigen Grundlagen des Faschismus auch hierin eine wesentliche Ursache für die Verspätung Deutschlands und für den Faschismus gesehen.[4] Ein sprachlich glänzendes und politisch erschreckendes Dokument eines solchen Denkens sind Thomas Manns Betrachtungen eines Unpolitischen aus dem Jahr 1918.[5] Und hier ist es gerade die deutsche Kultur, die zwar als Bindemittel innerhalb der Nationen, aber gleichzeitig als Trennungsgrund zwischen den Ländern gesehen wird. So viel lässt sich daher bereits jetzt feststellen: Vorbehaltlich weiterer Klärungen des Begriffs der kulturellen Bildung hat er offenbar mit Phänomenen zu tun, bei denen es zumindest strittig ist, ob sie zur Integration oder zur Spaltung beitragen.

WAS IST KULTURELLE BILDUNG?

Der Zusammenhang von Pädagogik und Politik ist nicht neu. Neu ist vielmehr, dass man heute glaubt, beides getrennt voneinander behandeln zu können. Es gehört zur Tradition der europäischen Geistesgeschichte, die Frage nach der gelingenden politischen Gestaltung des Gemeinwesens mit der Frage nach den dazu notwendigen individuellen Kompetenzen zu verbinden. Deshalb finden sich etwa profunde Aussagen zur Bildung in bedeutenden staatstheoretischen Schriften. Zwei Beispiele: Platon befasst sich in den Dialogen Der Staat und in den Gesetzen immer wieder mit pädagogischen Fragen, wobei als Bildungsmittel Musik und Gymnastik eine wichtige Rolle spielen. Über 2000 Jahre später schreibt Wilhelm von Humboldt seine Ideen zu einem Versuch, die Grenzen der Wirksamkeit des Staates zu bestimmen (1772), ein Grundbuch des politischen Liberalismus, und liefert hierbei die vielleicht bedeutendste Bestimmung des Bildungsbegriffs: „Der wahre Zweck des Menschen [...] ist die höchste und proportionirlichste Bildung der Kräfte zu einem Ganzen. In dieser Bildung ist Freiheit die erste und unerlässliche Bedeutung."[6] Die Bildungsgüter, an denen dies geschehen soll, waren neben den alten Sprachen die Künste, hier in völliger Übereinstimmung mit seinem Freund Friedrich Schiller. Dieser hatte sein Konzept von kultureller Bildung bereits Anfang der

1790er Jahre in seinen Briefen zur ästhetischen Erziehung ausführlich erläutert.[7]

Pädagogik, so ein erstes Zwischenfazit, kann nur in Verbindung mit Politik gedacht werden. Bildung als einer der Kernbegriffe der Pädagogik enthält bis heute das Humboldtsche Versprechen auf Freiheit und Emanzipation in einer wohlgeordneten Gesellschaft. Daran ist gerade angesichts der schlechten PISA-Ergebnisse zu erinnern. Bildung kann ein Medium zur Herstellung von sozialem Zusammenhang sein. Bildung, so der französische Soziologe Pierre Bourdieu in den 1960er Jahren, ist aber oft genug auch ein wirkungsvolles Instrument der Desintegration.[8]

Doch was genau ist Bildung? Unter grober Vernachlässigung der gerade in Deutschland so reichen Tradition bildungsphilosophischer Erwägungen genügt es hier, ganz so wie seinerzeit das Bundesjugendkuratorium Bildung als Lebenskompetenz zu verstehen.[9] Bildung meint hierbei die individuelle Disposition, sein Leben selbstständig, sinnerfüllt und kompetent gestalten zu können. Damit bezieht sich der hier bevorzugte Bildungsbegriff zum einen auf das erfüllte Leben in einer Gesellschaft. Er erfasst zudem alle Dimensionen der Persönlichkeit, also das Denken, Fühlen und Handeln, Werte und Glücksansprüche. Bildung meint dann zum einen die von Humboldt bereits angesprochene „proportionirliche Bildung aller Kräfte zu einem Ganzen". Sie zielt aber auch darauf, den Einzelnen kompetent zu machen im Umgang mit Wirtschaft, Politik, Sozialem und der Kultur einer Gesellschaft.

Doch was meint dann kulturelle Bildung, wenn Bildung bereits auf Kultur bezogen ist? Man will offenbar einen besonderen Akzent auf ein bestimmtes gesellschaftliches Feld legen, auch wenn eigentlich die entsprechenden Kompetenzen und Dispositionen bereits im Bildungsbegriff enthalten sind. Zudem geht möglicherweise nicht jeder von einem sozial sensiblen Bildungsbegriff aus, so dass der Hinweis darauf, dass eine politische, soziale, ökonomische und kulturelle Handlungsfähigkeit zur gebildeten Persönlichkeit gehören, nicht unwichtig ist.[10] In einem ersten Anlauf ist kulturelle Bildung ein Sammelbegriff für alle pädagogischen Umgangsweisen mit den Künsten, mit den Medien, mit Spiel. Dieser Begriff ist offen für neue Entwicklungen. So werden inzwischen Zirkuspädagogik oder die Arbeit mit Kindermuseen dazugezählt. Viele sehen in dem Attribut kulturell zudem einen klaren Bezug zur Gesellschaft. Dabei schwingen durchaus verschiedene Kulturbegriffe mit: Ein anthropologischer Kulturbegriff, der unter Kultur die Gemachtheit der menschlichen

Welt (einschließlich des Menschen selbst) versteht; ein soziologischer Kulturbegriff, der als gesellschaftliches Subsystem die Bereiche der Künste, der Wissenschaften, der Sprache und der Religion versteht und auf die Wertebasis einer Gesellschaft zielt; ein ethnologischer Kulturbegriff, der die Gesamtheit aller Lebensäußerungen einer Gesellschaft erfasst, und schließlich ein enger Kulturbegriff, der Kultur mit der ästhetischen Kultur und hier vor allem mit den Künsten gleichsetzt. Das einflussreiche Kulturkonzept der UNESCO versucht, alle genannten Dimensionen zu integrieren.[11] Alle Kulturkonzepte machen Sinn in Hinblick auf das Konzept kultureller Bildung:

- Der anthropologische Kulturbegriff ist quasi die Grundlage einer philosophischen Grundlegung des Bildungsbegriffs: Bildung als subjektive Seite der Kultur, Kultur als objektive Seite von Bildung.
- Der ethnologische Kulturbegriff ordnet Bildung in die Gesamtheit der Lebensvollzüge ein.
- Der soziologische Kulturbegriff orientiert die individuelle Handlungsfähigkeit auf bestimmte Gesellschaftsfelder (Religion, Künste etc.; Enkulturation).
- Der enge Kulturbegriff erfasst den Kernbereich der kulturellen Bildung: den produktiven Umgang mit den Künsten.
- Je nach Verständnisweise von Kultur ist also die systematische Verbindung von kultureller Bildung und sozialem Zusammenhang offensichtlich. Vielleicht irritiert am meisten der soziale und politische Bezug bei den Künsten. Daher hierzu einige Anmerkungen.

WIE POLITISCH IST KUNST?

Gerade in Deutschland führt die in der Überschrift genannte Frage immer wieder zu heftigen Debatten. Sehr schnell ist die Rede von der Autonomie der Kunst. Das Problem hierbei ist, dass es vermutlich kaum einen anderen Topos in der deutschen Sprache gibt, der in ähnlicher Weise ideologisch so aufgeladen ist wie die Rede von der Kunstautonomie.[12] Dass ästhetische Prozesse wesentlicher Teil der Menschwerdung sind und hierbei eine wichtige Rolle – auch als Motoren der Entwicklung – gespielt haben, ist unstrittig.[13] Die Rede von einer autonomen Kunst macht daher für den überwiegenden Teil der Weltgeschichte und auch heute noch in dem größten Teil der Welt überhaupt keinen Sinn. Entwickelt hat ihn Immanuel Kant in seiner Kritik der Urteilskraft (1790). Viele heute noch verwendete Redewendungen wie Zweckmäßigkeit ohne Zweck oder Gefallen ohne Interesse gehen auf ihn zurück, haben sich aber inzwischen diskursiv verselbstständigt. Schiller übernahm diese Grundidee von Kant, wendete sie jedoch gleich ins Politische: Künste sind in der Tat ein Feld, in dem der Mensch Freiheit in der Gestaltung erleben kann. Sie sind quasi eine Oase, in der man entlastet ist von den Anforderungen des Alltags. Dies erlebt der Mensch genussvoll. Und diesen Genuss an Freiheit – zunächst nur in dem abgegrenzten Bereich der Künste – erweckt in ihm den Wunsch, Freiheit auch in anderen Gesellschaftsfeldern durchzusetzen. Die Dialektik Schillers besteht also darin, dass gerade eine zweckfreie autonome Kunst für einen politischen Zweck nützlich sei.

Der weitere Verlauf im 19. Jahrhundert war allerdings frustrierend. Alle Hoffnungen auf eine ähnliche politische Entwicklung wie in anderen Ländern scheiterten spätestens mit der misslungenen Revolution von 1848. Daher suchte sich das (Bildungs-)Bürgertum ein anderes Feld der Identitätsentwicklung. So entstand die reichhaltige Theaterlandschaft, wurden Museen, Konzert- und Opernhäuser gebaut.[14] All dies, was uns heute im Hinblick auf die Finanzierung und Erhaltung die Kulturpolitik umtreibt, kann also nur vor dem Hintergrund der spezifischen politischen Entwicklungsgeschichte Deutschlands verstanden werden. Die autonomen Künste waren also sowohl bei Schiller, dann aber auch in der Realgeschichte, alles andere als unpolitisch, wobei sie das eine Mal emanzipatorisch, das andere Mal in konservativer und sogar reaktionärer Weise genutzt wurden.

KULTURELLE BILDUNG UND DER SOZIALE ZUSAMMENHALT HEUTE

Heute muss man davon ausgehen, dass es im Arbeitsfeld kulturelle Bildung eine ganze Reihe von Bezeichnungen gibt, die nebeneinander verwendet werden, abhängig von Traditionen der Anbieter: musische und musisch-kulturelle Bildung, Soziokultur, ästhetische und künstlerische Bildung, (Jugend-)Kulturarbeit etc. Gelegentlich werden dabei durchaus vergleichbare Angebote mit unterschiedlichen Begriffen, aber auch sehr verschiedene Praxen mit dem gleichen Begriff bezeichnet. Insgesamt dürfte die ideologiekritische Phase der späten 1960er Jahre an keiner Einrichtung wirkungslos vorübergegangen sein, so dass eine soziale und oft genug auch eine politische Dimension von Kulturarbeit mitgedacht wurde. Kulturelle Bildungsarbeit findet – in Hinblick auf Kinder und Jugendliche – in zumindest drei Politikfeldern statt: in der Jugend-, Schul- und Bildungs- sowie in der Kulturpolitik.

In der Jugendpolitik ist die maßgebliche Grundlage das Kinder- und Jugendhilfegesetz (KJHG), die entsprechenden Ausführungsgesetze auf Länderebene und die sich hierauf stützenden Förderprogramme. Die Berücksichtigung der sozialen Dimension und insbesondere des sozialen Zusammenhangs ist eine klare Leitlinie in diesem Feld, die bereits im ersten Paragraphen des KJHG zum Ausdruck kommt: Dort geht es nicht um den isolierten Einzelnen und seine Fähigkeiten, sondern um eine gemeinschaftsfähige Persönlichkeit. In der Praxis ist dies in allen Kulturprojekten im Kontext der Jugendförderung auch zu spüren. Dieses Selbstverständnis drückt sich etwa in dem Kompetenznachweis Kultur der Bundesvereinigung Kulturelle Kinder- und Jugendbildung aus. Dieser ist ein Bildungspass für nonformelle Bildung, der u.a. soziale Kompetenzen erfassen und dann auch bestätigen soll, die in Kulturprojekten erworben wurden. Grundlage ist ein Konzept von Schlüsselkompetenzen, wie es ähnlich auch in dem OECD-Projekt DeSeCo (Definition and Selection of Key-Competencies) erarbeitet wurde und bei dem soziale Kompetenzen eine wichtige Rolle spielen.[15] Man spürt in diesen Ansätzen die klassische Denkfigur, dass das soziale und politische Gefüge der Gesellschaft aufs engste mit einem sozial kompetenten Einzelnen korrespondiert, so dass eine Stärkung des Einzelnen auch eine entsprechende Wohlordnung der Gesellschaft zur Folge hat.

Auch die ökonomische Sichtweise geht hier in dieselbe Richtung. So hatte die OECD (Organisation für Economic Cooperation and Development; verantwortlich etwa für PISA) etliche Jahre die soziale Kohäsion in der Gesellschaft auf der Tagesordnung, weil man von der Annahme ausging, dass wirtschaftliches Wachstum (das zentrale Ziel der OECD) nur in einer Gesellschaft ohne größere Spannungen gelingen kann. In der Bildungs- und Schulpolitik liegt der Fall ähnlich wie in der Jugendpolitik. Man möge nur einmal die Präambeln bzw. Zielparagraphen der Schul- oder Weiterbildungsgesetze der Länder lesen, die sich von den Bildungs- und Erziehungszielen nicht sonderlich vom KJHG unterscheiden. Auch in der Schulpädagogik wird Schule als spezifischer sozialer Ort verstanden, oft genug auch in Anschluss an den amerikanischen Philosophen und Demokratietheoretiker John Dewey als embrionic society, bei dem man viel Energie in die Einübung von Regeln eines gedeihlichen Miteinanders legt. Die Frage ist natürlich, ob dies in der Praxis immer gelingt.

In der Kulturpolitik verhält es sich im Grundsatz ähnlich. Doch muss man davon ausgehen, dass die seinerzeit von Albrecht Göschel nachgewiesene Abfolge unterschiedlicher Verständnisweisen von Kultur (im Zehnjahresabstand erfolgt ein Wechsel) auch die Beziehung zum Sozialen betrifft.[16] Eine neue Kulturpolitik ist in den späten 1960er und frühen 1970er Jahren als offensives Kontrastprogramm zu einer Kulturpolitik der Traditionspflege entstanden. Bei dieser spielte die Frage des sozialen Zusammenhalts eine wichtige Rolle. Einen besonderen Schub bekam in den 1990er Jahren eine sozial sensible Kulturpolitik in Großbritannien durch die New Labour. Es wurde nicht nur Kultur als Motor der gesellschaftlichen und ökonomischen Entwicklung entdeckt: social cohesion wurde sogar zu einem Leitbegriff der Kulturpolitik. Man förderte gezielt Künste und Künstler, die in die Stadtteile gingen, die die Kommunikation mit anderen Menschen suchten. Auch Programme wie Künstler in Schulen erlebten aufgrund dieser gesellschaftspolitischen Zielstellung einen Aufschwung (z.B. das Programm creative partnerships, bis vor kurzem Teil des Arts Council England).

Natürlich polarisierte ein solcher Ansatz. Denn es gab und gibt genügend Kulturschaffende und -einrichtungen, die sich lieber an der Autonomie der Kunst orientieren wollen und die in dem social-coherence-Programm eine unzulässige Instrumentalisierung von Kunst verstanden. Man äußerte zudem heftige Zweifel am Erfolg dieses Ansatzes. In dieser Situation spielten ambitionierte Evaluationsprojekte unter der Leitung von Francois Matarasso eine Rolle.[17] Matarasso überprüfte in verschiedenen Orten und Kontexten mit einem breiten Arsenal von Untersuchungsmethoden die Wirksamkeit der sozial orientierten Förderstrategie und kam im Ergebnis dazu, 50 Wirkungsbehauptungen zu bestätigen, die alle mit sozialer Kohäsion zu tun haben.[18] Nach dem Ende der Ära Blair gerät z. Zt. auch seine Kulturpolitik unter Druck, so dass heute viele Experten mit einer Wende zurück zu einer stärker kunstbezogenen Förderung rechnen.

AKTUELLE PROBLEME

Es dürfte heute auf der theoretischen Ebene unstrittig sein, dass es eine deutliche Relation zwischen der Bildung des Einzelnen und der sozialen Ordnung gibt. Auch im Verständnis der meisten Praktikerinnen und Praktiker in diesem Feld hat Kulturarbeit eine soziale und eine individuelle Dimension: Kulturarbeit bedeutet auch soziales Lernen. Bei Praxisformen wie Musik, Tanz, Theater, Zirkus, die ohnehin gruppenförmig ablaufen, wird dies bereits durch die Logik der Kunstform nahe gelegt. Es gibt (wie dargestellt) sogar Erfassungsmöglichkeiten und empirische Belege, dass dies sowohl in Hinblick auf den Einzelnen als auch in Hinblick auf die Gruppe und Gesellschaft funktioniert.

Doch gibt es eine Reihe von Wermutstropfen. Die Künste, speziell die künstlerische Förderung von Menschen, wirken nicht per se sozial. So lässt sich oft genug eine Parallele zwischen Leistungssport und Kunst dort ziehen, wo es um Wettbewerbe und Leistungsvergleiche geht. Daher sind viele Pädagoginnen und Pädagogen skeptisch, ob die Arbeitsformen in den professionellen Künsten auch die richtigen Arbeitsformen in der Bildungsarbeit sind. Kultur insgesamt und speziell die Künste sind zudem nicht ohne weiteres Medien der Integration, sondern sie sind auch Medien der Unterscheidung. Zwar liest oder hört man oft genug, dass etwa die (nicht verbale) Musik universelles Verständigungsmittel quer durch alle Kulturen sei. Dass dies so nicht richtig ist, lässt sich leicht feststellen. Dabei muss man sich mit seinem mitteleuropäisch geprägten Ohr noch nicht einmal mit Musikkulturen anderer Länder auseinandersetzen, es genügt oft genug bei Erwachsenen eine Begegnung mit den Hits ihrer Kinder oder der Nachbarn. Die Macht der Unterscheidung gilt also nicht nur zwischen Kulturen aus verschiedenen Ländern, sie gilt bereits im eigenen Land. Hier ist nochmals an den Pierre Bourdieu zu erinnern, der in groß angelegten empirischen Studien gezeigt hat, dass es nicht nur starke ästhetisch-kulturelle Prägungen unterschiedlicher Milieus in der Gesellschaft gibt, sondern dass über die jeweiligen ästhetischen Präferenzen als Teil des Habitus ihrer Träger zugleich wichtige Entscheidungen über die Möglichkeit zu politischer Mitsteuerung getroffen werden.[19] Die Künste trennen also nicht nur, sie sind zugleich ein eher verborgenes, aber äußerst wirkungsvolles Mittel bei der Erhaltung der sozialen und politischen Struktur der Gesellschaft. Bourdieus Konsequenz: Um diese strukturkonservative Macht der Künste zu brechen, ist es nötig, dass alle Kinder eine hohe ästhetische Kompetenz erhalten. Und der zentrale Ort einer solchen Kompetenzentwicklung ist die Schule.

Trotz dieser (alten) Erkenntnis, dass man über Geschmack nicht streiten kann – eben weil jeder das Recht auf eigene ästhetische Präferenzen hat, funktioniert natürlich Kulturarbeit in der Praxis auch in sozialer Hinsicht. Es gibt die Möglichkeit, Menschen verschiedener Generationen, Geschlechter oder Herkunftsfamilien in einen Kontakt zueinander zu bringen. Deshalb spielt etwa Kulturarbeit im internationalen Jugendaustausch eine wichtige Rolle. Weiß man um die trennende Kraft von Kunst, dann lässt sich doch eine Atmosphäre inszenieren, in der man sich auf Fremdes einlassen kann. Kant und auch Schiller haben natürlich Recht damit, dass eine handlungsentlastete Atmosphäre große Bildungswirkungen ermöglicht. Vor diesem Hintergrund ist also der Slogan der UNESCO, Kulturelle Bildung für alle, gut zu begründen.[20] Doch stellt sich dann gleich die Frage: Wird dieses Ziel erreicht? Erreichen wir mit dem Kulturangebot alle Bevölkerungsgruppen? Und natürlich lautet die Antwort: Nein. Es gibt nämlich nicht nur das Problem einer Bildungsungerechtigkeit im allgemeinbildenden Schulwesen, so wie es PISA noch einmal verdeutlicht hat, es gibt das Problem ungleicher Zugangschancen auch in Hinblick auf kulturelle Teilhabe. Dabei ist zu berücksichtigen, dass man sich hierbei nicht mehr auf der Ebene freiwilliger Leistungen bewegt, sondern sich vielmehr im Wirkungsbereich verbindlicher völkerrechtlicher Abmachungen befindet, die ein Recht auf Kunst, Spiel und Bildung formulieren (u.a. Kinderrechtskonvention, Pakt für soziale, ökonomische und kulturelle Entwicklung, Konvention zur kulturellen Vielfalt).[21]

Sozialer Zusammenhang ist also möglich und kann durch Kulturarbeit gefördert werden. Allerdings sind hierbei auch die Potentiale zur Unterscheidung und Trennung in Rechnung zu stellen. Und es gibt das bislang nur unbefriedigend gelöste Problem gleicher Zugangsmöglichkeiten zu Bildung, Kunst und Kultur.

ANMERKUNGEN

1 | Ich stütze mich in diesem Text auf ältere Arbeiten. Vgl. insbesondere Fuchs, Max: *Kultur und Subjekt*, München 2012.

2 | Heitmeyer, Wilhelm: Was hält die Gesellschaft zusammen? Frankfurt/M. 1997; ders: *Was treibt die Gesellschaft auseinander? Bundesrepublik Deutschland: auf dem Weg von der Konsens- zur Konfliktgesellschaft*, Bd. 1 Frankfurt/M. 1997.

3 | Ehrenspeck, Yvonne: *Versprechungen des Ästhetischen. Die Entstehung des modernen Bildungsprojektes*, Opladen 1998.

4 | Plessner, Helmut: Die verspätete Nation. Über die politische Verführbarkeit bürgerlichen Geistes, Stuttgart 1962. Siehe auch Lepenies, Wolf: Kultur und Politik: deutsche Geschichten, München 2006.

5 | Gesammelte Werke in 13 Bänden, Bd. 4, Seite 9 – 589.

6 | Humboldt, Wilhelm von: Ideen zu einem Versuch, die Grenzen der Wirksamkeit des Staates zu bestimmen, Stuttgart 1967.

7 | Schiller, Friedrich: Sämtliche Werke, Bd. 5, S. 570 – 669, München 1959.

8 | Bourdieu, Pierre; Passeron, Jean-Claude: *Die Illusion der Chancengleichheit*, Stuttgart 1971.

9 | Münchmeier, Richard (Hrsg.): *Bildung und Lebenskompetenz*, Opladen 2002.

10 | Fuchs, Max: *Kulturelle Bildung*, München 2008.

11 | Fuchs, Max: *Kultur macht Sinn*, Wiesbaden 2008.

12 | Vgl., Fuchs, M.: *Kunst als kulturelle Praxis*, München 2012.

13 | Fuchs, M.: *Mensch und Kultur*, Wiesbaden 1998.

14 | Nipperdey, Thomas: *Deutsche Geschichte*, 3 Bände, München 1998.

15 | Vgl. die Homepage unter http://www.bkj.de/ [15.1.2013].

16 | Dominique Rychen: „Definition und Auswahl von Schlüsselkompetenzen", in: Bundesvereinigung Kulturelle Kinder- und Jugendbildung (Hrsg.): *Der Kompetenznachweis Kultur*, Remscheid 2004, S. 17 – 22.

17 | Göschel, Albrecht: *Die Ungleichzeitigkeit in der Kultur*, Stuttgart 1991.

18 | Matarasso, Francois: *Use or Ornament. The Social Impact of Participation*, Stroud 1997.

19 | Die Liste findet sich auch in Fuchs, M.: *Kulturpolitik*, Wiesbaden 2007, S. 66 f.

20 | Bourdieu, Pierre: *Die feinen Unterschiede*, Frankfurt/M. 1987.

21 | Deutsche UNESCO-Kommission: *Kulturelle Bildung für alle*, Bonn 2008.

Warum sehen wir Unterschiede
deutlicher als Gemeinsamkeiten?

Ist „Integration" ein Schimpfwort?

Was muss passieren, damit die Mehrheit
den Begriff „deutsch" nicht mehr
über Abstammung, sondern über
den Lebensschwerpunkt definiert?

Während des Kongresses „Interkultur. Kunstpädagogik remixed" sammelten die Teilnehmenden entstehende Fragen auf einer Fragenwand.

Handlungsfelder 4:
Politische & gesellschaftliche Perspektive

Die Burka ist für das westliche Verständnis das ganz Andere, ganz Fremde. Und sie hat – als kulturelles Produkt – nichts mit den Heilsversprechungen einer globalen Bildsprache, wie sie im 3. Kapitel entwickelt wird, zu tun. Beate Schmuck fragt in ihrem Beitrag, was dieses Kleidungsstück mit der Trägerin aber auch mit der Umgebung macht. Dass die Burka im Westen eine wichtige symbolische Verdichtung des prognostizierten Islamismus darstellt und wie Islamfeindlichkeit mit Mitteln des Kunstunterrichts (Collagen, Graffitis, Plakate) bearbeitet werden kann, zeigen Sanem Kleff und Mark Medebach. Beiden Ansätzen, die das Fremde, das Nichtanzueignende, das Auszuschließende zum Gegenstand haben, stehen zwei Beispiele gegenüber, die mit dokumentarischen Mittel den Wandel der deutschen Gesellschaft zur multikulturellen Wohngemeinschaft (Gülseren Suzan, Jochen Menzel) oder die demografische Veränderung des eigenen Stadtteils begleiten (Theresia Aschemann, Beatrice Koca). Wieder stellt sich dabei die Frage, wer diese Dokumentationen mit welchen Interessen erstellt, wer die Macht über die Bilder hat (s. Kapitel 1), wer das historische Gedächtnis formuliert, wer die Erinnerung gestaltet.

Dabei ist es vor allem die unmittelbare körperliche Erfahrung (Beate Schmuck), die zeigt, wie schwer es sein kann, den Anspruch „Diversität und Vielfalt als Chance und Potenzial wahrzunehmen und zu gestalten" (Nürnberg-Paper, II.) einzulösen, wenn sie dermaßen „unter die Haut geht". Leichter erscheint es da, „Differenzen als Bildungsanlässe [zu] nutzen" (Nürnberg-Paper, III).

Transdifferente Schleier:
Blickwechsel – Wechselspiele

BEATE SCHMUCK

Es gibt Konfrontationen mit Schleiern, die den alltäglichen Lebensfluss unterbrechen, weil sie überraschen, befremden, Blickwechsel irritieren, Fremdheitsängste aktivieren, scheinbare kulturelle Sicherheiten und klare Polarisierungen in Frage stellen. Es sind oszillierende Kippmomente. An ihnen können über den Prozess der Irritation und das Erleben komplexer emotionaler Momente der Befremdung Reflexionen ansetzen. Solche Momente werden hier als transdifferente Momente betrachtet, die Zwischenräume zwischen Polarisierungen eröffnen.

Homi K. Bhabha, ein bedeutender Vertreter postkolonialer Theorien und ein Analyst hybrider kultureller Verortung[1] berichtet in einem Interview mit Harald Staun in der FAZ vom 31.1.2010 von einer solchen Schleierkonfrontation, die seine Orientierung in einem Kippmoment irritierte und einen transdifferenten Raum der Reflexionen eröffnete. Bhabha formuliert:

„Vor zwei Jahren war ich zu einem Vortrag in Manchester unterwegs, in einem Pendlerzug. Ich sollte damals über die Kopftuchdebatte sprechen, und durch einen jener Zufälle, die man immer nur glaubt, wenn sie in einem Roman passieren, sah ich irgendwann von meinem Manuskript auf, und vor mir saß eine Frau in Burka. Ich konnte nur ihre Augen sehen. Ich muss ihnen ehrlich sagen: Ich war schockiert. Ich sehe so was nicht so oft. Sie sah aus wie in einem venezianischen Maskenball. Man kann sowas nicht einfach ignorieren. An der nächsten Station stieg sie aus und ging an mir vorbei, und von hinten sah ich eine sehr tief sitzende Jeans – und ein Tattoo. Sie spielte ganz klar eine Rolle, lebte an einer bestimmten Grenze und versuchte das zu ihrem persönlichen Lebensstil zu machen, aber auch zu ihrem persönlichen Glauben. Sie war absolut ambivalent. Vorne sah sie aus, als käme sie vom Golf, von hinten, als käme sie von Soho, New York."

Diese Szene zeigt die Komplexität von Konfrontationen, die durch Schleier als vestimentäre Medien kultureller Andersheit ausgelöst werden können. Wie Barbara Wahlster argumentiert, liegt es „an der Beschaffenheit des Schleiers, daß er sich vorzüglich zur Differenzierung eignet. Weniger Kleidungsstück denn Schnittstelle, scheidet er Sphären, teilt sie auf, grenzt sie ab und schafft Räume mit je eigenen Sichtverhältnissen. Da bildet sich wie an einer Membran Gegensätzlichkeit heraus, eine derart attraktive Hyperpolarisation, daß der Stoff, unabhängig von seinen verschiedenartig ausgeprägten Anwendungen wahrgenommen wird als etwas Grundsätzliches und Trennendes zwischen Orient und Okzident."[2]

Am Körper der Frau eröffnet ihr Schleier ein verwirrendes Spiel für die Betrachterinnen und Betrachter. Schock, der Eindruck, den Schleier nicht ignorieren zu können, Neugier, Widersprüche, Überraschungen, Versuche Gegensätzlichkeit zu durchdringen, Deutungsversuche kommen auf. Als Membran von Gegensätzlichkeit und Hyperpolarisation löst der Schleier automatisch ein Gefühl der Fremdheit und der kulturellen Differenz aus. Bleibt er für die Betrachterinnen und Betrachter different, weisen Bhabhas zufällige Entdeckungen hinter bzw. unter dem Schleier auf Ambivalenzen dieser Grenzsetzungen im Auge der Betrachtenden. Denn Tattoos und tiefsitzende Jeans unter dem Schleier werden als Zeichen westlicher Körpertechniken gelesen. Aus dieser ambivalenten Kombination vestimentärer Zeichen schließt Bhabha auf hybrides Leben an den Grenzen kultureller Differenzen. Er sieht in der Schleier-Bricolage den Ausdruck persönlicher kultureller Stil- und Identitätsbildung, die Glaubensausübung und modische Partizipation an globalen Spielorten vereinigt.

BURKA-KONFRONTATIONEN (PROJEKT ZUR RUHR – 2010-KULTURHAUPTSTADT EUROPAS)

Im Gegensatz zu Bhabhas zufälliger Begegnung im Zug war das Kulturhauptstadt-Projekt Burka-Konfrontationen ein vorbereitetes soziales Experiment. Es setzte bewusst beim Phänomen von transdifferenten Schleierirritationen an und stellte sich in den Kontext politischer Diskussionen um Burka-Verbote in mehreren europäischen Ländern.[3] Burka-Konfrontationen griffen in urbane Alltagsperformances in Dortmund ein, betrafen Passanten beim Einkaufen in der Innenstadt, Menschen beim Besuchen des Weihnachtsmarktes, Verkäuferinnen und Verkäufer an Fleischtheken,

U-Bahn-Fahrende wie auch Besucherinnen und Besucher Dortmunder
Restaurants und Kneipen. Sind Mus-
liminnen mit Kopftüchern im alltäglichen Stadtbild ästhetisch integriert,
sind Frauen in Ganzkörperschleiern
nur sehr selten zu sehen. Sie sind damit Fremdkörper im gewohnten urbanen Umfeld. Studierende wollten
mit den Burka-Konfrontationen Reaktionen untersuchen und durch eigene Burka-Blicke Wahrnehmungsmöglichkeiten durch den Schleier
erkunden. Außerdem wollten sie am
eigenen Leibe erfahren, wie man sich
als Fremdkörper fühlt. Diese Versu-

Abb. 1: Transdifferente Burka-Kon-
frontation auf dem Dortmunder
Weihnachtsmarkt 2009.

che wurden in Gruppen durchgeführt, eine Person trug die Burka, zwei
Studierende führten teilnehmende Beobachtungen und Interviews durch.
Die Reaktionen waren ambivalent, deutlich von Ablehnung, Befremdung
und Angst geprägt. Die Unterdrückung muslimischer Frauen unter dem
Schleier wurde assoziiert und vehement angeklagt. Der Anblick der Burka erschien irritierend, nicht einordbar. Viele fühlten sich kommunikativ
beeinträchtigt, da Blickkontakte durch den Ganzkörperschleier nicht möglich sind. Es wurden Angriffe auf die Leitkultur formuliert.[4] Viele beriefen
sich darauf, dass so etwas in Deutschland als christlich geprägtem Land
nicht erwünscht sei. Abwehr wurde auch von muslimischen Passantinnen
und Pasanten formuliert. Besonders deutlich äußerte sich eine junge Kopf-
tuchträgerin, die die Präsenz der Burka-Trägerinnen in der Dortmunder
Innenstadt als Katastrophe bezeichnete. Sie betonte Differenzen zwischen
vestimentären Formen, die modisch assimilierten und muslimisch korrek-
ten und die nicht akzeptierten, vom Koran nicht geforderten Ganzkörper-
verschleierungen. Sie äußerte: „Ich meine, man kann sich ja schön und
modern auch verschleiern. Das muss jetzt aber nicht so aussehen. Also,
das ist eine Katastrophe für mich. Ich bete auch, ich bin auch Muslim […]
modern kann man sich ja auch kleiden […] Sie sehen ja. Ich hab mir auch
eine Hose angezogen. […] Ich bin auch verschleiert. Mich guckt keiner an.
Es steht im Koran, dass man sich verschleiern soll, aber nicht in dem Zu-

Abb. 2: Schüler der Max-Born Realschule führen an der TU-Dortmund
Burka-Versuche durch und interviewen Studierende.

stand. [...] So muss das nicht sein, wir leben in Deutschland, ich meine wir
müssen uns hier auch [...] anpassen [...]."

Zum Projekt gehörten auch Workshops mit Schülerinnen und Schülern, die mit 9. und 10. Klassen mehrerer Dortmunder Real-und Hauptschulen durchgeführt wurden. Eingeleitet durch die Konfrontation mit
Burka tragenden Lehrpersonen, wurden erwartete ästhetische Beklei-
dungs- und Ordnungsmuster gestört. Sie lösten transdifferente Irritationen aus und weckten das Interesse am Erkunden dieser Phänomene.
Schülerinnen und Schüler probierten Burkas an und untersuchten Veränderungen der Blick- und Kommunikationsmöglichkeiten. Außerdem
nahmen sie eigene Befremdungs- und Angstreaktionen auf, um selbst
Experimente mit Burkas im sozialen Raum ihrer Schule (Konfrontationen
auf dem Schulhof) oder auf dem Campus der TU Dortmund durchzufüh-
ren. So fuhren sie mit der Burka in der H-Bahn, gingen in die Bibliothek
oder in die Mensa zum Mittagessen. Bei diesen Experimenten interview-
ten sie Mitschülerinnen und –schüler, Studierende und Dozenten auf dem
TU-Campus. Erfahrungen und erhobene Daten aus Interviews wurden
ausgewertet und flossen in die Projektpräsentationen auf der A40 beim
Still-Leben Ruhrschnellweg am 18. Juli 2010 ein.

Insgesamt konnten durch die diversen Formen die Momente der Konfrontation, der Irritation, des Kippens von fixierten Zuschreibungen genutzt werden, um Informationen zu gewinnen und Kontexte zu reflektieren. So sind differenzierte transdifferente Wahrnehmungen von Schleierphänomenen gemacht worden.

ANMERKUNGEN

1 | Vgl. Bhabha, Homi K.: *Die Verortung der Kultur*, Tübingen 2000.

2 | Wahlster, Barbara: „Die Kamera und der Schleier", in: Gläser, Helga; Groß, Bernhard; Kappelhoff, Hermann (Hg.): *Blick Macht Gesicht*, Berlin: Vorwerk 8 2001, S. 248-282, hier: S. 260 f

3 | In Frankreich trat am 11. April 2011 ein Burkaverbot in Kraft, in Belgien im Juli 2011.

4 | Nowak, Jürgen: *Leitkultur und Parallelgesellschaft. Argumente wider einem deutschen Mythos*, Frankfurt/M. 2006.

WEITERE LITERATUR:

Daly, Catherine M.: „The Afghan Woman's ‚Chaadaree': An Evocative Religious Expression?", in: Arthur, Linda B.: Undressing Religion, Oxford/New York 2000, S. 131-145.

http://www.tu-dortmund.de/2010/de/Home/Forschungsprojekte/31__Burka1/index.html

http://www.fb16.tu-dortmund.de/textil/02_personal/burkakonfrontationen.html

http://www.fb16.tu-dortmund.de/textil/02_personal/schuelerworkshops/burka.html

[29.11.2012]

Bildnerisch-gestalterische Ansätze im Modellprojekt Islam & Ich – Jungsein im Land der Vielfalt

Sanem Kleff, Mark Medebach

Die Bundeskoordination des Netzwerks Schule ohne Rassismus – Schule mit Courage führt bis Dezember 2013 – im Rahmen des Bundesprogramms Initiative Demokratie Stärken des Bundesministeriums für Familie, Senioren, Frauen und Jugend – das dreijährige Modellprojekt Islam & Ich – Jungsein im Land der Vielfalt durch.[1]

HINTERGRUND DES MODELLPROJEKTES

In Deutschland leben rund vier Millionen Muslime, darunter hunderttausende schulpflichtige Kinder und Jugendliche. Der Islam ist damit faktisch Teil der hiesigen Lebensrealität. Noch nie war die Bevölkerung Deutschlands in ihrer ethnischen und religiösen Zusammensetzung so heterogen wie heute. Noch nie wurde so interkulturell geliebt, debattiert und auch gestritten. Vor diesem Hintergrund erhalten insbesondere folgende Fragen eine hohe öffentliche Aufmerksamkeit: Wie findet der Islam als Religion einen gleichrangigen Platz neben anderen Glaubensgemeinschaften? Wie hält es der Islam mit den individuellen

Abb. 1

Freiheitsrechten – insbesondere dem Recht auf sexuelle Selbstbestimmung? Welche Gefahren gehen von radikal-islamistischen Gruppen für
unsere Gesellschaft aus? Wie kann das Phänomen der Islamfeindlichkeit
thematisiert werden?

Im Rahmen des Modellprojektes geht das Netzwerk *Schule ohne Rassismus - Schule mit Courage* bei der Auseinandersetzung mit diesen Themen
neue Wege: Es bezieht Kinder und Jugendliche, die oft nur Objekte der
Analyse der Erwachsenen sind, sowohl bei der Problemanalyse als auch
bei der Entwicklung von Kommunikationsformen und Materialien für die
gesellschaftliche Auseinandersetzung aktiv ein.

Jungsein im Land der Vielfalt bedeutet heute auch, dass sich Kinder und
Jugendliche täglich darüber austauschen, was ihre gemeinsamen, für alle
verbindlichen Werte sein sollen. Dieser spannende, zukunftsweisende
Prozess der interkulturellen Verständigung unter Kindern und Jugendlichen findet aber weitgehend ohne die Öffentlichkeit statt, da es an geeigneten Plattformen fehlt, die die Ergebnisse dieses Prozesses an ein breiteres
Publikum herantragen könnten. Oft fehlt es auch an einer fachkundigen
pädagogischen Moderation, um Kinder und Jugendliche in dieser Auseinandersetzung zu begleiten.

ANSATZ DES MODELLPROJEKTES

Ziel des Modellprojektes *Islam und Ich – Jungsein im Land der Vielfalt* ist
es, durch die Konzeption und Implementierung innovativer kunstpädagogischer Methoden neue Ansätze für die schulische Arbeit zu entwickeln.
Diese sollen die Auseinandersetzung mit den komplexen Themenfeldern
Islam – Islamismus – Islamfeindlichkeit an den Schulen fördern und damit
die gesellschaftliche Akzeptanz der Muslime erhöhen und präventiv gegen
islamistische Ideologien wirken.

Die Bundeskoordination erstellt dazu neuartige Seminar- und Unterrichts-
konzepte mit kunst- und kulturpädagogischen Methoden für den Einsatz in
der Schule. Sie entwickelt Fortbildungsmodule für Lehrende, Schülerinnen
und Schüler und publiziert Handreichungen. Sie verbindet diese pädagogischen Formate mit den Themenfeldern Islam – Islamismus – Islamfeindlichkeit, um die Akteure des Netzwerks von *Schule ohne Rassismus - Schule
mit Courage* für die entsprechenden Problemfelder zu sensibilisieren.

Zudem soll die Kommunikations-
kompetenz von Jugendlichen in den
drei Themenfeldern befördert werden. Die interkulturelle Kompetenz
von Multiplikatoren des Netzwerkes
wird dabei gestärkt, damit sie der
Zielsetzung entsprechend in ihrer
pädagogischen Arbeit über ein erwei-
tertes Repertoire an Handlungsoptionen verfügen.

Schwerpunkt des Vorhabens ist
die Weiterentwicklung der Praxis Kultureller Bildung (Darstellendes Spiel,
Bildende Kunst/Visualisierung und

Abb. 2

Musikpädagogik) zu den drei Themenfeldern, auch wenn die Anpassung
an die Rahmenbedingungen der Bundesländer und Schularten sowie an
die heterogenen Gruppen eine große Herausforderung darstellt. Sinnvolle
Methoden und Konzepte müssen an die jeweilige Zielgruppe angepasst und
innovative Problemlösungsansätze möglichst vielen Lehrerinnen und Leh-
rern vermittelt werden. Dieses Teilziel wird flankierend durch den Informa-
tions- und Wissenstransfer innerhalb des bundesweiten Courage-Netzwer-
kes im Rahmen von ein- und mehrtägigen Qualifizierungsseminaren und
Informationsveranstaltungen zu Islamismus, Islam und Islamfeindlichkeit
befördert.

BILDNERISCH-GESTALTERISCHE METHODEN: ERFAHRUNGEN UND ZWISCHENERGEBNISSE

Im Rahmen des Projekts führt die Bundeskoordination bundesweit an
Schulen bildnerisch-gestalterische Workshops zu den drei Themenfeldern
durch. Bildnerische Gestaltung/Visualisierung wird dabei als eigenständige, ganzheitliche Kommunikationsform genutzt, um eine authentische
Perspektive der Schülerinnen und Schüler auf die Themenkomplexe zu
entwickeln und damit die Zugänge zu der offenen Auseinandersetzung zu
erleichtern. Zeichnungen und Fotografien offenbaren Deutungsmuster der
Jugendlichen, auch von religiös geprägten Werten und kulturellen Traditionen und ihre Vorstellungen von dem jeweils *Anderen*.

Die Workshops beinhalten Fragen zu Themen wie: gleiche Rechte zwischen den Geschlechtern, sexuelle Selbstbestimmung sowie interethnische, interreligiöse und freundschaftliche Beziehungsentwürfe. Die Diskussion über die Rolle von Symbolen für die visuelle Kommunikation erleichtert Jugendlichen den Zugang zu den Themen und eröffnet Möglichkeiten einer spielerischen Verbindung mit jugendspezifischen Aspekten. Das gemeinsame Gestalten von Plakatentwürfen und Collagen fördert dabei die multiperspektivische Aneignung der Themenfelder. Die unterschiedlichen lebensweltlichen Zugänge der Schülerinnen und Schüler spiegeln die Vielfalt der visuellen Perspektiven. Beispielsweise haben sie in den Workshops mit zeichnerischen und fotografischen Mitteln Motive entworfen und die geeignetsten Ergebnisse mit einer Illustratorin zu einem Endprodukt zusammengeführt. Die so entstandenen Bilder wurden als Plakate, Postkarten und andere Druckerzeugnisse publiziert. Die Rückmeldungen dazu sind durchweg positiv. Die Materialien kamen bundesweit in Schulen zum Einsatz, wurden in den Unterricht eingebaut und initiierten Debatten an den Schulen, zum Beispiel über religiöse Vielfalt.

Einige Erfahrungen scheinen hier von Interesse: Jungen nehmen eher die Angebote von Graffiti-Workshops in Anspruch. Das Geschlechterverhältnis der Teilnehmenden im Rahmen der Maßnahmen im Bereich Visualisierung ist aber in der Regel ausgewogen. Und es gibt bundesweit nur wenige Kunstpädagoginnen und Kunstpädagogen, die über eine angemessene Qualifikation für die inhaltliche Auseinandersetzung mit den genannten Themenfeldern verfügen. Oft stößt die Praxis vor Ort an die Grenzen fachbereichsübergreifender Zusammenarbeit und Kooperation mit außerschulischen Partnern.

Die bisherigen Erfahrungen bestätigen dennoch, dass die bildnerische Gestaltung eine besonders geeignete Kommunikationsform darstellt, um die Schülerinnen und Schüler besonders auf der emotionalen Ebene anzusprechen und ihre Perspektive auf den Themenkomplex Islam – Islamismus – Islamfeindlichkeit authentisch zum Ausdruck zu bringen. Sie werden so zu aktiven Mitwirkenden an einem wichtigen gesellschaftlichen Diskussionsprozess.

ANMERKUNG

1 | Weitere Informationen unter: http://www.schule-ohne-rassismus.org [11.1.2013].

Vom Filme-Machen in der Wohngemeinschaft Deutschland

Dokumentationen und Features aus dem Inneren der multikulturellen Gesellschaft

GÜLSEREN SUZAN, JOCHEN MENZEL

Fast 20 Jahre ist es her, dass wir als deutsch-türkisches Team[1] begonnen haben, unsere Erfahrungen und Bilder aus dem multikulturellen deutschen Alltag zu Filmen zu verarbeiten. Dabei interessierten uns besonders – aber nicht nur – die Geschichten, die uns türkische Einwandererinnen und Einwanderer erzählten. In den vielen Jahren begegneten wir Menschen, die uns an ihren Sorgen und Hoffnungen teilhaben ließen. *Gastarbeiterinnen und Gastarbeiter* der ersten Stunde erinnerten sich mit uns an ihren Aufbruch nach Deutschland, erzählten von erlittenen Enttäuschungen und ihrem Stolz auf das Erreichte. Und wir erlebten das zornige Aufbegehren der zweiten und dritten Einwanderergeneration, die anerkannt werden wollte mit ihren eigenen Lebensentwürfen; die sich frei machen wollte von dem Klischeebild des *bäuerlichen Gastarbeiters*, das nicht nur ihren Eltern angeheftet wurde. Die aus vertrauter Nähe entstandenen filmischen Miniaturen, Features und Dokumentationen sind bunt und vielfältig. Sie registrieren die bemerkenswerte Verwandlung der deutschen Nachkriegsgesellschaft zur *Wohngemeinschaft Deutschland*, in der Menschen aus aller Welt Platz genommen haben mit ihren Kulturen, Sprachen und Religionen.

DAS BILD VOM FREMDEN – PROJEKTERFAHRUNGEN

Wenn wir heute zurückblicken, so fällt uns auf, dass das Bild vom *Fremden*, den Einwanderern, den *Gastarbeitern* nie Schritt gehalten hat mit der realen Entwicklung. Es konnte auch nicht anders sein, solange als Paradigma galt, dass Deutschland kein Einwanderungsland ist. Mit unserem ersten Film *Als die Gäste blieben... Heimatgeschichten* (1994) porträtierten wir die türkische Gemeinde in der oberfränkischen, katholischen Kleinstadt Forchheim. Als

Abb. 1

Reaktionen erlebten wir viel Sympathie, aber noch mehr Überraschung und
Staunen: über die unbekannten Bilder von der Moschee, damals ein schäbi-
ges Hinterhaus neben einem Ballettstudio, das muslimische Gräberfeld auf
dem Friedhof oder das Opferfest, an dem türkische Muslime im Nachbar-
dorf bei einem Schäfer Bocklämmer schlachteten. Ja, und es gab schon erste
türkische Opas und Omas mit Enkelkindern auf dem Schoss. Im Grunde
präsentierten wir Alltägliches, es lag nur außerhalb der Wahrnehmung.
Im Kopf dominierte das Bild vom *Gastarbeiter*, der ja zurückkehren wollte.
Als wir dann 1996 mit dem Film *Heimaten - Deutsche Türken* erfolgreiche
Jugendliche aus Nürnberg vorstellten (einer war Pressesprecher des 1. FCN,
eine andere, Yurdagül, machte ihr Abitur, die Kopftuch tragende Hülya woll-
te Medizin studieren – und sie forderten Anerkennung und Respekt für ihre
Kultur), war man wieder überrascht. Diesmal kam ein Unbehagen dazu: An-
gesichts der selbstbewussten Töne und der Wiederentdeckung der eigenen
Wurzeln, einer ersten türkischen Disko etc. beschwor man die Gefahr von
Parallelgesellschaften oder sprach sogar von Ghettos. Mit *Salon Katja - über
Ehre, Moral und andere Kleinigkeiten* (1996) eröffneten wir schließlich eine
ganz unbekannte Dimension der interkulturellen Begegnung: deutsche,
italienische griechische und türkische Frauen plauderten in Katjas Frisier-
salon vor der Kamera ausführlich über die Beziehungen zwischen den
Geschlechtern, das Heiraten und den Begriff *Ehre*. Die Starken Mädchen

(2000) eine bunte Hiphop Gruppe, deren Eltern aus Amerika, Bosnien, der Türkei, Italien oder Polen stammten, erzählten uns später freimütig, wie sie über Freundschaft, Sex vor der Ehe, ihre Karriere u.ä. dachten. Allesamt neue Horizonte einer weitgehend unbekannten Frauenkultur.

Als dann später heftig um die *deutsche Leitkultur* gestritten wurde, arbeiteten wir gerade an dem Film *Gleich und Anders – zwei Nürnberger Kinder* (2000). Der 10-jährige Atilla (türkischstämmig) und die gleichaltrige Vanessa (spanischer Abstammung) zeigten uns damals ihren komplizierten türkisch-deutschen bzw. spanisch-deutschen Alltag. Der Gedanke einer *deutschen Leitkultur* hatte mit ihrer Lebenswelt, die eher von zwei Kulturen geprägt war, absolut nichts zu tun. Dass seit einigen Jahren Kinder unter uns aufwachsen, die *gleich und anders* sind, auch das war damals für viele neu. Für Überraschungen sorgten ebenso unsere anderen Filme: etwa von den Särgen verstorbener Muslime, die in die Türkei geflogen wurden, weil die kommunalen Friedhofsordnungen den islamischen Bestattungsritus nicht zuließen bzw. Deutschland noch nicht zur *Heimaterde* geworden war. Und als wir im Jahr 2003 für das bayerische Sozialministerium die Multimedia-DVD zum Thema *Kultursensible Altenpflege* produzierten, auf der wir u.a. das erste multikulturelle Altersheim mit einem eigenen, kleinen muslimischen Gebetsraum, zwei getrennten Küchen, Mehrsprachigkeit etc. vorstellten, war das Staunen vorprogrammiert. Man begann zu ahnen, dass die *Gäste* wohl bleiben würden, und dass Deutschland irgendwie zum

Abb. 2

Abb. 3

Einwanderungsland geworden war. Amüsierte Heiterkeit, insbesondere in der türkischen Community, kam auf, als wir unsere filmische Blickrichtung einmal umkehrten und diesmal den Deutschen in Alanya/Türkei (2004) die Integrationsfrage stellten.

Nach vielen Filmen, die bis heute folgten, so z.B. über die letzte bäuerliche Generation eines oberfränkischen Dorfes (Menschenbilder, 2007) oder über die Poesie des türkischen Volksbarden Aşık Veysel in Anatolia Blues (2011) wächst in uns die Überzeugung: Die Sorgen und Sehnsüchte der Menschen sind universell, sie teilen mehr, als sie oft wissen. Das Trennende, wie nationale Herkunft, Religion oder Ethnie, bleibt dann zweitrangig, es sei denn, es wird demagogisch zu Leitkulturdebatten in den Vordergrund geholt.

REICHWEITE DES PROJEKTS UND WIRKUNGEN

Wie zu Beginn vor 20 Jahre steht noch heute vor jedem neuen Filmprojekt der Wunsch, die facettenreiche Wandlung unserer Gesellschaft zur *multikulturellen Wohngemeinschaft* zu dokumentieren, ihre Spuren festzuhalten und mitzuteilen. Dass mit den Jahren das Interesse sowohl der öffentlich-rechtlichen TV-Sender als auch der Schulen, Universitäten, Medienzentren, Verlage etc. wuchs, machte die Finanzierung neuer Projekte leichter. So sind zahlreiche Filme als Auftragsarbeiten für das deutsche Fernsehen, für das Goethe-Institut oder die Bundeszentrale für Politische Bildung entstanden, die meist auch als Unterrichtsmedien den Weg in die Schulen und Universitäten, in die Bibliotheken und Medienzentralen gefunden haben. Viele unserer Dokumentationen sind weltweit in fast allen Videotheken der Goethe-Institute präsent und tragen damit zum Bild, mit dem sich Deutschland in der Welt präsentiert, bei.

Unsere aktuellste Arbeit, der Film *15 Jahre später*, in dem türkische Einwanderer der zweiten Generation auf ihre Jugendjahre, die Stadt Nürnberg und die Zeit, die sie prägte, zurückblicken, wurde zu einem vielgefragten Dokument der Einwanderungsgeschichte. Denn auf plausible und versöhnliche Weise erklären uns die Protagonisten des Filmes, dass für sie Heimat v.a. aus den Orten ihrer Kindheit und Jugend besteht und dass es dazu keine nationale Koordinaten (z.B. deutsch sein, deutsche Leitkultur etc.) braucht. Schließlich haben wir mit unserer Multimedia-DVD zur kultursensiblen Altenpflege Standards für die Ausbildung in der Altenhilfe gesetzt, die sich nun mit Hilfe unserer Lehrmaterialien und Filme multikulturell auszurichten beginnt. Wiederholte TV Sendungen, Diskussionsveranstaltungen, zu denen wir auch als Referenten geladen werden, Teilnahme an Festivals im In – und Ausland sowie Workshops zum Film-Making an Universitäten eröffneten uns in den vergangenen Jahren eine große Zuschauerzahl.

RESÜMEE – GRÖSSTENTEILS OPTIMISTISCH

Mit unserer Filmarbeit haben wir die Geburtswehen der deutschen Gesellschaft zu einem neuen Selbstverständnis als multikulturelles Einwanderungsland begleitet. Es blieb nicht aus, in dieser Zeit auch die Rückschläge zu registrieren, die den Wandel gefährden, wie uns die zustimmende und breite Resonanz auf die herabsetzenden Thesen eines Thilo Sarrazin vor zwei Jahre zeigte. Dagegen aber stehen Erfahrungen, die uns trösten und zuversichtlich machen: Mit unseren Filmen begegneten wir einer wachsenden Zahl von Menschen, die sich öffneten und Neues erfahren wollten. Darüber hinaus registrieren wir als bleibende Veränderung, dass sich die Buntheit und Vielfalt in den Stadträten und Parlamenten, in Behörden und Ämtern, bei der Polizei, in den Fernseh-Redaktionen und den TV-Programmen abzubilden beginnt. Wir denken also, die Voraussetzungen für ein kosmopolitisches, multikulturelles Deutschland sind gewachsen, in dem die Diversität zu einer breit akzeptierten Normalität werden kann. Mit unseren Filmen nehmen wir am gesellschaftlichen Wandel teil, indem wir ihn dokumentieren und zugleich mitgestalten, wofür wir im Jahre 2011 mit dem interkulturellen Preis durch den Integrationsrat und den Bürgermeister der Stadt Nürnberg auszeichnet wurden.

ANMERKUNG

1 | Transfers-film TV-Produktionen und Bildungsmedia, weitere Informationen unter http://www.transfers-film.de/ [11.1.2013].

da sein. Daheim in Nürnberg

Ein Fotoprojekt mit Schülerinnen und Schülern der
Hauptschule Scharrerstraße

THERESIA ASCHEMANN, BEATRICE KOCA

Im Rahmen des von der Stadt Nürnberg initiierten Projektes *da sein.*
Nürnbergs Wandel durch Migration, das die Auswirkungen der Zuwanderung auf die Stadt Nürnberg seit 1945 in den verschiedensten Bereichen
zu dokumentieren versucht, erschien es von Interesse, den Blickwinkel
der 3. Generation von Menschen mit Migrationshintergrund einzufangen.
Deshalb wurden Schülerinnen und Schüler der Klasse 8c der Hauptschule
Scharrerstraße an das Thema *daheim sein* in Nürnberg mit verschiedenen
Methoden herangeführt. Fragestellungen waren unter anderem, wo und
wie sie sich mit ihrer Stadt identifizieren und was sie als daheim-Sein im
öffentlichen, aber auch im privaten Bereich empfinden.

Abb. 1

Die Projektträger waren das Inter-Kultur-Büro und der Kulturladen Zelt-
nerschloss (beide Amt für Kultur und Freizeit der Stadt Nürnberg) in
Kooperation mit der Hauptschule Scharrerstraße und den Fotokünstlern
Gerd und Svitlana Dollhopf. Außerdem unterstützte das städtische Schul-
verwaltungsamt das Projekt, das nicht nur in schulischen, sondern auch in
Räumen verschiedener kultureller Einrichtung stattfand. Das Projekt wurde von den beteiligten Lehrkräften, je einer Religionspädagogin, Schulso-
zialpädagogin und Theaterpädagogin sowie von zwei Fotokünstlern während einer Woche durchgeführt und der Öffentlichkeit im Rahmen einer
Ausstellungseröffnung präsentiert.

Von den 21 Jugendlichen im Alter von 14 bis 16 Jahren wies der überwiegende Teil einen Migrationshintergrund auf, der geringere Teil hatte
deutsche Wurzeln. Der Projektverlauf, in den alle Beteiligten eingebunden
wurden, sah vor, dass sich die Jugendlichen in einem ersten Schritt mit
Mitteln der Texterstellung, theaterpädagogischen Elementen und der Foto-
grafie der Thematik des daheim-Seins nähern sollten. Im zweiten Schritt
bekamen sie Fotokameras, um für sie bedeutsame öffentliche und private
Orte in Nürnberg zu fotografieren. Im dritten Schritt erlernten sie digitale
Fotobearbeitungstechniken, um schließlich die gerahmten Fotos mit einer
Präsentation ihrer Gedichte und musikalischen Elementen für die Ausstel-
lung aufzubereiten.

Abb. 2

Die Schülerinnen und Schüler machten im Laufe der Woche einige neue Erfahrungen, indem sich die Schulkameraden durch die Perspektiven der je individuellen fotografischen Blickwinkel in veränderter Weise kennenlernten. Die Beteiligten erfuhren Anerkennung und waren stolz auf ihre Ergebnisse, wodurch auch die gegenseitige Toleranz in der Klasse erheblich gestärkt wurde. Auch entdeckten die Schülerinnen und Schüler bisher unbekannte Fähigkeiten in bildnerischen Bereichen. Es konnte beobachtet werden, dass sich auch zu dem zunächst abstrakten Thema des Daheimseins kreative Zugänge herstellen lassen. So machten die Schülerinnen und Schüler verschiedene Lebenswelten oder -bezüge (z.b.: Moschee, Elternhaus, Konsulat) fotografisch sichtbar und teilten ihre Bedeutungen den anderen Klassenkameraden mit. Hierbei wurden Heimatgefühle mit Gerüchen, Personen, der Familie, Symbolen und unerwarteten Orten bis hin zu einem Hot Dog verknüpft. Diese mannigfaltigen Bezüge machen deutlich, dass Schülerinnen und Schülern mit migrantischen Wurzeln das Daheimsein sowohl mit dem Herkunftsland der Eltern und/oder Großeltern als auch mit den gegenwärtigen, lokalen Kontexten ihrer Stadt verknüpften. Hier bestanden Unterschiede zu den Jugendlichen mit einheimischen Wurzeln, aber es gab auch viele Gemeinsamkeiten, die die Projektteilnehmerinnen und -teilnehmer verbanden.

Zu den besonderen Eindrücken, die die Durchführung von *da sein. daheim in Nürnberg* hinterlassen haben, zählt, dass sich auch leistungsschwächere Jungen und Mädchen konzentriert und begeistert engagierten und beachtliche Fähigkeiten zeigten. Ihr Potenzial wird durch künstlerische Zugänge erst ausgelotet und sichtbar. Diese Förderung und die wertvolle gegenseitig entstandene Toleranz beim Einblick in die verschiedenen Lebensbezüge wurden im Projekt auch dadurch erreicht, dass ein temporärer *Schutzraum* eingerichtet wurde, in dem die Teilnehmerinnen und Teilnehmer frei von (Be)wertungs- und Leistungsdruck Chancengleichheit erfahren haben und ihre Emotionen und Einstellungen zum Ausdruck bringen konnten.

Autorinnen und Autoren

Theresia Aschemann (*1961), Dipl. Rel.päd, Religionslehrerin i.k. an der Scharrer-Mittelschule/Nürnberg mit schulpastoraler Beauftragung (durch die Erzdiözese Bamberg), Schwerpunkte: Projektarbeit, Peer-Mediation, Kooperation mit außerschulischen Einrichtungen.

Ilona Bacher-Göttfried, Mitarbeiterin am Museumspädagogischen Zentrum München. Ansprechpartnerin für Kitas und Elternarbeit. Schwerpunkte: Kitas, Elternarbeit, Migration und Inklusion.

Helga Balletta, Fachlehrerin für Ernährung und Haushalt, Sabel-Realschule Nürnberg, 1. Vorsitzende interkultureller Garten Fürth.

Franz Billmayer (*1954) hat Bildhauerei und Kunstpädagogik an der Kunstakademie München studiert, ist Universitätsprofessor für Bildnerische Erziehung an der Universität Mozarteum in Salzburg und leitender Redakteur des Fachblatts des BÖKWE. Er betreibt www.bilderlernen.at

Thomas Brehm, Dr. phil., Leiter des Kunst- und Kulturpädagogischen Zentrums der Museen in Nürnberg (KPZ). Schwerpunkte: außerschulische Bildung, Ausstellungsberatung, Interkultur.

Alfred Czech, Dr. phil., Mitarbeiter am Museumspädagogischen Zentrum München. Schwerpunkte: Museumspädagogik und Vermittlungsmethodik, fächerübergreifende und bildwissenschaftliche Fragestellungen.

Birgit Dorner, Dr. phil., Professorin für Kunstpädagogik an der Katholischen Stiftungsfachhochschule München, Schwerpunkte: Neue Ästhetik in sozialen Kontexten, Gender und Diversity in der Kunstpädagogik, Kulturelle Bildung, Internationale und transkulturelle Kunstpädagogik.

Samuel Drempetic, Dipl. Volkswirt, Dipl. Pädagoge, Leiter des Centrums für Globales Lernen, ein Projekt der Akademie CPH und der Jesuitenmission sowie im Vorstand von Oikocredit Förderkreis Bayern e.V.; Schwerpunkte: Globales Lernen, Exposure-Reisen, Alternative Wirtschaftsmodelle, Wachstum-Wohlstand-Lebensqualität-Debatte.

Johanna Gundula Eder, M.A., Künstlerin, Kunstwissenschaftlerin und wissenschaftliche Mitarbeiterin am Institut für Kunstpädagogik der LMU München. Schwerpunkte: kunstwissenschaftliche und kunstpädagogische Grundlagen, Kreativität und Kreativitätsförderung im Kontext transmedialer Kunst, Artistic Research, interdisziplinäre Vernetzung.

Max Fuchs (*1948), Studium der Mathematik und Wirtschaftswissenschaften (Dipl.-Math.) sowie der Erziehungswissenschaften und Soziologie (MA, Dr. phil.), Direktor der Akademie Remscheid; Präsident des Deutschen Kulturrates von 2001 bis 2013; Ehrenvorsitzender der Bundesvereinigung Kulturelle Kinder- und Jugendbildung, Vorsitzender des Instituts für Bildung und Kultur. Lehrt Kulturarbeit an den Universitäten Duisburg-Essen und Basel.

Suzan Gülseren, Filmemacherin/Transfers-Film, Fürth: TV-Produktionen und Bildungsmedien, Dokumentationen und Features aus der multikulturellen Gesellschaft. Interkulturelle Mediatorin und allgemein vereidigte Dolmetscherin für die türkische Sprache.

Fatma Herrmann, Dr. phil., Erziehungswissenschaftlerin und Kulturpädagogin, Postdoktorandin an der Helmut Schmidt-Universität Hamburg, Kunstdozentin an der Fachakademie für Sozialpädagogik Hof.

Laila Hermann, Soziologin (B.A.) und interkulturelle Trainerin (freiberuflich). Schwerpunkte: Anti-Rassismus Arbeit, Interkultur, Empowerment, sozialpsychologische und teilweise pädagogische Betreuung von Schwarzen Jugendlichen.

Bernd Hübinger, Dr. phil., Leiter der Fachabteilung der Bundeszentrale für politische Bildung.

Doris Hutter (*1957 in Siebenbürgen, Rumänien), Dipl.-Mathem. Univ., Geschäftsleiterin des Hauses der Heimat e.v. Nürnberg.

Doris Kabutke, OStRin, Kunsterzieherin am Pirckheimer-Gymnasium in Nürnberg, Schwerpunkte: Design, Raumgestaltung, Keramik.

Navid Kermani (*1967 in Siegen), Dr. phil. habil., lebt als freier Schriftsteller in Köln. Er ist habilitierter Orientalist, Mitglied der Deutschen Akademie für Sprache und Dichtung sowie der Hamburger Akademie der Wissenschaften. Für sein akademisches und literarisches Werk ist er vielfach ausgezeichnet worden, unter anderem mit der Buber-Rosenzweig-Medaille, dem Hannah-Arendt-Preis und dem Kleist-Preis.

Susanne Keuchel, Prof. Dr. phil., Gf. Direktorin des Zentrum für Kulturforschung und Honorarprofessorin am Institut für Kulturpolitik der Universität Hildesheim, Schwerpunkte: Empirische Kulturforschung, Kulturelle Bildung, InterKultur, Musik, Neue Medien, Kulturpolitik.

Sanem Kleff, Vorsitzende von Aktion Courage e. V. und Leiterin der Bundeskoordination des Projekts Schule ohne Rassismus – Schule mit Courage. Schwerpunkte: Interkulturelle Pädagogik, Kunstpädagogik, Ideologien der Ungleichwertigkeit, Deutsch als Zweitsprache.

Antje Klinge, Prof. Dr., Lehrstuhl für Sportpädagogik und Sportdidaktik an der Fakultät für Sportwissenschaft der Ruhr-Universität Bochum. Schwerpunkte: Tanzpädagogik, kulturelle Bildung, Lehrerbildung.

Beatrice Koca, Diplom Sozialpädagogin, Mitarbeiterin der Stadt Nürnberg – Amt für Kultur und Freizeit/Inter-Kultur-Büro.

Tobias Loemke (*1974), Wissenschaftlicher Mitarbeiter am Lehrstuhl für Kunstpädagogik (Friedrich-Alexander-Universität Erlangen-Nürnberg), Schwerpunkte: Künstlerische Prozesse, Trainings, Outsider Art, Internationale künstlerische Projekte.

Oliver Lieb, medienpädagogischer Referent im Medienzentrum PARABOL Nürnberg, Schwerpunkte: Aktive Videoarbeit mit Kindern und Jugendlichen, Multiplikatorenseminare, Koordination von Multimediaprojekten und Organisation des jährlichen Mittelfränkischen Jugendfilmfestivals.

Dieter Linck, Lehrer an einem Nürnberger Gymnasium für Deutsch, Geschichte, Sozialkunde und Theater. Dozent an der Uni Erlangen im Studiengang Darstellendes Spiel und Mitherausgeber von drei (schul-)theaterpädagogischen Zeitschriften. Vorsitzender des Bundesverbandes Theater in Schulen (BVTS). Leiter des Fachbereichs Fort-und Weiterbildung an der Akademie für Schultheater und Theaterpädagogik in Nürnberg sowie Leitung der Qualifizierungslehrgänge zum Theaterlehrer an der Akademie für Lehrerfortbildung in Dillingen. Darüber hinaus u.a. Regisseur des Freien Theaters theater zwo sieben und künstlerischer Leiter des Internationalen Jugendtheaterfestivals licht.blicke. Unfassbar für seine Freunde verstarb er vollkommen überraschend während der Drucklegung dieses Buchs.

Barbara Lutz-Sterzenbach, Kunstpädagogin; Promovierende und Lehrbeauftragte an der Akademie der Bildenden Künste München sowie Vorsitzende des Fachverbandes für Kunstpädagogik in Bayern, BDK. e.V.; diverse fachwissenschaftliche Publikationen.

Jessica Mack-Andrick (*1974), Dr. phil., Studium der Kunstgeschichte, stellvertretende Leiterin des Kunst- und Kulturpädagogischen Zentrums der Museen in Nürnberg (KPZ) und Leiterin der Abteilung Erwachsene und Familien; Schwerpunkte: zielgruppenorientierte Projektarbeit, Programmentwicklung, Wirkungsforschung.

Paul Mecheril, Dr. hat eine Professur für Interkulturelle Bildung an der Carl von Ossietzky Universität Oldenburg inne. Er ist Leiter des Center for Migration, Education and Cultural Studies. Lehr- und Forschungsschwerpunkte: Migration und Bildung, Differenz und Erziehungswissenschaft, Pädagogische Professionalität, Rassismusforschung, Cultural Studies.

Mark Medebach, Referent in der Bundeskoordination des Projekts Schule ohne Rassismus – Schule mit Courage. Schwerpunkte: gruppenbezogene

Menschenfeindlichkeit, Demokratieerziehung, Menschenrechtsbildung, zivilgesellschaftliches Engagement.

Jochen Menzel, Dipl. Pol., Filmemacher und Produzent/Transfers-Film, Fürth: TV-Produktionen und Bildungsmedien, Dokumentationen und Features aus der multikulturellen Gesellschaft, diverse Publikationen: u.a. Forschungsberichte zur Remigration; erste muslimische Gemeinden in Oberfranken, Deutsche an der türkische Riviera u.v.m.

Arnd-Michael Nohl (*1968), Dr. phil., Dr. phil. habil., Professor für Erziehungswissenschaft, insbesondere systematische Pädagogik, an der Helmut Schmidt Universität Hamburg, Schwerpunkte: Allgemeine und interkulturelle Erziehungswissenschaft, Milieu- und Organisationsforschung.

Ernst Rebel (*1949), Prof. Dr. phil., em. Professor für Kunstgeschichte und ihre Didaktik am Lehrstuhl für Kunstpädagogik der LMU München, Schwerpunkte: Kunst Albrecht Dürers, Geschichte der Druckgrafik, Kunst und Kunstpädagogik um 1900.

Beate Schmuck, Dr. phil., Wissenschaftliche Mitarbeiterin am Institut für Kunst und Materielle Kultur / Seminar für Kulturanthropologie des Textilen, TU-Dortmund. Schwerpunkte: Didaktik der Kulturanthropologie, kulturwissenschaftliche Modeforschung, Transdifferenzforschung.

Ansgar Schnurr (*1977), Dr. phil., Akademischer Rat für Kunstdidaktik an der Technischen Universität Dortmund. Schwerpunkte: transkulturelle Kunstpädagogik, Studien zur ästhetischen Sozialisation, Theorie ästhetischer Bildungsprozesse.

Martin Schulz, PD Dr. phil., derzeit Vertretung am Institut für Kunstgeschichte des KIT Karlsruhe, Schwerpunkte: Moderne und zeitgenössische Kunst, Bildwissenschaft, Medientheorie, Global Art Studies.

Anja Sparberg, MA (Theaterwissenschaft, FU-Berlin), MA (Theaterpädagogik, UdK-Berlin), seit 2000 Leiterin der Theaterpädagogik am Staatstheater Nürnberg, davor Regieassistentin und Dramaturgin an verschiedenen Theatern in Deutschland.

Ernst Wagner, Dr. phil., Mitarbeiter am UNESCO-Lehrstuhl für Kulturelle Bildung (Uni Erlangen-Nürnberg) und Staatsinstitut für Schulqualität und Bildungsforschung München, Schwerpunkte: Kompetenzorientierung, Monitoring, Interkultur, Internationale Kooperationen.

Barbara Welzel, Univ.-Prof. Dr. phil., Lehrstuhl für Kunstgeschichte und Prorektorin Diversitätsmanagement an der Technischen Universität Dortmund, Mitglied im Vorstand des Verbandes Deutscher Kunsthistoriker. Veröffentlichungen zur deutschen und niederländischen Kunstgeschichte des 15. bis 17. Jahrhunderts und zu sammlungsgeschichtlichen Fragen, zur Hofkultur, zur spätmittelalterlichen Stadtkultur sowie zum kulturellen Gedächtnis. Modellprojekte und Publikationen zu Kunstgeschichte und Bildung.

Rolf Witte, Bildungsreferent bei der Bundesvereinigung Kulturelle Kinder- und Jugendbildung (BKJ) e.V. in Remscheid, Leiter des Bereichs Kulturelle Bildung International mit den Schwerpunkten internationaler Jugendkultur- und Fachkräfteaustausch sowie internationale Vernetzung.

Raimund Vogels, Dr. Prof., Musikethnologe, Hochschule für Musik, Theater und Medien Hannover und Direktor am Center for World Music, Universität Hildesheim, Forschungsschwerpunkte: Westafrika, Erhalt und Aufbau von Musikarchiven in internationaler Kooperation, Interkulturelle Ausbildungsprogramme.

Jutta Zaremba, Dr. phil., Mitarbeiterin am Institut für Ästhetisch-Kulturelle Bildung im Fach Kunst & Visuelle Medien an der Universität Flensburg, Schwerpunkte: Inszenierungen von Jugend- und Fankulturen, Games & Art, Games & Gender, Museumskommunikation.

Pädagogik

CHRISTINE BAUR
Schule, Stadtteil, Bildungschancen
Wie ethnische und soziale Segregation
Schüler/-innen mit Migrationshintergrund
benachteiligt

2012, 244 Seiten, kart., zahlr. Abb., 31,80 €,
ISBN 978-3-8376-2237-9

MARKUS DEDERICH, MARTIN W. SCHNELL (HG.)
**Anerkennung und Gerechtigkeit in
Heilpädagogik, Pflegewissenschaft und Medizin**
Auf dem Weg zu einer nichtexklusiven Ethik

2011, 264 Seiten, kart., 25,80 €,
ISBN 978-3-8376-1549-4

GHODSI HEJAZI
Pluralismus und Zivilgesellschaft
Interkulturelle Pädagogik in modernen
Einwanderungsgesellschaften.
Kanada – Frankreich – Deutschland

2009, 376 Seiten, kart., 29,80 €,
ISBN 978-3-8376-1198-4

Pädagogik

BARBARA KEDDI
Wie wir dieselben bleiben
Doing continuity als biopsychosoziale Praxis

2011, 318 Seiten, kart., 32,80 €,
ISBN 978-3-8376-1736-8

ANTJE LANGER
Disziplinieren und entspannen
Körper in der Schule – eine diskursanalytische
Ethnographie

2008, 310 Seiten, kart., 29,80 €,
ISBN 978-3-89942-932-9

CHRISTIANE THOMPSON, GABRIELE WEISS (HG.)
Bildende Widerstände – widerständige Bildung
Blickwechsel zwischen Pädagogik
und Philosophie

2008, 228 Seiten, kart., 26,80 €,
ISBN 978-3-89942-859-9

Leseproben, weitere Informationen und Bestellmöglichkeiten
finden Sie unter www.transcript-verlag.de

Pädagogik

THORSTEN FUCHS
Bildung und Biographie
Eine Reformulierung
der bildungstheoretisch
orientierten Biographieforschung
2011, 444 Seiten, kart., 35,80 €,
ISBN 978-3-8376-1791-7

WILTRUD GIESEKE, STEFFI ROBAK,
MING-LIEH WU (HG.)
**Transkulturelle Perspektiven
auf Kulturen des Lernens**
2009, 266 Seiten, kart., zahlr. Abb., 25,80 €,
ISBN 978-3-8376-1056-7

BRITTA HOFFARTH
**Performativität als medien-
pädagogische Perspektive**
Wiederholung und Verschiebung
von Macht und Widerstand
2009, 270 Seiten, kart., 25,80 €,
ISBN 978-3-8376-1095-6

KERSTIN JERGUS
Liebe ist ...
Artikulationen der Unbestimmtheit
im Sprechen über Liebe.
Eine Diskursanalyse
2011, 276 Seiten, kart., 30,80 €,
ISBN 978-3-8376-1883-9

ULLA KLINGOVSKY
Schöne Neue Lernkultur
Transformationen der Macht
in der Weiterbildung.
Eine gouvernementalitäts-
theoretische Analyse
2009, 234 Seiten, kart.,
zahlr. z.T. farb. Abb., 25,80 €,
ISBN 978-3-8376-1162-5

DOMINIK KRINNINGER
**Freundschaft, Intersubjektivität
und Erfahrung**
Empirische und begriffliche
Untersuchungen zu einer sozialen
Theorie der Bildung
2009, 278 Seiten, kart., 30,80 €,
ISBN 978-3-8376-1287-5

TOBIAS KÜNKLER
Lernen in Beziehung
Zum Verhältnis von Subjektivität
und Relationalität in Lernprozessen
2011, 612 Seiten, kart., 39,80 €,
ISBN 978-3-8376-1807-5

CLAUDIA LEMKE
**Ethnographie nach
der »Krise der Repräsentation«**
Versuche in Anlehnung an
Paul Rabinow und Bruno Latour.
Skizzen einer Pädagogischen
Anthropologie des Zeitgenössischen
2011, 300 Seiten, kart., 32,80 €,
ISBN 978-3-8376-1727-6

ELISABETH SATTLER
Die riskierte Souveränität
Erziehungswissenschaftliche Studien
zur modernen Subjektivität
2009, 176 Seiten, kart., 24,80 €,
ISBN 978-3-8376-1323-0

ROBERT STÖLNER
Erziehung als Wertsphäre
Eine Institutionenanalyse
nach Max Weber
2009, 254 Seiten, kart., 28,80 €,
ISBN 978-3-8376-1183-0

**Leseproben, weitere Informationen und Bestellmöglichkeiten
finden Sie unter www.transcript-verlag.de**